역사, 라프로쉬망을 꿈꾸다

— 문화사와 지성사에 대한 12편의 에세이

histoire

역사,
라프로쉬망을
rapprochement
꿈꾸다

문화사와 지성사에 대한
12편의 에세이

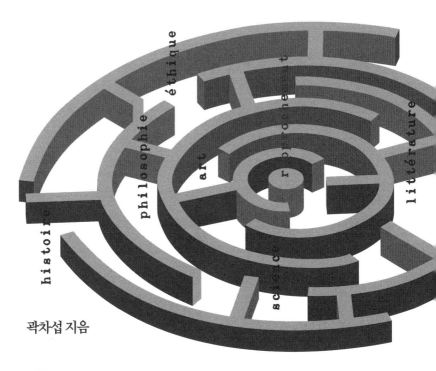

곽차섭 지음

푸른역사

J, J, J에게

역사를 공부한 지 40년이 넘었지만 여전히 대답하기 힘든 것이 '역사
란 무엇인가?'라는 물음이다. E. H. 카는 이에 대해 역사란 '현재와
과거의 대화'라고 재치 있게 답함으로써 베스트셀러 목록에 이름을
올렸다. 현재의 역사가가 과거의 사실을 앞에 두고 '대화'한다는 평
범한 발상이 오히려 독자의 마음을 쉬이 끌었을 수 있다. 역사가 예술
이냐 과학이냐를 두고도 오랜 논쟁이 이어졌다. 20세기 전반의 출중
한 자유주의 철학자이자 역사가였던 크로체는 한때 역사를 예술의 일
종이라 생각한 적이 있었고, 실증주의자 헴펠은 역사가 결국에는 과
학에 포괄된다고 단언하기도 했다.

 이런 의문들은 역사를 '인생의 인도자magistra vitae'이자 경험으로부
터 배우는 윤리학으로 보는 서양 고전고대 이래의 전통과, 그것이 사
실을 다루는 학문 혹은 과학의 일종이라고 보는 근대적 관점이 서로
갈등하면서 나타난 것이었다. 특히 19세기 랑케 이후 역사가들은 사
료에 기록된 '객관적' 사실을 증거로 하여 과거의 '진실'을 입증할 수
있다고 믿기 시작하였다. 역사학도 엄연한 과학이라는 인식이 나타난
것이다(마르크스 역시 전혀 다른 방향에서 이에 일조하였다).

 하지만 역사를 인식론적으로 정의하려는 이 모든 시도는 특히 포스
트모던 이후 언어적 전환과 이른바 'History'로 표기되는 단일한 역사

에 대한 의문이 제기되면서 사실상 그 의미가 상당 부분 퇴색하기에 이르렀다. 역사가와 사료 간의 '대화'가 과연 어느 정도로 과거를 재현할 수 있는지, 나아가 그렇게 '재현되었다'는 '진실'이 과연 누구를 위한 진실인지에 대한 도전적인 물음들은 그 자체로서 이미 전통적 역사학의 틀을 벗어나 있기 때문에 그에 대한 대답 또한 쉽게 제시될 수 없었다.

그러면 우리는 역사를 어떻게 바라보아야 할까. 그리고 어떻게 역사를 해야 할까. 나는 역사를 화해 혹은 화친의 상태라는 함의를 지닌 '라프로쉬망rapprochement'이라는 관점에서 바라보고자 한다. 즉 역사학의 본질은 문학과 철학(윤리학), 예술과 과학이라는 학문 분야들과 끊임없이 라프로쉬망을 추구하는 데 있다는 것이다. 역사학은 마치 과학처럼 사실을 증거로 다루지만 동시에 문학적 스토리텔링이 아닐 수 없으며, 사료의 부족으로 상당히 확실한 것 외에 대략 그럴 법한 것도 포용해야 한다는 점에서 일종의 상상력까지 요구한다. 게다가 그것은 물론 노골적인 현재주의는 배제하겠지만, 그렇다고 현재를 살고 있는 역사가의 가치 판단을 완전히 삭제할 수 없다는 점에서 윤리학의 일면을 갖고 있다. 역사하기의 정체성은 이 중 어느 하나가 아니라 이 모든 것과 다르면서도 끊임없이 그들과의 라프로쉬망을 염원하는 것이다.

라프로쉬망을 둘러싼 다양한 역사철학 및 사학사적 문제를 미시사 내지는 문화사적 시각에서 다룬 것이 1~4장이다. 특히 19세기 말 문학과 역사의 라프로쉬망을 다룬 1장은 이 책 전체의 관점을 선도하는 글이다. 2~3장에서는 《약혼자》로 유명한 19세기 이탈리아 문인 만초니와 현대 한국의 포스트모던 작가들을 넘나들면서 역사소설의 흐릿한 경계를 탐색한다. 4장에서는 좀 더 도전적인 시각에서, 역사하기가 단지 사실의 행위에 머물지 않고 필연코 가치의 행위로 나아갈 수밖에 없으며, 그래서 역사는 카 류의 '대화'가 아니라 역사를 쓰는 주체들 간의 '투쟁'이라는 점을 근대 서양사학사의 실례들을 통해 보여주고자 한다.

5~7장은 각각 일기의 역사와 독해의 방법, 근대 여성의 자유에 담긴 역설, 미켈란젤로에 대한 아레티노의 전복적인 미술비평을 다룬 문화사 지향의 글이다. 아득한 고대 이래 존재해오다가 14세기 이탈리아 상인들의 가계부로 새로운 출발을 한 일기는 17, 8세기를 거치면서 '자아'의 일단을 내비치는 방식으로 발전한다. 일기도 사료가 될 수 있는가, 그러면 어떻게 읽어야 하는가. 인류의 문명과 함께 시작된 가부장제 아래서 자유를 찾기 위한 여성들의 여정은 아직도 현재진행형이다. 근대 이전에 여성이 자유로웠던 때가 있었던가. 고대 그리스의 헤타이라와 르네상스기의 코르티자나 오네스타가 18세기 살롱 여주인의 선구자 격이라는, 그래서 때로는 고급 창녀가 가장 자유로웠을 수도 있었다는 역설이 가능하다는 것이다. 16세기 베스트셀러 포르노그래피 작가인 아레티노가 미켈란젤로의 〈최후의 심판〉에 대해 음란하다고 한 비평이 근대 미술비평의 중요한 문제로 남은 이유는 무엇일까. 르네상스 성기盛期 미술의 중심과 주변에 위치한 양자 간의 흥미로운 관계를 통해 우리는 음란하다는 것이 무엇인지를 다시 한번 되새기게 된다.

8~11장은 지성사적 문제를 다루고 있다. 어떤 텍스트(언어적 작품 및 역사적 현상)를 제대로 이해하려면 그것이 몸담은 다양하고 적절한 콘텍스트들을 먼저 인식해야 한다는 것이 현대 지성사(특히 콘텍스트

주의)의 방법론이다. 구세주의 도래를 예견했다고 알려진 이집트의 《헤르메스 서書》에 대한 위작 여부를 둘러싼 8장의 논쟁은 위작을 그저 단순한 범죄행위로만 받아들일 수 없으며, 종종 그것을 둘러싼 복잡한 함의들이 존재한다는 사실을 일깨워준다. 9장에서는 주로 파시즘과 전후 극우 테러리즘의 정신적 교시자 혹은 비합리적인 오컬트주의자로만 알려진 율리우스 에볼라의 주저들을 또 다른 시각에서 일별함으로써, 그의 사상을 양자의 극단을 지양하고 근대 세계를 비판하는 하나의 상징적 담론으로 보아야 한다는 점을 밝히고자 했다. 10장에서는 서양 중세사에서 마치 자유의 전령처럼 인식되어온 도시-코무네가 사실은 봉건제라는 콘텍스트 속의 한 텍스트였다는 점을 지적함으로써, 봉건적 농촌과 근대적 도시를 구분하려 한 브로델 류의 시각이 지나치게 근대 지향적임을 비판하였다. 11장은 20세기 후반 스키너와 포칵이 각각 새로운 지성사 방법론으로 제시한 언어적 패러다임과 저술 의도의 복원을 상세히 분석, 설명한 글이다. 이후 이어진 이른바 케임브리지 학파의 콘텍스트주의와 리오 스트라우스의 추종자인 시카고 정치학파의 전통적인 텍스트주의 간의 치열한 논전이 흥미를 더한다. 최근 간행된 리처드 왓모어의 《지성사란 무엇인가》도 전자의 방법에 중점을 두고 있다.

마지막 장인 12장은 유네스코가 개최한 제1회 세계인문학포럼에서 발표한 글이다. 여기서 나는 종교적 공존을 통해 세계평화를 주창한 진보적 가톨릭 신학자 한스 큉과, 그리스도 교권과 이슬람 세계의 필연적인 문명충돌을 주장한 보수적 정치학자 새뮤얼 헌팅턴(그리고 그 원류인 중동학자 버나드 루이스)을 대비시키면서, 종교를 평화의 인도자로 삼기는 어렵다는 것, 그보다는 내털리 제이먼 데이비스가 말했듯이, "각자의 문화적 정체성을 지키면서도 서로 간의 혼합을 두려워하지 않는 공감의 시선"이야말로 대단히 중요하다는 것에 견해를 함께 하면서, 이것이야말로 사실을 다루는 역사가가 지향해야 할 미래적 가치라는 점을 역설코자 하였다. 역사하기는 본질적으로 라프로쉬망의 행위이자 가치와 신념의 행위라는 것이 책의 에필로그인 이 장의 요체이다.

이 책에 실린 12편의 글은 90년대 초부터 아주 최근까지 근 30년에 이르는 나의 지적 여정이 남긴 흔적이다. 글 하나하나에는 그것을 쓰게 된 동기와 과정에 대한 나만의 특별한 기억이 묻어 있다. 하지만 이 글들이 물론 나 혼자의 힘으로 쓰인 것은 아니다. 먼저 나를 부산대 사학과로 인도하여 학문의 길에만 전념할 수 있도록 해준 고故 김종원 선생님과 곽정섭 선생님께 진심으로 감사드린다. 오랫동안 간학문적 소통의 장이 되어준 인문학 담론 모임 및 미술사 미술비평의 취향을 공유한 바자리 모임의 수많은 동료들에게도 감사한다. 나는 이러한 모임들을 통해 학문을 넘어 인생의 윤택함이라는 귀중한 선물을 누릴 수 있었다. 또한 흔쾌히 책을 간행해준 푸른역사의 박혜숙 사장께도 고마운 마음을 전하고 싶다. 그동안 가장 가까이에서 이 모든 것을 지켜보며 삶을 함께 해온 아내와 가족의 따뜻한 위로와 배려가 없었더라면 어느 하나도 온전히 해낼 수 없었을 것이다. 이 책을 사랑하는 그들에게 바친다.

2021년 11월 2일
금정산 기슭 연구실에서
곽차섭

contents

contents

2. 일기·여성·미술: 몇 가지 문화사적 문제

contents

3. 콘텍스트 속의 텍스트들: 지성사의 이론과 실제

contents

1

사실의 행위에서
가치의 행위로:
라프로쉬망으로서의 역사

뮤즈들에 둘러싸인 클리오

요하네스 베르메르, 〈회화의 알레고리〉(1665/1668), 캔버스에 유채, 빈 미술사박물관.

―세기말 서양 역사학과 문학의 라프로쉬망

17세기 네덜란드 델프트의 화가 베르메르가 남긴 그림 중에
〈회화의 알레고리〉란 유명한 작품이 있다.
등을 돌리고 앉아 그림을 그리고 있는 화가 앞에 한 여인이 보인다.
머리에 월계관을 쓰고, 오른손에는 트럼펫을
왼손에는 두꺼운 책을 들고 있다.
월계관과 트럼펫은 승리와 영광을 상징한다.
책은 아마 헤로도토스나 투키디데스의 《역사》이리라.
왜냐하면 그녀 클리오는 바로 역사의 뮤즈이기 때문이다.
옆의 책상 한쪽에는 엄숙한 표정의 가면 하나가 놓여 있고,
다시 그 옆에는 악보인 듯도 하고 공책인 듯도 한 것이 펼쳐져 있다.
가면은 비극의 뮤즈 멜포메네를, 악보 혹은 공책은
각각 음악의 뮤즈 에우테르페나 서사시의
뮤즈 칼리오페를 상징하는 것이 아닐까.
클리오는 언제나 다른 뮤즈들과 함께 나타나는 것이다.

17세기 네덜란드 델프트의 화가 베르메르가 남긴 그림 중에 〈회화의 알레고리〉란 유명한 작품이 있다. 등을 돌리고 앉아 그림을 그리고 있는 화가 앞에 한 여인이 보인다. 머리에 월계관을 쓰고, 오른손에는 트럼펫을 왼손에는 두꺼운 책을 들고 있다. 월계관과 트럼펫은 승리와 영광을 상징한다. 책은 아마 헤로도토스나 투키디데스의 《역사》이리라. 왜냐하면 그녀 클리오는 바로 역사의 뮤즈이기 때문이다. 옆의 책상 한쪽에는 엄숙한 표정의 가면 하나가 놓여 있고, 다시 그 옆에는 악보인 듯도 하고 공책인 듯도 한 것이 펼쳐져 있다. 가면은 비극의 뮤즈 멜포메네를, 악보 혹은 공책은 각각 음악의 뮤즈 에우테르페나 서사시의 뮤즈 칼리오페를 상징하는 것이 아닐까. 클리오는 언제나 다른 뮤즈들과 함께 나타나는 것이다.

그리스 신화의 아홉 뮤즈는 헤시오도스의 《신통기》에 따르면 제우스와 기억의 여신 므네모시네 사이에서 태어났다고 한다.[1] 그들은 각각 서사시, 역사, 연애시, 음악, 비극, 성시聖詩, 무용, 희극, 천문이라는 학문과 예술을 후원하는 여신들이었다. 그들은 헬리콘 산정에서 함께 노래하고 춤추며 탄생의 기쁨을 누렸다. '아홉 가지 목소리는 한 목소리로 합해졌다.' 플라톤의 아카데미아에도, 아리스토텔레스의 페리파토스에도 뮤즈를 모신 사당이 있었다. 시인들도 이야기꾼들도 자신의 작품을 낭송하기 전에 반드시 뮤즈의 보호와 영감을 기원하는 것이 고대 그리스의 관습이었다. 그들은 자매 사이였다. 그리고 그들은 또한 기억의 딸들이었다. 역사든 문학이든 혹은 예술이든 간에 그 모두가 신과 인간의 흔적을 '기억'하기 위한 여러 갈래의 길들 중 하나일 뿐이며, 길이란 필연코 어디에선가 서로 만나기 마련인 것이 아니겠는가.

역사학의 문학적 전통

대략 19세기 이전까지 서양에서 역사학은 문학의 한 분야로 생각되었다. 고전고대 역사학의 특징은 크게 보아 수사적 역사 서술과 교훈적 역사 서술의 두 가지이다. 수사적 역사 서술이란 역사학을 연대기 수준에서 '문학적' 수준으로 격상시킨 서술상의 기법을 의미한다. 예컨대 로마사가 리비우스는 《로마사》에서 유려한 문체와 시적 표현, 다양한 연설의 삽입, 주요 인물의 생애 묘사 등을 이용함으로써 역사 서술을 다른 산문과 대등한 수준으로 끌어올리는 데 기여했다. 역사학에서의 수사적 표현의 문제는 20세기 중반이 되면 인식론적 '재현 representation'의 문제로 새롭게 되살아난다. 교훈적 역사 서술이란 역사서를 하나의 정치지침서 혹은 윤리서로 보는 것이다. 리비우스는 역시 《로마사》에서 역사학은 "자신과 국가가 모방해야 할 것을 선택하고 치욕적이며 부끄러운 것은 피할 수 있도록" 도덕적 교훈을 제시하는 역할을 한다고 말한 바 있다. 역사는 실제의 예를 통해 가르치는 윤리학이라는 것이다.[2] 이 두 가지 기능이 바로 고전기와 르네상스 시대의 역사가들이 강조한 역사학의 즐거움과 유익함이었다.

하지만 이러한 즐거움과 유익함도 언제나 진실을 전제로 한다는 것이 고전고대 이래 서양 역사학이 가진 또 하나의 중요한 특징이었다. 이에 대해 키케로는 《웅변론》에서 이렇게 강조한 바 있다. "역사가의 제일 법칙이 오직 진실만을 말해야 하는 것임을 모르는 사람이 누가 있겠는가? 그 두 번째 법칙 역시 진실을 말하는 데 주저해서는 안 된다는 것임을 그 누가 모르겠는가? 역사서 어느 곳에서도 편향성이 있어서는 안 되며 역사가의 악의가 개입되어서도 안 된다."[3] 고전고대의 수사학은 결코 피상적이고 화려한 표현만을 뜻한 것이 아니었고, 뒤에 르네상스 휴머니스트들이 간명하게 정의한 것처럼 어디까지나 '지혜가 겸비된 웅변'이 그 핵심이었다.

역사학은 수사학의 원리와 기법을 따르되, 본질적으로 실제로 일어났던 일과 그것에 대한 진실을 바탕으로 한 윤리서라는 고전고대의 성격 규정 속에는, 역사가 결국은 언어적 구성물이라는 주장과, 그럼에도 불구하고 여전히 진실/사실의 규명을 지향하는 학문이라는 주장이 대립하는 20세기 후반 포스트모던 역사 논쟁의 씨앗이 이미 잠재되어 있었다. 서양에서 역사학은 19세기에 랑케와 함께 객관성의 진실을 다루는 독특한 학문 분야로 독립했으나, 이전의 수천 년을 함께해온 문학과의 관계를 완전히 떨쳐버릴 수는 없었다. 진실 혹은 사실을 다룬다는 특징은 역사학의 성격을 규정하는 데 언제나 장점이면서 동시에 결코 완전히 해소할 수 없는 하나의 부담으로 작용해온 것이다.

역사학의 진실성에 대한 본격적인 도전은 16세기에 나타났다. 이미 15세기에 고전고대 역사학을 '부활'시킨 르네상스 휴머니스트들은, 스콜라 철학의 공론적인 학문 경향에 대항하여 그들이 주장한 역사, 시, 문법, 수사학, 윤리학이란 5개의 '실용적'인 학과목 중에서도 특히 역사를 매우 높이 평가한 바 있었다. 베르제리오는 15세기 초에 쓴 《교양 교육론》에서 "역사가 이성의 힘과 웅변의 설득력을 보완하는 데 적절한 축적된 지혜를 경험의 빛을 통해 제공하기" 때문에 "이를 교양 교육에서 첫 번째 위치에 올린다"고 말했다. 하지만 16세기 종교전쟁으로 역사서들이 각 종파의 신념에 경도되는 경향이 있었고, 아울러 피로니즘Pyrrhonism이라는 철학적 회의주의가 대두되자, 역사학이 진실을 다루는 학문이라는 주장에 대한 항변이 일어나기 시작했다. 특히 16세기 독일의 휴머니스트 신학자 아그리파는 인간 이성에 근거한 거의 모든 학문의 오류를 지적함으로써 근대 회의론의 단초를 제시했다. 그는, 역사의 아버지 헤로도토스의 역사서조차도 "거짓말 투성이에다 지어낸 이야기들로 가득 차 있다"고 신랄하게 비난했다.[4]

영국의 시인 필립 시드니가 쓴 《시의 옹호》(1578~1584)는 현대적 의미로 볼 때 문학적 상상력이 역사학적 진실보다 독자들을 더 잘 인도한다는 의미심장한 주장을 담고 있다. 그는 역사에 대해 이렇게 빈정거린다. "역사가란 케케묵은 기록에 파묻혀 대단한 역사를 쓴답시고 권위를 들먹이며 풍문에 기초하여 여러 작가의 말을 맞추고 자신의 입장에 유리하도록 '진실'이란 것을 끄집어낸다. 젊은이에게는 놀라움을 안겨주고 폭군에게는 심심풀이 여담이 된다. 그러면서도 역사란 '인생의 빛'이며 '세상사의 인도자'라고 기를 쓰며 항변한다." 그래서 그에 따르면, 역사가가 모럴리스트라는 키케로의 말은 잘못된 것이며, 결코 시인만큼 도덕적 이상을 제시할 능력이 없다는 것이었다. 시드니의 주장은 역사 자체를 폄하하기보다는 시 — 혹은 현대의 픽션 — 를 옹호하는 데 초점이 맞추어져 있으나, 동시에 당시 역사가와 역사학이 처한 위치의 일면을 적나라하게 보여주고 있다.[5]

16세기는 서양 역사학의 발전에서 위기와 도약의 양면성이 동시에 표출된 시기였다. 로렌초 발라 이후 르네상스 휴머니스트들이 발전시킨 문헌학은 역사학을 처음으로 시와 수사학과 같은 문학의 범주로부터 그것만의 입증과 서술의 방법을 가진 자율적인 학문 분야로 독립시키는 기초를 제공했다. 이러한 발전은 특히 장 보댕의 《역사를 쉽게 이해하는 방법》(1566)에서 두드러졌다. 그는 역사의 다양한 형태와 적절한 구성 방법을 분석하고 그것이 지닌 '과학적' 성격과 실제적인 가치를 강조했다. 그는 또한 사료를 1차와 2차 자료로 나누어 그 진위를 가리고, 예술품, 책, 고문서, 법률, 지리 등이 과거를 이루는 필수 요소들이며 그들 상호 간의 성격을 조명해준다는 점을 지적했다. 17세기에 들어 베네딕트회 수도사였던 마비용은 그의 기념비적인 저서 《사료학》(1681)을 통해 사료 비판의 방법을 더욱 숙련시켜 역사학의 권위와 신뢰성을 고양시켰다.[6]

고전고대 이후 오랫동안 지속되어온 문학의 한 분야로서의 역사학은 18세기 이후 엄격한 방법론을 가진 독립적 학문으로서의 역사학과 긴장관계에 놓이게 되었다. 전자의 전통은 새로이 출현한 후자의 경향에 눌려 주로 통속적인 위인전이나 민족 이야기로 퇴락하는 경향을 보였다. 반면 후자는 '고대 연구가antiquari'와 '박식가eruditi'의 전통 속에서 과학적 역사학으로 가는 새로운 길을 제시했다. 랑케 역시 길게 보면 이러한 길의 연장선상에 있는 셈이다. 내러티브의 문체와 사료 분석의 방법은 병존하기가 쉽지 않았지만, 반드시 불가능한 것도 아니었다. 영국의 역사가 에드워드 기번이 쓴 불후의 명작 《로마제국쇠망사》(1776~1788)야말로 이야기식 문체와 엄격한 사료 비판의 방법이 절묘하게 어우러진 걸작이다. 그의 저작은 역사학의 과학으로서의 한계와 문학으로서의 가능성을 동시에 보여줌으로써, 역사의 문학성을 둘러싼 현재의 포스트모던적 논쟁에 하나의 시금석 역할을 하고 있다.[7]

랑케와 아날학파

헤로도토스 이후 대략 2,500년간의 서양 역사학을 되돌아볼 때, 이전의 모든 발전을 감안하더라도 19세기 프러시아의 역사가 레오폴트 폰 랑케에 특별한 지위를 부여하지 않을 수 없을 것이다. 19세기는 역사주의의 시대였고, 랑케는 그 이론적 토대 위에서 새로운 역사학의 방법을 발전시킨 장본인이었다. 마이네케에 따르면, 역사주의란 모든 인간 존재의 역사적 성격을 인식하되 역사를 실증주의와는 달리 어떤 통합적 체계로서가 아니라 다기 다양한 인간의지가 표출되는 하나의 무대로서 보는 일종의 세계관을 의미한다. 랑케에게 이는 역사 속의 모든 시대가 신으로부터 등거리에 있다는 것으로 해석되었다. 모든 시대가 나름의 고유한 가치가 있다는 뜻이었다. 따라서 역사가는 각 시대를 자신의 눈이 아닌 그 시대 속에 산 사람들의 눈으로 보도록 노력해야 한다. 이를 위해서 역사가는 과거를 판단하려 들지 말고 "실재한 그대로wie es eigentlich gewesen" 기술해야만 한다(이 유명한 구절에서 'eigentlich'는 통상적인 번역과는 달리 실제 발생했다는(actually) 의미보다는 사물이 본래 실재한 모습(really)이라는 뜻에 더 가깝다. 따라서 이를 단순한 사실 중심주의로 해석하는 것은 잘못이다). 랑케가 사료의 엄정한 분석을 요구한 것도 바로 이 때문이었다.[8]

역사주의가 인식하지 못했던 점은 현재의 역사가가 과거를 과연 '객관적으로' 재현할 수 있느냐는 것이었다. 이는 뒤에 단지 '고상한 꿈'이었다고 폄하되기에 이르지만, 당시로서는 '과학적 역사학'의 확고한 기초로서 받아들여졌다(현재에도 여전히 나름의 영향력을 발휘하고 있을 정도이다).[9] 랑케는 역사의 문헌학적 기초를 제공한 르네상스 휴머니스트들로부터 보다 신뢰성 있는 역사 연구방법론을 닦으려 노력한 16~17세기의 보댕과 마비용을 거쳐 학문으로서의 역사학을 정립하기 시작한 18세기 고대 연구가 및 박식가들에 이르는 수 세기 동안의 여정을 종합하는 위치에 서게 된 것이다.

두 가지 점에서 랑케의 '과학적/객관적' 역사학은 여전히 고대 이래의 역사 서술 전통과 매우 가까운 거리에 있었다. 첫째는 역사의 흐름을 정치사의 틀 속에서 파악하려고 했다는 점이고, 둘째는 기본적으로 이야기식 문체를 버리지 않고 있었다는 점이다. 역사를 근본적으로 정치사로 보는 관점은 서양 — 이 점에서는 동양도 마찬가지만 — 에서 고대 이래 매우 오랜 전통이었다. 신화와 역사의 중간지대에 놓인 호메로스의 《일리아스》 및 《오디세이아》부터가 신과 영웅들의 각축을 묘사하고 있다. 역사의 시조 자리를 두고 서로 다투는 헤로도토스와 투키디데스가 쓴 《역사》는 각각 페르시아전쟁과 펠로폰네소스전쟁을 다루고 있다. 카이사르는 자신이 직접 겪은 경험을 《갈리아 전기》에 담았다. 엘리트 계급의 관심사가 곧 권력이며, 정치란 권력 쟁패의 장이고 또한 전쟁은 정치의 연장이라는 것을 기억한다면 시대를 통틀어 역사의 주류가 정치사 혹은 전쟁사라는 사실은 결코 놀라운 일이 아니다.

랑케의 문체에 대한 연구는 거의 없다. 하지만 그의 제자 마이네케는 그를 부르크하르트와 비교한 한 강연에서 이렇게 말한 적이 있다. 그는 "합리적인 학자독일어를 쓰지 않았다. 그는 '비할 데 없이 독특한 인간'으로서 글을 썼다." 그의 글은 "같은 운동을 되풀이하며 부드럽게 뒤섞이는 긴 바다 물결처럼 흘러가는 것이 보통이다. ……그는 ……역사적인 사건에 대해서는 일층 고귀하고, 일층 정신적인 성격을 부여하는 것 같은 표현을 즐겨 사용했다. 그는 그 문체에 있어서 이미 '예언자Vates'였던 것이다." 학자독일어란 법학자에게서 흔히 보는 것과 같이, 문장이 명석하고 엄밀하기는 하지만 무미건조하고 개성이 결여된 문체를 말한다. 마이네케는 랑케의 문체에서 무언가 정신적인 아우라 같은 것을 느꼈던 듯하다.[10]

하지만 랑케의 문체가 반드시 발랄한 활력으로 넘친 것도 아니었다. 그는 한편으로는 엄정한 사료 비판을 주장하면서도 다른 한편으로는 민족의 '도덕적 에네르기'가 역사 속에서 어떻게 표출되는가를 묘사하려 했기 때문에, 그의 문체는 비유하자면 과학과 문학/예술의 갈림 길에서 주저하고 있는 형국이 되기 쉬웠다. 위대한 민족과 영웅의 서사시적 행로를 과학적이고 객관적으로 그리는 것만큼 어려운 일이 어디 있겠는가. 그러나 랑케는 미슐레, 칼라일, 머콜리 등 독특한 문체를 자랑하는 역사가들, 그리고 발자크와 톨스토이처럼 최고의 사실주의 소설가들과 같은 시대에 살고 있었다. 그야말로 '과학적' 역사를 지향하면서도 여전히 이야기체 서술의 전통을 버리지 않았던 거의 마지막 역사가 세대에 속한 것이 아니었던가 싶다.

랑케는 사후 근대 역사학의 비조鼻祖로 숭앙받았으나, 20세기 역사가들이 그의 유산을 그대로 이어받은 것만은 아니었다. 그가 강조한 엄정한 사료 비판의 방법은 '실증'이라는 이름 아래 역사가들이 익혀야 할 필수 사항이 된 반면, 그가 지향한 정치사 중심의 역사는 강력한 비판에 직면했다. 그리고 이러한 흐름의 선두에는 프랑스 아날학파가 있었다. 독일 역사주의가 국가를 사회의 다른 모든 측면을 포괄하는 위치로 격상시킨 것과는 달리, 아날학파는 전통적인 학문분과 간의 경계를 허물어 통합적 성격의 '인간과학'을 창출하려고 했다. 아날 역사가들은 경제학과 인문지리학을 역사의 범주 속에 끌어들였다. 이로써 역사 연구의 키워드가 정치에서 사회·경제로 옮겨지게 된 것이다.[11]

아날 역사가들은 초기부터 개인과 사건보다는 역사의 '구조'에 더 관심을 쏟았다. 아날을 창시한 마르크 블로크는 《봉건사회》(1939~1940)에서 독일식 제도사를 지양하고 중세사회를 인간관계의 '복합체'로 이해하려 했다. 이는 결국 페르낭 브로델에서 '구조'로 귀결되는데, 그는 자신의 유명한 대작 《필립 2세 시대의 지중해와 지중해 세계》(1949)에서 역사의 층위를 환경의 역할을 다룬 지리적 구조와 집단 운명 및 일반 조류를 관찰한 경제·사회적 구조로 나누어 고찰하고, 마지막 부분을 사건·정치·사람이라는 전통적인 역사 국면에 할애한 독특한 방식의 역사 서술을 내놓았다. 기본적으로 역사의 구조에 초점을 맞추더라도, 블로크와 같은 아날 1세대와 아날을 본격적으로 '세계화'하는 데 기여한 2세대 역사가 브로델 간의 큰 차이점은, 전자가 언어와 상징의 의미 체계를 규명하는 데 주안점을 둔 반면 후자는 기후, 지형, 기술 등 외적 조건이 인간에게 가하는 제약과 한계를 더 강조했다는 사실이다. 이는 중세 프랑스와 영국 왕들의 피부병 치유 능력에 대한 신화를 다룬 블로크의 《왕의 안수》(1924)나 라블레의 저작을 연구한 페브르의 《16세기 무신앙의 문제》(1942) 등을 브로델의 《지중해 세계》와 비교해보면 확연히 드러난다.[12]

아날학파의 '구조적' 역사학은 1960년대에 시작된 사회과학의 계량화 조류와 맞물리면서 점점 더 인구통계학적 방법에 의존하는 경향을 띠었다. 이에 대한 가장 대표적인 저작이 르 루아 라뒤리의 《랑그독의 농민들》(1966)이다. 이는 맬서스 식 가정 아래 인구 성장의 장기적 주기와 곡물 가격 간의 연관성을 통계학적으로 분석한 것이다. 그야말로 '사람 없는 역사'의 전형을 제시한 셈이었다. 그는 다음 해 서기 1000년 이후의 기후의 역사를 재구성한 또 다른 '움직이지 않는 역사'를 내놓았다. 이와 함께, 라뒤리가 속한 제3세대 아날 역사가들은 장기적인 시기 동안 한 사회가 지니고 있던 가치관이나 심리상태 등을 다루는 이른바 망탈리테사를 시작했는데, 흥미 있는 사실은 피에르 쇼뉘와 미셸 보벨의 예에서 볼 수 있는 것처럼 그러한 정신적·심리적 문제까지도 계량적인 방법을 통해 접근하려 했다는 점이다. 유언장과 같은 대량의 자료를 통계적으로 분석함으로써 죽음에 대한 태도를 규명할 수 있다고 생각하는 계열사적 망탈리테사가 등장한 것이다. 일찍이 퓌레가 민중들의 삶은 오직 '수와 익명성', 즉 인구통계학과 사회학을 수단으로 한 계량적 방법을 통해서만 가능할 뿐이라고 단언한 것도 바로 이러한 맥락에서였다.[13]

물론 계열사만으로 아날을 규정지을 수는 없다. 1세대의 페브르와 블로크는 20세기 후반 서양 역사학계의 문화적 전환을 예견하는 어떤 특징들을 이미 가지고 있었다고도 할 수 있다. 또한 3세대부터 점점 계량적 방법보다는 인류학적·질적 방법을 더 선호하기 시작했다. 1960년대에 극단적인 계열사가였던 르 루아 라뒤리부터 《몽타이유》(1975)를 통해 질적인 역사를 향한 첫발을 내디뎠고, 이어서 1980~90년대에 샤르티에 같은 4세대 역사가가 그 뒤를 따랐다. 블로크로부터 샤르티에에 이르는 아날 역사가들의 발자취가 매우 다양하다는 것은 부인할 수 없는 사실이다.[14]

그러나 1970년대에 출현한 이른바 '새로운 역사학'이 도전 대상으로 생각한 것은 어디까지나 아날의 계열사적 경향이었다는 것 역시 부인할 수 없는 사실이다. 아날 역사가들은 역사학을 사회과학화하면서 종래의 진부한 영웅과 정치적 사건 중심의 역사를 장기 국면의 물질세계와 그 속에서 살아가는 보통 사람들의 생활조건을 고찰하는 '문제 중심'의 역사로 전환함으로써 현대 역사학의 내용과 수준을 완전히 한 단계 올려놓았다. 그들은 마르크스주의자들의 '아래로부터의 역사'를 거시적·일반적 수준에서 심화하는 데 크게 기여했다. 그러나 그들은 과학적 역사와 전체사를 향한 '그 고귀한 꿈'에 매혹된 나머지, 인간 삶의 모든 것을 계량화하려고 시도함으로써 스스로가 지향한 '생의 학문'을 무미건조하고 '움직이지 않는 역사'로 전락시킬 위험에 처하게 되었다. '새로운 역사학'의 도전(그리고 아날 내부의 3세대 일부와 4세대의 탈계량화 경향)은 바로 이러한 상황에 대한 대응이었다.

미시사의 도전

1979년 이탈리아 마르크스주의 계열의 젊은 역사가 카를로 긴즈부르그와 카를로 포니는 '아날학파와 이탈리아 역사 서술'이라는 논제로 로마에서 열린 학술대회에서 짤막하지만 매우 도전적인 글을 발표했다. 그들은 아날 역사가들의 이른바 계열사가 이미 '정상과학의 위기'에 봉착했다고 단언하면서, 새로운 종류의 역사학을 조심스럽게 제안했다. 그것은 실명을 추적하여 한 마을 공동체, 일군의 가계들, 심지어는 한 개인까지도 아주 가까운 거리에서 분석하는 미시 분석적 연구 방법이었다. 여기에는 아직 완전히 구체화되지는 않았지만 뒤에 미시사를 규정하는 키워드들이 다수 나타나 있다. 실마리, 실제의 이름, 사료 입증 방법, 역사학이라는 게임의 규칙까지도 포함하는 역사, 이례적 정상正常, 하위 계층, 집단전기학, 역사학과 인류학의 수렴 등이 그것이다. 이는 사실상 미시사에 대한 최초의 공식 선언서인 셈이었다.[15]

미시사의 관점에 따르면, 역사 속에는 거대 구조적 해석 틀과 그것을 뒷받침하는 계량적 방법론으로는 도저히 파악하기 힘든 미세하고 다기한 리얼리티의 양상들이 존재하며, 이는 '잘 경계 지어진' 어떤 집단이나 인물의 삶을 주위의 사회적·문화적 관계망 속에서 '촘촘하게' 그려나감으로써 제대로 잡아낼 수 있다. 전체사적 흐름이라는 이름 아래 정작 그 주역인 인간 개개인의 모습은 사라져버리는 거대 역사보다는, 어떤 지역 내에서 어떤 위기나 사건에 대처하는 그곳 사람들의 전략이나 가치관 등을 면밀히 탐색하는 미시적 접근을 통해 역사 속의 복잡다단한 삶의 세절細切들을 더 잘 드러낼 수 있다고 보는 것이다. 미시사의 중요한 특징이 익명적 거대 집단과 평균적 개인의 존재 형태보다는 어떤 소규모 집단에 속하는 개개인의 이름과 그들 간의 관계를 추적하는 '실명적·집단전기학적 역사', 종래의 지나치게 좁고 엄격한 실증의 방식보다는 보다 더 넓은 의미의 입증 방식을 포용하는 '가능성의 역사', 딱딱하고 분석적인 문체가 아니라 구체적인 사건의 전말을 말로 풀어나가는 듯한 '이야기로서의 역사'인 이유도 여기에 있다.[16]

미시사의 가장 새로운 특징 중 하나는 역사학과 문학의 라프로쉬망 rapprochement이다. 그것은 대개 거의 소설에 버금가는 문체와 스토리텔링의 묘미를 보여준다. 이러한 문학성은 역사학이 인류학과 제휴한 결과이다. 인류학자는 보통 한 마을에 장기간 머물면서 주민들의 행동과 생각, 의례와 관습을 세밀히 관찰하고 그것을 세세히 기술한 민속지를 쓴다. 보통 사람들의 구체적이고 실제적인 삶의 모습을 관찰하고 기술한다는 점에서 미시사가들에게 역사가의 작업은 인류학자의 경우와 같다. 다른 점이 있다면 현재를 연구하는 인류학자와는 달리 역사학자는 과거를 탐색한다는 것이다. 그들에게 역사 속 주민들의 사고와 행동 방식을 가장 잘 보여주는 사료는 재판 기록이다. 왜냐하면 주변부 사람들은 스스로의 기록을 남기기 어렵고, 오직 엘리트 계급과 관련될 때에만 잠시 그 모습을 드러내기 때문이다. 재판 기록은 비유하자면 이들의 단절된 목소리를 담고 있는 녹취록과 같다. 그 속에는 그들을 재판관 앞에 서게 만든 사건이 있게 마련이고, 사건은 곧 전말이 갖추어진 이야기이다.

이제는 미시사의 고전이 된 긴즈부르그의 《치즈와 구더기》(1976)는 이단 재판 기록을 통해 메노키오란 별명을 가진 '16세기 이탈리아의 한 방앗간 주인의 세계관'을 밝히려 한 저작이다. 이야기는 메노키오가 쉰한 살 되던 해인 1583년에 이단 혐의로 피소되었다가, 이후 여러 차례의 투옥과 방면 그리고 체포를 거듭한 끝에, 1599년 말 67세의 나이로 결국은 화형에 처해지는 과정을 그리고 있다. 긴즈부르그는 스스로 마치 이단 심문관처럼 재판 기록을 따라가다가, 어떤 문제가 제기되면 이야기를 멈추고 관련 콘텍스트의 관계망 속에서 그 의미를 분석한 뒤 다시 이야기로 돌아간다. 독자 역시 그를 따라 이야기에 빠져들었다가 그가 제기한 문제를 함께 숙고하게 된다. 이야기 – 분석 – 이야기의 흐름이 미시사 저작들의 기본 패턴이다.[17]

흥미로운 사실은 미시사의 서술 방식이 단지 이야기식이라는 데 머물지 않고, 역사가의 자료 해석 과정까지도 '이야기'의 일부가 되는 특징이 있다는 점이다. 주인공이 재판관의 질문 앞에서 망설이거나 침묵하거나 알아듣기 어려운 말을 할 때, 저자인 역사가 또한 그와 함께 똑같은 의문에 휩싸이게 된다. 연구 중에 일어나는 바로 이러한 의문, 그것을 해결하기 위한 가설, 그리고도 여전히 남아 있는 불확실한 점들, 미시사의 서술은 이 모든 것을 가감 없이 보여준다. 내털리 제이먼 데이비스의 《마르탱 게르의 귀향》(1983)은 16세기 중엽 프랑스 남부 지방에서 실제로 일어났던 기상천외한 재판 사건을 토대로 지극히 평범한 한 농민 여성의 가치관과 행동 방식들을 복원하고자 한 연구이다. 여기서 데이비스는, 기존의 역사책들이 3인칭 내러티브로 자신의 설명을 '객관적'인 것처럼 '위장'하는 것과는 달리, "……했을지도 모른다"는 식의 어법을 사용하여 자신에게 분명치 않은 부분을 독자들에게 분명히 전달함으로써, 그들로 하여금 저자의 고민과 의혹을 스스로 체감할 수 있도록 배려하고 있다.[18]

미시사는 또한 이미 친숙한 주제를 새로운 각도에서 조명하여 종종 기존의 해석과 이미지를 뒤집는 전복성을 보여줌으로써 극적 재미를 선사한다. 피에트로 레돈디가 쓴 《이단자 갈릴레오》(1983)가 좋은 예이다.[19] 지동설로 인해 재판정에 선 것으로 알려진 갈릴레오가 실제로 주장한 것은 원자론이었으나, 그의 절친한 친구였던 교황 우르바누스 8세가 그를 보호하기 위해 상대적으로 경미한 사안인 지동설 유포를 죄목으로 삼았다는 것이 이 저작의 줄거리이다. 당시 원자론은 미사에서 나누어 주는 포도주와 빵이 곧 그리스도의 피와 살이라는 가톨릭 정통 교리와는 도저히 병존할 수 없는 매우 '이단적'인 이론이었다. 이러한 주장의 역사적 진위는 첨예한 논쟁의 대상이 되었으나,

이는 지금까지와는 전혀 다른 각도에서 갈릴레오를 조명하는 계기를 마련하는 데 크게 기여했다. 레돈디는 천문학이나 역학 등 과학사의 내적 논리에서만 평가하던 '과학자' 갈릴레오가 아니라, 반종교개혁과 30년전쟁에 휩쓸린 당시 이탈리아의 복잡 미묘한 정치적·문화적 관계망 속에 그를 위치시키는 새로운 시각을 유감없이 보여주었다. 움베르토 에코 못지않은 추리소설적 플롯과 스릴 넘치는 필치 역시 이 저작을 읽는 재미를 배가시키고 있다.

1970~80년대 미시사가들이 1세대라면 1990년대 이후의 역사가들은 2세대라고 할 수 있겠다. 이들을 구별짓는 몇 가지 특징이 있다. 1세대가 사회사의 거시적 전망을 미시 분석적 방법론과 접목하려 했다면, 2세대는 미시사를 좀 더 문화적 관점에서 접근하고 있다. 이탈리아에서 발원한 최초의 미시사 저작들은 대개 마르크스주의를 기반으로 하고 있었기 때문에, 여전히 사회사적 성격이 강했다. 예컨대 조반니 레비의 《무형의 유산》(1985)은 17세기 말 피에몬테 한 농촌 마을을 배경으로 액풀이 의식을 행하는 키에자라는 신부에 얽힌 사건을 뼈대로 하고 있지만, 동시에 이를 통해 근대국가와 시장경제라는 거시적 흐름과 마을이 유지하고 있는 도덕경제라는 전통구조가 어떻게 만나게 되는지를 고찰하고 있다. 19세기 후반 이탈리아 비엘라 지방의 산업화를 다룬 프랑코 라멜라의 《땅과 베틀》(1984) 역시 레비와 유사한 시각을 보여준다. 그는 양모산업이 가내수공업에서 공장제로 바뀌고 직조기도 수동에서 기계식으로 변화하는 과정을, 기존의 사회사와는 달리 공동체 구조의 힘, 토지를 신용의 원천으로 보는 전통, 소생산업자들의 중요성 등 지금까지 간과되었던 미시적 요소들을 중심으로 풀어나간다.[20]

1990년대 이후 나온 2세대 미시사는 그 연구 지역이 유럽을 넘어서서 북미로, 연구 시기 역시 근대 초 중심에서 현대까지 확대되는 새로운 양상을 보여주고 있다. 특히 관심의 초점이 1세대의 사회사적 구조를 넘어서 젠더, 가족, 몸, 경계인, 섹슈얼리티 등 다양한 문화적 요소로 옮겨가고 있다는 것도 특기할 만하다. 에드워드 베런슨은《마담 카요의 재판》(1992)에서 1914년 3월에 일어난 프랑스 역사상 가장 유명한 살인 사건 재판 중 하나를 추적하여 당시의 정치와 언론 간에 얽힌 복잡한 관계망을 파헤침으로써 제1차 세계대전 전야의 사회 분위기를 인상 깊게 전해주고 있다. 패트리샤 코헨의《헬렌 주엣의 죽음》(1998) 역시 1836년 뉴욕에서 일어난 한 고급 콜걸에 대한 의문의 살인 사건을 주제로 하고 있다. 섹스를 매개로 신분 상승을 꿈꾸다가 결국은 죽음에 이른 한 여인의 행적을 따라 대도시의 광기 어린 삶과 모럴을 현란한 필치로 그려낸 수작이다. 이외에도 '개척자Pathfinder' 시리즈로 유명한 19세기 미국 소설가 제임스 페니모어 쿠퍼의 아버지 윌리엄 쿠퍼 판사의 입신과 죽음을 통해 프런티어에서의 권력과 민주주의를 그린 앨런 테일러의《윌리엄 쿠퍼의 마을》(1995), 18세기 말 메인 주 프런티어에 살았던 평범한 여인 마서 밸러드의 일기를 재구성하여 초기 아메리카 생활에서의 민중의술, 살림살이, 신앙생활, 가족관계, 노동 방식, 결혼, 구애, 재판 관습 그리고 무엇보다도 여성으로서의 정체성 문제를 구체적이고도 사실적으로 '복원'해낸 로렐 대처 울리히의《한 산파의 이야기》(1990) 등은 2세대 미시사가들이 생산한 수많은 저작 중 극히 일부에 불과하다.[21]

미시사 저작들은 그 특성상 모두 실명의 주인공이 연루된 특별한 사건을 다루고 있기 때문에, 그 자체로 하나의 '이야기'가 되지 않을 수 없다. 그들의 목표는 사건에 대한 단순한 내러티브가 아니라 그것을 창으로 하여 더 넓은 세계 — 이는 문화적 '구조'라 부를 수도 있고 혹은 관계망이라고 할 수도 있다 — 를 바라보는 것이다. 하지만 그것은 어디까지나 이야기이기 때문에, 이야기로서의 문체와 서사구조를 가지고 있다. 미시사가 마치 추리소설이나 역사소설처럼 읽힐 수 있는 것도 바로 이 때문이다. 그래서 그것은 종종 독자들에게 소설가의 뉘앙스와 탐정의 스릴, 그리고 때로는 정신분석의의 기술까지도 보여준다. 나아가서 이러한 스토리텔링의 힘 덕분에 영화로 만들어지기까지 한다. 테일러와 울리히의 책은 퓰리처상을 받았고, 갈릴레오 재판을 추적하는 레돈디는 《장미의 이름》의 윌리엄을 연상케 하며, 데이비스의 저술은 동명의 영화로 제작되었고 이어서 《섬머스비》란 리메이크 작품까지 낳았다. 미시사적 내러티브는 지금까지의 어떤 역사 서술 방식보다도 문학적이며 그래서 또한 '영상적'일 수 있다. 미시사에 이르러 역사 서술은 새로운 의미에서의 '이야기의 부활'을 목격하고 있는 것이다.[22]

라프로쉬망

서양의 역사 전체를 통하여 역사학과 문학은 대부분 가까운 거리에 있었다. 역사 서술이 문학의 일부이기를 거부한 때는 단지 19세기 랑케 이후 '이른바 '과학적' 역사를 추구하던 시기뿐이었다. 하지만 역사학은 언제나 자연과학의 정밀성과 법칙성도, 문학/예술의 상상력과 미학도 공유할 수 없는 운명을 가지고 있었다. 우리는 젊은 시절의 크로체처럼 역사를 한다는 것이 과학보다는 차라리 예술 행위에 더 가깝다고 말할 수도 있고, 실증주의 철학자 헴펠처럼 일반법칙이 역사 연구에서 필수 불가결한 도구의 역할을 한다고 주장할 수도 있다. 하지만 이 두 사람 모두 결국 스스로의 견해가 역사/학의 본질을 충분히 보여주지 못한다는 점을 인정했다는 것은 하나의 아이러니이다.[23]

20세기 후반, 이러한 논쟁에 새로이 불을 지핀 인물은 헤이든 화이트이다. 그는 고전적 저작 《메타히스토리》(1979)를 통하여, 역사 서술은 본질적으로 언어와 이야기를 사용하기 때문에 언제나 어떤 문학적 형식과 비유를 취할 수밖에 없다는 것을 강력히 주장했다. 그는 이러한 형식과 비유를 로망스, 희극, 비극, 풍자 및 은유, 제유, 환유, 아이러니로 분류했다. 예컨대 미슐레는 로망스 형식에다 은유를 사용했고, 랑케는 희극 형식에다 제유를 기본으로 하고 있다는 것이 그의 설명이다.[24] 화이트의 주장은 포스트구조주의 철학의 이른바 '언어적 전환' 개념과 맞물리면서 치열한 찬반 논쟁을 불러일으켰다. 현재 대부분 역사가는 실증의 한계는 인정하면서도 역사학의 본질이 진실을 추구하는 것이라는 점에 대해서는 한 치도 양보하려 하지 않고 있다.

적어도 서양 역사 서술의 발전 과정을 통해, 그리고 역사철학적 논쟁들을 통해 밝혀진 사실은 역사/학이 과학에도 문학/예술에도 완전히 포섭되지 않는다는 것이다. 역사의 본질은 곧 변화 그 자체이기 때문에, 역사학이 과학이냐 문학/예술이냐 하는 식의 정적靜的 범주론의 분류로는 결코 그 성격을 파악할 수 없다. 역사는 오히려 과학과 예술까지도 포함하는 모든 범주상의 행위에 내재된 변화의 속성을 탐색하고 그 의미를 되새기는 학문이라고 생각한다. 역사가 과학이나 예술 속에 포섭되는 것이 아니라, 거꾸로 과학자와 예술가의 활동이 언제나 역사적 성격을 가지고 있는 것이다. 왜냐하면 과학이든 예술이든 역사적 차원 속에서 움직일 수밖에 없기 때문이다. 따라서 역사학은 진실성/사실성과 문학성/예술성을 동시에 포섭하지 않을 수 없다. 역사학은 진실/사실을 추구하되 인간적 의미를 상실한 차가운 자연과학도 아니요, 이야기라는 형식을 가지되 결코 그 성격상 허구를 지향하는 문학/예술도 아니다. 다만 언제나 과학과 문학/예술 사이를 오가며 그것과의 화해를 염원하는 '라프로쉬망'의 학문일 따름이다. 역사의 여신 클리오는 혼자가 아니며 항상 자매인 문학과 예술, 그리고 과학의 뮤즈들에 둘러싸여 있는 것이다.

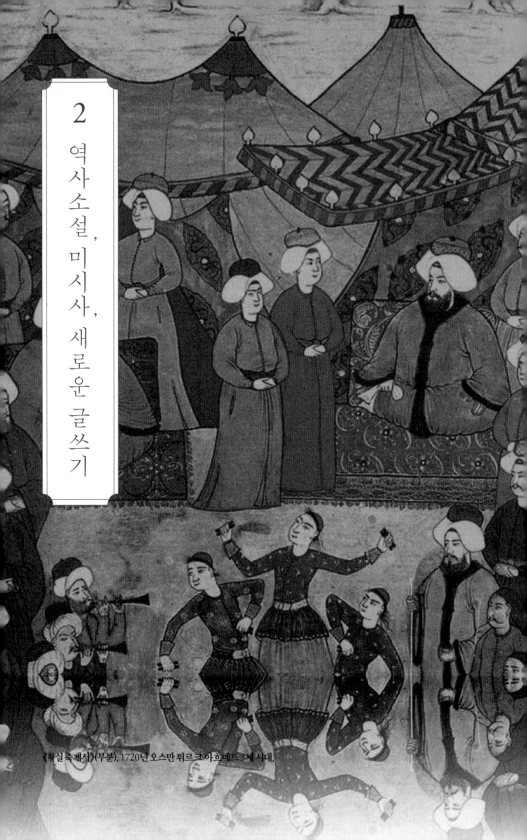

2

역사 소설, 미시사, 새로운 글쓰기

《황실 축제서》(부분), 1720년 오스만 튀르크 아흐메드 3세 시대.

최근 약 20년간 서양 역사학에서 나타난
새로운 경향 중 하나는 역사와 문학의 접근이다.
아니, 많은 역사학자가 우려하는 대로
'역사의 문학화'라고 부르는 편이 더 나을지도 모르겠다.
역사가 문학의 범주 속에 끌려가고 있다는 것이다. 로렌스 스톤은 이를
'이야기체 역사의 부활'이라 불렀다. 하지만
'부활'이란 말을 붙이기에는 어딘가 흔쾌하지 않은 구석이 있다.
동서를 막론하고 역사와 문학이
'이야기식'이 아니었던 때는 사실 별로 없었다.
역사가 이야기이기를 버리고 스스로를
'과학적'이라 표방한 것은
19세기 리얼리즘과 때를 같이한다고 흔히 말하지만,
정작 19세기는 이야기체 역사의
대가들이 즐비한 시대였다.

만초니에 기대어

최근 약 20년간 서양 역사학에서 나타난 새로운 경향 중 하나는 역사와 문학의 접근이다. 아니, 많은 역사학자가 우려하는 대로 '역사의 문학화'라고 부르는 편이 더 나을지도 모르겠다. 역사가 문학의 범주 속에 끌려가고 있다는 것이다. 로렌스 스톤은 이를 '이야기체 역사의 부활'이라 불렀다.[1]

하지만 '부활'이란 말을 붙이기에는 어딘가 흔쾌하지 않은 구석이 있다. 동서를 막론하고 역사와 문학이 '이야기식'이 아니었던 때는 사실 별로 없었다. 역사가 이야기이기를 버리고 스스로를 '과학적'이라 표방한 것은 19세기 리얼리즘과 때를 같이한다고 흔히 말하지만, 정작 19세기는 이야기체 역사의 대가들이 즐비한 시대였다. 쥘 미슐레, 토머스 칼라일, 토머스 바빙턴 머콜리 등 독특한 문체를 자랑하는 역사가들이 발자크와 톨스토이처럼 최고의 사실주의 소설가들과 같은 시대를 호흡하고 있었다. 하지만 세기말이 되면서 역사학은 이야기체보다는 '객관적' 연구 방법에 기초한 '과학적' 역사 쪽에 무게를 두었고, 20세기에 사회과학이 선도적 위치를 차지하자 그런 흐름은 더욱 급박해졌다. 아마 레오폴트 폰 랑케야말로 '과학적' 역사를 지향하면서도 여전히 이야기체 서술을 견지했던 거의 마지막 인물이 아니었던가 생각된다. 이렇게 보면, 역사가 이야기체로부터 멀어진 것은 불과 최근 한 세기가 채 되지 않는 셈이다.

19세기 리얼리즘이 20세기의 '과학적' 역사에 제공한 것은 사실과 허구, 진실과 허위를 명확히 구분하는 당시로서는 새로운 인식론이었다. 역사가는 '확고한' 사실만을 다루어야 하는 엄격한 의무를 가진 반면, 소설가는 상상력을 발휘하여 창작할 수 있는 자유로운 위치에 있다는 현대의 이분법적 사고도 바로 여기에서 유래한다. 이런 점에서, 역사와 문학 사이의 오랜 라프로쉬망을 깨뜨린 사유방식이 특히 역사소설의 장르에서 가장 첨예한 긴장을 유발했다는 것은 사실 자연스러운 귀결이다. 역사소설은 역사를 소재로 하는 소설의 한 분야이다. 역사가 객관적 사실만을 다루어야 한다면 작가의 상상력을 바탕으로 하는 소설과는 어울리기 힘들다. 설사 역사적 사실이 객관적으로 인식될 수 있다 해도, 소설을 쓰는 데 필요한 '사실'은 언제나 부족하고, 더욱이 이야기 속에 이 '사실'을 녹여 넣기란 더더욱 어려운 일이기 때문이다. 19세기 말의 역사소설은 이에 대한 돌파구를 마련해야만 하는 기로에 서 있었다.

이 문제를 진지하게 고민한 최초의 인물 중에 이탈리아 최고의 역사소설로 평가받는 《약혼자》(1827)의 작가 알레싼드로 만초니가 있다. 그는 1850년 역사와 역사소설에서의 글쓰기를 다룬 《역사소설론》을 발표했다. 이는 게오르크 루카치가 현대 역사소설 이론의 교본이 된 《역사소설론》(1936~1937)을 쓰기 약 90년 전의 일이다. 만초니는 2부로 나뉜 《역사소설론》 제1부에서 당시의 역사소설 비판을 둘로 나누었다. 첫째, 역사소설은 실재하는 것과 지어낸 것을 함께 버무려 넣음으로써 진실을 왜곡한다는 것이다. 하지만 두 번째 비판은 거꾸로, 역사소설이 오히려 사실과 허구를 지나치게 구분함으로써 작가의 의도가 이야기 속으로 잘 녹아들지 않고, 따라서 어떤 미적 감흥도 유발하지 못한다는 것이다. 이런 상반적이지만 총체적인 비판에 대해 만초니 자신이 내린 결론은 뜻밖에도 매우 비관적이다. 즉, 이 모든 비판은 역사소설이 본질적으로 "역사와 지어낸 것을 뒤섞어 놓은misti di

storia e d'invenzione"' 허위적 장르의 일종una specie d'un genere falso'인
데서 연유하고 있다는 것이었다.[2]

루카치까지도 이름 없는 민초의 삶을 "이탈리아 민중 일반의 비극
으로 고양시켰다"고 극찬한[3] 걸작 《약혼자》를 쓴 작가가 역사소설에
대해 이런 결론을 내렸다는 것은 사실 쉽게 이해하기 힘들지만, 분명
히 만초니는 진실과 허구의 구분을 매우 심각하게 생각하고 있었다.
이는 그가 근본적으로 허구로 구성된 역사소설과는 달리 흔히 사실만
을 추구한다고 생각되는 역사 서술에 대해 훨씬 더 낙관적인 견해를
제시하는 데서도 잘 나타난다.

역사 서술도 이따금 있을 법한 것을 받아들여 별 무리 없이 활용할 수 있다
고 주장한다 해서 그리 틀린 말은 아닐 것이다. 왜냐하면 그것을 있는 그대
로 제시하면서 동시에 실제로 있었던 것과 서로 구별해주기만 하면 아무
문제가 없을 것이기 때문이다. 있을 법한 것이 이야기의 일부로 들어가지
는 않을 것임이 명백하기 때문에, 이렇게 한다고 해서 이야기의 통일성이
손상되지는 않는다. 그것은 단지 그 자체로 제안되고 제시되고 토의될 뿐,
역사소설에서처럼 결코 명확한 사실과 뒤섞이거나 동등한 수준에서 이야
기되지는 않는다. 이 때문에 작품의 통일성이 훼손될 위험은 전혀 없다. 도
대체 지식과 추론의 관계만큼 자연스럽게 결합되고 연속되는 것이 또 어
디에 있다는 말인가? ……자신이 몸담은 조그만 세상에서조차도 지난날에
대해 오직 그 일부만을 알 수 있을 뿐이라는 점이야말로 인간이 지닌 가련
함의 한 측면이다. 반면, 스스로가 알 수 있는 것을 넘어 무언가를 추측할
수 있는 것은 인간이 지닌 고귀함과 힘의 또 다른 측면이다. 역사 서술이
있을 법한 것에 시선을 돌리는 것은 바로 이러한 경향을 선호하거나 증진

하는 것에 다름 아니다. 역사 서술에서 이야기하기가 반드시 최선이 아닐 때는 간간이 이야기를 멈추고 대신 추론을 사용하는데, 이는 상황이 바뀌면 그에 따라 서술의 지향점도 달라지기 때문이다. 사실에 입각한 이야기와 있을 법한 것에 근거하여 제기되는 문제들 사이의 관계를 분명히 인식하기 위해서는 오직 이 두 가지가 구별되도록 하면 그만이다. ……감히 말하건대, 역사 서술은 그 순간 이야기하기를 포기하지만 오히려 이는 가능한 한 이야기 본연의 목적에 더 가까이 다가가기 위한 것일 따름이다. 역사 서술은 언제나 이야기할 때만큼이나 추측할 때도 실제로 있었던 것을 목표로 하는 법이다. 바로 여기에 역사 서술의 통일성이 존재한다. 하지만 두 개의 상반된 목표 사이를 유랑하는 역사소설은 도대체 그 통일성을 어디에서 어떻게 찾을 것인가?[4]

만초니의 이러한 주장에는 현재의 역사가들이 음미할 만한 점들이 담겨 있다. 그는 사실과 허구를 엄밀히 구별하는 19세기 리얼리즘의 인식론을 충실히 받아들여서, 바로 자신이 쓴 역사소설의 형식을 '허위적 장르의 일종'이라고 부정하기까지 했다. 하지만, 그는 역사 서술에서 '있을 법한 것verosimile'의 존재를 결코 배제하지 않았다. 그것이 '실제로 있었던 것reale'과 서로 뒤섞이지만 않으면 된다는 것이다. 이 때문에 이야기로서의 역사 서술 형식은 일시 손상되겠지만, 이는 "이야기 본연의 목적에 더 가까이 다가가기 위한 것일 뿐"이라는 것이다.

만초니의 때 이른 주장은 별다른 호응을 얻지 못했다. 당시 역사소설은 좌파적 시야를 통해 문체보다는 '사회적 리얼리티'에 비중을 두고 오히려 그 세력을 확장한 측면이 있었다. 또한 역사 서술은 이야기체를 버리는 데서 한 걸음 더 나아가, '있을 법한 것(가능성)'을 완전히 배제하고 오직 '객관적 사실(증거)'만으로 역사를 쓸 수 있다는 '그 고귀한 꿈'을 키워나갔다. 하지만 만초니의 언명 속에는 1970년대 이후 이른바 '새로운 역사'의 이론과 방법, 혹은 포스트모더니즘의 역사인식론을 둘러싸고 벌어진 새로운 역사학 논쟁, 특히 미시사의 글쓰기 개념이 강력하게 시사되고 있으며, 비록 상이한 지적 맥락을 가지고는 있지만 바로 이것이 여기서 우리가 그를 주목하게 되는 이유이다.

사실 조각, 해석, 역사가의 책임

역사 서술이란 확고한 '객관적' 사실에 기초해야 하며, 또 그렇게 할 수 있다는 실재론적·과학적 역사인식론은 20세기 전반을 풍미하다가, 후반기에 들어 후기구조주의적 언어관이 제시되면서(사실은 구조주의 자체에서 이미 파생되었지만) 커다란 도전에 직면했다. 명목론적·수사학적 언어관이라 부를 만한 새로운 관점에 따르면, 진실은 어떤 '객관적 리얼리티'에 내재된 것이 아니고, 어떤 대상을 의미화하는 과정에서 나타난다. 그런데 의미란 자율적인 기호 체계 내의 관계들에서 나오기 때문에, 이러한 체계 외부에 독립적으로 존재하는 리얼리티를 상정하고 그것을 의미의 기초로 삼는 역사 관념은 사실 불가능하다는 것이다. 바꾸어 말해서, 역사 서술은 체계외부적·준거지향적 사건이 아니라 체계내부적·언어적 사건인 셈이다. 이런 시각에서는 역사적 내러티브가 본질적으로 문학적 내러티브와 동일해지고, 역사 서술은 사실이라는 것을 통해 리얼리티를 '반영'하는 것이 아니라 단지 의미화에 적합한 사실들을 '구성'하게 될 뿐이다. 즉, 역사는 본질적으로 일종의 담론인 것이다.

　이러한 관념을 흔쾌히 받아들일 역사가는 아마도 그리 많지 않을 것이다. 그 이유는 그것이 역사의 오랜 정체성과 자긍심을 파괴할 위험이 농후하다는 생각에서이고, 어쨌든 역사가는 사료라고 하는 '역사적 사실의 창고'에서 작업하는 사람들이기 때문이다. 하지만 자세히 살펴보면, 극단적으로 대립하는 것 같은 두 관점이 사실은 동일한 기초 위에 놓여 있음을 알 수 있다. 즉 양자가 모두 리얼리티의 존재 — 사실 이 말 자체가 매우 모호하다. 과연 한국전쟁과 같은 복합적 사건의 '리얼리티'가 어떤 단일한 '진실'로 환원될 수 있는가? — 를 부정하지는 않되, 단지 언어가 그 '진실'을 우리에게 제대로 전달해줄 수 있느냐 없느냐 하는 접근 방법상의 문제로 논쟁하는 것이다. 이는 적어도 역사인식론의 측면으로 논의를 한정시켰을 때 그렇다(철학적 입장에서 여기에 이의를 제기할 수는 있다. 그러나 서양의 사상과 철학은 심지어 해체주의적 경향이라 해도 본질상 불교의 공空이나 도가의 무위無爲에까지 이르지는 못한다는 것이 필자의 생각이다). 전통 역사가들이 지닌 실증주의적 증거관에 따르면 '잘 정련된 사실 조각'은 '증거'가 되고, 이는 곧 이면의 어떤 리얼리티를 '반영'한다. 반면 포스트모던 역사가들의 반실증주의적 입장에 따르면, 언어의 불완전한 속성 때문에 그 사실은 도리어 리얼리티에 대한 접근을 막는 장애가 된다. 비유하자면, 인간은 '언어의 새장'에 갇힌 존재이며, 뜻이 있으면 길이 있는 것이 아니라 '길이 있어야 뜻이 있는 것'이다.

　역사가는 어떤 길을 가야 하는가? 길은 오직 이 두 갈래인가? 이 문제에 답하기 위해 우리는 인식론적 차원보다는 좀 더 실제적인 차원에서 생각할 필요가 있다. 왜냐하면 역사가의 문제는 대부분 역사를 어떻게 서술할 것인가 하는 매우 실제적인 성격을 지니고 있기 때문이다. 대부분의 역사가는 만일 사실이 어떤 식으로든 리얼리티를 반영하지 않는다면 역사가의 작업이 자의적인 것으로 전락할 뿐만 아니라 그 결과도 아무 의미가 없어질 것이라고 우려한다. 역사가 객관적 사실이 아니라 단지 구성된 담론에 불과하다면 역사는 수많은 목소리로 분열될 것이고, 따라서 미래에 대한 통제력 역시 잃게 되리라는 것이다. 하지만 이는 사실 오해이다. 역사 서술의 힘은 결코 그것이 오직 사실에만 기반한다는 점에 연유하지는 않는다. 이 문제를 찬찬히 따져보자.

역사 서술에서 어떤 사실 조각이 증거로 기능하려면 우선 그것의 진정성authenticity이 밝혀져야 한다. 즉 그 사실이란 것이 위조인가 진짜인가의 문제이다. 하지만 그 사실 조각이 진짜로 판명된다 해도 그것이 어떤 의미 있는 리얼리티 ― 만일 그런 것이 있다면 ― 를 즉각적으로 '반영'하지는 못한다. 그 이유는 우선 역사를 쓰는 데 있어 필요한 사실 조각의 수가 언제나 충분치 못하기 때문이다. 역사가가 '사실fact'이라고 부르는 것은 엄밀히 말해서 '사실'의 '조각'에 불과하다. 따라서 역사 서술이란 비유하자면 조각 맞추기 같은 것이다. 하지만, 그것은 원칙적으로 미리 정해진 밑그림도 없을 뿐더러(실제로는 종종 나름의 밑그림을 생각하고 있기는 하지만), 무언가 모양을 맞추어나갈 조각의 숫자도 크게 부족한 상태이다. 만초니가 말한 '있을 법한 것'이 '추론'될 여지는 바로 이 지점에서 생겨난다. 사실 경험 있는 역사가라면 어느 누구도 수집된 사실만으로 이것만이 진실이라고 자신 있게 천명할 수 있는 리얼리티를 주장하기가 어렵다는 것을 충분히 인식하고 있을 것이다.

그러나 어느 정도 진정성이 확인된 사실 조각들을 착실히 모으기만 한다고 해서 문제가 해결되는 것은 아니다. 단편적인 사실 조각들만으로는 복합적 규모의 리얼리티가 '자동적으로' 산출되지 않는다. 예컨대 기본적으로 하루하루의 사건을 보도하는 신문기사의 경우도 사실에 근거하지만 이 사실들의 어디에 강조점을 두느냐에 따라 기사의 논조가 얼마든지 뒤바뀔 수 있다. 하물며 훨씬 더 장기적인 전망 속에서 먼 과거에 일어난 일들을 다루는 역사 서술의 경우는 더 말할 것도 없다. 역사를 한다는 것의 본질은 사실을 모으는 데 있다기보다는 그것을 재배치하는 데 있다고 할 수 있다.

역사 서술의 이러한 본질은, 우리가 한때 리얼리티라고 생각했던 것도 절대적으로 고정불변한 것이 아니라 시간의 흐름에 따라 달리 생각될 수 있다는 점에서 재확인된다. 즉 어떤 '리얼리티'의 의미가 역사적 맥락의 변화와 함께 달라진다는 뜻이다. 비유하자면, 역사란 사진에 찍힌 기계적인 상 그 자체가 아니라 오히려 같은 사진을 보면서도 때로는 미소 짓고 때로는 흐느낄 수도 있는 우리 자신의 모습 같은 것이다. 만일 역사 서술의 본질이 오직 사실에만 기초하고 있다면 시간이 지난다고 해서 그 의미가 달라지지는 않을 것이다. 우리는 그 시대가 받아들이는 의미를 그 시대의 '진실'이라고 부를 수 있다. 그리고 그러한 진실의 모습은 시간 속에서 바뀔 수 있다. 역사가 시대에 따라 계속해서 다시 쓰이는 것도 바로 이 때문이다.

종래는 이 과정을 가리켜 역사를 '해석'한다고 말해왔다. 일찍이 크로체가 연대기와 역사를 구분했을 때 그 기준으로 삼은 것도 바로 이러한 해석 과정의 유무였다.[5] 전통적인 역사가들은 사관의 존재를 부정하지 않으면서도 동시에 이러한 해석이 객관적 사실을 반영한다는 모순적인 생각을 하는 경향이 있었다. 하지만 새로운 언어관이 출현하면서 그동안 파묻혀 있던 문제가 논쟁의 도마 위에 오르게 되었다. 역사가의 연구가 해석으로 불리든 담론으로 불리든, 그것은 시간의 흐름 속에서도 움직이지 않는 선험적 '리얼리티'의 '반영'이라기보다는 사실의 진정성을 규명하고 나아가 이러한 사실들로 이루어진 복합적 역사 현상(때로는 이를 '사건'이라 불러도 좋다)이 그 시대에 어떤 의미를 지니는가를 해명하려는 역사가의 의식적인 노력의 산물인 것이다.

역사가가 사실의 진정성을 추구한다 해도 궁극적으로 역사 서술이 '사실' 그 자체보다는 역사가의 '해석' 또는 '담론'의 성격을 지니고 있다면, 혹시 있을 수도 있는 역사가의 자의성은 어떻게 통제될 수 있는가? 사실 대부분의 전통 역사가들이 우려하는 것도 이러한 점이다. 그동안 역사가들이 '사실이 말한다'는 식으로 자신들의 작업에 '자동적인' 신뢰감을 부여해왔음을 우리는 결코 부인할 수 없다. 따라서 '사실이 말하는' 것이 아니라 '역사가가 말한다'는 새로운 인식론 — 어떻게 보면 새로운 것도 아니다. 이런 류의 수사적 전통은 이미 그리스 소피스트에서부터 르네상스 휴머니스트에 이르기까지 서양의 지적 전통에서 계속해서 이어져왔다 — 에 역사가들이 혼란을 느끼는 것도 어쩌면 당연할지 모르겠다.

하지만, '역사가가 말한다'고 해서 그것이 곧 역사 서술의 자의성을 뜻하지는 않는다. 역사가의 책임 문제가 개입되는 것은 바로 이 지점에서다. 역사가는 어떤 역사 현상에 대한 자신의 해석에 대해 사회 윤리적 차원의 책임의식을 가져야만 한다. 즉 그것이 과연 이 시대를 '올바르게' 이끄는 하나의 나침반이 될 수 있는가 하는 인식을 명백

히해야 하는 것이다. 우리가 역사에 대해 논쟁하는 것은 본질적으로 그것을 구성하는 사실 그 자체에 대한 논쟁이 아니라 다수의 사실 조각들로 이루어진 복합 현상의 의미에 대한 논쟁이다. 사실이 곧 해석으로 이어지는 것이 아닌 이상, 모든 해석에는 그렇게 주장하는 데 대한 책임 문제가 따른다. 이는 물론 역사가만이 해석자의 지위를 독점하겠다는 것이 아니라, 역사가이면서 동시에 그 시대를 고민하는 지식인으로서의 시대의식이 필요하다는 뜻이다. 지금 민족주의 사관을 둘러싸고 한국의 역사학계에서 진행되고 있는 논쟁도 이런 관점에서 보아야 한다. 그것은 단순히 한국의 전통적인 역사학과 서양에서 '수입된' 포스트모던 역사학 간의 현학적인 입씨름이 아니다. 그것은 과연 어떤 역사적 해석과 시각이 이 시대에 진정으로 미래지향적 전망을 제공할 수 있는가에 대한, 역사가의 치열한 책임의식이 요구되는 일종의 시대 해석 논쟁인 것이다.

미시사와 새로운 글쓰기

역사학의 본질을 역사가가 부여하는 '의미의 역사'로 볼 때, 실제적인 역사 서술은 어떻게 바뀔 수 있을까? 이 질문을 잘 뜯어보면 여기에는 '주체'의 문제가 내포되어 있음을 알게 된다. 즉, 누가 그 역사를 쓰고 있는가 하는 것이다. 물론 이러한 주체가 단순히 그 역사책의 저자를 가리키는 것은 아니다. 문제의 핵심은 역사 서술을 이끌어가는 내레이터, 즉 화자話者의 실체이다. 논의의 편리함을 위해 역사 서술/사료의 뒷면에 존재하는 내레이터를 기준으로 글쓰기의 종류를 다음의 세 가지로 나눠보자.

1) 익명적 글쓰기: 기본적으로 3인칭, 직설법, 과거(완료) 시제를 쓴다. 다음의 예문을 보자.

오스트리아의 합스부르크 왕가는 이상적 사회에 대한 다소 고정된 관념을 가지고 있었다. 왕조와 성모 마리아에 대한 헌신이 그 신민들에게 정신적·도덕적 강인함을 부여하는 것으로 생각되었다. 거대한 상비군은 무력을 제공했다. 소수의 교육받은 계급은 사제와 공무원들을 배출했다. 독일어는 슬라브어보다 더 우수하다고 생각되었다. 따라서 독일 문화는 지배계급에게 필수적이었다.[6]

이러한 글쓰기에서는 내레이터의 목소리가 마치 무대 이면의 높은 곳에서 들려오는 듯한 느낌으로, 그 목소리의 주인공이 누구인지에 대한 독자의 의문을 희석시키고 이야기의 내용을 '객관적'인 진실인 양 그대로 믿게 만든다. 이러한 목소리는 사실 주체가 없거나 주체를 감춘 '얼굴 없는' 목소리이거나 혹은 다수의 목소리를 짜깁기한 비인격적인 '합성' 목소리일 가능성이 크다. 명목상의 저자는 오직 책의 서문이나 감사의 글 정도에서 자기 목소리를 낼 수 있을 뿐이다. 또한 합성 목소리의 구성 요소가 된 다른 목소리들 역시 각주로 쫓겨나 겨우 얼굴을 내미는 정도이다. 이른바 '과학적' 역사 서술은 사실과 해석을 구별하지 않는 것을 미덕으로 여기므로, 주체 없는 글쓰기로 전락할 위험을 항상 가지고 있다. 현재 대부분의 통상적인 역사서가 여기에 해당되는데, 교과서적 성격이 짙은 경우일수록 이러한 특징이 두드러진다. 10여 년 전까지도 영화관에서 상연 첫머리에 보여주던 '대한뉴스' 같은 이른바 다큐멘터리 역시 사실을 가장한 편집에다 화면 뒤로 들려오는 내레이터의 존재에 이르기까지, 영상으로 표현되는 점만 다를 뿐 익명적 글쓰기의 모든 요소를 빠짐없이 갖추고 있다.

2) 자전적 글쓰기: 1인칭을 기본으로 하고, 직설법, 조건법, 가정법 등, 시제는 현재, 과거, 반과거, 복합과거 등을 다양하게 사용한다.

이 말에 나는 한순간 주저하다가 말했다. "가장 축복 받으신 교부님, 제가 모델보다도 십 배나 더 잘 만들지 못하면 당신께서는 저에게 한 푼도 지불하지 않으셔도 좋다고 미리 약속드립니다." 그들 모두가 이 말을 들었을 때 귀족들은 내가 지나친 약속을 한다고 소리치며 큰 소란을 일으켰다.[7]

이 유형의 장점은 화자의 정체성이 명확한 데다 한 화자의 다양한 목소리까지 들을 수 있고, 때로는 다른 화자의 목소리도 간접적으로 전달해주는 이점이 있어 익명의 글쓰기와 다르다. 하지만 일방적인 목소리라는 측면에서는 앞의 경우와 유사한 한계를 가질 수 있다. 자서전과 일기 등이 전형적으로 취하는 글쓰기이다.

3) 다성적多聲的 글쓰기: 3인칭을 위주로 한 이야기와 1인칭(혹은 1인칭을 잠재 주어로 하는 3인칭 수동태)의 해석이 본문 속에서 비교적 서로를 구분하며 적절히 병렬된다. 다양한 화법이 쓰일 수 있지만, 특히 조건법이나 가정법을 통해 화자의 생각을 드러낸다.

두 젊은이는 그 지역 주변이나 다른 곳을 떠돌아다니다가 만났을 수도 있다. 하나의 '사고실험'으로서 아르티가의 상속자가 사자 출신의 달변가 농민을 만났을 때 어떤 일이 일어났을지 상상해보자. 비록 마르탱이 아르노보다 더 크고 야위고 피부색이 검기는 하지만 그들은 서로 닮았다는 것을 알게 된다. ……그들은 닮았다는 사실에 흥분되고 매료된다. ……그들은 서로의 처지를 털어놓는다. 마르탱은 자신의 상속 재산과 아내에 대한 양면적 감정을 표시하고 아마도 자신과 닮은 사람에게 "그녀를 가지라"고 암시할 것이다. 그리고 팡세트는 생각한다. "그래 볼까?"[8]

이러한 유형의 글쓰기는 이름 그대로 다양한 화자의 목소리가 그대로 드러난다. 이 경우, 독자는 사실/'있을 법한 것'/주석·해석·담론이 구분된 이야기를 읽으면서, 때로는 이야기의 전개에 스스로의 판단을 개입해볼 수도 있다. 긴즈부르그의 《치즈와 구더기》, 데이비스의 《마르탱 게르의 귀향》 등 미시사의 대표작들이 이런 글쓰기를 선보이고 있다. 이러한 글쓰기는 독자들에게 저자의 메시지를 단순히 전달하거나 '가르쳐주는' 것이 아니라, 독자 역시 저자의 사고와 추론을 나름대로 따라가면서 그와 다른 견해를 가지도록 할 수도 있는 여지를 남긴다.

이상에서 제시한 이야기 유형 가운데에서, 필자가 역사 서술의 새로운 모형으로 생각하는 것은 다성적 글쓰기이다. 이는 목소리의 주체를 드러낸다는 점에서 익명적 글쓰기와는 다르며, 여러 목소리를 함께 들려준다는 점에서는 자전적 글쓰기와도 구별된다. 즉 '누구를 위한 역사인가?'라는 젠킨스 식 물음[9]에 대해 여러 층위의 이야기를 제시하여 종래의 '역사란 무엇인가?'라는 문제 제기가 갖는 유일 진리 중심적인 한계성을 벗어나려는 것이다. 또한 이러한 글쓰기는 만초니가 제기했던, 사실과 가능성을 모두 이야기 전개의 단서로 받아들임으로써 새로운, 혹은 '더 나은' 이야기를 지향한다.

긴즈부르그는 미시사의 특징 중 하나로 '가능성의 역사'를 꼽았다. 19세기 이후의 역사인식론이 주장하는 엄격한 '증거'도 권력관계에서 자유로울 수 없는 엘리트적 속성을 가졌으므로, 그것만을 역사 서술의 기초로 삼는 것은 곧 부지불식간에 엘리트적 역사관을 추종하는 셈이다. 역사 속의 '잊힌 사람들'을 역사의 무대 위에 불러오기 위해서는 좀 더 다양한 목소리들이 발굴되어야만 한다. 관련 자료가 유실되었거나 혹은 자료로 만들어지지 않은 경우, 시공간적으로 인접한 고문서의 사료를 통해 틈새를 연결하려는 미시사가의 시도는 사실 거의 유일한 해결책이라 할 수 있다. '가능성possibilità'의 역사는 추론적 패러다임 또는 실마리 찾기를 시도하며, 따라서 이런 종류의 이야기는 비교적 명확한 사실, 최선의 추정에 기초한 가능성 및 그에 대한 저자의 해석으로 구성된다.[10] 프랑스 구조주의 언어학자 에밀 벤베니스트가 말한 '역사histoire'와 '담론discours'[11]이 만초니가 구분한 '실제로 있었던 것' 및 '있을 법한 것'과 만나 상호 교직하면서 하나의 이야기를 만들어나가는 것이다.

역사 서술을 함에 있어 익명적 글쓰기의 형식을 완전히 도외시하기란 아마 어려울 것이다. 비교적 증거가 명확하고 역사가들 사이에 대체적으로 합의가 되어 있는 부분은 여전히 그러한 글쓰기를 활용할 수 있다. 하지만 역사가가 전체적으로 시종일관 이러한 형식만을 고집한다면 그것은 자신이 과거의 모든 일을 판단할 수 있다는 오만을 드러내는 데 불과하다. 증거의 '실증성'을 과신하지 않고, 해석의 변화 가능성을 겸허하게 받아들이며, 스스로가 행한 최선의 추론 과정 그 자체를 독자들에게 여과 없이 보여줌으로써, 가능한 한 독자와 유리되지 않도록 노력하는 자세야말로 다성적 글쓰기의 첫걸음이다.

역사소설과 실험적 글쓰기

역사소설에는 어떤 글쓰기가 있을 수 있을까? 역사 서술과는 달리, 역사소설은 아무래도 이 측면에서 좀 더 자유롭다. 다양한 실험적 글쓰기가 가능하다는 말이다. 한국의 역사소설 중, 루카치적 의미에서 가장 '정통적'인 작품은 아마 홍명희의 《임꺽정》(1934~1935)일 것이다.[12] 그런데, 이 작품에서는 역사적 사실과 작가의 의도가 구분되지 않고 한데 버무려져 있다. 역사/담론, 실제로 있었던 것/있을 법한 것이 마치 하나의 이야기인 양 전개되고 있는 것이다. 작품 속에는 작중 인물들 간의 대화 같은 문학적 장치가 존재하기는 하지만, 홍명희의 글쓰기는 본질적으로 역사 서술의 유형 중 익명의 글쓰기와 동일하다고 볼 수 있다.

그러나 역사소설은 어디까지나 역사가 아니라 문학의 일부이기 때문에, 역사 서술과는 달리 이러한 방식이 오히려 내러티브의 통일성을 강화해 독자로 하여금 이야기에 빠져들게 해줄 수 있다. 역사소설을 쓰는 작가라면 가능한 한 사실 입증에 대해 역사가의 조언을 받아들여야 하겠지만, 역사소설이 얼마나 엄밀한 사실 고증을 거쳤느냐는 문제는 일단 부차적이라고 생각된다. 왜냐하면 기본적인 사료 자체가 부족한 상황에서, 직업적 역사가도 아닌 소설가가 역사학이 요구하는 고증의 기준을 지키면서 작품을 쓸 수 없는 것이 현실이기 때문이다.[13]

하지만 대부분의 역사소설이 채택하고 있는 홍명희식 글쓰기가 역사소설을 쓰는 유일한 방법은 아니다. 얼마든지 다양한 유형들이 실험될 수 있을 것이다. 예를 들어보자. 김탁환의 《나, 황진이》는 외형상 자전적 글쓰기의 형식을 선보이고 있다.

금오金烏가 날아오르기를 기다려 신흥사로 내려왔답니다. 절 앞에 맑은 못과 반석이 있었지요. 석가에게 자비를 구하여 배라도 채울 요량으로 바삐 걸음을 재촉하는데 계곡에서 맑은 노랫소리가 흘러나왔습니다.[14]

그러나 자세히 살펴보면 그 속에 황진이의 목소리만이 아닌 다른 목소리들이 다수 들어 있다. 그리고 작가는 그 목소리들의 존재를 미묘하지만 분명히 독자에게 알리고 있다. 게다가 이 작품의 아래쪽에 실린 수많은 주석은, 독백 조로 이어지는 1인칭의 내러티브에 젖어들다가도 다시금 역사적 거리와 맥락을 새삼 인식하게 한다.

허태휘의 지적처럼, 내가 원한 공부와 스승의 학풍이 딱 들어맞지는 않았답니다. 스승이 나를 문하로 받아들이기를 망설인 만큼 나 역시 꽃못에서의 배움을 주저한 것도 사실이지요. 벽라의碧蘿衣의 스승은 나아가는(進) 것보다 돌아가는(復) 것으로 삶의 근본을 잡고 계셨으니까요. 가야금과 책만 벗하며 지내면 어찌 계유를 좇아 보낼 수 있겠느냐고 따진 것이 귀법사 계곡이었지요.[15]

위 인용문 마지막 문장 끝에는 다음과 같은 각주가 달려 있다.

서경덕은 황진이와 허태휘를 비롯한 제자들을 데리고 귀법사에 다녀온 다음에 〈귀법사 앞 계곡에서 노닐다遊歸法寺前溪〉를 지은 듯하다.

위아래로 산봉우리와 계곡을 다니고 또 다니면서
반나절을 한가히 놀아봐도 다하지 못한 맑음 있네
뒷날 푸른 산허리에 살게 된다면
오직 가야금과 책만으로 한평생을 보내리라.[16]

흥미롭지 않은가. 작가는 마치 황진이가 실제로 귀법사 계곡에서 스승 서경덕과 일종의 교리 논쟁을 벌인 것처럼, 각주 첫머리에다 "서경덕은 ……'유귀법사전계'[란 시]를 지은 듯하다"고 써놓았다. 이는 현존하는 자료가 거의 없는 황진이의 행적에 대해, 추적할 수 있는 최대한의 '사실'에 기반한 최선의 가능성을 모색하려는 작가의 노력을 보여준다. 동시에 그것은 독자로 하여금 황진이의 독백이 마치 사실에 기초한 것으로 믿도록 만드는 소설적 장치이기도 하다.

김영하의《아랑은 왜》[17] 역시 글쓰기의 면에서 눈길을 끈다. 여기서 작가는 밀양의 아랑 전설에 얽힌 사연을 현재와 과거, 사실과 허구, 이야기와 주석, 1인칭과 3인칭을 넘나드는, 이른바 포스트모던 방식으로 재구성하고 있다. 작품은 작가가 '큰줄흰나비'에 대해 설명하는 것으로 시작된다. 아랑이 나비 중에서도 하필이면 이 '큰줄흰나비'였을 가능성이 크다는 것이다. 이어서 아랑 이야기를 다룬 고판본과 구전설화를 자못 '학문적으로' 해설하고 나서는, 그중에서도 "가장 새로운 시각을 보여준" '딱지본'《정옥낭자전》을 들고 나온다. 물론 이 딱지본은 작가의 허구이다. 마치 에코의《장미의 이름》서두에 나오는 아드소의 기록과 같은 역할을 하는 것이다.

　이후 소설은 때로 어사를 수행하는 김억균의 관점에서, 또 때로는 작가 자신의 관점에서 번갈아가며 전개되는데, 이 와중에 현대에 살고 있는 '그들(박과 영주)' 또는 이 소설에 등장해보겠다고 오디션에 온 '배우들'이 등장하고 이들은 종종 작가 자신과 겹쳐지기도 한다. 작가 김영하는 독자를 헷갈리게 만드는 이러한 중첩적 장치들을 짤막한 장들로 구분함으로써(장수는 총 50개에 이른다), 지적으로 예민한 독자들이라면 그래도 이야기를 따라갈 수 있도록 배려해놓았다. 더불어 이러한 장치들을 숨기지 않고 독자에게 모두 밝힌다. 그래서 독자는 작가를 따라 이편에서 사건을 바라보기도 하고 저편에서 사건을 관망하기도 한다. 이러한 기법은 긴즈부르그의 《치즈와 구더기》나 데이비스의 《마르탱 게르의 귀향》을 빼닮았다.

　《나, 황진이》나 《아랑은 왜》가 역사소설인지 아닌지에 대해서는 보는 사람에 따라 견해가 다를 수도 있겠지만, 이 작품들을 통해 우리는 역사소설도 이런 류의 실험적 글쓰기를 얼마든지 시도할 수 있다는 것을 알게 된다. 포스트구조주의에 기초한 새로운 언어관과 미시사/문화사류의 새로운 역사 연구 방법이 출현한 현재의 시점에서, 역사소설은 그 어느 때보다도 역사와 문학의 라프로쉬망을 자극하는 촉매의 역할을 크게 요구받고 있다.

3

민중은 비운 속에서도 희망의 씨앗을 뿌린다

비토레 카르바초, 〈약혼자와 순례자〉(1495), 캔버스에 템페라, 베네치아 갈레리에 델 아카데미아.

─만초니의《약혼자》

민중을 역사의 무대 위로 불러오려면 어떻게 해야 할까?
민중이 역사의 주체라는 말은 많이 듣지만,
그것을 역사화하기는 결코 쉽지 않다. 우선 민중은
엘리트 계급과는 달리 사료가 될 만한 기록을 거의 남기지 않았다.
그들이 초보적으로라도 글을 읽고 쓸 수 있게 된 것은
20세기에 들어 대중 교육이 시작되고 난 다음의 일이기 때문이다.
이는 문자 기록을 실증의 금과옥조로 삼는
근대 역사학의 관점에서 볼 때 결정적인 약점이 된다.
도대체 먹고 살기에도 급급했던 민중이란 존재가
어떻게 스스로 공문서를 만들어내고
자신들의 생각과 느낌을 또박또박 적어놓을 수 있었겠는가?
민중이 현실적으로는 존재했으되 정작 역사책 속에는
제대로 쓰일 수 없었던 이러한 상황이야말로
근대 역사학 최대의 역설인 셈이다.

잠을 깬 아가씨는 자신의 감옥을 알아보았다. 지난 끔찍한 하루에 대한 모든 기억과 앞으로 닥칠 모든 두려움이 한꺼번에 엄습했다. 매우 흥분했던 터라 그렇듯 고요한 정적과, 그런 식의 휴식과, 그렇듯 방치된 상황은 그녀에게 또 다른 공포감을 안겨주었다. 그녀는 그렇듯 괴로운 생각에 패배했을 뿐이지 죽고 싶다는 생각은 하지 않았다. 그러나 그 순간 적어도 기도는 할 수 있으리라 생각했다. 그 생각과 더불어 돌연한 희망을 품었다. 다시 묵주를 쥐고 로자리오를 암송하기 시작했다. 기도 소리가 떨리는 입술에서 차차 흘러나오자 마음이 흐릿한 신뢰감으로 차오르기 시작했다. ……"오, 성스러운 성모 마리아님! ……도와주세요! 이 위험을 벗어나게 해주시고, 안전하게 어머니에게 돌아가게 해주세요. 주님의 어머니시여. 그리고 처녀로 남겠다고 당신께 서약합니다. 당신 외에 다른 누구의 소유가 되지 않기 위해 제 가련한 사람을 영원히 거절하겠습니다(《약혼자》 21장 중에서).

만초니

알레싼드로 만초니는 1785년 밀라노의 유복한 지주 집안에서 태어났다. 아버지는 레코 출신의 대지주 피에트로 만초니였고 어머니는 줄리아 베카리아였다. 만초니는 어려서 가톨릭 기숙학교에 들어갔으나, 20세가 되던 1805년 아버지와 결별하고 파리에서 살던 어머니와 같이 생활하게 된다. 이 파리 생활은 그에게 프랑스적 개혁 사상을 심어줌으로써 내내 큰 영향을 주게 된다. 3년 뒤 그는 칼뱅파인 엔리케타 블롱델과 결혼한다. 칼뱅파와 가톨릭 사이에서 약간의 갈등을 빚던 부부는 1810년 완전히 가톨릭으로 개종한다. 개종이 가져다준 심적 안정 덕분에 그는 곧 《성가聖歌》를 비롯한 일련의 종교시와 《가톨릭 도덕론》을 발표하게 된다. 이어 이탈리아의 분열상을 다룬 《카르마뇰라 백작》과 비극 《아델키》를 쓴다. 1823년 《페르모와 루차》를 거쳐 1827년 드디어 대표작 《약혼자》가 간행된다. 1833년 아내 엔리케타가 죽고, 이어서 그가 두 번의 결혼으로 얻은 9명의 자식 중에 7명이 앞서 죽는 고통을 맛보게 된다. 1845년에는 역사소설에 대한 회의적 생각을 담은 《역사소설론》이 나온다. 그는 1861년 이후 통일 이탈리아의 상원의원으로 활동하다가, 1873년 세상을 떠났다.

잊힌 민중을 역사로 불러오는 두 갈래의 길

민중을 역사의 무대 위로 불러오려면 어떻게 해야 할까? 민중이 역사의 주체라는 말은 많이 듣지만, 그것을 역사화하기는 결코 쉽지 않다. 우선 민중은 엘리트 계급과는 달리 사료가 될 만한 기록을 거의 남기지 않았다. 그들이 초보적으로라도 글을 읽고 쓸 수 있게 된 것은 20세기에 들어 대중 교육이 시작되고 난 다음의 일이기 때문이다. 이는 문자 기록을 실증의 금과옥조로 삼는 근대 역사학의 관점에서 볼 때 결정적인 약점이 된다. 도대체 먹고 살기에도 급급했던 민중이란 존재가 어떻게 스스로 공문서를 만들어내고 자신들의 생각과 느낌을 또박또박 적어놓을 수 있었겠는가? 민중이 현실적으로는 존재했으되 정작 역사책 속에는 제대로 쓰일 수 없었던 이러한 상황이야말로 근대 역사학 최대의 역설인 셈이다.

역사에서 잊혀왔던 민중을 다시 역사의 주체로 복원하기 위해서 현대 역사가들이 모색한 길은 두 갈래이다. 첫째는 민중을 하나의 덩어리로 복원하는 것으로 20세기 중반기에 프랑스 아날학파[1]가 했던 작업이 그런 것이었다. 그들은 인구통계학적 방법을 활용하여 민중이라

추정되는 집단들의 출생, 혼인, 사망, 종교에 대한 태도 등을 연구했다. 이는 개념 속에서만 존재했던 종래의 민중을 현실화했다는 점에서는 큰 발전이었다. 하지만 그들의 진짜 얼굴을 보고 생생한 목소리를 들을 수는 없었다. 민중은 이제 역사의 무대 위로 올라오기는 했지만, 여전히 익명의 집단으로 머물 수밖에 없었던 것이다.

1970년대에 들어 두 번째 길이 조심스럽게 시도되었다. 그것은 살아 있는 개인으로서의 민중을 만나기 위한 일종의 실험이자 동시에 기존의 구조적 역사학에 대한 도전이었다. 이른바 미크로스토리아 microstoria, 즉 미시사[2]가 출현한 것이다. 1970~1980년대에 나온 카를로 긴즈부르그의 《베난단티》, 《치즈와 구더기》, 내털리 제이먼 데이비스의 《마르탱 게르의 귀향》, 프랑코 라멜라의 《땅과 베틀》 등이 그런 유형의 선구적 저작이다. 미시사가들은 재판 기록, 일기, 구전, 설화집 등 종래에는 별로 신뢰하지 않았던 '증거'들을 실마리 삼아 마치 탐정처럼 민중 계급에 속한 실제 인물들의 이력을 추적하여 그것이 역사에 던지는 일반적 의미를 새롭게 해석한다. 《치즈와 구더기》의 방앗간 주인 메노키오는 엘리트 계급과 민중 계급의 경계에서 민중의 오랜 농경적 습속들을 형상화했던 인물로 그려지고 있으며, 《마르탱 게르의 귀향》 속의 평범한 농촌 여성 베르트랑드는 오랫동안 가출했던 남편과 진짜라고 주장하는 가짜 남편 사이에서 아슬아슬한 생존 전략을 펼치는 존재로 묘사되고 있다. 민중을 실제 숨 쉬는 인간으로 되살려내려는 미시사의 이론과 방법은 1990년대 이후 연구 영역과 주제를 확장한 2세대 미시사로 발전해나가면서 20세기 후반의 '새로운 역사학'의 조류에서 중요한 위치를 차지하고 있다.

역사소설 속의 민중: 도구인가 주체인가

민중을 역사의 무대 위로 불러오는 데는 이 두 가지 외에도 또 다른 길이 있을 수 있다. 바로 역사소설이 그것이다. 역사소설은 역사학과 문학의 경계에 위치한다. 그것은 역사학과는 달리 엄밀한 실증의 규칙에 얽매이지 않고 허구와 상상을 허용한다는 점에서 분명히 문학의 한 부분이다. 동시에 그것은 주제로 설정된 시대 및 장소와 주요 등장인물 등을 독자가 납득할 만한 수준으로 반드시 역사로부터 차용해와야 한다는 점에서는 완전한 허구를 허용하는 소설 일반과는 다르다. 요컨대 역사소설은 소설의 한 형식임에는 틀림없으나, '역사'라는 수식어가 그 성격 규정에 상당한 제약—혹은 독특성—을 부과하고 있는 것이다.

역사소설은 역사인가 소설인가를 묻다가 보면 자연스럽게 또 다른 의문 하나가 고개를 든다. 그 속의 등장인물들은 역사적 도구일까 역사적 주체일까? 역사소설의 이론과 실제를 관통하는 핵심 문제는 바로 이러한 의문에서 출발한다. 근대 역사소설 이론의 선구자 격인 게오르크 루카치는 자신의 유명한 《역사소설론》에서 마르크스적 시각에 기반하여 인간의 역사적 주체성을 계급적 집단의식 속에서 찾았다. 그에게 개인은 단지 현실에서 이러한 계급의식을 보여주는 대리인에 불과했다. 이런 관점에서 볼 때, 훌륭한 역사소설이란 줄거리 속의 개인과 사건이 언제나 작가가 미리 정해놓은 계급의식의 발전 방향을 따라 흘러가도록 짜여 있는 것이었다. 또한 이를 위해서라면 소설 속의 배경이나 인물들이 그 시대와 장소에 잘 맞지 않아도 어느 정도는 받아들여질 수 있다고 주장했다. 즉 역사학적 방법의 핵심인 시대착오성anachronism[3]의 개념도 무시할 수 있다는 것이다. 《아이반호》[4]를 비롯해 수많은 역사소설을 썼던 19세기 스코틀랜드의 작가 월터 스코트가 바로 이러한 점들을 잘 살린 사례로 높이 평가되었다.

하지만 이러한 관점은 필연적으로 그렇다면 역사를 이끌어가는 주체가 누구인지 의문을 던지지 않을 수 없게 만든다. 예컨대 민중이 바로 그 주체라고 말할 수도 있다. 그러나 잘 정의되지 않는 모호한 집단으로서의 민중이 어떤 자각을 할 수 있다는 말인가? 자각이란 결국 개인의 반성적 과정을 거쳐 나타나는 것이 아닌가? 역사 속에 파묻혀버리는 개인이 아닌 역사의 한 행위자로서 행동하고 사고하는 개인에 대한 관심이 루카치와는 다른 유형의 역사소설을 생산해냈다. 이들은 주체를 외적 상황으로서의 이데올로기에서 찾지 않고 개인 심리의 성찰이라는 내적 요소에서 찾으려 한다. 전자를 고전적 유형이라 부를 수 있다면, 후자는 근대와 그 이후의 유형으로 자리매김할 수 있겠다.

역사소설을 바라보는 이 두 관점은 상호 절충이나 보완이 가능할 것처럼 보이기도 하겠지만, 인식론적으로 볼 때 결코 병존될 수 없는 두 극단을 대변한다. 비유하자면 이는 소립자를 망원경으로 볼 수 없고 별을 현미경으로 볼 수 없는 것과 같다. 어떤 역사소설도 이러한 문제들에서 비켜갈 수 없다.

민중의 비운을 극화한 만초니

알레싼드로 만초니의 역사소설 《약혼자》는 17세기 이탈리아 민중의 비운을 극화한 작품이다. 만초니는 이탈리아 교과서에 실릴 만큼 유

명한 문인이지만, 극소수 학자들을 제외하면 한국의 일반 독자들에게
는 거의 알려져 있지 않다. 이런 사정 속에서 한국에도 최근 그의 대
표작 《약혼자》가 번역된 것은 분명히 하나의 사건임에 틀림없다. 이
는 처음 소개된 작품인 만큼 대략적인 줄거리를 미리 얘기해두는 편
이 좋을 듯 싶다.

주인공인 렌초와 루차는 이탈리아 북부 밀라노 공국의 작은 도시
레코 부근 마을에 사는 평범한 농민이다. 시대 배경인 1628년에서
1631년 사이는 이탈리아가 에스파냐의 지배 아래 있을 때이다. 두 남
녀는 곧 결혼하기로 약속한 사이다. 하지만 우연히 길을 가다가 루차
를 본 인근의 영주 돈 로드리고가 마을 신부 돈 압본디오에게 결혼식
주례를 하지 못하도록 압력을 넣는 바람에 두 사람의 비극이 시작된
다. 렌초와 루차는 결국 로드리고의 손에서 벗어나기 위해 다른 곳으
로 도피하게 된다. 하지만 이 과정에서 헤어지면서 그들은 이 작품의
주요한 줄거리를 이루는 갖가지 파란만장한 사건들에 휘말리게 된다.
당시는 만토바 공국의 계승권을 둘러싸고 프랑스와 에스파냐의 재상
리슐리외와 올리바레스가 한창 전쟁 중이었고, 여기에다 페스트로 보
이는 역병까지 창궐하고 있을 때였다. 렌초는 루차의 소식을 수소문
하며 밀라노로 들어갔다가 때마침 일어난 식량 폭동에 연루되는 위기
를 맞기도 한다. 또한 그들은 둘 다 역병에 걸리지만 기적적으로 치유
되고 결국에는 만나게 된다. 하지만 그들에게 공포의 원천이었던 로
드리고는 역병의 희생자가 된다. 마지막은 해피엔딩이다. 그들은 고
향으로 돌아와 그들을 애먹였던 나약한 신부 압본디오의 주례로 드디
어 결혼식을 올리게 된다. 뒤이어 아이들이 태어나고, 렌초는 그들에
게 자신이 살아온 삶을 얘기해준다.

만초니가 뒤에 《약혼자》로 알려지게 될 소설의 초고를 쓰기 시작한 때는 1821년 4월경이다. 당시에 붙여진 원래의 작품명은 《페르모와 루차》였다. 그는 2년 후 일단 집필을 끝냈으나, 계속해서 내용을 수정했기 때문에 그것이 실제로 출판된 것은 1827년에 이르러서였다. 작품은 간행 즉시 큰 성공을 거두었으며, 이탈리아는 물론 다른 나라에서도 큰 호평을 받았다. 독일의 괴테와 라마르틴⁵ 같은 저명 문필가들이 찬사를 보냈다. 수년 내에 프랑스어, 독일어, 영어 번역본들이 속속 출간되었다.

하지만 꼼꼼한 성격의 만초니는 작품의 수정을 여기서 멈추려 하지 않았다. 그는 이때쯤 과연 이탈리아어는 어떤 지방어를 기초로 해야 하는가 하는 해묵은 논쟁에 관심을 두게 되었고, 피렌체 중심의 토스카나 방언이 가장 좋은 대안이라고 생각했다. 그는 이후 오랫동안 토스카나 방언의 관용적 표현들을 공부하여 《약혼자》가 처음 간행된 지 무려 13년 뒤인 1840년 11월, 토스카나 방언으로 쓰이고 내용도 대폭 보완된 《약혼자》 마지막 판본을 세상에 내놓았다. 이것이 지금 우리가 읽고 있는 작품이다. 《약혼자》의 명성은 뒤에 이탈리아어가 토스카나 방언 중심으로 표준화되는 데 크게 기여했다.

만초니가 《약혼자》란 역사소설을 쓰겠다고 마음먹은 데는 역사 속의 민중에 대한 그의 관심이 자리 잡고 있었다. 그는 1820~1822년 사이 비극 《아델키》를 썼는데, 여기에는 《약혼자》에서 잘 나타나는 통치 계급과 종속 계급 사이의 관계나 인구의 다수를 차지하는 민중의 존재에 대한 자각 등이 선구적으로 표출되고 있다. 이 작품은 8세기 후반 프랑크족과 롱고바르도족⁶ 사이의 각축전을 그린 것이다. 아델키는 샤를마뉴에 의해 정복된 롱고바르도 왕조의 마지막 왕이다. 비록 이 작품의 주인공은 모두 군주들이지만 아델키는《약혼자》에서 민중의 모습으로 바뀌어 나타나는 페르소나'라고 볼 수 있다. 그는 특히 이 작품의 말미에 붙여 출간한 롱고바르도족의 역사에 관한 장문의 논고를 통해, 비록 역사에서 적극적인 역할을 하지는 못했지만 그럼에도 불구하고 그들의 존재가 확연히 느껴지는 수없이 많은 남녀가 당시 어떤 조건 아래서 어떤 감정과 생각을 가지고 살아갔는지, 그것에 대해 알려진 것이 거의 없다는 점을 한탄했다. 그는 친구 포리엘에게 보낸 편지에서 이에 대해, 역사가들이 어떻게 이들을 인식하지 않고 가장 중요한 문제들을 해결했다고 생각했을 수 있는지 진정 이해하기 어렵다고 썼다.

역사 속의 민중을 어떻게 그려낼 것인가

《약혼자》의 플롯은 어떻게 보면 지극히 단순하다. 결혼이 적대적인 세력이나 환경 때문에 좌절된다는 것은 이미 고대 로마의 플라우투스나 루키아노스 이래로 서양 작가들이 종종 사용해오던 주제였다. 결말은 또 어떤가.

> 전 재난을 구하러 가지 않았어요. 재난이 절 찾아온 거예요. ……제 잘못이 당신을 좋아하고 당신에게 결혼을 약속한 것이 아니라면 말이죠.

작품의 말미에서 루차가 웃으면서 말한다. 그들은 이렇게 결론을 내린다. 재난이 가끔 찾아오는 것은 그들 자신이 원인을 제공했기 때문이라고. 그러나 더욱 신중하고 결백하게 행동한다면 재난을 피할 수 있으며 설사 재난이 닥친다고 해도 신을 믿으면 살길이 보이고 오히려 더 나은 결과를 가져오게 할 수 있다고. 만초니는 스스로 화자가 되어 다시 이렇게 덧붙인다. "비록 비천한 사람들이 내린 결론이긴 하지만 이것이 전체 이야기의 본질로서 이쯤에 놓이는 것도 별로 틀리지는 않은 것 같다."

역사소설이 이른바 역사적 전형성[8]을 획득해야 한다고 생각하는 비평가에게는 이러한 결말이 심히 불만스럽게 보일 것이다. 일찍이 루카치는 자신의 《역사소설론》에서, 《약혼자》가 내용이 독창적이고 규모가 웅대하면서도 동시에 많은 점에서 월터 스코트를 능가하는 면이 있다고 칭찬했다. 극히 다양한 사회 계급의 인물 묘사에서 나타나는 상상력과 역사적 진실성에 대한 감수성은 스코트와 적어도 동등한 수준이며, 성격 묘사의 다양성과 깊이에서, 그리고 거대한 비극적 갈등으로부터 개인적·정신적 가능성을 추출해내는 데 있어서는 오히려 스코트를 넘어서고 있다는 것이다.

하지만 루카치가 볼 때 만초니의 한계는 민족사의 위기를 다루기보다는 단지 협소한 한 지역의 농촌 처녀총각의 사랑과 이별, 그리고 재결합 같은 일종의 삽화들을 다루고 있을 뿐이라는 점에 있었다. 물론 독자들은 이러한 삽화적 사건 묘사를 통해 당시 이탈리아 민중이 처해 있던 봉건적 상황과 그것이 초래하는 민중 일반의 비극을 느낄 수는 있겠지만, 그럼에도 불구하고 스코트의 딘스 혹은 레베카[9]의 영웅적 드라마를 구성하지는 못한다는 것이다.

그러나 우리는 각자의 사관에 따라 루카치와는 전혀 다른 해석을 내릴 수도 있다. 역사 속의 개인은 언제나 시대의 도구에 불과한 것인가? 그렇다면 그것을 도구화하는 시대 조류의 방향은 도대체 누가 정하는 것인가? 루차의 불운은 목가적 삽화이고 레베카의 행적은 영웅적 드라마라는 판단은 결국 비평가가 역사를 어떻게 보는가에 달려 있는 것이다. 어떤 사실과 이론도 그것을 쓴 사람의 사관을 뛰어넘을 수는 없는 법이다.

렌초와 루차의 행적이 언뜻 보기에 지나치게 수동적인 것으로 비칠 수 있다는 것은 사실이다. 밀라노로 들어가다가 우연히 폭동에 휘말리고 도피 중인 몸이면서도 사람들 앞에 나서는 '경솔한' 행동으로 경찰에 쫓기게 되는 렌초. 자신의 불운에 대한 해결책을 오직 성모 마리아에게만 의탁하고, 심지어는 렌초와의 결혼도 파기하겠다고 서원하는 루차. 온갖 연줄을 동원하여 집요하게 그들을 추적하는 압제자 로드리고. 이 모든 것을 원래의 상태로 되돌려놓는 것은 민중적 저항 의식도 아니고, 페스트라는 신이 내린 천형이었다. 사악한 로드리고는 '신의 응징을 받아' 역병에 걸려 죽는다. 하지만 아무런 잘못도 없이 그가 쳐놓은 덫에 걸렸던 렌초와 루차는 기적적으로 치유된다. 신의 섭리가 만사의 해결책이란 말인가?

하지만 《약혼자》는 결코 단순한 플롯과 기계론적인 섭리관 — 인간사가 오직 이미 정해진 섭리에 의해 결정될 뿐이라는 믿음 — 만으로 해석될 수 있는 작품이 아니다. 단순한 것처럼 보이는 시작과 결말 사이에는 작가 만초니의 휴머니즘이 보석처럼 곳곳에 박혀 있다. 로드리고를 통해 우리는 권력의 압제가 얼마나 비이성적인가를 알 수 있다. 절망적인 상황에 처한 렌초와 루차가 끊임없이 내뱉는 독백과 고민들 — 사실 이 점이 만초니의 특징 중 하나라고 할 수 있다 — 로부터 살아있는 민중의 생생한 모습을 지척에서 들여다볼 수 있다. 불한

당 두목으로 실로 강대한 세력을 가졌던 '무명인'의 회심에서도 선과 악의 갈림길에 선 인간의 내적 고민을 엿볼 수 있다.

렌초와 루차의 '무기력'은 사실 그 자체가 하나의 역사적 조건으로 간주될 수 있다. 17세기 이탈리아의 평범한 농촌 사람들이 어느 정도로 시대적 자각과 의식을 갖춘 인물이어야 하는가? 그들은 분명히 어떤 이데올로기에 의해 자각되고 계몽되지는 못했겠지만, 그렇다고 아무런 자의식도 없이 그냥 세상사에 휩쓸려만 가는 그런 무감각한 회색의 군상만도 아니었을 것이다. 그들 속에는 장길산(조선 숙종 대 의적으로 알려진 장길산을 극화한 황석영의 역사소설. 계급의식을 가진 빈민층의 대변자로 묘사되고 있다)의 얼굴도 있겠지만 렌초와 루차의 얼굴도 있을 수 있는 것이다. 아니 더 많았을 것이다. 시대적 한계를 결코 벗어나지는 못하지만 그럼에도 불구하고 그 속에서 머리를 짜내 어떻게든 살아가려 하는 끈질긴 생명력이야말로 다름 아닌 민중의 본 모습이 아니었겠는가.

《약혼자》의 두 주인공은 시대를 이끌어가든 혹은 다만 시대의 흐름을 보여주든, 루카치 식의 역사적 전형성을 가진 인물은 아니다. 물론 시대 상황을 옆으로 비켜 서서 관망하고 고민하는 현대의 지적·성찰적 인물도 아니다. 그들은 어떤 의미에서 이러한 이분법적인 역사소설의 방향에 새로운 이정표가 될 실마리를 제공해주는 그런 인물들일 수도 있다. 즉, 역사를 바라보는 눈을 독자에게 강요하지 않고 단순·소박하고 일견 무지하기까지 한 민중의 조건과 행적을 그대로 그려내 보임으로써 독자로 하여금 무엇이 올바른 역사의 방향인지를 각자 판단하도록 해주는 인물들인 것이다.

이러한 것이 《약혼자》가 은연중 암시하는 길이 아닐지? 결국 우리는 만초니의 말로 다시 돌아가야 한다. 외면상 역사 속에서 적극적인 역할을 하지 못한 것처럼 보이지만 그럼에도 불구하고 그들의 존재 없이는 결코 역사가 이루어질 수 없는 바로 그러한 민중을 그려야 한다는 것 말이다. 바로 그것을 우리는 《약혼자》에 대한 해석을 이끌어가는 등불로 삼을 수 있다.·

4

'클리오들'의 투쟁

페터 파울 루벤스, 〈안기아리 전투〉의 모사(1603년경), 드로잉, 루브르 박물관.

─서양 근대사에서의 역사가와 이념

역사가들이 '사실'에 대한 과신 때문에
자신의 해석이야말로 역사적 '진실'이라는 자기 확신에
매몰되는 경우를 우리는 드물지 않게 목격하지만,
역사학이란 좀 냉혹하게 말하자면
'사실 ─ '사실 조각'이라 부르는 편이 더 정확하겠지만 ─ 을
가지고 하는 일종의 '진실 게임'이라는 성격을 지니고 있다.
역사가라면 누구나 사실에 기초해야 한다는 것은
이 게임의 가장 기본적인 규칙일 뿐이므로,
누구의 해석이 더 진실에 가까운가를 결정하는 것은
사실이 얼마나 더 정확한가보다는 얼마나 많은
동료 역사가와 대중이 그 해석을 지지하는가에 달려 있다.
이는 곧 역사학이 그 시대의 권력과 이념에서
결코 자유롭지 못하다는 것을 보여준다.

역사학: 가치인가 사실인가

서양 근대사의 전개 과정에서 역사 서술은 어떤 역할을 했는가? 이러한 의문에 답하는 것은 사실 쉬운 일이 아니다. 우선 서양 근대사 600여 년이라는 오래고도 넓은 시공간적 간격도 큰 문제지만, 이러한 질문 속에는 역사 연구를 바로 스스로의 연구 대상인 역사 속에서 상대화한다는 일종의 아이러니가 담겨 있기 때문이다. 대체로 역사가는 스스로의 작업을 역사의 일부분으로 보기보다는 마치 자신이 역사의 바깥에서 역사적 '진실'이 무엇인가를 가리는 판관처럼 행동하는 데 더 익숙하다. 역사는 과거를 탐구하는 학문이지만 역사가는 언제나 현재 속에 살고 있으므로 스스로의 작업 역시 역사의 일부가 되고 있다는 생각을 하기가 쉽지 않은 것이다.

하지만 과거 역사학의 발전 과정을 되돌아보면 역사가라고 해서 결코 다른 역사적 행위자를 심판하는 우월한 위치에 있지 않으며, 오히려 그 자신이 역사 형성의 한 요인에 불과하다는 평범한 진리를 재확인할 수 있다. 역사가는 일견 '객관적 사실'에 기초하여 연구하는 것처럼 보이지만, 그 결과물인 역사적 '해석'은 역사 바깥에 있는 것이 아니라 역사를 구성하는 한 부분으로 변해버리는 것이다. 이는 사실 당연한 귀결인데, 그 이유는 역사가 또한 역사의 한 행위자로서 정치적·종교적 이념과 계급적·인종적·성적 편향을 벗어나기 힘든 때문이다.

역사가들이 '사실'에 대한 과신 때문에 자신의 해석이야말로 역사적 '진실'이라는 자기 확신에 매몰되는 경우를 우리는 드물지 않게 목격하지만, 역사학이란 좀 냉혹하게 말하자면 '사실' — '사실 조각'이라 부르는 편이 더 정확하겠지만 — 을 가지고 하는 일종의 '진실

게임'이라는 성격을 지니고 있다. 역사가라면 누구나 사실에 기초해야 한다는 것은 이 게임의 가장 기본적인 규칙일 뿐이므로, 누구의 해석이 더 진실에 가까운가를 결정하는 것은 사실이 얼마나 더 정확한가보다는 얼마나 많은 동료 역사가와 대중이 그 해석을 지지하는가에 달려 있다. 이는 곧 역사학이 그 시대의 권력과 이념에서 결코 자유롭지 못하다는 것을 보여준다.

서양 근대 역사학의 경우도 예외가 아니었다. 그것은 때로 시대를 선도하기도 하고 또 때로 시대에 뒤처지기도 했지만, 언제나 철저히 그 시대의 일부였다. '중세의 가을'이자 동시에 근대의 시작이기도 한 르네상스의 '역사 혁명'은 이탈리아 도시국가를 이끈 도시 부르주아 문화의 산물이었고, 이후 19세기 역사주의의 단초가 되었다. 16~17세기 종교개혁과 종교전쟁은 프로테스탄트 역사가 대 가톨릭 역사가들의 첨예한 역사전쟁을 유발했고, 역사 서술의 이념적 성격을 가장 극적으로 보여주었다. 진보와 이성을 기치로 내걸었던 18세기 계몽주의 시대는 인간의 잠재력과 보편 문명사에 대한 역사적 조망을 제공했지만, 동시에 이러한 계몽사관에 대한 비판으로 각 민족의 독특성과 가치를 강조하는 낭만주의적 역사철학이 출현한 때이기도 했다. 민족주의, 자유주의, 제국주의가 뒤엉켜 길고 길었던 19세기는 르네상스 이후 시작된 민족사, 과학적 역사, 역사주의 등의 관점들이 본격적으로 발현된 시점이었다. 그리고 20세기 역사 서술은 정치사로부터의 탈피와 포스트모던 역사학의 도전이라는 두 개의 사학사적 전환점을 경험했다. 우리는 이제 정치가 아닌 다른 주제들 ― 민중, 여성, 빈민, 장애인, 동성애자 등등 ― 을 역사의 탐구 대상으로 자연스럽게 받아들이게 되었고, 역사학자가 다루는 '사실'이 바로 '진실'일 수는 없다는 성찰 속에서 새삼 자신의 작업을 겸허히 되돌아보게 되었다.

이 글에서 다룰 수 있는 주제의 범위는 어쩔 수 없이 소략하지만, 그 배후의 정신은 바로 이러한 전망에 기초하고 있다. 달리 말해서 사학사를 역사학 내적 논리의 발전이라는 시각에서보다는 — 물론 이러한 것도 필요하겠지만 — 역사 서술 자체가 하나의 지적·이념적 텍스트라는 지성사 혹은 담론사적 관점에서 보고 싶다는 것이다. 전체적 흐름을 개관하는 이 글의 성격상 수많은 역사 서술 가운데서 각 시대의 가장 선도적 특징을 보여주는 극소수의 역사 서술만을 고찰의 대상으로 삼을 수밖에 없었던 점, 그리고 근대 초 일부 역사서의 경우 현대에 재간되지 않아 관련 연구서에 의존할 수밖에 없었던 점 등은 불가피한 선택이었음을 밝혀둔다.

르네상스의 역사 서술

14세기 이후 이탈리아 도시국가의 지식인들은 고전고대 문화와 접촉하면서 종래의 그리스도교적 역사관과는 본질적으로 다른 세속주의 역사관에 접하게 되었다. 중세의 역사가들에게 역사란 신의 섭리가 성취되는 시공간으로서 일찍이 아우구스티누스가 말한 순례자의 역정이었던 반면, 르네상스기 이탈리아 역사가들은 — 여전히 그리스도교 신앙을 유지하고 있으면서도 — 역사를 자신들이 몸담은 도시들의 번영과 쇠락이 이루어지는 현실적 운명의 장으로 바라보게 되었다. 과거를 본질적으로 동일한 특징을 지닌 한 시대의 연장이라는 관점에서가 아니라 중세를 고전고대 및 자신의 시대와 구분하는 '근대적'

역사의식은 이미 르네상스의 선도자 페트라르카가 키케로나 리비우스 같은 고전고대의 작가들, 혹은 후대인에게 보낸 편지들 속에서 잘 나타나고 있다.[1] 그는 고대인과의 가상 대화를 통해 그들의 역사적 지혜를 구한 '최초의' 르네상스인이었다.

르네상스기 도시민들의 세속주의 시각과 페트라르카의 새로운 역사의식을 본격적인 역사 서술로 표현한 인물은 15세기의 가장 저명한 휴머니스트이자 피렌체 제1서기장이라는 영예로운 위치에 있었던 레오나르도 브루니였다.[2] 그는 아리스토텔레스의 《정치학》과 《니코마코스 윤리학》을 라틴어로 번역하면서 텍스트 속의 폴리스적 시민의식을 흡수했다. 이는 그가 이른바 관조적 삶보다는 행동적 삶을, 로마제국보다는 로마공화국을 더 강조하는 데서 잘 나타나고 있다. 시민의 공화주의적 덕성을 강조함으로써 한스 바론에 의해 '시민적 휴머니즘 civic humanism'이라는 이름을 얻은[3] 브루니의 독특한 윤리관은 15세기 초 밀라노 잔갈레아초 비스콘티의 공격으로 피렌체가 위기에 처한 상황에서 쓰인 《피렌체 찬가》와 그보다 10여 년 이후에 쓰기 시작한 《피렌체인의 역사》와 같은 역사 서술 속에서 뚜렷이 표출되고 있다.

《피렌체인의 역사》는 15세기 휴머니스트들에 의해 역사 서술의 전범으로 칭송되었던 저작이다. 브루니가 제1서기장 직에 임명된 때는 그가 이 저작을 쓰기 시작한 때보다 10여 년 이후인 1427년이었지만, 첫 6권을 출판한 때는 1429년이었고 1439년에는 첫 9권을 피렌체 정무위원회에 공식적으로 증정한 사실로 볼 때, 이를 일종의 '국사'로 보아도 무방하다. 더욱이 피렌체 정무위원회는 라틴어로 쓰인 《피렌체인의 역사》를 도나토 아차이우올리로 하여금 토스카나어로 번역하도록 의뢰함으로써 이 저작이 피렌체의 공식적 역사임을 천명했다.

그가 이 저작을 쓸 당시는 14세기 말 15세기 초 밀라노의 공격에 대한 기억이 아직도 생생했고 그들의 위협이 여전히 상존하던 상태였으므로, 그의 역사 서술은 이러한 외적의 침입에 대한 피렌체 시민들의 영웅적 항거를 기린다는 목표를 가지고 있었다. 그는 《피렌체인의 역사》 서문에서 그 취지를 다음과 같이 밝히고 있다.

……나는 국내 및 국외에서 피렌체인들이 어떻게 투쟁했는지, 그리고 전시와 평화 시에 그들이 어떤 주목할 만한 공적을 남겼는지, 그들의 행적에 대해 기술하기로 작정했다. 각별히 나의 관심을 끈 것은 이 민족이 이룩했던 다음과 같은 위대한 행적이었다. 첫째 국내에서의 다양한 투쟁, 둘째 인접한 적국들에 대한 칭송할 만한 공적, 셋째 우리 시대에 와서 엄청난 힘을 가진 밀라노 공 및 호시탐탐 공격의 틈을 노리는 라디슬라스왕과의 당당한 투쟁이 그것이다. 알프스에서 아풀리아에 이르는 이탈리아 전역에 피렌체 군대의 함성이 울려 퍼졌다. ……게다가 피사 정복이라는 쾌거도 있다. 인물들 간의 충돌, 권력 투쟁, 그리고 그것의 최종 결말을 생각할 때, 나는 이를 이 도시를 또 다른 카르타고라 불러도 좋다고 생각한다. ……이러한 업적은 기록하고 기억할 만한 가치가 있으며, 그래서 나는 이러한 이야기에 대해 아는 것이 공적으로나 사적으로나 유익할 것이라 생각했다. 무릇 사람이란 나이가 들수록 삶에 대해 더 잘 알 수 있기 때문에 더 지혜로울 수 있다고 본다면, 만약 우리가 역사에 대해 심사숙고한다고 할 때 그것으로부터 얼마나 더 많은 지혜를 얻을 수 있을 것인가! 역사를 통해 수많은 시대의 행적과 판단들이 어떻게 행해졌는지를 알 수 있으므로, 우리는 무엇을 따르고 무엇을 피해야 하는지를 쉽게 알 수 있으며 동시에 역사 속에 기록된 위대한 인물들의 영광스러운 행적으로부터 유덕한 행위를 위한

영감을 얻을 수 있는 것이다.[4]

우리는 이 짤막한 인용문에서 고전고대의 역사서, 특히 리비우스의 《로마사》를 떠올리지 않을 수 없다. 여기에는 "역사는 실례를 통해 삶을 인도하는 교사"라는 오랜 금언이 그 저변에 깔려 있다. 독자는 위인들의 행적에서 그들의 영광에 고무되고, 잘못된 행동에서 무엇을 경계해야 할 것인지를 알게 된다는 것이다. 브루니는 이러한 고전고대의 세속적 역사관을 당대의 위기에 대한 피렌체인의 영웅적 투쟁이라는 상황과 버무려놓았다. 역사는 신의 섭리가 명하는 대로 몸을 맡기는 수동적(혹은 관조적) 삶의 연속이 아니라, 외적의 공격 앞에 누란의 위기에 처한 엄연한 현실 속에서 공화국의 안위를 보존하고 그 운명을 스스로 결정짓는다는 적극적, 혹은 행동적 삶의 현장으로 인식되고 있는 것이다.

이러한 측면에서 브루니의 《피렌체인의 역사》는 중세의 성서적 역사는 물론이고 노아 시대에서 시작하여 피렌체의 역사를 이런저런 다른 일들에 대한 서술과 뒤섞어놓았던 당대의 피렌체 연대기들 ― 특히 그가 주요 사료로 썼던 조반니 빌라니의 《피렌체 연대기》 ― 과도 목표를 달리하고 있다.[5] 그는 빌라니와 달리 도시의 기원을 고찰함으로써 서두를 열고 있다. 그는 율리우스 카이사르가 도시의 창건자라는 종래의 설을 배격하고 술라의 장군들에 의해 건국되었다는 새로운 주장을 제시한다. 이는 물론 공화국 피렌체의 정체성을 확보하기 위한 것이었다. 책은 1402년 피렌체를 위협하던 밀라노의 잔갈레아초 비스콘티의 죽음으로 끝난다. 이러한 서술의 시점과 종점은 브루니의 역사서가 얼마나 당시의 정치적 상황과 맞물려 있었는지를 극명하게 보여준다(비록 그가 죽음으로써 책은 미완성작이 되었지만). 건국 기원에서 서술을 시작하는 이러한 방식은 이후 서양 근대 민족사의 한 전형이 된다고 볼 수 있다.

브루니가 시작한 피렌체의 국사 편찬 전통은 그에 이어 제1 서기장이 된 포초 브라촐리니와 바르톨로메오 스칼라를 통해 지속되었다.[6] 포초는 1455년에서 1459년 사이 8권으로 된 《피렌체사》를 썼다. 하지만 그 범위와 규모는 브루니에 비해 매우 소략했다. 그는 1350년 조반니 비스콘티와의 첫 전쟁에서부터 1455년 니콜라스 5세의 선도 아래 결성된 신성동맹까지 약 100여 년의 시기를 다루고 있을 뿐이다. 스칼라는 원래 건국에서 당대까지를 20권의 책에 담을 원대한 계획을 세웠으나 1267년의 탈리아코초 전투까지 겨우 4권으로 된 《피렌체사》를 남기고 세상을 떠남으로써 이후 거의 망각되었다(사실 브루니, 포초, 스칼라의 역사서들은 모두 저자의 죽음으로 미완성작이 되었다).

스칼라 이후 피렌체사 서술은 니콜로 마키아벨리에 이르러 재개되었다. 그와 메디치가 사이에 얽힌 운명의 행로는 이미 잘 알려져 있는 대로이다. 마키아벨리는 1512년 메디치가의 정계 복귀로 15년간 봉직해오던 공화국 제2서기장 겸 10인위원회 비서직을 물러난 뒤 다시 메디치가의 호의를 얻기 위해 노심초사하다가 결국 오랜 전통을 가진 피렌체 역사 서술의 임무를 맡게 되었다. 그는 1526년 메디치가 교황 클레멘스 7세에게 8권으로 된 《피렌체사》를 헌정했다.

마키아벨리의 《피렌체사》는 한편으로는 브루니의 역사 서술 전통을 이어받으면서도 다른 한편으로는 새로운 길을 모색한, 계승과 혁신의 두 측면을 함께 담고 있는 저작이다. 그는 서문에서 자신은 "두 명의 탁월한 역사가" ─ 브루니와 포초 ─ 가 제시한 "체제와 방식"이 독자에게 유익함을 줄 것으로 보아 그것에 따르겠다고 밝히면서도, 그들이 지나치게 외국과의 전쟁에 관심을 쏟은 나머지 "국내의 불화와 내부 갈등과 그것이 초래한 결과"에 대해서는 아무런 언급도 하지 않은 데 대해 강한 불만을 표시하고 있다.[8] 이는 이미 브루니 시대의 외적 위기가 마키아벨리 시대에는 더 이상 절실히 기억되지 않고 있음을 뜻한다. 대신 실질적인 1인 권력을 꿈꾸는 메디치가와 그에 저항하는 공화파 간의 내적 갈등이 그 자리를 차지하고 있었다. 마키아벨리 역시 브루니를 따라 술라의 식민지로부터 피렌체 시가 시작되었다는 건국 신화에서 출발하여 1492년 대인大人 로렌초의 죽음에 이르는 사건들을 차례로 서술한다. 그가 역사 서술의 종점을 하필이면 로렌초의 죽음으로 끝맺은 것은 의미심장하다. 대인 로렌초야말로 메디치가가 스스로의 권력을 유지하면서도 동시에 공화정을 버리지 않은 마지막 시기였기 때문이다. 메디치가의 위촉으로 역사를 쓰게 된 마키아벨리가 과연 어떤 식으로 자신의 공화주의적 가치를 역사 속에 반영하고 있는지는 큰 흥밋거리이다. 《피렌체사》에 담긴 그의 진의는 반反메디치가에 대한 연설 등, 레토릭을 가장한 구절들 속에서 나타나고 있다.

브루니에서 마키아벨리에 이르는 15~16세기 피렌체의 역사가들은 자신의 시대가 겪는 내·외적 위기에 민감하게 반응했다. 브루니에게는 밀라노 공의 공격이 누란의 순간이었고 따라서 피렌체의 공화주의 이념을 강화하는 방식으로 역사를 서술했다. 건국 시조를 카이사르가 아닌 술라로 바꾸고 잔갈레아초의 위협을 크게 부각시킨 것이다. 이후 한 세기 이상이 지난 뒤, 마키아벨리는 여전히 공화주의적 이상을 버리지 않고 있었으나 브루니와는 달리 이제는 그러한 이상의 실현을 불가능하게 만들고 있는 메디치파 대 반메디치파의 갈등에 초점을 맞추고자 했다. 그들은 이러한 목적을 위해 당시 새롭게 부상하고 있었던 문헌학적 방법 — 특히 로렌초 발라의 《콘스탄티누스의 위조 기진 장에 대하여》로 대표되는 언어 분석 — 을 따르지 않았다.[9] 이는 곧 근대 역사학의 금과옥조인 사실의 정확성보다는 독자들에게 자신들의 이념을 설득하기 위한 수사학적 기술을 지향한다는 것을 의미한다. 시대착오성 개념과 문헌학적 분석을 사용한 근대적 사료 비판의 방법은 발라와 같은 15세기 르네상스 휴머니스트들에 의해 시작되었지만, 그것이 역사 서술의 근간으로 자리 잡기 위해서는 아직 몇 세기를 더 기다려야 한다. 하지만 역사를 스스로가 몸담은 현실의 장으로, 인간의 의지를 역사의 동인으로 보게 되었다는 점에서 르네상스를 '역사 혁명'의 시발점이라고 불러도 좋을 것이다.

종교개혁과 역사 투쟁

이탈리아 르네상스의 후반기 우리는 종교개혁이라는 또 하나의 커다란 사건을 경험하게 된다. 16세기 초반 가톨릭의 부패에 대한 루터의 공격에서 시작된 종교개혁은 천 년 이상 이어온 가톨릭 보편 신앙을 와해시켰을 뿐 아니라 이후 30년전쟁이 종식되는 1648년까지 — 물론 이로써 모든 문제가 해결된 것은 아니지만 — 거의 한 세기에 걸쳐 유럽 전체를 격렬한 종교전쟁의 와중으로 몰아넣었다. 가톨릭이냐 프로테스탄트냐는 장래 내세에서의 구원만이 아니라 바로 지금/여기에서의 생존을 위한 투쟁이었다. 이에 따라 이 시기의 역사 서술은 서로의 종교적 정당성을 옹호하고 상대방의 신앙적 오류를 파헤치는 편향을 지니지 않을 수 없었다. 종교적 이념의 강고함은 정치적 이념의 견고함에 결코 뒤지지 않았다.

16~17세기의 종교개혁과 종교전쟁 시대의 역사 서술은 교회 전통을 어떻게 해석할 것인가라는 중요한 문제를 안고 있었다. 마르틴 루터의 복음주의 관점에 따르면, 교황에게 무오류의 권위를 부여하는 교회 체계는 원시교회의 순수성으로부터 멀리 벗어나 이미 부패와 퇴락의 길로 들어와 있었다. 교황을 정점으로 하는 가톨릭 전통은 신이 부여한 그리스도교인의 정신적 자유를 적그리스도인 교황의 손에 넘긴 것에 불과하다는 것이 루터의 주장이었다. 따라서 잘못된 길로 접어든 교회를 원래의 순수한 형태로 되돌려야 한다는 것이 그의 주장에 담긴 핵심이었다. 이처럼 '역사적' 설명에 기초한 신학은 무엇보다도 역사 서술을 통해 정당화해야 할 필요가 있었다. 루터가 역사 연구의 가치를 누누이 강조한 이유도 여기에 있었다.[10]

가톨릭 전통에 대한 루터의 비판을 역사 서술이라는 방식을 통해 집대성한 것인 바로 《막데부르크 교회사 1559~1574》이다. 총 13권으로 구성된 이 방대한 역사서는 각 권이 한 세기간의 역사서를 포괄하고 있어 서양 학계에서는 흔히 '세기사'란 이름으로 불린다. 각 권은 그리스도교 신앙에 관한 다양한 측면들 ― 교리, 성사, 교회 행정과 각종 회의 등 ― 을 다룬 16개 장으로 나뉘었고, 각 장은 다시 세분된 절목으로 구분되었다. 예컨대 교리를 다룬 1권의 제4장은 신, 창조, 성서, 죄, 신법, 의로움, 믿음, 성사, 교회 등에 대한 작은 절들로 이루어져 있다.

교회 전통에 대한 루터의 역사적 설명을 뒷받침한다는 취지에서 전 저작의 거의 3분의 1이 교리의 성격과 발전이라는 주제에 할애되었다. 교회의 성장과 그 조직의 역사적 발전에 대한 설명은 선과 악, 신과 악마 사이의 영원한 투쟁이라는 구도 속에서 제시되었다. 특히 역대 교황은 첨예한 공격과 비판의 대상이었다. 그들은 세기를 거듭할수록 점점 더 그리스도의 진정한 가르침을 미혹케 하는 악마의 도구로 그려졌다. 따라서 교황의 우월성은 부정되었고, 교황의 권위를 확립하는 데 기여한 교황들은 괴물로 묘사되었다. 한마디로 《막데부르크 교회사》는 교황을 정점으로 하는 교회 체계를 공격함으로써, 교회가 잘못된 방향으로 발전해왔으며 따라서 다시 원시교회의 전통으로 되돌아가야 한다는 루터의 주장을 정당화하는 데 그 목적이 있었다.[11]

누가 이 방대한 역사서를 썼는가? 여기에는 물론 많은 사람의 조력이 필요했지만, 그것을 기획하고 시작하고 완결한 인물은 16세기 프로테스탄트 지식인 마티아스 플라키우스 일리리쿠스였다. 일찍부터 루터의 주장에 공감한 그는 베네치아와 바젤 등지에서 휴머니스트 교육을 접한 뒤, 1541년 비텐베르크로 가서 멜란흐톤의 지도 아래 박사학위를 받았고 비텐베르크대학 히브리어 교수로도 재직했다. 1540년대의 비텐베르크는 교황에 대한 루터의 공격이 한창 가열되고 있었던 곳으로, 이러한 분위기는 플라키우스의 반교황제적 경향을 심화하는 데 기여했다. 그는 1549년 멜란흐톤과의 불화로 비텐베르크를 떠나 막데부르크로 갔고, 그곳에서 《막데부르크 교회사》를 쓰며 생애의 대부분을 보냈다. 그는 수년 동안 유럽 각지에서 필요한 자료를 모으는 데 진력하다가 1557년경 자신의 지도 아래 5인저술위원회를 구성하여 집필에 들어갔다. 2년 뒤 《막데부르크 교회사》 첫 권이 바젤에서 간행되었다.[12]

플라키우스의 저작은 그에 앞서 교황제를 비판한 반스와 베일 같은 역사가들의 정신을 대폭 발전시킨 것이었다.[13] 잉글랜드 루터파의 선구자 중 하나로 비텐베르크에서 루터와 가까운 사이였던 로버트 반스는 그곳에서 《로마교황전》(1536)을 간행했다. 그의 목적은 루터주의를 옹호하고 가톨릭 전통을 공격하는 것이었으므로, 그가 참조한 수많은 사료에도 불구하고 거의 무비판적으로 교황의 죄악을 드러내는 데만 초점을 맞추었다. 그는 특히 당시 엄청난 인기를 누리고 있었던 바르톨로메오 플라티나의 《교황전》(1479)에서 자신이 필요한 부분만을 뽑아 이용하기도 했다.[14] 22년 후 카르멜 수도회 학자였던 존 베일은 역시 반스와 유사한 목적하에 《로마 교황의 행적》(1558)을 내놓았다. 반스와 베일은 원래 친루터파였던 토머스 크롬웰의 후원하에 이러한 역사서들을 썼고 서술 방식이나 사료를 사용한 방법도 그리 정교하지 못했지만, 교황을 공격한 그들의 저작은 당시 프로테스탄트들에게 큰 호응을 얻었다.

스스로 교회사에 대한 진정한 해석이라고 주장하는 《막데부르크 교회사》의 출현에 교황과 가톨릭교회는 경악했다. 그들이 이에 반박하는 역사서를 쓰고자 한 것은 당연한 일이겠지만 당시는 그에 대한 준비가 전무한 상태였다. 최고의 가톨릭 역사가로 꼽혔던 오노프리오 판비니오가 세 권으로 계획된 교회사를 쓸 작정이었으나 1568년 그의 갑작스러운 죽음으로 끝을 맺지 못했다(유작은 1589년에 간행). 그의 뒤를 이어 콘라트 브라운, 빌헬름 아이젠그라인, 앨런 코프, 니콜라스 합스필드 등이 《막데부르크 교회사》의 반교황주의 관점을 비판하는 저작들을 내놓았으나 단편적 시도에 불과했다. 교황 피우스 5세는 독일 예수회에 역사서를 의뢰하기도 하고 추기경들로 구성된 사서간행 위원회를 만들기도 했으나, 《막데부르크 교회사》의 방대한 규모와 치

밀한 사료 작업에 맞설 만한 저작을 생산하기에는 역부족이었다.[15]

　바로 이러한 상황에서 카이사르 바로니우스가 1588년 라틴어로 쓴 《교회연대기》 첫 권이 바티칸에서 출판되었다. 이 저작은 즉시 대단한 성공을 거두었다. 저자는 전혀 이러한 반응을 예기치 않았지만 첫 권에 대한 수요가 급증했다. 그는 교황 식스투스 5세로부터 향후 10년간의 저작권을 약속받았다. 이듬해 첫 판의 오류를 수정한 2판이 나왔고, 이 역시 큰 인기를 끌어 판권을 산 안트베르펜의 플란티누스 출판사는 막대한 수입을 올렸다. 가톨릭교회 전역에서 그의 업적을 칭송하는 편지들이 쇄도했다. 또한 일반 독자들을 위한 이탈리아어(1590) 및 독일어(1594) 번역본도 나왔다. 이후 폴란드어(1603), 러시아어(1678) 번역본들이 추가되었다. 그는 세상을 떠나기 직전인 1607년 마지막 권인 12권을 내놓음으로써 자신의 작업을 완결했다.[16] 바로니우스는 《교회연대기》 첫 권 서문에서 자신이 왜 역사보다는 연대기 형식을 택했는지, 그리고 자신의 저술이 얼마나 진실만을 지향했는지에 대해 다음과 같이 얘기하고 있다.

　우선 제목에 관한 한, 내가 왜 역사보다는 연대기란 이름을 붙였는지 그 이유를 밝히고자 한다. 역사와 연대기를 구분한 고대인들에 따르면 ⋯⋯전자는 저자가 직접 보았거나 볼 수도 있었던 당대의 일들을 다루며, 또한 무슨 일이 일어났는지, 그것이 어떻게, 왜 일어났는지를 묻는다. 반면에 연대기 작가는 자신의 시대에 알려져 있지 않은 모든 것을 기억해내어 그것을 문서의 뒷받침 아래 한 해 한 해 적어나간다. 하지만 나는 고대의 일들을 포함해서 교회에 관한 전반적인 사건들을 기술하고자 한다. 책의 다른 부분도 물론 그렇지만 교회사에 관한 부분에서 진실을 밝히는 것이 최우선

일 뿐만 아니라 진실로부터 한 치도 어긋나지 않게 하는 것이야말로 거의 신앙의 절대명령과도 같다는 것이 나의 신조이다. 나는 유행에 따라 이리저리 휘둘리는 서술 방법, 기술적으로 고안되고 저자의 마음에 맞게 제멋대로 만들어진 연설 따위는 세속적인 역사가들이나 할 일이다. 이런 이유로 나는 역사가 아니라 연대기를 쓰고자 하는 것이다.[17]

무엇보다도 바로니우스가 고대인(아리스토텔레스)의 구분에 의지하여 역사가 아니라 '교회연대기'를 쓰고자 한 이유는 명확해 보인다. 그는 《막데부르크 교회사》가 '교회의 역사ecclesiastica historia'를 표방한 것을 의식하고 있는 것이다. 그가 제시한 연대기와 역사의 구분이 얼마나 타당한가는 논외로 할 때, 그가 연대기를 사실 혹은 진실의 추구와 연결시키고 있는 점 역시 의미심장하다. 심지어 그는 진실을 지키는 것이 곧 신앙이 명하는 것이라고까지 말하고 있다. 그가 "유행에 따라 이리저리 휘둘리는 서술 방법, 기술적으로 고안되고 저자의 마음에 맞게 제멋대로 만들어진 연설 따위"를 사용하는 "세속적 역사가" ─ 아마 휴머니스트들을 겨냥하고 있는 것으로 보인다 ─를 배격하고 연대기를 쓰고자 한 것은, 《막데부르크 교회사》의 서술 체제와는 달리 한 해 한 해의 사건들을 시간 순으로 차근차근히 기술함으로써 가톨릭의 전통이 잘못된 것이라는 루터와 세기사 역사가들의 주장을 반박하려는 의도에서였다.

플라키우스의 《막데부르크 교회사》와 바로니우스의 《교회연대기》는 15세기 초 루터가 95개조를 내건 뒤 거의 100여 년에 걸친 유럽 종교 분쟁 ─ 동시에 정치 투쟁이기도 한 ─의 단면을 상징적으로 보여주는 역사 서술이었다. 그것은 역사 서술이 종교적 이념에 의해 어떤

식으로 사용될 수 있는지를 잘 보여주고 있다. 물론 양쪽의 역사가들
은 모두가 자신만이 진실을 추구한다는 것을 믿어 의심치 않았고, 또
그것을 '입증'하는 수많은 문서를 그 증거로 사용했지만, 입장을 달
리하는 한 그러한 증거도 결정적인 것이 되기는 힘들었다. 아마 현대
의 종교사가라면 외면상 16~17세기 역사가들보다는 종교적 가치와
좀 더 거리를 둘 가능성은 있겠지만, 그럼에도 불구하고 과연 그들보
다 더 진실만을 얘기할 수 있을 것인지는 여전히 확신하기 힘들다.

계몽주의와 새로운 문명사

18세기의 사상적 특징 중 하나는 계몽주의이다. 그것은 인간 이성의
잠재력에 대한 낙관적 믿음에 기초하고 있다. 인간은 이성을 사용함
으로써 종래의 미혹과 미신으로부터 해방되어 무한한 발전을 할 수
있다는 것이다. 이러한 지적 조류는 거슬러 올라가자면 17세기 과학
혁명에서 시발점을 찾을 수 있다. 특히 뉴턴이 중력 법칙을 해명함으
로써 우주를 합리적으로 작동하는 거대한 기계로 보는 사고가 나타나
게 되었다. 신이 우주를 그렇게 만든 이상, 우주의 한 부분인 인간과
인간 세계도 마찬가지일 것이며, 따라서 인간 이성을 적절히 활용하
면 합리적 미래를 창출해낼 수 있을 것이라는 것이 계몽주의적 신조
이다.

하지만 18세기가 오직 계몽주의자만으로 이루어져 있었던 것은 아
니다. 그것의 기계론적·본성론적 사고에 대항하여 인과관계로 '설명'
되는 자연 세계와는 달리 인간 세계는 역사적 사고에 의해 더 잘 '이

해'될 수 있다는 지적 흐름 역시 존재하고 있었다. 18세기 역사 서술도 이 두 조류의 강력한 영향하에 있었다. 콩도르세와 볼테르 등 백과전서파가 전자의 대표자라면, 비코와 헤르더 등 낭만주의의 선구자와 계승자들은 후자의 대변자였다.

콩도르세가 만년에 쓴 짤막한 유작《인간 정신의 진보에 대한 역사적 개요》(1793)는 이성과 진보의 신념 아래 인간의 과거를 개관하고 그로부터 인간이 미래를 통제할 수 있는 능력을 가지고 있음을 천명하기 위한 것으로, 말하자면 일종의 계몽주의 역사철학 혹은 계몽사관의 선언서 같은 글이다. 그는 우선 역사 속에서 종교적인 것을 배제하고 온전히 인간 행동으로만 이루어진 세속적 역사를 가정한다. 이는 역사가 우연과 섭리의 산물이 아닌 인식 가능한 인간적 창조물로서, 그것을 관통하는 어떤 질서정연한 '법칙'이 존재한다는 것을 의미한다. 그는 이 글에서 인간 문명의 발전사를 모두 10단계로 나누고 있다. 첫 단계는 인간이 소규모 사회 속에서 사냥과 어로를 주업으로 삼아 약간의 언어와 도덕관념을 가지고 가족을 이루면서 살아간다. 인간의 진보는 느리지만, 시간이 지나면서 농경이 시작되고 부의 소유 및 세습의 관습이 출현한다. 다양한 문자 문화가 발전함으로써 복잡한 관념의 표현이 가능해진다. 이런 식으로 발전해오던 인류 역사는 "데카르트에서 프랑스 공화국의 설립"에 이르는 시기에 오면 제9단계에 이른다. 이는 "미신이 이성을 억압하고 그것을 부패시키며, 폭정은 궁핍과 공포로써 인간 정신을 타락케 하고 말살"하는 시대이다. 하지만 "우리는 인간 이성이 문명의 자연적 진보에 의해 서서히 형성되고 있음을 지켜본다." 마지막 단계인 제10단계는 현재에 서서 "미래의 진보"를 조망하는 시기이다. 그는 장차 인류가 "민족 간의 불평

등이 사라지고, 각 민족 내에서의 평등이 실현되며, 그리하여 인류가 진정한 완전성에 이르게 될 것"을 희망한다.[18]

후일 콩도르세가 천명하게 되는 이러한 계몽사관의 정신을 그에 앞서 역사 서술을 통해 보여준 인물이 계몽사상가의 대표자 격인 볼테르이다. 그는 《샤를 12세의 역사》(1731), 《루이 14세의 시대》(1751) 등 당시 인기 높던 역사서를 썼다. 특히 그의 마지막 역사서인 《여러 민족들의 풍속 및 정신에 관한 에세이》(1756; 최종 증보판은 1769)는 앞서 썼던 자신의 모든 역사서를 집대성한 것으로서, 샤를마뉴 시대에서 루이 14세 시대에 이르는 시기 동안 동·서양의 정치와 군사 같은 전통적 주제는 물론이고 사회·경제생활에 관련된 모든 잡다한 풍속적 측면들까지 망라한, 현대 사학사의 관점에서 볼 때 사회사 및 문화사의 선구자 격인 저작이다. 또한 이는 왕조의 계승에 초점을 맞춘 종래의 연대기적 서술을 지양하고 인간 삶의 다양한 측면들을 주제별로 서술한 거의 최초의 '철학적 세계사'라고도 할 수 있다. 그것은 규모에서 마비용이나 무라토리의 방대한 사료집 편찬에는 비할 바가 아니었고, 더욱이 거의 전적으로 2차 자료에 의존하고 있다는 약점이 있었지만, 그 특유의 철학적 통찰력과 재치 있는 글쓰기 스타일을 통해 일반 독자가 즐겁게 읽을 수 있는 새로운 역사서 양식을 개척해낸 것이었다.

《여러 민족들의 풍속 및 정신에 관한 에세이》의 지향점은 인류의 진보라는 계몽주의의 기본 테제가 세계의 여러 민족에게서 어떻게 나타나고 있는가를 고찰하는 것이었다. 볼테르는 책의 첫머리에서 당시의 역사서들과는 달리 프랑스가 아닌 고대 중국을 맨 먼저 다루고 있는데, 그 이유는 유럽인들이 바로 "그 땅의 산물을 먹고 그들의 비단으로 옷을 해 입고 그들이 발명한 놀이를 하며, 심지어는 그들의 도덕 우화로부터 가르침을 받는" 등 그들에게서 혜택을 입은 바가 크기 때문이라는 것이다. 특히 그는 관용적 이신론의 모범으로 공자와 유교에 대해 커다란 찬사를 보내고 있다. 마호메트 역시 이러한 관점에서 그려지고 있다. 그는 이러한 우호적 시각에서 중국을 비롯한 인도, 페르시아 등 동양 문명에 대해 기술하고 있다. 물론 책의 대부분은 유럽 중세에 할애되고는 있으나, 이 시기에 대한 볼테르의 평가는 대체로 부정적이었다.[19]

볼테르의 이러한 파격적 역사관은 물론 모든 민족이 진보의 역량을 가지고 있음을 보여주려는 데서 나온 것이지만, 그렇다고 모든 민족의 문화가 그 자체로 동등하다고는 생각지 않았다. 고대든 현대든 문명이 발전하지 못한 것은 이성의 힘을 충분히 발휘하지 못했기 때문이므로, 어떻게든 그러한 목표를 위해 나아가야 한다는 일직선적 진보사관이 그의 신조였기 때문이다.

계몽사관은 분명히 18세기를 관통한 주류 역사철학이었으나 동시에 경험적 사실에 의거하는 역사를 이성 중심적(데카르트적) 방법과 개념으로 재단하려는 내재적인 모순을 안고 있었다. 진리가 오직 이성을 통해서만 파악될 수 있다면 이러한 방법을 적용할 수 없는 역사학은 자연과학과는 달리 '진리'에 접근할 방도가 없다. 이러한 인식을 강력히 비판한 것이 바로 잠바티스타 비코의 《새로운 학문》(1725)이다. 그의 유명한 명제는 다음과 같이 언명된다. "시민사회의 세계는 분명히 인간에 의해 만들어졌고, 따라서 그 원리는 우리 스스로의 인간 정신의 변형들 속에서 발견될 것이다. ……자연 세계는 신이 만들었기 때문에 오직 그만이 안다. ……[반면] 민족들의 세계 혹은 시민

세계는 인간에 의해 만들어졌으므로 오직 인간만이 알 수 있는 것이다.”[20] 인간이 만든 모든 것이 변화의 산물이라고 한다면, 이를 다룰 수 있는 방법은 자연과학, 혹은 이성에만 의존하는 철학이 아니라 역사학일 것이다. 이런 의미에서 그의 ‘신학문’은 결국 ‘진리를 향한 통로’로서의 역사학을 재발견한 것이라고도 할 수 있다.

비코는 인간 문명을 신의 시대, 영웅의 시대, 인간의 시대라는 세 단계로 나누었다. 신의 시대는 고대 이교도들이 신정神政하에서 살고 있다고 믿었던 때로서 모든 일이 징조와 신탁에 의해 결정되었다. 영웅의 시대는 평민들이 갖지 못한 자연적 우월성으로 말미암아 사람들이 어디서나 귀족정 아래에서 살았던 시기이다. 인간의 시대는 모든 사람이 인간 본성상의 평등을 인식하는 시기로서, 처음에는 평민공화국을 다음에는 군주국을 세웠는데 이 둘은 모두 인간 정부의 형태이다. 그는 이어서 이 세 가지 단계의 문명에 속한 여러 측면의 특징들을 열거하고 있다.[21]

비코는 모든 사회, 모든 민족의 문명이 예외 없이 이 세 가지 단계의 역사 — 그는 이를 ‘영원하고 이상적인 역사storia eterna ideale’라고 불렀다 — 를 거치게 되며, 더욱이 이들 간에는 아무런 우열도 없다고 말했다. 모든 단계가 각자의 장단점을 가지고 있다는 것이다. 이처럼 사회 변화의 각 단계에는 그에 대응되는 자체의 법과 정부와 종교, 예술과 신화, 언어와 풍속의 형태가 있다는 것, 우화와 서사시와 법전과 역사가 각각의 제도적 과정과 구조를 표현한다는 것, 그러한 것 모두는 각 요소가 다른 요소들을 조건지으며 동시에 그것들을 반영하는 단일 패턴을 이룬다는 것, 그리고 이러한 패턴이야말로 한 사회가 겪는 삶이라고 한 그의 주장은 사실 혁명적인 것이었다(헤르더, 헤겔, 랑케, 마르크스 사상과의 유사성을 음미해보라!). 비코의 역사주의란 것도 바로 이를 두고 한 말이었다.[22]

역사의 유용성을 새로운 방식으로 재발견한 비코의 역사철학은 어떤 면에서는 보수적인 성격을 갖고 있었다. 그는 볼테르가 배제한 그리스도교적 섭리관과 성서적 역사를 자신의 사상 안에 잔존시켰다. 또한 각 단계의 역사가 모두 동등하며 나름의 독특한 특징을 가지고 있을 뿐 아니라, 모든 민족이 예외 없이 이 세 단계의 질주corso를 경험한 뒤, 다시 새로운 질주ricorso로 돌아간다는 일종의 순환사관을 주장함으로써, 인간이 이성의 도움 아래 무한히 진보할 것이라는 계몽주의자들의 희망에 쐐기를 박았다. 볼테르와 비코가 대변하는 두 이질적 역사철학은 프랑스혁명에 뒤이은 19세기 자유주의와 민족주의의 흐름 속에서 그 궤적이 탐지될 수 있으나, 실제의 역사 서술에서 더 힘을 발휘한 쪽은 비코가 제시한 역사주의였다.

랑케 역사학의 이중성

레오폴트 폰 랑케(1795~1886)라는 이름은 그를 제외하고는 19세기 역사학을 거론할 수 없을 정도로 중요한 위치를 차지하고 있다. 하지만 동시에 그만큼 오해받고 있는 역사가도 드물다. 그에게는 흔히 '근대 역사학의 비조鼻祖'란 존칭이 붙는다. 그 이유는 주로 그가 사실에 의거하여 이른바 '실제 일어났던 그대로wie es eigentlich gewesen'의 역사를 복원하려 했기 때문이라는 것이다. 이러한 사실 숭배적 태도는 이후 수많은 추종자를 낳았고, 근대/현대 역사학의 중요한 특징 중 하나가 되었나. 그러나 이러한 '사실주의적 방법'은 단지 그의 일면일 뿐이다. 정작 중요한 것은 그가 역사를 바라보는 관점 혹은 역사철학이었다. 그는 일찍이 비코가 제시한 — 길게 보면 르네상스 역사 서술에서 시작되었지만 — 역사주의를 독일 루터파 신학과 연결시켰다. 그 결과 그에게 독일의 전통 제후국 — 뒤에는 프러시아 — 으로 대표되는 국가야말로 섭리의 현세적/역사적 반영이었다. 그는 헤겔의 사변적 역사철학을 거부했으나,[23] 그의 사실주의 방법론 저변에는 이 같은 신학적 역사철학이 깔려 있었다.

　정치와 종교를 불가분적으로 보는 랑케의 정치관은 따라서 대단히 보수적일 수밖에 없었다. 그는 실제로 프랑스혁명을 반기지 않았고, 그 이념이 독일에 전파되는 데 반대했다. 모든 국가는 각자에 알맞은 제도를 가져야 한다는 것이 그 이유였다. 그는 보통선거제를 도입한 1848년 프러시아 선거법에도 반대했다. 그는 프리드리히 빌헬름에게 의회를 해산하고 선거권을 제한하고 왕권을 강화하는 헌정을 선포하라고 권고했다. 그는 만년에 이른 1881년에 가서까지도 19세기의 역사적 행로는 혁명 세력이 아니라 여전히 보수 세력의 손에 있음을 확신했다. 한마디로 그의 정치관은 지극히 구시대적 사고에 기초하고 있었고 새로운 역사 동인이 세계를 어떻게 바꾸어갈 것인가에 대한 전망을 결여하고 있었다.[24] 후일 제2차 세계대전을 겪고 난 뒤 그의 제자 마이네케가 학생 시절 자신을 인도하는 '북극성'이었던 랑케보다는 오히려 부르크하르트가 역사의 본질을 더 날카롭게 통찰하고 있었다고 말하게 된 것도 바로 이 때문이다.[25]

　랑케의 보수적 정치관과 역사철학은 그의 초기작《라틴 민족 및 게르만 민족의 역사》(1824)에서 만년의 《세계사》(1880; 최종 출판은

1883~1888)에 이르기까지 일관되고 있다. 그는《라틴 민족 및 게르만 민족의 역사》첫 판 서문에서 자신의 관점을 이렇게 밝히고 있다.

우선 나는 라틴 민족과 게르만 민족을 한 단위로 본다. 동시에 나는 세 가지 유사 개념을 거부한다. 첫째 보편 그리스도 세계의 개념(이는 심지어 아르메니아인까지도 포함한다). 둘째 유럽의 단일성 개념. 튀르크는 아시아에 속하고, 러시아 제국은 아시아 북쪽의 전 지역을 포괄하기 때문에, 그들의 상황들은 아시아 전체 상황 속에서가 아니면 완전히 이해될 수 없다. 마지막으로 나의 관점은 앞의 것들과 마찬가지로 유사개념적인 라틴적 그리스도교 세계의 개념 역시 거부한다. 후자에 속하는 슬라브인, 라트비아인, 마쟈르인은 여기에 포함되지 않는 특이하고 특별한 성격을 가지고 있기 때문이다. 필자의 관심은 주로 순수하게 게르만적 혹은 게르만−라틴적 기원을 가진, 종족적으로 연관된 민족들에 있다. 그들의 역사야말로 최근의 모든 역사의 핵심이며, 그 외의 역사에 대해서는 단지 주변적인 것으로 일견하고 지나치려 한다.[26]

그가 만년에 쓴《세계사》는 민족사를 대체하는 것인가? 그는 서문 한 곳에서 세계사란 "모든 시대, 모든 민족의 사건들을 포괄한다"고 정의한다. 하지만 역시 같은 서문 다른 곳에서는 세계사가 민족사에 머물러서는 안 되겠지만, "만약 민족사의 굳건한 땅을 벗어난다면 단지 환상과 사변으로 전락할 것"이며, 더욱이 인류의 보편적 삶과 함께 "적어도 좀 더 특출한 민족들의 특이성"을 고찰할 필요가 있다는 말을 하고 있다.[27]

앞의 인용문과《세계사》서문의 말을 종합해보면, 그가 말하는 세계사는 곧 라틴-게르만 민족의 역사, 즉 독일, 영국, 프랑스 등 서구 민족의 역사에 다름 아니다. 역시 세계사를 표방한 볼테르가 《여러 민족들의 풍속 및 정신에 관한 에세이》에서 의도적으로 중국을 비롯한 동양 문명을 책의 서두에서 다룬 것과 비교해보면 랑케의 게르만 중심주의 혹은 서구중심주의 편향성이 확연히 드러난다. 그의 이러한 보수 반동적 역사관이 사실 숭배적 방법론과 결합되었을 때 과연 어떤 결과가 나타날지 짐작하기 어렵지 않다. '객관적 사실'을 내세워 자신의 주장이 '진리'임을 강변하지 않겠는가. 이를 생각하면 군국주의 시절의 일본 우파 역사가들이 열성적으로 랑케 숭배에 몰입했다는 사실도 결코 놀라운 일이 아니다.

랑케도 그랬지만, 각 민족/국가가 다양한 내부 분파에도 불구하고 전체를 관통하는 어떤 독특한 정신을 가지고 있다는 것이 19세기 민족/국가의 역사를 서술한 역사가들의 기본 가정이었다. 프랑스 낭만주의 역사가 미슐레도 그중 하나였다. 그가 30여 년의 긴 시간에 걸쳐 쓴 17권의 대작 《프랑스사》(1833~1867)는 모든 프랑스인이 그가 속한 계급이나 신분과 관계없이 본질적으로 동일한 하나의 정신으로 연결되어 있으며, 각별히 자유에 헌신하는 혁명 정신에서 뚜렷이 표출되고 있음을 보여주고자 한 것이었다. 그는 이를 진부하고 메마른 논리보다는 독자를 감동시키는 생생한 내러티브를 통해 전달하려 했다.

그가 주장한 과거의 '재생/부활Résurrection'이라는 관념도 이런 맥락에서 이해된다. 역사가는 스스로의 운명을 개척하고 자신이 몸담은 세계를 만들어가고자 한 인간들의 영웅적 노력을 재창조해내야만 한다. 그리하여 조상들의 마음속에서 타오르던 영웅적 불꽃이 이 시대의 사람들, 특히 청년들에게서 다시 타오르도록 만들어야 한다는 것이었다. 그는 이 점에서 아무런 후회 없는 삶을 살았다고 자부했다. 그는 유명한 1869년 판 서문을 이렇게 끝맺고 있다. "……나의 위대한 프랑스여, 비록 어떤 한 사람이 그대의 행적을 재발견하기 위해 인생 전부를 다 바쳐야만 했고, 또 그 때문에 사자死者의 강을 수없이 건너고 또 건너야만 했지만, 그는 지금 자신이 한 일에서 위안을 얻으며 다시 한번 그대에게 감사하고 있다네. 그의 가장 큰 슬픔은 이제 그대를 떠나야 한다는 것일 뿐."[28]

미슐레가 프랑스혁명의 정신을 자랑스럽게 생각했다면, 머콜리는 거꾸로 그러한 혁명의 열기에도 불구하고 큰 혼란 없이 안정 속의 변화를 유지하는 영국의 초연함에 긍지를 느꼈다. 휘그였던 그에게 명예혁명은 절대주의를 지향하는 왕권에 대한 최종적 승리이자 선거법 개정법안Reform Bill 제정과 곡물법Corn Law 폐지로 상징되는 번영의 시작이었다. 제임스 2세의 즉위에서 당대인의 기억이 살아있는 최근까지 약 150여 년의 길지 않은 시기를 다룬 그의 《영국사》(1848~1866)는 이러한 휘그적 자신감의 표현이었다. 이러한 감정은 《영국사》 제1권 1장 서문에 잘 나타나 있다. 그는, "혼란으로 점철되었던 많은 세월 속에서 우리의 새로운 결말[명예혁명]이 내외의 적대적 책동에도 불구하고 얼마나 성공적으로 지켜졌는지 ……그러한 결말하에 법적 권위와 번영의 유지가 토론과 개인적 행동의 자유와 전례 없이 얼마나 잘 공존했는지 ……우리나라가 무명의 봉신국의 상태에서 얼마나 급속히 부상하여 유럽 열강 사이에서 심판자의 지위로 올라서게 되었는지 ……아메리카의 영국 식민지가 코르테스와 피사로에 의해 카를 5세에 바쳐진 영토보다 어떻게 해서 그렇게도 빨리 더 강력하고 더 부유하게 되었는지, 그리고 아시아에서 영국 모험가들이 세운 제국이 어떻게 해서 알렉산더의 제국에 못지않게 번영하고 오히려 더 지속적인지"를 얘기하고 싶다는 것이다.[29] 이 얼마나 대단한 자긍심인가! 일찍이 영국의 역사가 허버트 버터필드가 경계한 '휘그적 역사 해석'[30]도 바로 이러한 역사관을 지칭한 것이 아니겠는가.

역사하기는 가치의 행위이다!

E. H. 카는 '역사란 무엇인가'라는 의문을 던진 뒤, 그 대답으로 역사란 '현재와 과거의 대화'라고 정의했다. 이는 좀 더 정확히 말하자면, 현재의 역사가와 과거의 사실 간의 대화라는 뜻이다. 오랫동안 인구에 회자해온 이 유명한 언명은 21세기 초입의 사학사적 전망에서 볼 때 두 가지 문제를 던진다. 첫째는 우리가 계속해서 '누구를 위한 역사인가'에 대한 자각 없이 '역사란 무엇인가'라는, 마치 철학적 명제와도 같은 의문을 던져야만 하는가 하는 것이고, 둘째는 그 대답으로 과연 '대화'라는 비유가 적절한가 하는 것이다.

역사란 무엇인가라는 식의 질문은 마치 역사의 주체는 언제나 단수형 — 그것이 국가든 민족이든 혹은 왕이나 제후든 — 이라는 가정을 저변에 깔고 있다. 하지만 20세기 후반의 사학사적 성찰은 그것이 옳지 않다는 것을 보여준다. 또한 대화란 비유 역시 역사가의 작업이 마치 이념이나 권력과는 아무런 관련도 없는 것 같은 느낌을 줄 여지가 있다. 하지만 이런 압력에서 완전히 자유로운 역사가는 없다. 이를 자각하는 역사가라면 당연히 그러한 압력에 맞서 싸워야 하겠지만, 서양 근대사 600여 년 동안 과연 얼마나 많은 역사가가 그러했는지는 의문이다. 그래서 역사는 뮤즈들의 하나인 '클리오Clio'가 아닌 '클리오들cliones'의, 그리고 '대화'가 아닌 '투쟁'인 것이다.

그런데 카의 정의를 거부한 바로 이 지점에서 우리는 좀 더 심각한 역사인식론적 문제에 봉착한다. '클리오들의 투쟁'은 물론 역사적 진실을 발견하기 위한 것이겠지만, 문제는 그러한 진실의 성격과 그것을 추구하는 방식이 역사가 각자의 신념에 따라 다를 수 있다는 것이다. 여기서 우리는 역사를 한다는 것이 본질적으로 과연 증거(사실)를 밝히는 행위인지(왜냐하면 증거가 곧 진실을 '증거'하므로) 아니면 그것에 기초하기는 하지만 결국에는 신념의 행위인지를 선택해야만 한다. 서양 근대사의 행로는 나에게 전자보다는 후자가 더 옳다는 것을 보여주고 있다고 생각한다. 즉 역사는 비록 증거에 기초하기는 하지만 궁극적으로는 신념의 행위라는 것이다(물론 이 글은 이 문제에 대한 어떤 해결책을 제시하고자 한 것이 아니다. 오히려 이러한 문제 제기를 위한 서론에 불과하다).

역사가에는 세 유형이 있을 수 있다. 그 하나는 자신이 진실로 객관적인 사실을 바탕으로 누구도 거부할 수 없는 진정한 역사를 쓰고 있다고 믿는 부류이다. '순진한' 역사가이다. 다른 하나는 자신이 신봉하는 이념을 위해서 사실을 이용할 수 있다고 믿는 부류이다. '노회한' 역사가이다. 마지막은 사실에 근거한 역사를 쓰기 위해 최선을 다하지만 그 결과에 대해서는 '겸허한' 역사가이다. 어떤 역사가가 좋은 역사가인가. 첫 번째와 두 번째 역사가가 만나면 어떤 결과가 나오겠는가. 세 번째 역사가는 이 둘의 '대화'에 과연 어떤 역할을 할 수 있겠는가. 역사적 지평선이 아무리 넓어져도 여전히 끝나지 않는 물음이 바로 이것이다.

Mortuo auk liberio papa ieronimus digni siiii
sacerdocio ab oib; acclamatur s; denlus tuipp
a quibusda uefte muliebre p sua mduit et aduc
titniu denlus ab eis tātē isānte locum dedi ic

5 일기는 어떻게 읽어야 하나?

에린 맥마니스, 〈안네 프랑크〉, 역사를 통해 사회 변화에 기여한 '12명의 중요한 여성' 연작
중 4번째. 드로잉, 디지털 페인팅, 수채 및 아크릴 물감을 사용한 전통 회화의 기법을 혼합한
일러스트 포스터 작품.

─이론과 실제

문학에서와 마찬가지로 역사학에서도 일기는 오랫동안
'주관적'이라는 이유로 사료로서의 가치가 폄하되었던 것이 사실인데,
이는 역사학이 여전히 '객관적' 사실에 근거하여
누구도 부정할 수 없는 유일무이한 '진실'을 발견할 수 있을 뿐 아니라,
이러한 객관적 진실을 확보하는 데는 사적 기록보다는
공적 기록이 훨씬 더 신빙성이 있다고 보는
19세기 이래의 전통적이고 편협한 역사관에 머물러 있었기 때문이다.
그러나 모든 글쓰기는 엄연히 문학의 일부이며
어떤 기록도 사료로 적합지 않은 것은 없다는 점을 생각할 때,
일기의 자유로움은 엘리트주의적 ─ 그래서
권력-위계적 ─ 문학과 역사학에 대한
심각한 도전일 수 있다.

신은 일기를 쓰지 않는다.

−필립 르죈

일기란 무엇인가

현대적 의미의 일기를 가장 간단히 정의하자면, 한 개인이 그날그날의 일과 생각과 느낌을 순차적으로 써내려간 사적 기록이라고 할 수 있겠다. 이러한 정의는 사실 전혀 새롭지 않다. 우리가 일상적으로 하는 과정을 그대로 옮겨놓았을 뿐이다. 내가 지금 일기를 쓴다고 가정해보자. 우선 종이나 공책 ─ 컴퓨터도 가능하다 ─ 을 준비한 뒤, 그날의 날짜를 기입하고 오늘 일어난 기억할 만한 일과 자신의 이런저런 생각과 느낌을 적어갈 것이다. 반드시 매일은 아니겠지만, 적어도 그때그때의 상황들이 스스로의 입장에서 반추될 것이다. 그러고는 일기장을 덮을 것이다. 때로는 그것에 조그만 자물쇠가 채워져 있을 수도 있다. 자기 외에 그 누구도 그것을 보아서는, 혹은 들어서는 안 되니까. 그뿐이다. 여기에는 르죈이 명쾌하게 지적했듯이, "어떠한 정형도 없고 무슨 특정 내용도 요구되지 않는다. 마음대로 써도 된다." 즉 일기가 지닌 가장 중요한 특성은 형식과 내용 모두가 자유롭다는 것이다.[1]

하지만 바로 이러한 자유로움이야말로 문학적으로나 역사학적으로나 일기의 가치가 폄하되어온 주요한 이유였다는 점은 하나의 아이러니다. 오래전 한 학자가 형식주의 문학 이론의 입장에서 일기에 가한 신랄한 비판 ─ 거의 비난조의 ─ 을 들어보자. "일기는 삶을 지속적으로도 총괄적으로도 보려 하지 않는다. 그것은 단지 즉각적인 현재에 초점을 맞출 뿐이며, 24시간 동안 일어난 일을 기술하는 것으로 충분하다고 본다. 따라서 그것은 삶에 대한 기록이 아니라, 그저 짧막하고 유사한 일련의 단조로운 항목들로 이루어진, 생존에 대한 일지일 따름이다. 게다가 ……일기에는 숙고할 만한 것이 거의 없다. 왜냐하면 그것은 예술적 구조의 외양조차 갖추고 있지 않기 때문이다."[2]

문학에서와 마찬가지로 역사학에서도 일기는 오랫동안 '주관적'이라는 이유로 사료로서의 가치가 폄하되었던 것이 사실인데, 이는 역사학이 여전히 '객관적' 사실에 근거하여 누구도 부정할 수 없는 유일무이한 '진실'을 발견할 수 있을 뿐 아니라, 이러한 객관적 진실을 확보하는 데는 사적 기록보다는 공적 기록이 훨씬 더 신빙성이 있다고 보는 19세기 이래의 전통적이고 편협한 역사관에 머물러 있었기 때문이다. 그러나 모든 글쓰기는 엄연히 문학의 일부이며 어떤 기록도 사료로 적합지 않은 것은 없다는 점을 생각할 때, 일기의 자유로움은 엘리트주의적 ― 그래서 권력-위계적 ― 문학과 역사학에 대한 심각한 도전일 수 있다.

일기는 스스로의 자유로움 안에서, 그러면서도 그러한 독특성과 긴밀히 연관된 몇 가지 느슨한 특성들을 갖고 있다. 첫째는 분절성인데, 일기의 특성 중 하나가 전체적으로 일관성과 중심점을 결여하고 있다는 것이다. 그것은 과거를 회상하는 자서전과 유사하게 보일지 몰라도 사실은 아주 다르다. 자서전은 나름의 문학적 규칙 안에서 만들어지는 반면, 일기에는 전혀 그런 규칙이 없다.[3] 따라서, 일기에 피력된 어제의 자아와 오늘의 자아가 스스로 보기에도 동일한 것 같지 않다는 느낌을 받을 수도 있다. 시간이 지나면서 과거에 쓴 구절들의 의미도 명확치 않게 보일 수 있다. 일기의 표현들이 종종 암시적이고 비약적이기 때문이다.

둘째는 비밀성이다. 일기가 비밀이라는 것은 누구나 인정하는 사실이다. 처음부터 남에게 보이려고 일기를 쓰는 사람은 거의 없다. 심지어 친한 친구에게 보여줄 때조차도 그것은 여전히 둘 사이의 비밀로 남는다. 아마 열쇠와 자물쇠를 갖춘 경우란 일기 외에는 없을 것이다. 그것은 남에게 알리고 싶지 않은 자기만의 생각과 느낌을 글이나 말로 표현할 때 나타나는 지극히 사적이자 개인적인 고백이다. 때로는 일기에 피력된 정치적·이념적 언급이 작가 자신에게 현실적 위험을 초래할 수도 있기 때문에, 더욱 비밀이 요구된다.

셋째는 전복성이다. 일기는 모든 의미에서 규칙이라는 것에 도전할 뿐 아니라, 종종 그것을 뒤집어버리는 잠재력을 지니고 있다. 일기 작가는 그 시대 혹은 집단이 부과하는 규범에 따라 글을 쓰기도 하겠지만, 곧 그것을 따르지 않고 다른 길로 접어들 것이다. 일기의 자유로움—거의 아나키적인—과 그로 인한 분절성 그 자체가 규칙에 대한 거부이다. 일기는 출판된 글과는 달리 공적 검열에서 자유롭기 때문에 혹은 자유롭다고 생각하기 때문에, 사회적으로 공인된 담론들을 암암리에 공격하고 무너뜨리는 대안 담론을 형성하는 데 기여할 수 있다.

넷째는 자율성이다. 일기는 문학적·미적 완결성을 갖추지 못한다는 비판을 받아왔지만, 바로 그러한 성격 때문에 다른 어떤 형식에도 편입되기 힘든 하나의 독자적 장르가 된다. 사실 그것이 지닌 가장 중요한 특성은 완결되지 않는다는 것, 아니 결코 완결될 수 없다는 것이다. 그것은 비유하자면 시간이란 직선 위에 띄엄띄엄 표시된, 시점은 있으나 종점은 확정할 수 없는 점들의 집합과도 같다. 그것은 오직 자아만이 주체가 되는 열려 있는 글이다.

이와 동시에 일기는, 자유로움이라는 본질에도 불구하고, 다른 모든 글쓰기 형식이 그렇듯이 역사와 문화의 산물이기도 하다. 그것은 고대 어느 시기에 '발명'된 후, 형식과 내용에서 수많은 변화를 겪었다. 하지만 그것이 종래의 연대기 혹은 비망록 형식을 벗어나서, 현대의 개인 일기와 같이 작가 자신의 생각과 감정을 적극적으로 표출하기 시작한 때가 언제쯤인지는 여전히 논쟁의 대상이 되고 있다. 특히 그 변화의 속도와 양상은 문명과 나라에 따라 상당한 편차가 있는 것으로 보인다. 예컨대 일본은 일찍이 10세기 말부터 시 형식의 일기가 존재해왔고, 이슬람권에서도 이미 11세기에 매우 근대적 성격을 띤 일기가 있었다는 증거가 제시되고 있다.[4] 따라서, 우리는 일기가 보여주는 '보편적' 성격에도 불구하고, 그 역사적·문화적 존재 양태를 세밀히 고구하여 상호 비교할 필요가 있다. 이 글에서는 서양의 경우를 중심으로, 먼저 일기가 언제, 왜 발명되고 어떻게 변화했는지를 살펴본 뒤, 일기 연구의 이론 및 방법과 함께 그것을 적용한 연구의 예들을 간략히 검토해보고자 한다.

일기의 발명과 변천

근대 이후 서양에서 개인 일기를 뜻하는 단어 diary/journal(E), diario(I), journal intime(F) 등의 직접적 어원은 매일의 기록이라는 의미의 고전 라틴어 diarium(→diary) 또는 diurnum(→journal)이다. 하지만 이러한 의미를 가진 말은 이미 이전의 고전 그리스 사회에서 쓰이고 있었다 (물론 그 이전의 문명들에도 유사한 형태가 있었을 개연성이 높다). 기원전 2세기 후반에 활동했던 로마 작가 셈프로니우스 아셀리오가 제3차 포에니전쟁을 다룬 자신의 《역사》에서, 연年 단위로 쓰는 연대기와 일日 단위의 일기를 구분하며 그리스인들은 후자의 경우를 ἐφημερίς (ephēmeris) 혹은 ἐφημερίδα(ephēmerida)로 부른다는 말을, 약 3세기 후에 역시 로마 작가인 겔리우스가 전하고 있기 때문이다.[5] journal이라는 말은 라틴어 diurnum에서 고대 프랑스어 journal을 거쳐 지금에 이른 것으로 보이지만, diary의 경우는 그보다 훨씬 더 이후에 쓰이기 시작한 것 같다. 엘리자베스 시대의 잉글랜드 작가였던 벤 존슨의 희극 《여우》(c.1606)에서 보이는 경우가 지금까지 알려진 바로는 최초의 용례이다. 여기서 화자 중 하나인 폴리틱 경은 이렇게 말한다. "아니오, 이건 내 일기diary라오. 여기다 내가 하룻동안 한 일들을 적어두는 게지."[6] 당시 잉글랜드 극장에서는 회계 및 기타 사항을 기록해두는 공책을 diary라고 불렀다.

일기는 원래 상업과 행정의 필요에 의해 '발명'된 것으로 보인다. 사업을 할 때는 매매 과정과 재고상태를 파악하는 것이 중요하기 때문에, 관련 일자와 내용을 기록해두는 회계장부가 만들어졌을 것이다. 이는 고대 칼데아나 이집트부터 지금까지 변함없이 지속된 기록 형식이었다. 장부를 쓰다 보면, 회계와 관련된 다른 활동들도 병기되었을 것이고, 이것이 시간이 지나면서 훨씬 더 사적인 개인 일기의 형태로 발전한 것이 아닌가 생각된다. 행정적 측면에서도 공적인 주요 사건을 시간 순으로 기록한 연대기 및 일기가 점점 더 사적 활동에 대한 기록으로 변화했을 것이다.

고대 로마의 경우, 상층 계급의 가장들은 대개 두 종류의 일기를 갖고 있었던 것으로 보인다.[7] 그 하나는 수입과 지출 명세를 기록한 것이고, 다른 하나는 집안 대소사를 적은 것이었다. 이러한 기록들은 장부 또는 일기란 뜻의 ratio, ephemerides, quotidianum diurnum 등으로 불렸으며, 통상적으로 서기에 의해 작성되었다. 하지만 그 구체적인 내용을 알려줄 만한 직접적인 사료는 거의 남아 있지 않으며, 다만 문학작품들을 통해 그 일부의 측면을 엿볼 수 있을 뿐이다. 네로 황제의 정신廷臣이었던 페트로니우스의 풍자소설 《사티리콘》에는 등장인물인 트리말키오의 서기actuarius가 그에게 일기를 "마치 관청 문서 Urbis acta이라도 되는 양" 큰소리로 읽어주는 장면이 나오는데, 모두가 주인의 땅에서 일어난 일상적인 사건·사고들 — 화재, 출산, 처형, 경제나 재정에 관한 소식 등 — 에 대한 것이었다. 예컨대 여름 어느 하루의 기록 중 한 대목을 보자.

같은 날[7월 26일], 폼페이의 정원에서 불이 났는데, 이 불은 관리인인 나스타의 집에서 시작되었습니다. 무슨 소리야? 내가 언제 폼페이에다 정원을 샀단 말이야? 트리말키오가 물었다. 작년에요. 서기가 말했다. 그래서 아직 일기rationem에는 올리지는 않았습니다만. 트리말키오가 벌컥 화를 냈다. 내 이름으로 산 물건은 반드시 일기rationes에 올려서 적어도 6개월 안에는 내게 알리도록 하라고 했을 텐데!⁸[8]

이 인용문에서 장부로 번역한 ratio는 앞서 말했다시피, 일일 장부 혹은 일기를 가리키는데, 여기에는 그 자신의 내밀하고 사적인 생각이나 느낌은 거의 찾아볼 수 없고, 다만 수입 및 지출 내역과 자신의 집과 땅에서 일어난 일들이 기록되어 있을 뿐이다. 그것이 서기에 의해 작성되었고 마치 관청 문서처럼 읽혔다는 점도 근대 이후의 개인 일기와는 성격이 달랐다는 사실을 시사해준다. 아마 당시에는 그런 내밀한 감정을 글로 표현하는 것이 적절치 못하다고 생각했던 것 같다. 수에토니우스의 《아우구스투스전》에 나오는, 황제가 딸과 손녀에게 "공개할 수 없고 일기diurnos commentarios에 적을 수 없는 일은 말하지도 하지도 말라"고 했다는 대목이 이러한 경향의 일단을 보여준다.[9]

　14세기에 피렌체 상인들이 최초로 쓰기 시작한(이 전통은 16세기까지 지속되었다), 보다 더 근대적 성격의 이른바 리브로 디 파밀리아libro di famiglia, 즉 가계서/가계 일기 역시 이러한 고대적 관습의 연장선상에 있다. 그것은 14세기 초에는 주로 매매 및 회계에 대한 기록이었으나, 중반 이후 점점 더 그 숫자가 늘어가면서 자신이 몸담은 도시의 정치적 사건에 대한 언급이 증가했고, 더불어 자신의 가계와 개인사도 첨가되었다. 회계에 대한 것이든 개인사에 대한 것이든 책의 내용이 남에게 알려져서는 안 되는 것이었기 때문에, 이는 종종 리브리 세그레티libri segreti, 즉 비서秘書라고 불렸다. 15세기 피렌체 휴머니스트 알베르티가 그 책의 내용은 아내도 알아서는 안 된다고 했다는 얘기는 유명하다.[10] 가계서는 종종 '기억할 만한 것들'이란 의미의 리코르디ricordi, 리코르단체ricordanze, 메모리에memorie 등, 더 일상적이고 간편한 이름으로 불리는 경우도 많았다. 하지만 기록 연도만 기록되어 있거나, 일자가 있어도 그 간격이 넓고, 기입된 사항들도 종종 이야기식으로 된 경우가 많아서, 현대의 개인 일기보다는 고대 로마의 가장들이 썼던 일기에 훨씬 더 가깝다.[11]

　가계서는 14세기 후반으로 오면서 그 형식과 특징에서 좀 더 세세하고 개인적인 모습을 띠게 된다. 그 최초의 예 중 하나가 법률가로, 1351년 피렌체 최고 정무직인 곤팔로니에레를 지낸 도나토 벨루티의 《가계 일기》이다. 이는 일자에 따라 배열한 경우가 거의 없고 과거를 회상하는 식으로 되어 있기 때문에, 일기라기보다는 사실상 자전적 회고록에 더 가깝다. 그 내용은 주로 귀감이 될 만한 경험과 가문의 공적들에 관한 것이 대부분으로, 가문의 이익과 명예를 고양하고자 하는 것이 저술의 동기로 보인다. 하지만 이와 동시에, 우리는 이 책을 통해 상층시민인 그가 변화하는 시대적 분위기 속에서 스스로의 사회적 위치에 대해 어떻게 생각하고 있었는지를 엿볼 수 있다. 부유한 상인이었던 부오나코르소 피티와 그레고리오 다티의 일기도 벨루티의 연장선상에 있다. 국제무역에 종사했던 피티는, 특히 전문 도박사로 다년간 프랑스와 저지대 지방의 귀족들과 교유한 특이한 경력을 지니고 있다. 다티는 맨손으로 부를 쌓은 전형적인 인물인데, 당시 최고가품인 모직물을 생산하여 아라곤과 카탈로니아로 수출했다. 그들의 일기에는 당시의 국내외 정치 상황과 그들 자신이 겪은 인생의 굴곡들이 표출되어 있다. 그들의 일기는 벨루티에 비해 일일 기록의 양이 훨씬 더 많고 내용이 더욱 사적이라는 차이가 있지만, 저술의 동기가 여전히 가문의 이익과 명예였다는 점에서는 자아의 성찰을 지향하는 좀 더 근대적 개인 일기와는 아직 거리가 있다고 할 수 있겠다. 14세기에 시작된 피렌체 가계 일기의 전통은, 각각의 형식과 내용에서 때로는 상당한 차이를 보이기는 하지만, 어쨌든 대체로 16세기까지는 유럽의 다른 지역을 포함하여 그대로 지속된 것으로 보인다.[12]

　대체로 가계서의 범주에 머물렀던 일기가 개인의 자아 성찰이라는 현대적 특징으로 방향을 튼 시기는 보통 17세기 후반쯤으로 알려져 있다.[13] 지금까지와는 매우 다른, 이처럼 새로운 경향을 주도한 것은 각별히 잉글랜드 청교도들이었다(후일 퀘이커들이 그들을 이어받게 된다). 그들은 명확한 일인칭 서술을 통해 자신의 종교적 정체성을 깊이 성찰하고 있을 뿐 아니라, 아울러 그 일환으로 거의 매일 연속적인 기록을 남겼다. 청교도 일기는 엘리자베스 여왕 치하의 16세기 말에 이미 그 최초의 예들이 나타나기 시작하지만, 청교도혁명(1642~1649) 직후인 17세기 후반에 가면 그 양이 대폭 늘어난다. 그리고 이는 18세기를 거쳐 19세기까지도 그 영향을 미치게 된다. 청교도들의 '자아' 성찰은 그 이전 대부분의 세속적 일기에서는 거의 볼 수 없었던 것으로서, 자신 내의 은밀한 자아와의 대화를 곧 엄격한 양심 — 물론 지극히 신앙적 성격을 지닌 — 의 검증과 동일시한 데서 비롯된 것으로 볼 수 있다.[14]

흥미로운 점은 이러한 '영적spiritual' 목적의 일기 쓰기를 위한 상세한 조언을 담은 일종의 안내서가 바로 그 시기에 있었다는 사실이다. 그중 하나가 존 비들의 《감사하는 그리스도교인의 일기》(1656)이다. 이 저작 그 자체는 일기가 아니라 일기 쓰기라는 관습에 대한 매우 정교한 권고 사항을 담은 것으로, 어떤 종류의 내용이 들어가야 하는지, 그리고 그렇게 함으로써 얻는 영적 이득은 무엇인지를 제시하고 있다. 이 책이 등장한 시기가 청교도 일기의 출현에 비해 비교적 늦었다는 점을 감안하면, 책의 성격은 지침서이지만 사실은 일기에 대해 이미 많이 공유되고 있던 사항들을 다시 요약한 것으로도 볼 수 있다. 물론 이는 다시 이후의 일기 쓰기 관습에 일정한 영향을 발휘했을 것이다.

존 비들은 죄와 참회에 대한 의식을 일깨우고, 영적 기운을 고양하고, 신이 영혼과 교감하고 있다는 증거를 확신하기 위해서는 자기 자신을 끊임없이 성찰하고 검증하는 것이 필요하다고 역설했다. 16세기 말 초기 단계의 청교도 일기 작가로서 대표적인 몇 사람으로는 케임브리지 학자 새뮤얼 워드, 비국교도 성직자 리처드 로저스, 그리고 거의 잉글랜드 최초의 여성 일기 작가로 알려진 레이디 마가렛 호비 등을 들 수 있다. 이들은 서로 약간씩 뉘앙스의 차이는 있지만 대개 무미건조한 어조로 스스로의 영적 성찰에 대해 피력하고 있다는 공통점이 있다. 이러한 영적 일기의 전통은 퀘이커 및 감리교파 등 비국교도를 통해 18세기까지 — 엘리자베스 베리, 데보라 벨, 하우스만 부인 등, 여성 작가가 다수라는 점도 주목할 만하다 — 그리고 어느 정도는 19세기까지도 지속되었다.[15]

18세기 말, 19세기 초는 현대적 개인 일기의 중요한 특징인 세속적 자아에 대한 각성과 성찰이 비로소 모습을 드러내는 결정적인 시기이다. 물론 청교도 일기의 종교적 자아 성찰이 사라진 것은 아니지만, 그것을 넘어서 더욱 다양한 방식의 자아 인식이 출현하기 시작한 것이다(여기서는 이러한 '세속화' 경향의 선구자 격인 17세기 후반의 새뮤얼 핍스 및 존 에벌린과 같은,[16] 특기할 만한 예들에 대해서는 지면상 언급만 하고 넘어가겠다). 일기는 이제 퍼스낼리티의 표출이 풍성하게 흘러넘치는 방향으로 넓혀지기 시작했다. 지금까지 일기를 지배했던 자기 통제에 대한 요구와 새롭게 나타난 왕성한 자아 확장의 유혹 사이에 긴장이 나타났다.

아마 제임스 보스웰이야말로 이러한 두 갈래의 길목에 서 있었던 인물일 것이다. 그의 일기에는 지금까지 이 문학 장르가 밟아왔던 다양한 요소들이 녹아 있다. 그는 처음에는 여행 일기를 썼고, 또한 문화계의 주요 인물들을 등장시킴으로써 일종의 공적 일기의 측면도 갖고 있으며, 끊임없는 자기 성찰을 통해 청교도 일기의 뒤를 잇고 있을 뿐 아니라(물론 항상 윤리적인 것만은 아니라는 차별성도 지니고 있다), 삶의 세세한 측면을 모두 기록하겠다는 의지는 일종의 매우 개인적인 리코르디, 혹은 비망록의 면모도 함께 지니고 있는 것이다. 이후의 시간은 자아 통제보다는 자아 확장의 편이었고, 이제 일기는 스스로에 대한 감시에 주력하는 대신 이런저런 역할에 비교적 자유롭게 심취하는 쪽으로 나아가게 된다.[17] 프랑스의 경우 역시, 이때부터 먼저 정확한 날짜를 기입한 후 일기를 쓰는 관행이 확립되었을 뿐 아니라, 작가들은 자신의 일기가 마치 믿을 수 있는 친한 친구라도 되는 것처럼 "오 나의 일기여"라고 부르기 시작한다. 사실상 18세기 말은 프랑스인들이 지금 주르날 엥팀journal intime이라 부르는 현대적 개인 일기가 확립되기 시작하는 때이다.[18]

자아, 내러티브, 일기

앞서 얘기했듯이, 역사 속에서 다양한 방식으로 존재하고 변화해왔던 일기라는 글쓰기 장르를 시대적·질적 측면에서 구분하는 결정적 기준은 아마도 일기 작가가 스스로의 '자아'를 성찰하는 단계로 진입했는지의 여부일 것이다. 하지만 여기에는 그러한 자아라는 것이 과연 무엇인지, 어떻게 만들어지는지, 단일한 것인지 외부와 독립적으로 존재하는지, 혹은 자신의 자아에 대한 진정한 성찰은 언제 시작되었는지 등을 둘러싼 수많은 의문과 논쟁이 불가피하게 따라온다.

데카르트가 자신의 《방법서설》(1637) 4부 어느 곳에서, "코기토 에르고 숨," 즉 "나는 생각한다, 그러므로 나는 존재한다"는 유명한 언명을 남겼을 때, 그는 아마 외부 세계에서 독립된 어떤 일관적이고 확고한 자아라는 것을 전제하고 있었을지 모른다. 또한 19세기 말 부르크하르트가 《이탈리아 르네상스의 문화》(1860) 제2부 개인의 발전을 다룬 부분에서, 15세기 르네상스 이탈리아인들이야말로 중세를 뒤덮었던 미망의 베일을 최초로 벗어던지고, 스스로의 "정신적인 '개인성'을 찾아내었고 또한 그것을 자각했다"고 썼을 때, 그가 말한 르네상스의 개인성이라는 것이 과연 존재했던가에 대한 이후의 수많은 비판은 일단 논외로 하고 그 역시 여전히 데카르트 식의 단일한 자아를 전제하고 있었을 법도 하다. 부르크하르트적 '개인'과 '개인성'에 대해서는 그동안 많은 비판이 있었다. 특히 최근 존 마틴은 그가 말한 정도의 개인성을 굳이 찾으려면 적어도 16세기 말의 몽테뉴에 와야 가능하다고 주장한 바 있다.[19]

하지만 포스트모던 이론은 이러한 근대적 자아 관념을 거부하며, 자아를 스스로 규정된 것이 아니라 어떤 특정한 역사적 시간에 개인에게 이용 가능한 언어로 표현된 이념적 구성물로 본다. 경험과 역사의 의미를 촉발하고 영속케 하는 일관되고 안정된 인간 자아라는 것은 근대 철학적 사유의 구성물에 불과하다는 것이다. 우리가 20세기 전반기까지도 하나의 상식으로 간주해왔던 자아에 대한 이러한 본질론적 견해는 지식이 경험의 산물이며(경험론), 보편적 인간 본성은 역사의 범위 바깥에 존재한다(관념론)는 가정에서 출발한다.

라캉, 푸코, 데리다, 알튀세르와 같은 포스트모던 계열의 사상가들은 인간 본성의 보편성과 본질에 대해 재고하면서, 그것을 역사, 언어, 문화에 의해 구성된 인간 주체로 대체했다. 이렇게 재설정된 자아는 이제 특정한 담론과 사회적 과정의 산물이 된다. 개인은 언어를 통해 스스로를 하나의 주체로 구성하지만, 개인 — 자신의 의미의 원천이 아닌 — 은 단지 특정 시간에 이용 가능한 언어 내의 입장들을 채택할 수 있을 뿐이다. 후기구조주의 자아 개념은 자아를 하나의 입장, 즉 담론들이 교차하는 로쿠스(장소)로 재정의한다. 우리는 상이한 입장들이 결국에는 단일하고 자율적인 전체로 환원될 것이라고 믿을 수도 있겠지만, 우리 자신이 불변적이고 일관적이라는 그러한 생각은 사실 그렇다고 느끼는 것 외에는 달리 뚜렷한 근거가 없다. 만약 인간 주체가 일관적이지 않고 분절적이며 때로는 모순적이라면, 자아 역시 그리 자명한 것은 아닐 것이다. 요컨대, 포스트모던 이론이 우리에게 제공하는 시사점은 1) '자아'에 대한 관념들이 영속적 진리들이 아니라 구성물이라는 것, 2) 모든 텍스트가 실재와 정체성에 대한 하나의 표현일 뿐이라는 점을 고려한다면 우리가 고수하는 규범canon이라는 것도 바꿀 수 있다는 것, 3) 우리가 장르로 식별하는 어떤 일련의 콘벤션(관례)들의 역사를 쓴다는 것은 곧 현재와 과거 간의 대화라는 것이다.[20]

문학비평가 스티븐 그린블랫은 자아가 사회적 구성물이라는 포스트모던 이론을 르네상스인의 자아에 적용한 이른바 '자기 만들기self-fashioning' 개념을 통해 이후 광범위한 영향력을 발휘했다. 그에 따르면, 이 말은 "추상적이고 잠재적인 자아로부터 구체적이고 역사적인 구현으로 가는 과정을 통제함으로써 특정 개인을 만들어내는 문화적 의미 체계"를 의미한다. 바꾸어 말해서, 그것은 사회적 행위를 관장하는 일련의 통제 메커니즘 혹은 사회문화적 데코룸(규범)에 따라 자신의 정체성과 대외적 페르소나를 구축하는 과정을 뜻하는 것이다. 카스틸리오네의 《정신론廷臣論》이 이러한 측면을 다룬 근대 최초의 텍스트 중 하나라는 점은 잘 알려져 있다. 몽테뉴 역시 《에쎄》에서, "인간은 자신을 만들고 이루어간다. ……본심의 가장은 우리 시대의 가장 잘 알려진 특질의 하나다"라고 썼다. 그린블랫은 자기 만들기 개념을 르네상스기 잉글랜드의 신사 계층인 토머스 모어, 윌리엄 틴데일, 토머스 와이엇, 에드먼드 스펜서 등을 새로운 시각으로 읽는 데 활용했다.[21] '자기 만들기'는 텍스트가 표면적으로 말해주는, 더 정확히 말하자면 그렇게 보이는 메시지를 그 저자의 최종적 메시지로 받아들이기보다는, 텍스트를 이루는 저자의 목소리가 어떤 동기와 과정을 거쳐 '만들어져갔는가'를 추적하는 데 강조점을 둔다.

앞서 이미 언급한, 16세기 말 청교도 일기의 선구자 격인 새뮤얼 워드의 일기를 이런 관점에서 재조명하면, 그가 단순히 신앙에 지나치게 경도된, 현대인의 눈으로는 지극히 시대착오적으로까지 보이는 '퓨리터니즘'의 화신이 아니라, 그의 자아와 그것을 통제하고자 하는 권위들 — 구세주와 죄인, 설교자와 참회자, 개인과 공동체 — 간의 긴장관계를 자기 만들기를 통해 성공적으로 해소한 인물이라는 결론을 얻을 수도 있다.[22]

최근 들어서는 내러티브 아이덴티티narrative identity, 즉 서사적 정체성에 대한 폴 리쾨르의 새로운 견해가 주목받고 있다.[23] 그는 외부와 독립적인 자아가 존재한다는 본질주의적 입장에는 당연히 반대하지만, 지극히 탈중심적인 비주체 — 담론 혹은 언어에 의해 결정되는 — 에 대한 포스트모던 이론에도 동의하지 않는다. 그의 입장은 개인적 정체성이 완전히 안정적이거나 자기 투명성을 갖지는 못하지만,

그렇다고 아예 일관성이 없다거나 자기 소외적이지도 않다는 것이다. 즉 자아가 최소한의 어떤 통일성은 갖고 있으리라는 것이다.

인간은 오직 언어를 매개로 해서만 그 자신과 세계에 접근할 수 있다. 그가 내러티브에 주목하는 이유도 바로 여기에 있다. 리쾨르에 따르면, 내러티브는 특히 시간과 자아라는 두 측면을 가지고 있다. 먼저 시간적 측면을 보자. 여기서 내러티브란 단순히 이야기만을 뜻하지는 않는다. 그것은 '줄거리 짜기emplotment'라는 방식을 통해, 이질적인 과거의 사건들 간에 시간과 의미상의 인과적 관계를 확립함으로써 그것들 모두를 유의미한 하나의 전체로 끌어들인다. 바꾸어 말해서, 인간의 삶에서 일어난 잡다한 사건들은 내러티브를 통해 비로소 정연하게 통합된다는 것이다. 내러티브는 그것 바깥에 독립적으로 존재하는 의미와 표현의 반영이 아니며, 또한 그것이 기초한 언어로부터 분리되어 있지도 않다. 오히려 정체성을 이루는 것은 바로 내러티브의 이러한 구성적 능력인 것이다. 내러티브는 현재에 유의미한 과거를 가진 자아를 창조하며, 자전적 내러티브는 화자 혹은 서술자의 삶에 시간적 연속성의 감각과 관념을 부여한다. 이런 식으로 의미적 인과성을 부여하는 과정에서 화자는 다른 인간 주체들과 연루될 수밖에 없는데, 바로 이 때문에 그/그녀는 도덕적 책임을 수반하지 않을 수 없게 되며, 그리하여 서사적 자아는 도덕적 세계에 스스로를 위치시키게 되는 것이다.

내러티브의 또 다른 측면은 자아이다. 리쾨르에 따르면, 이는 '이야기하는 자아narrating self'와 '이야기되는 자아narrated self'라는 두 영역으로 이루어지는데, 이 두 영역 간의 관계는 개인의 서사적 정체성에 결정적인 역할을 한다. 우리는 직관적으로 스스로를 단일한 실체로 생각하기 쉽지만, 사실은 자아가 반드시 서로 조화되는 것만은 아닌 복수의 영역으로 구성되어 있다는 것을 느끼게 된다. 우리는 무언가를 욕망하면서도 동시에 그것이 해로울지도 모른다는 생각에서 그것을 회피할 수도 있다는 것이다. 우리는 내러티브 속에서 때로는 서로 모순되고 갈등하는 복수의 자아를 노정하지만, 그것도 결국에는 하나의 단일한 틀 안에 포섭된다. 이때 내러티브는 필연적으로 자아의 두 영역을 포함하게 되는데, 그 하나는 곧 세계 속에서 일어나는 사건과 행위들을 경험하는 자아이며, 다른 하나는 이러한 사건과 행위들로부터 한발 물러서서 그것을 지켜보고, 그것에 대해 숙고하며, 그것을 이야기할 수 있는 자아이다. 논리적으로나 형식적으로나, 후자가 전자를 따라가면서, 마치 다른 사람을 묘사하는 것처럼 '바깥에서' 그것을 관찰한다는 것이다.

내러티브의 측면에서 볼 때, 첫 번째 자아는 자전적 이야기의 '주인공' ― 이야기의 가장 중요한 축이자 행동하고 느끼고 생각하고 경험하는 주된 캐릭터로 창조된 ― 이라고도 말할 수 있겠다. 두 번째 자아는 이야기하기narration라는 행위에 관여하는 이야기하는 자아로서, 주인공 자아가 활약하는 이야기를 만들어내는 역할을 한다. 모든 자전적 이야기에는 '나'라고 하는 자아가 등장하지만, 그것은 언제나 이야기하는 자아와 이야기되는 자아 간의 갈등과 긴장을 노정하게 된다. 그래서 성공적인 삶의 이야기라는 것은, 인간의 시간적 경험뿐만 아니라 주인공 자아와 화자로서의 자아라는 상이한 두 영역을 상이한 방식으로 엮어내는 데 성공한 이야기이기도 하다. 달리 말해서, 그것은 이 두 측면이 서로 너무 떨어져 있지도 소원하지도, 동시에 너무 쉽게 한몸으로 뭉쳐버리지도 않도록 둘 사이에서 복잡하고도 격렬한 협상들을 수행하는 이야기인 것이다.

텍스트 작가의 정체성을 이야기되는 주인공으로서의 자아와 이야기하는 화자로서의 자아로 구분하는 리쾨르 식의 독해 방법은 홀로코스트와 같이 극단적인 상황에 내몰린 자아를 심층적으로 분석하는 데 특히 유용한 것으로 보인다. 역사가 골드버그는 최신작 《일인칭의 트라우마: 홀로코스트 중에 쓰인 일기들》에서 리쾨르에 의거해 다음과 같은 질문을 던진다. 먼저 주인공으로서의 자아와 관련해서는 이렇게 묻는다. 일기 속의 자전적 이야기들은 어떻게 구성되고 있는가? 주인공으로서의 자아를 이야기의 초점으로 만들 수 있는 내러티브의 사건들 간에는 과연 연속성이 존재하는가? 정체성은 앞서 언급한 수단들을 통해 만들어지고 있는가? 특히 무엇보다도 주인공의 다기다양한 시간적 차원들이 일관성과 통합성을 이루고 있는가? 과거는 현재에 유의미한가? 그리고 그것은 또한 미래에 대한 전망을 드러내고 있는가? 화자로서의 자아에 대한 질문들은 그것이 만들어내는 이야기 그 자체보다는 이야기하기의 행위에 관한 것이며, 동시에 일인칭으로 말하는 작가의 명시적·묵시적 동기에 관한 것이기도 하다. 이러한 발화 행위speech-act를 진정으로 수행하고 있는 것은 누구이며, 그것에 영향을 주고 있는 것은 누구인가? 화자는 이야기하기의 행위를 통해 스스로를 어디에 위치시키고 있는가? 특히 겉으로 드러나는 목소리는 진정으로 누구의 목소리인가? 일기는 파편적이라는 단점에도 불구하고, 정체성을 만들어내는 삶의 모든 특성을 표현하는 장점을 갖고 있다. 홀로코스트 동안 유독 일인칭 서술이 그렇게 넘쳐났던 이유 중 하나도 바로 일기의 이러한 능력 때문일 것이다. 정체성에 대한 모든 감각이 약화되고, 어제가 오늘을, 오늘이 내일을 약속하지 못하는 그 혼돈의 시기에, 일기 쓰기는 티끌만큼 남은 정체성을 보존케해주고 자신들이 내몰린 그 엄혹한 세계에 조금이라도 다가가도록 하는 데 도움이 되었을 것이다. 빌나 게토에 살았던 분디시파(세속적 사회주의 유대 운동가) 폴란드계 유대인인 헤르만 크룩이 말했듯이, 그들에게 일기는 "게토 생활의 환각제" 같은 존재였던 것이다.[24]

일기와 미시사

일기, 편지, 자서전 등의 일인칭 텍스트는 그 사료적 성격상 당연히 개인에 초점이 맞추어진다. 재판 기록에 등장하는 피의자의 목소리 역시 일인칭이다. 각별히 이러한 일인칭 개인 — 혹은 각자의 목소리를 지닌 개인들로 이루어진 집단을 포함하여 — 에게 주목하는 것이 미시사이다.[25] 그것은 이름이 가리키는 그대로 축소된 규모를 통해 리얼리티를 파악하고자 하는 접근 방식이다. 이는 또한 멀리 있는 것을 끌어당겨 자세히 들여다본다는 의미에서 줌인의 역사학이라고도 부를 수 있다. 하지만 어떤 한 부분을 당겨본다고 해서 그 부분이 더 큰 부분을 무시하거나 사상捨象한다는 말은 결코 아니다. 그보다는 오히려 당겨본 세밀한 상을 통해 그것의 콘텍스트를 이루는 더 큰 부분의 보다 더 적절한 의미를 탐색하자는 것이다.

그래서 미시사의 탐색 대상은 단순히 작은 것이 아니라 '잘 경계 지워진' 것이라야 한다. 미시사가 줌인 하고자 하는 것은 무엇보다 실명實名의 인간 개인 혹은 소집단이 영위해온 구체적인 삶의 세절細切이다. 미시사가는 과거를 멀리서 관찰하기보다는 사람들의 삶 속으로 깊이 들어가 그들의 생각과 행동을 공감하고 이해하고자 노력한다. 미시사가 종종 더 미묘하고도 다층적인 인간 감정과 정서와 욕망들을 분별해내곤 하는 것도 이 때문이다. 또한 인간의 구체적 삶에 대한 공감과 이해를 지향하는 미시사가 그들에 대해 '이야기'하게 되는 것은 당연한 귀결이지만, 그들은 이에 그치지 않고 이야기의 근거가 무엇인지, 자신들은 이에 대해 어떻게 추론하는지를 독자에게 가감 없이 보여주고자 한다.

관찰 규모의 축소, 실명적 삶의 추적, 이야기식 묘사라는 미시사의 특징들은 '가능성의 역사'라는 인식론적 관점을 그 근저에 두고 있다. 여기서 가능성이란 엄격한 실증적 의미에서의 '증거'와 대비되는 말로서, 증거의 단편성이 문제될 때 증거와 증거를 잇는 최선의 가능성을 받아들여야 한다는 함의를 지니고 있다. 카를로 긴즈부르그의 '추론적 패러다임' 혹은 '실마리 찾기paradigma indiziario'나 에도아르도 그렌디의 '이례적 정상eccezionalmente normale'이 그 대표적인 예이다.

미시사가들이 굳이 주류 역사학의 증거 입증 방식에 도전하여 가능성의 역사라는 관점을 제시한 것은, 무엇보다 과거 속에 분명히 존재했지만 스스로의 기록을 남길 수 없어 역사 무대에서 '사라진 사람들'의 목소리를 되찾아주겠다는 의도에서였다. 그들이 모든 사료 중에서도 각별히 재판 기록에 주목한 것도 바로 그러한 이유에서였다. 글자를 모르는 민중 ─ 19세기까지도 문맹인 사람들이 훨씬 더 많았다 ─ 이 자신들의 목소리를 스스로 기록하지는 못하겠지만, 엘리트층에 도전함으로써 의도치 않게 편린이나마 그 목소리의 일단을 전하고 있는 것이 재판 기록이라는 것은 역사의 아이러니다. 반면 일기는 스스로 글을 쓸 수 있다는 것을 전제한다. 따라서 필요하다면 그 어떤 것도 사료로 쓰기를 마다하지 않는 미시사가에게도 일기는 적어도 시간적으로는, 특히 르네상스기 이전에는 제한된 자료일 수밖에 없다.

하지만 근대 초에 집중되었던 1세대 미시사는 대략 1990년대 이후 2세대 미시사로 교체되면서 외연이 크게 확대되었을 뿐 아니라 주제나 서술 방식에서도 훨씬 더 다양해졌다.[26] 저술 언어도, 서양의 경우 1세대의 이탈리아어, 독일어, 영어, 프랑스어를 넘어 에스파냐어, 네덜란드어, 핀란드어 등으로 쓰인 저작들이 나타나기 시작했다(실제로는 아마 이보다 훨씬 더 다양할 것이다). 연구 대상이 되는 지역적 범위도 서유럽을 벗어나 미국, 중남미, 남·동·북유럽, 이슬람권, 그리고 한국, 중국, 일본 등 동아시아권으로까지 확대되었다. 연구 시기도 1세대의 주류였던 근대 초를 벗어나 20세기까지 확장되었다. 연구 주제와 방법도 다양해져서, 이례적 사건과 반복적 일상을 넘나들며 젠더, 가족, 몸, 경계인, 섹슈얼리티 등 다양한 문화적 요소로 그 관심사를 넓히고 있다. 지방사, 생활사, 여성사, 구술사, 풍속사, 문화사, 일상사 등도 종래와는 달리 관찰 규모가 미시적이고 서술이 이야기식이라는 점에서 그 성격상 미시사와 공유하는 점이 많다.

미시사가 사실상 모든 시대의 모든 주제에 적용될 수 있다는 확신이 강화됨에 따라, 이러한 접근 방법 안에서 일기는 앞으로 역사 속의 사라진 목소리들을 되살리는 데 더 중요한 역할을 하게 될 것이 분명하다. 왜냐하면 서양의 경우 17, 18세기를 기점으로 엄청난 양의 일기가 남아 있기 때문이다(그 대부분은 아직 거의 연구되지 않은 채로 남아 있다).[27] 앞서 소개한 골드버그의 홀로코스트 일기 연구도 비록 미시사에 대해 명시하고 있지는 않지만, 미시사의 경계 주변에 있다는 것은 분명하다. 하지만 미시사와 일기가 직접적으로 결합된 경우는 아직까지 많지는 않다. 한두 가지 예를 들어보자.

로렐 대처 울리히의 《한 산파의 이야기: 자술 일기에 근거한 마서 밸러드의 생애, 1785~1812》(1990)는 거의 2세대 미시사의 '고전'이다.[28] 울리히는 여기서 18세기 말 19세기 초 미국 메인 주 케네벡 강가의 작은 마을 할로웰에 살았던 마서 밸러드란 산파가 약 30년에 걸쳐 쓴 비망록식 일기를 통해 그녀의 삶을 복원하고자 했다. 그녀는 이 기간 동안 겨울에는 얼어붙고 봄에는 범람하는 위험한 강을 오가며 814번이나 주변 마을의 아기를 받았다. 정확히 9,965일 동안의 일을 기록한 마서의 일기는 지루할 정도로 반복되는 일상성으로 점철되어 있지만, 바로 그러한 일상성이야말로 한 평범한 농촌 여인이 살아간 치열한 삶의 궤적 그 자체였다. 지금까지 '사소한' 것으로 간주되어 왔던 일상적인 일들이 마서와 같은 당시의 보통 사람들에게는 결코 사소하지 않았던, 아니 생을 위해서는 필수 불가결한 것이었기 때문이다.

마서의 일기는 그녀 주변의 역시 평범한 사람들과의 관계망 및 그들의 살아간 모습을 엿보게해주는 중요한 단서가 된다. 그녀의 시대에 산파란 단순한 직업 이상의 것이었다. 그것은 한편으로 남편의 부족한 벌이를 보충하여 가족을 부양하는 방책이었지만 동시에 마음속 깊이 이웃과의 공감을 느끼게 하는 일종의 소명 같은 것이기도 했다. 그녀의 일기는 당시까지 대학에서 교육받은 (남성) 의사가 아니라 (여성) 산파가 출산에서 훨씬 더 중심 역할을 했다는 의료사의 중요한 사실도 깨우쳐준다. 또한 통상적인 장부에는 나와 있지 않은 가계 경제의 이면들, 즉 아마 씨를 언제 뿌리고 어떻게 키우고 언제 거두었는지, 그것으로 마서와 그녀의 딸들이 어떻게 실을 잣고 베를 짰는지를 세세히 알려준다. 그리고 그 지역의 추문들을 통해 당시의 혼인과 성행위가 어떻게 이루어졌는지, 채무를 둘러싼 다툼 뒤에 사적인 갈등이 어떻게 벌어지는지를 알 수 있으며, 나아가서는 말년의 우울한 기록으로부터 산업화 이전의 세계에서 늙는다는 것이 무슨 의미였는지도 어느 정도 유추해낼 수 있다. 아메리카 동북부의 외진 마을에 살았던 마서 밸러드와 그 주변의 사람들은 이런 식으로 우리 기억의 일부가 되는 것이다. 바로 이런 것이 미시사이다.

울리히의 책을 읽는 독자라면 누구나, 그것이 마서의 일기에 대한 세세한 주해이자 깊이 있는 해석이라는 것을 느끼겠지만, 이러한 작업은 결코 그녀의 일기 그 자체만으로 이루어진 것은 아니었다. 그녀의 텍스트를 해석에 적절한 콘텍스트 속에 두기 위해서는, 당시 그 지역의 유력자였던 헨리 슈얼의 일기와 찰스 내시가 만든 마서 일기의 발췌본, 마서의 남편 이프리엄의 지도, 주변 인물들의 편지, 유언장, 세금 명세서, 각종 증서, 법원 기록, 읍민회 의사록 등 그녀와 직접 관련된 자료는 물론이고, 당시의 다양한 역사적 측면에 대한 갖가지 학술적 자료들 — 특히 산파와 출산 의료에 대한 연구서들 — 까지 망라해서 연구해야만 한다. 미시사적 연구는 다른 어떤 역사 접근 방법보다도 더 많은 자료를 섭렵해야 할 뿐만 아니라, 수사적 분석rhetorical analysis을 통해 자료의 더 세세한 부분까지도 놓치지 않고 해석의 장으로 끌어들여야 하는, 커다란 인내와 노력이 필요한 작업이다. 울리히는 마서의 일기를 주목할 만한 하나의 역사로 바꾸어놓음으로써, 그동안 잊혔던 보통 사람들의 목소리를 되살려내는 데 성공했다.

1980년대 이후 부상하기 시작한(하지만 아직도 여전히 가설 수준에 머물고 있는) 문자 해득의 역사 혹은 책 읽기의 역사[29]를 정교화하기 위한 작업의 일환으로 일기를 분석한 예도 있다. 예룬 블락은 최근《일상생활 속의 문자 해득—근대 초 네덜란드 일기에 나타난 읽기와 쓰기》(2009)[30]에서 특히 독서에 관한 언급이 많은 몇 편의 일기를 심층 분석함으로써 당시 사람들은 일상적으로 무엇을 어떻게 읽고 썼는지, 또 그들이 그렇게 한 이유는 무엇인지, 나아가서는 사람들의 주로 얘기한 화제는 무엇인지, 그것이 글 속에 나타난 주제들과는 어떻게 다른지, 또한 그러한 구어적 논의들이 읽기와 쓰기에도 과연 영향을 주었는지 등등, 말하자면 말과 글의 일상적 사용 행태에 대한 문제를 탐색하고 있다. 그는 이를 위해 17, 18세기에 쓰인 서로 다른 성향— 일단 신분과 성의 측면에서 — 의 일기 4편을 선택했다. 헤이그의 학교 교장이었던 독일계 홀란드인 다비드 벡이 쓴 1624년의 일기(이는 네덜란드에서 잔존한 가장 오래된 일기로 알려져 있다), 델프트의 귀족으로 1669년에서 1713년까지 자신의 일상 활동을 기록한 피터르 테딩 판 베르크하우트의 노트, 암스테르담의 서기 얀 데 부르의 1747~1756년의 '연대기적 역사,' 그리고 여성인 야코바 판 틸이 로테르담 인근 오베르스히에서 1767~1770년 사이에 쓴 신앙 일기가 그것이다. 저자는 귀족 1명과 부르주아 3명, 혹은 남성 3명과 여성 1명을 고른 셈이다.

미시사의 미덕 중 하나는 역사적 가설들을 검증하는 데 유용하다는 것이다. 특히 계량적 접근 방식에 의해 제시된 가정들은 미시사적 분석을 통해 그 적절성을 가늠해볼 수 있는데, 예룬의 저작이 이에 대한 좋은 예를 제공하고 있다. 그는 자신의 연구를 통해 독서 및 매체의 역사에서 상정되고 있는 다양한 가설들이 어느 정도로 유효한지를 여러 측면에서 시험해보고 있다. 벡과 베르크하우트가 보여주는 대로,

적어도 17세기에는 학문적 독서와 성경 독서가 명백히 구분되지 않고 혼재되는 것으로 나타났고, 18세기에는 전통적인 종교적 성향을 유지하는 독자층과 훨씬 더 계몽된 독자층으로 나뉜다는 가정은, 야코바 판 틸은 전자에 가깝지만 그것에 완전히 경도되지도 않으며, 얀 데부르는 아예 이런 구분에 부적합하다는 결론에 의해 반박되었다. 아마 대부분의 개별 독자들은 독서 행태에 대한 그러한 가설들의 경계에 머물러 있었을 것이다. 근대 초 이후 묵독이 확산되었다는 가정은 대체로 확인되었지만, 틸의 일기는 소리 높여 읽는 방식 역시 적어도 이 시기 여성에게는 중요한 독서 방식이었다는 주장의 유효성을 입증하고 있다. 그들은 자신이 원하는 시간에 어느 곳에서나(심지어 길거리에서도) 책을 읽었다는 것을 보여주며, 이는 아직 이러한 측면의 정형이라는 것이 생겨나지 않았던 것을 시사한다. 근대 초 독자의 세계에서 그들은 자신이 소유한 책만을 읽지는 않았다. 그들은 길거리와 책방 주변에 나도는 가벼운 팸플릿은 물론이고 지인들의 책을 서로 빌려 보거나 선물로 주고받았으며, 여력이 있으면 경매에 나온 중고서적을 구매하기도 했다. 더불어, 우리는 인쇄된 책과 함께 수사본手寫本도 여전히 통용되고 있었다는 예기치 않은 사실도 알 수 있다. 예룬의 저작은 일기와 같은 일인칭 '에고 도큐먼트'를 통하지 않으면 거의 드러나지 않을 독서 행태의 미세한 측면들을 잘 보여주고 있다.[31]

6
"세상에서 가장 아름다운 것은……"

틴토레토, 〈베누스, 불카누스, 마르스〉(1551~1552), 캔버스에 유채. 뮌헨 알테 피나코테크.

―헤타이라와 코르티자나의 역설

흔히 매춘을 가리켜 역사 속에서 가장 오래된 '직업'이라고들 한다.
사실 그것은 가장 오래된 것이기도 하겠지만 동시에 가장 최악의 것이기도 하다.
왜냐하면 동서고금을 막론하고 거의 전 역사 기록을 통틀어
그것에 대한 찬사는 찾아보기 힘들기 때문이다. 아니 찬사는커녕 끊임없는
비난의 대상이었다. 그리고 그것은 오직 여성만이
가질 수밖에 없는, 아니 겪을 수밖에 없는 '직업'이었다.
여성은 도대체 왜, 또 어떻게 해서 이렇게 비난 일색의
'직업'을 전유하게 되었는가? 그리고 그렇게 비난받는 '직업'이
왜 그렇게도 단절 없이 지속되어오고 있는가?
이는 아마도 매춘의 기원과 역사, 그리고 그것의 도덕적 측면과
본질적 성격에 대한 가장 근본적인 물음이 될 것이다.
'사태의 핵심'을 관통하기 위해 바로 이렇게 물어보자. 매춘은 왜 나쁜가?
많은 사람이 아마 도덕적 대답을 기대할지도 모른다.
하지만 역사상 대다수 위정자가 댄 이유는
항상 이중적인 것이었다.

세상에서 가장 아름다운 것은?

기원전 7세기, 에게해 레스보스섬에 한 여인이 있었다. 후세의 고대 작가들은 그녀가 탁월한 시인이면서도 동시에 온갖 성적 추문에 휩싸여 있었다고 전한다. 그녀는 지금까지도 여성으로서 작품이 남아 있는 서양 고대 유일의 시인이며, '나'라는 주어로 시를 쓴 최초의 작가로 알려져 있다. 그녀는 또한 호메로스가 전하는 용맹한 전사들의 무용과 전우애가 아니라, 여성의 평화로운 욕망과 쾌락을 찬양했던(약간은 황금시대의 상실이라는 분위기 속에서) 보기 드문 인물이다. "사르디스에 사는 한 전사의 아내에게" 바친 그녀의 시 한 편을 보자.[1]

> 누구는 말 탄 전사들이
> 누구는 열을 맞춘 보병들이
> 또 누구는 날쌔게 노를 저어가는 함선들이
> 이 세상에서 가장 아름답다고 하지. 하지만 난
> 이렇게 말하겠네. 세상에서 가장 아름다운 것은
>
> …

그녀는 과연 세상에서 가장 아름다운 것이 무엇이라고 답했을까?

흔히 매춘을 가리켜 역사 속에서 가장 오래된 '직업'이라고들 한다. 사실 그것은 가장 오래된 것이기도 하겠지만 동시에 가장 최악의 것이기도 하다. 왜냐하면 동서고금을 막론하고 거의 전 역사 기록을 통틀어 그것에 대한 찬사는 찾아보기 힘들기 때문이다. 아니 찬사는커녕 끊임없는 비난의 대상이었다. 그리고 그것은 오직 여성만이 가질 수밖에 없는, 아니 겪을 수밖에 없는 '직업'이었다. 여성은 도대체 왜, 또 어떻게 해서 이렇게 비난 일색의 '직업'을 전유하게 되었는가? 그리고 그렇게 비난받는 '직업'이 왜 그렇게도 단절 없이 지속되어오고 있는가? 이는 아마도 매춘의 기원과 역사, 그리고 그것의 도덕적 측면과 본질적 성격에 대한 가장 근본적인 물음이 될 것이다.

'사태의 핵심'을 관통하기 위해 바로 이렇게 물어보자. 매춘은 왜 나쁜가? 많은 사람이 아마 도덕적 대답을 기대할지도 모른다. 하지만 역사상 대다수 위정자가 댄 이유는 항상 이중적인 것이었다. 매춘이 '도덕적'으로 나쁘지만, 정숙한 딸과 아내들을 보호하기 위해 허용할 수밖에 없는 필요악이라는 것이 시대를 관통하는 '정답'이었다(지금 공식적으로 이런 답을 하는 위정자들은 거의 없겠지만, 매춘을 완전히 없앨 수 있다고 생각하는 위정자들 역시 거의 없을 것 같다).

이런 대답이 나온 데는 아마 두 가지 이유가 있다고 생각된다. 첫째는 매춘이 본질적으로 악이라는 것을 '증명'하기가 매우 어렵다는 것이다. 도덕적 판단이란 증명을 위한 것이 아니라, 그 시대 그 사회의 관습적 규약에 의거할 뿐이기 때문이다. 따라서 이에 근거해 매춘을 부도덕하다고 비난하기는 쉽지만, 시공간을 초월하는 이유로 삼기에는 충분치 않다. 특히 고대에는 매춘과 종교가 중첩되어 있던 때도 있었다는 설도 있지 않은가. 두 번째 이유는 매춘에 대한 공적 비난을 주도한 사람들이 남성이라는 데 기인한다. 가부장제 아래서 공적 권력은 거의 언제나 남성 엘리트의 손에 들어가 있었다. 그들은 이러한 성적 통제 체제를 유지하기 위해 한쪽으로는 매춘을 비난하면서도 다른 쪽으로는 그것을 지속시킬 필요가 있었다. 성이란 원래 인간의 원초적 욕구 중 하나이기 때문에, 결혼이란 제도만으로 이에 대한 모든 사회적 욕구를 충족하기란 어렵기 때문이다. 일찍이 그리스의 현인으로 칭송되는 솔론이 공창제도를 만들었다는 역설 아닌 역설도 여기에서 비롯되는 것이다.

또 한 가지 도발적인 질문. 매춘은 노동인가? 창녀는 노동자인가? 누구도 쉽게 던질 수 없는 질문이겠지만, 이에 대한 대답 역시 쉽게 할 수 있는 사람은 거의 없을 것이다. 한 세기 전 카를 마르크스는 노동의 소외와 상품화, 자본의 착취 등의 개념을 통해 노동의 주체성 관념을 일깨워주었고, 이는 전 세계의 역사에 지대한 영향을 미쳤다. 만약 성에 이러한 개념을 적용한다면, 매춘의 경우에서도 성 주체성 상실로 인한 소외와 상품화, 자본의 착취를 논할 수 있을 것 같아 보인다. 하지만 여기에는 다시 역설이 내포되어 있다. 이렇게 되려면 성도 노동의 일종임이 전제되어야 하기 때문이다.

사람마다 생각이 다르겠지만, 현재의 자본주의 세계는 더 이상 마르크스와 사회주의 시절의 세계가 아니다. 자본의 착취는 여전히 경계 대상이지만, 자본주의하의 노동을 착취 그 자체로 간주하기에는 시간이 너무 많이 흘러버렸다. 그렇다면 성은 어떤가? 만일 가정하여 '성 노동자'들의 노동조합이 만들어지고 '근로조건'이 적절한 정도로 바뀐다면(현재 네덜란드 등지에서 진행 중인 것처럼) 성도 하나의 노동으로 보장받을 수 있을 것인가? 남녀와 가족관계가 이미 급속히 재편되고 있는 이때, 성과 노동 간의 관계에 대한 이러한 의문들이야말로 반드시 깊고 진지한 성찰을 거쳐야 하는 중차대한 문제라고 본다.

다시 원래의 질문으로 돌아가보자. 창녀에 대한 '편견'에서 도덕적인 문제를 일단 제외한다면(도덕적인 차원에서 문제가 해결될 가능성은 없으므로), 일반적으로 창녀에게 결여된 것은 무엇인가? 아마 경제적 독립과 섹슈얼리티[2]의 주체성일 것이다. 동서고금을 통틀어 거의 모든 창녀는 빈곤 계층이었다. 이러한 상태는 그들이 창녀가 된 주요 이유이기도 했다. 하지만 창녀라는 '직업'이 그들의 경제적 독립을 가져다주지도 못했다는 것이 현실이었다. 그렇게나 오랫동안 매춘이 끊이지 않은 배경에는 무엇보다도 여성 혼자서 생계를 이을 만한 어떤 직업도 구할 수 없었던 사회적 상황이 존재하고 있다. 간단히 말하자면 무엇으로도 먹고살기 힘들기 때문에 창녀가 되었다는 것이다. 그 책임은 여성보다는 사실 남성(특히 엘리트 남성)에게 있다. 가부장제 내에서 여성은 남성과 동등한 교육과 사회 활동의 기회를 누리지 못한 것이 현실이었기 때문이다. 동서양을 가릴 것 없이 여성은 거의 언제나 남성 — 아버지, 남편, 아들 — 에게 의지하여 살아가야만 했다. 만약 자신의 '후원자'인 남자가 죽거나 능력을 상실한다면, 여성은 아무 대비도 없는 상태에서 스스로를, 그리고 종종 어린 자식까지도 부양해야 하는 현실로 내몰리게 된다. 심지어는 그 '후원자'가 자신에게 의지하는 여성을 착취하는 경우도 발생한다.

또한 그들은 대개 남자 손님이 원하는 대로 성을 팖으로써 자신을 성욕의 대상으로 전락케 하는 상태에 있다. 성이 노동이든 아니든, 그들은 자신이 하는 일의 주체가 아니라 객체가 되어버린 것이다. 여성 자신의 섹슈얼리티에 대한 자유로운 선택이 결여되어 있다는 것이다. 매춘은 말 그대로 돈을 매개로 하여 성을 사고파는 것이지만, 오직 돈만이 매춘의 본질적 요소로 보이지는 않는다. 매춘은 언제나 섹슈얼리티의 측면에서 여성의 수동성을 전제로 한다는 특징이 있다. 가부장적 사회 속에서 성의 선택은 언제나 남성의 몫이었고, 경제적 이유로 인해서도 여성이 선택권을 가질 수는 없었기 때문이다. 이 점은 여성의 섹슈얼리티 문제에서 아주 중요한 것인데, 창녀의 반대편에 있는 '정숙한' 아내 역시 이 점에서는 본질적으로 동일한 상황에 놓여 있었기 때문이다. 16세기 베네치아의 독설가 피에트로 아레티노가 《대화》(1534)에서 여성의 직업을 수녀, 아내, 창녀(코르티자나)로 구분하고, 창녀인 난나로 하여금 자신의 딸 핍파를 창녀가 되도록 권유하게 했을 때, 그는 바로 이러한 측면을 꼬집은 것이다.[3] 따라서 매춘은 돈을 매개로 한다는 것을 전제하고 만들어진 말이지만, 매춘 행위의 본질을 오직 경제적인 이유만으로 이해할 수는 없다는 점도 생각해야 한다.

그런데 만일 기본적으로는 창녀의 범주에 속하면서도, 그럼에도 불구하고 경제적 독립과 섹슈얼리티의 주체성을 상당한 정도로 누릴 수 있는 위치에 있다면 어떨까? 최근 《역사 속의 매춘부들》(1992)을 쓴 전직 창녀 니키 로버츠는 이런 조건이라면 창녀라고 해서 전혀 나쁠 것이 없다고 주장했다. 그녀는 "창녀라는 낙인이 실은 억압의 한 형식"이라고까지 단언한다.[4] 아레티노의 구분은 종교(수녀)와 가정(아내)으로 제도화된 섹슈얼리티의 위선을 풍자한 것이었지만, 니키는 여기서 한걸음 더 나아가 전통적으로 아내에게 당연하게 주어져온 우월한 지위를 전복시키고 오히려 창녀에게 우월성을 부여하고 있다. 아내는 경제적으로도 독립적이지 못하고 섹슈얼리티에서도 주체적이지 않다는 것이 그 이유이다. 사실 매춘이 전혀 '도덕적'이지 않을지는 모르겠지만, 어쨌든 아레티노가 갈파했듯이 창녀에게는 적어도 도덕적 위선 같은 것은 없지 않은가.

니키 로버츠의 전복적 창녀론에 동조하든 하지 않든, 서양 고대에서 근대 초기에 이르는 시기 동안 경제적 독립과 섹슈얼리티의 주체성이라는 이상에 접근했을 수도 있는 여성의 유형은 그리스의 헤타이라hetaira와 르네상스기 특히 이탈리아의 코르티자나cortigiana였던 것처럼 보인다. 헤타이라는 (성적) 파트너라는 뜻의 그리스 말이며, 코르티자나는, 카스틸리오네가 쓴 유명한 책 이름처럼 이탈리아 궁정에서 비공식적으로 제후를 보필하고 조언하는 정신廷臣을 가리키는 코르티자노cortigiano의 여성형이지만, 그 의미는 전혀 달라서 대개 기예를 갖춘 고급 창녀를 의미했다. 이런 점에서 양자는 사실 아주 비슷한 측면을 가지고 있다. 이 둘은 각각 저급 창녀를 뜻하는 포르네porné 및 메레트리체meretrice/푸타나puttana와 구별된다.

　나는 이 글에서 헤타이라와 코르티자나에 대한 사료를 통해 역사 속에서 여성 섹슈얼리티의 주체성에 대한, 중요하지만 잘 알려지지 않았던 단면들을 살피고자 한다. 나는 여기서 양자의 역사적 존재 방식이나 그들을 통제하던 제도적 장치 등을 고찰하기보다는, 그들이 창녀라는 범주에 속하면서도 아내라는 위치보다, 설사 왕이나 귀족의 아내였을지라도 어떤 의미에서는 그들보다 더 자유로운 위치에 있었을 가능성을 타진해보고자 한다. 물론 나는 그들의 자유[5]를 낭만적·관념적 대상으로 보지는 않는다. 그들이 처한 사회적 한계는 뚜렷하며, 권력을 지닌 후원자 없이 독립적 존재가 되기는 사실 매우 어려웠을 것이다. 따라서 이들이 누렸을 수도 있는 자유와 주체성이란 사회라는 서커스에서의 아슬아슬한 줄타기와 같은 것이었다. 이런 측면에도 불구하고 여기서 이를 문제 삼는 것은, 창녀를 언제나 '회개한 성녀' 혹은 '정숙한 아내'라는 범주와 대비하여 비난하는 전통적 시각에 도전해보고 싶었기 때문이다. 바꾸어 말해서 헤타이라와 코르티자나라는 두 유형을 통해, 전통적으로 창녀에게 일방적으로 부과되어온 도덕적 타락자라는 막연하고도 모호한 이미지를 벗기고 무엇이 여성의 진정한 섹슈얼리티인가를 다시 생각해보는 계기로 삼고자 하는 것이다.

헤타이라가 스스로 쓴 기록은 거의 전무하다. 지금까지 전해오는 것은 대개 남성 작가들에 의한 것이다. 코르티자나의 경우 많지는 않지만 스스로 문학작품을 남겼다. 또한 그들의 생각과 삶을 보여주는 역설적인 자료가 재판 사건이다. 스스로를 표현하기 힘든 사회적 약자가 역사의 무대 위에 잠시라도 모습을 드러내는 경우가 바로 이러한 경우이기 때문이다. 이 역시 권력자의 입장에서 진행된 것이고, 대개 재판 기록 그 자체이기보다는 그것을 각색한 문학작품의 형식으로 표현되고 있기는 하지만, 그 사건을 둘러싼 콘텍스트를 감안한다면 기록과 허구의 이면에 놓인 약자의 목소리를 어느 정도는 감지할 수도 있을 것이기 때문이다. 그러나 이 글은 통상적 의미에서의 역사학 논문이 아니다. 여기에서 이용한 자료들은 앞에서 제기한 '창녀의 자유'에 대한 역설적 문제를 간략히 고찰하기 위한(약간은 비평적 측면에서) 재료에 지나지 않는다.

여성의 자유: 헤타이라와 코르티자나

먼저 헤타이라인 네아이라의 재판 사건을 보자.[6] 그녀는 아테네가 펠로폰네소스전쟁에서 스파르타에 패한 지 10년 후인 기원전 404년경에 태어났다. 그녀는 어릴 때 코린트의 매음굴에 노예로 팔렸다. 하지만 그녀는 인생 행로를 잘 헤쳐나갔고, 종국에는 자유를 얻었다. 그녀는 스테파노스란 이름의 한 아테네 시민과 30년에 걸친 연인관계에 있었다. 재판이 있었던 때는 그녀가 이미 50대로 접어든 기원전 343년에서 340년 사이쯤이었다. 재판의 핵심 사안은 그녀와 스테파노스 간의 관계였다. 그녀를 고발하는 역할을 맡은 변론가 아폴로도로스는 재판 말미에 배심원들에게 이렇게 호소한다.

만일 이 여자를 무죄 방면한다면, 여러분은 집으로 돌아가 아내나 딸이나 어머니가 묻는 말에 무어라 답할 수 있겠습니까? 그녀가 말하겠죠. "어디 갔다 오세요?" 당신이 말하겠죠. "재판이 있었어." "누구 재판인데요?" 그녀는 곧 묻겠죠. 물론 "네아이라"라고 당신은 답하겠죠. "그 여자는 외국인 데도 불구하고 법을 어기고 시민과 결혼해 살고 있기 때문이야. 그뿐인가. 딸을 아르콘 바실레오스인 테오게네스에게 시집 보내서 간음을 저지르게 했거든. ……이 얘기를 듣고 있던 그들은 이렇게 묻겠죠. "그래서 어떻게 했어요?" 당신은 이렇게 말하겠죠. "그냥 풀어줬지 뭐." ……그래서 여러분 각자가 자신의 아내를 위하여, 자신의 딸을 위하여, 자신의 어머니를 위하여, 그리고 이 나라와 법과 신앙을 위하여 한 표를 던지고 있다고 믿도록 합시다. 그리하여 이 여인들이 여기 있는 이 창녀와 동등한 존중을 받는 존재로 보이지 않도록 합시다. 또한 친척들에 의해 대단히 품위 있고 사려 깊게 양육되었으며, 법이 정한 바에 따라 결혼한 이 여인들이, 누구든지 원하기만 하면 그에 응해서 매일 수많은 남자들과 별별 음란한 방법을 다 사용하여 다수의 관계를 맺어온 여자와 결코 동등한 권리를 갖는 것처럼 보이지 않도록 합시다.[7]

아폴로도로스가 네아이라를 고발한 죄목은 그녀가 감히 시민과 결혼함으로써 "친척들에 의해 대단히 품위 있고 사려 깊게 양육되었으며, 법이 정한 바에 따라 결혼한 ……여인들", 즉 그들의 아내와 딸과 어머니와 "동등한 권리"를 누리려 한다는 것이었다. 나아가서 그는 네아이라를 '창녀porné'라고 부르면서, "누구든지 원하기만 하면 그에 응해서 매일 수많은 남자와 별별 음란한 방법을 다 사용하여 다수의 관계를 맺어온 여자"로 그 성격을 규정하고 있다. 하지만 그는 변론을 통해 그녀를 가리켜 '헤타이라'라는 말을 빈번하게 사용하고 있기 때문에, 말미에 굳이 '포르네'란 말을 쓴 것은 배심원들에게 그녀의 음란함과 부도덕함을 일깨우려는 의도에서 나온 것으로 보인다.

네아이라의 시대 아테네에서는 시민과 비시민 사이의 결혼은 불법이었고(덜 공식적인 관계는 큰 문제가 되지 않았지만), 만일 유죄 판결이 나면, 네아이라는 노예가 되고 스테파노스는 고액의 벌금을 무는 결과를 낳을 수 있었다(아테네 법정은 때때로 대단히 가혹한 판결을 내리곤 했다). 하지만 아폴로도로스는 네아이라의 운명에는 사실 별 관심이 없었다. 그는 스테파노스와 분쟁관계에 있었다. 만약 그가 승소하여 그녀가 노예가 된다면, 그것은 단지 스테파노스에 대한 타격을 의미할 뿐이었다. 둘은 이전에도 법정 소송을 벌인 적이 있었다. 네아이라의 민감한 과거를 시시콜콜 끄집어내고, 때로는 얘기를 지어내기까지 한 것은 단지 네아이라의 연인을 공격하기 위한 수단에 지나지 않았다. 유감스럽게도 재판 결과가 어떻게 되었는지는 알려져 있지 않다. 지금까지 전해오는 기록에 의하면 아폴로도로스의 이야기는 바로 이 변론으로 끝을 맺고 있기 때문이다.

네아이라의 재판은 비록 그녀를 비난하는 인물을 통해 기록되었지만(그래서 헤타이라의 사회적 취약성이 주로 부각되고 있지만), 당시 헤타이라가 어떤 위치에 있었는지를 말해준다. 네아이라는 원래 노예이자 저급 창녀였지만 자유를 가진 헤타이라가 되었다. "품위 있고 사려 깊게 양육"된 그리스의 아내들은 통상 바깥 세계와 거의 절연하다시피 하면서 오직 가사와 양육에만 전념하도록 되어 있었다. 과연 헤타이라 출신인 네아이라가 이런 식의 삶을 살 수 있었을 것인지는 의심스럽다. 그녀와 스테파노스의 관계는 통상적인 그리스 아내-남편의 관계와는 달리 좀 더 유연했을 수도 있다. 아폴로도로스의 비난도 이런 점을 물고 늘어진 것일 수도 있다.

사실 네아이라가 "누구든지 원하기만 하면 그에 응해서 ……다수의 관계를 맺어온 여자"로 규정되고 있다는 것은 뒤집어보면 그녀가 단지 스테파노스의 아내로서만 살지 않았다는 점을 암시하는 것으로 볼 수 있다. 아폴로도로스가 더 이상의 확증보다는 정황적 주장만을 내세우고 있는 것으로 보아, 네아이라가 설사 스테파노스의 '아내처럼' 살았다 해도, 헤타이라로서의 삶을 포기하지는 않았던 것으로 추정할 수 있다. 어쨌든 네아이라의 예는 비록 "품위 있는" 삶은 아니었겠지만, 그리스의 아내들에 비해 훨씬 더 자유롭고 독립적인 삶이었다고 말할 수 있을 것이다.

고대 그리스 문학작품에 나타나는 헤타이라의 이미지는 두 가지 상반된 측면을 보여주고 있다. 첫째는 사치와 방탕을 일삼고, 돈만 준다면 누구에게나 몸을 맡기며, 거만하고 타산적인 이미지이며, 둘째는 재치와 교양, 지식을 갖춘 지적 (성적) 파트너로서의 이미지이다. 헤타이라에 대한 기록들은 대체로 이러한 양면적 이미지를 표현하고 있는데, 만일 여기서 도덕적 비난을 제거한다면 경제적 독립에다 지적 교양을 갖춘 헤타이라의 새로운 이미지를 포착해낼 수도 있을 것이다.

지성과 아름다움으로 유명했던 헤타이라 프뤼네를 보자. 기원전 371

년경에 태어난 그녀는 조각가 프락시텔레스의 정부로, 많은 예술가에게 영감을 주었다고 알려져 있다. 특히 프락시텔레스가 그녀를 모델로 하여 제작한 크니도스의 아프로디테 나신상은 그 자체로 문화적 충격이었을 뿐 아니라 후세에 지대한 예술적 감흥을 주었다고 전해진다. 플리니우스의 전언에 따르면, 프락시텔레스는 원래 옷을 입은 여신상과 옷을 벗은 여신상 두 가지를 준비했다고 한다. 코스의 사람들이 먼저 옷 입은 상을 선택하자 나신상은 크니도스로 옮겨졌고, 곧 수많은 사람이 이 조상을 보기 위해 몰려들었다. 그곳의 아프로디테 신전은 사방이 개방되어 있어, 이 조상을 어느 방향에서나 볼 수 있도록 해놓았다. 사람들은 이렇게 함으로써 여신의 축복을 받을 수 있다고 믿었다. 어떤 쪽에서 바라보든 그 아름다움은 변함이 없었다고 한다.[8]

프뤼네는 어느 포세이돈 축제에서 아프로디테 역할을 맡았다. 그녀는 평소에는 대중 앞에서 옷을 벗지 않았지만, 이 바다의 축제에서 사람들이 보는 앞에서 옷을 벗고는 바닷속으로 들어갔다. 자신의 나신을 포세이돈에게 바친다는 의미였다. 그녀가 다시 신전으로 돌아와 물방울을 뚝뚝 떨어뜨리며 안으로 들어가는 광경을 숨죽여 지켜본 사람들은 그녀의 아름다움에 경탄했다. 하지만 이를 빌미로 그녀는 신성을 모독했다는 죄목을 뒤집어쓰고 법정에 서게 되었다. 그녀 역시 네아이라의 경우처럼 품위 있고 정숙한 아내와 대비되었다. 불리함을 느낀 그녀의 변호사 히페리데스 — 그녀를 사랑한 인물로 알려져 있다 — 는 그녀를 사람들 앞으로 돌려세운 뒤, 갑자기 그녀의 옷을 찢고 젖가슴을 드러내 보였다. 때맞춰 히페리데스는 신이 내려준 것이 분명한 이런 아름다움이 신성을 더럽혔을 리가 만무하다고 항변했다. 그녀의 아름다움은 여신 아프로디테의 신성과 동일시되었고, 신의 복수를 두려워한, 혹은 세속적으로 말해서 그녀의 아름다움에 도취된 배심원들은 그녀에게 무죄를 선고했다는 것이다.[9]

이 일화는 분명히 크니도스의 아프로디테 나신상의 일화와 무관하지 않다. 프뤼네를 모델로 한 여신상에 대한 사람들의 경배와 그녀 자신의 진짜 나신에서 신성을 목격했다는 이야기는 옛 이집트와 메소포타미아의 사제-창녀에서 비롯하여 고대 그리스기 헤타이라에게 아직 남아 있던 종교적 아우라를 느끼게 한다. 피그말리온 이야기가 주는 인상과도 통하는 면이 있다. 이 이야기 역시 '창녀에 대한 재판'이라는 문학 범주를 통해 우리에게 전달되고 있지만, 여기서 전 그리스인들을 경탄케 하고 심지어는 아프로디테와 거의 동일시되었던 프뤼네의 이미지에서 그녀의 미가 객체화되고 있다고 말할 수 있을까. 그녀를 둘러싼 그처럼 강력한 심미적 아우라는 곧 섹슈얼리티의 주체성을 말하고 있는 것이 아닌가. 고전고대의 기록에서 이런 류의 예를 찾기란 그리 어렵지 않다.[10]

코르티자나는 르네상스 판 헤타이라 같은 존재이다. 하지만 이미 시기가 근대 초입이라 종교적 분위기가 남아 있던 전자의 경우보다는 훨씬 더 세속적인 모습을 보여준다. 르네상스기 이탈리아는 앞 몇 세기에 걸쳐 상업으로 이룬 부를 바탕으로 고전고대를 되살린 문화가 부흥되던 때였다. 하지만 지금까지의 연구에 따르면, 여성의 지위는 결코 상승되지 않았던 것 같다. 금욕적 기조를 가지고는 있지만 약간은 느슨한 사회였던 중세에 비해 르네상스기 부르주아 사회는 더욱 강력한 가부장적 질서로 회귀한 것이 아닌가 생각된다. 아내에게는 정숙과 정절이 요구되었다(보카초의《데카메론》에 보이는 성적 풍자는 이러한 사회적 요구의 이면을 보여주는 또 하나의 현실이었을 가능성이 크다).
이런 점에서 르네상스기 이탈리아 사회는 고대 그리스 사회와 유사한
면이 있다. 기본적으로 헤타이라와 유사한 성격을 지닌 코르티자나의
등장은 아마 우연이 아닐 것이다.

코르티자나라는 말은 적어도 16세기 초에 이미 사용되고 있었던
것 같다(실제로는 15세기 말쯤에 만들어졌을 가능성이 크다). 1501년 당
시 로마 교황청 의전장이었던 독일인 요한 부르하르트가 자신의 비망
록에서 "발렌티노 공의 저택에서 열린 저녁 만찬에 코르티자나라고
불리는 고급 창녀 50명이 참석했다"고 쓰고 있기 때문이다. 그는 앞
서 1498년 4월 2일 자 비망록에서, 코르제타라는 '고급 창녀meretrix
honesta'의 흑인 노예인 바르바라가 음란한 옷차림으로 거리를 배회하
다가 붙잡혔고, 이 일로 주인과 노예가 함께 체포되어 코르제타는 며
칠간 구류를 살고 나오는 데 그쳤지만(그녀의 강력한 후원자 덕분에), 가
없은 바르바라는 하의가 벗겨진 채 거리를 끌려다니다가 교수형에 처
해진 후 그 사체는 불태워지는 극형을 받았다고 기록하고 있는데, 여
기에 보이는 품위 있다는 뜻의 '오네스타honesta'는 이후 코르티자나
를 한층 더 높여 부르는 형용사로 쓰이게 된다(cortigiana onesta).[11]

15세기 중엽 로마의 문화 부흥을 시도한 교황 니콜라스 5세 이후,
로마는 자유로운 분위기의 베네치아와 함께 코르티자나의 주요 활동
무대가 되었다. 16세기에 들어 부의 집적에 따라 코르티자나의 재력
도 커졌다. 최초의 코르티자나로 알려진 피암메타는 아직 10대인
1479년에 그 일을 시작한 것으로 전해진다. 그녀의 재력은 대단해서,
결혼 적령기의 젊은 나이에도 불구하고 자신의 팔라초에다 오락장과
우물을 갖춘 포도원을 가지고 있을 정도였다(이는 당시 코르티자나들의

바람이었다). 뒤에 가서는 그보다 훨씬 더 큰 재산가가 되었다. 그녀의 부는 교황청 지참금 목록에 올라 있는 "특출한 아름다움을 가진 한 소녀"에 대한 기록으로 보아, 주로 고위 성직자들의 '선물'로 쌓은 것이 틀림없다. 그녀는 결국 당대의 세도가 체자레 보르자의 정부가 되기에 이르렀다. 그녀의 이런 성공 스토리는 1512년 2월 19일 작성한 것으로 되어 있는 그녀의 유언장이 19세기에 발견됨으로써 밝혀졌다. 이에 따르면, 피암메타는 자신의 남형제들의 장래 자손들에게까지 재산을 물려주되, 종국에는 이 재산을 자신의 부가 나왔던 교회로 되돌아가도록 세심한 배려를 하고 있다. 그녀는 아버지도 재산도 없는 불운한 가정에서 태어났으나, 자신의 뛰어난 미를 밑천으로 큰 성공을 거둔 경우였다.[12]

'코르티자나 오네스타'에게 필요한 것은 단지 육체적 아름다움만이 아니었다. 헤타이라가 그랬듯이 지적 재능도 큰 자산이었다. 16세기 후반 로마를 '지배'했던 툴리아 다라고나가 바로 그러했다. 그녀는 당시의 기준으로 대단한 미인은 아니었던 것 같다. 그녀를 싫어하는 사람들이 그녀의 코가 미인이 되기에는 너무 길다는 험담을 남겼기 때문이다. 하지만 그녀는 음악에 뛰어났을 뿐 아니라, 사람을 대하고 대화를 하는 데 있어 뛰어난 재능을 가지고 있었기 때문에, 나이든 학자들까지도 그녀에게 끌렸다고 한다. 그녀의 살롱은 1527년 '로마의 약탈'로 전대미문의 상처를 입은 후의 그 도시에서 지적 대화의 중심이 되었다. 작가이자 출판인이었던 루도비코 도메니키의 전언에 따르면, 살롱에서의 대화는 상당히 진지하고 학문적인 수준이었다고 한다. 그가 전하는 한 저녁 토론의 주제는 페트라르카가 과연 옛 프로방스 및 토스카나 시인들의 작품에서 자신의 작품 제재를 빌려왔는가

하는 것이었다. 긴 논쟁 끝에 우모레 디 볼로냐란 인사가, 페트라르카의 시들이 그 시인들에 의지하고 있었던 것은 사실이지만, 그의 작품은 원작의 흔적이 어떤 것인지를 알 수 없을 정도로 새롭게 만들어졌다고 함으로써 논쟁의 결말을 맺었다는 것이다(이 결론은 마치 미켈란젤로에 대한 현대 비평가들의 평가를 생각나게 한다). 비록 아레티노와 피렌추올라 같은 당대의 유명 문인들이 그녀를 싫어했지만, 피렌체 최고의 은행가 필리포 스트로치와 역시 피렌체의 권력자인 이폴리토 데 메디치, 로마 최고 명문가 출신의 청년 파올로 에밀리오 오르시니 등이 그녀 주위에 있었다.[13]

툴리아는 1534, 5년경 베네치아로 이주했고, 그녀의 살롱은 즉시 지적 대화의 중심이 되었다. 저명한 문인 스페로네 스페로니가 쓴 《사랑의 대화》도 바로 그녀의 살롱에서 나온 것이었다. 이 작품에는 툴리아라는 이름의 코르티자나가 등장하는데, 그녀는 이성과 감성이 상호 배타적이라는 견해를 주장하면서도, 말의 우아함과 넘치는 열정으로 좌중을 압도하고 있다. 1537년 그녀는 페라라로 갔다. 당시 페라라 궁정은 새로운 생각에 관용적이고 다양한 문화적 취향에 민감한 것으로 명성이 높았다. 툴리아는 여기서도 사람들의 중심에 있었고, 군인이자 작가였던 지롤라모 무치오를 만났다. 그녀에 대한 무치오의 사랑은 창작으로 나타났는데, 그는 신플라톤주의적 분위기의 10편의 노래와 그녀의 세속미와 고명한 가문과 그녀의 연인들을 찬양하는 전원시를 썼다.[14] 헤타이라나 코르티자나가 대개 그렇듯이, 툴리아 역시 정치적 분위기의 변동에 따라 자신의 행위를 고발당하는 고초를 겪었다. 1543년 그녀는 시에나에 가 있었고, 이듬해부터 교회와 황제 카를 5세의 영향력이 커지면서 그녀는 신분에 적절한 옷차림을 하지 않았다는 이유로 고발당하게 된다. 자신의 명성과 재산이 위협에 처했음을 직감한 툴리아는 서둘러 피렌체로 거처를 옮겼다. 여기서도 그녀는 많은 문인을 주위에 불러모았고, 그중에는 절친한 사이가 된 베네데토 바르키와 라탄초 베누치가 있었다. 이 둘은 툴리아의 대화편《사랑의 무한성Della infinità d'amore》(1547)에 등장하는 인물이다.[15]

툴리아의 대화편은 여성의 주체성이라는 측면에서 대단히 주목되는 작품이다. 그녀는 사랑에 대한 대부분의 이론이 여성 혐오적 기조 속에 있다는 점을 잘 인식하고 있다. 특히 그녀는 육체적·감각적 경험을 폄하하고, 여성의 합리성을 부정하며, 여성을 오직 육체와 죄의 영역으로만 몰아넣는 당시의 플라톤적 혹은 종교적 교의에 도전하여, 여성과 남성 간의 사랑에서 인간의 육체적·정신적 욕구를 다 같이 인정하는 것만이 도덕적임을 천명한다. 그녀는 이를 통해 여성과 남성 간의 지적·성적 동등성을 주장하고 있는 것이다. 이런 점에서《사랑의 무한성》은 15세기에 시작된 이른바 르네상스 '여성 논쟁'의 중요한 한 부분을 차지하고 있는 셈이다.

툴리아의 작품이 간행되기 직전인 1546년 10월 19일, 새로운 사치금지법이 공포되었다. 이듬해 4월 그녀는 사법 당국의 소환을 받았는데, 코르티자나는 보석이나 실크 드레스를 걸쳐서는 안 되며, 더욱이 외출 시에는 자신이 창녀라는 것을 누구나 알 수 있도록 가장자리를 황색 천으로 넓게 두른 베일이나 손수건을 머리에 써야 한다는 규정을 지키지 않았다는 것이 그 이유였다(서양 역사에서 자신의 신분을 부정적이고 강제적인 방식으로 표시하게 한 가장 대표적인 사례가 유대인과 창녀였음을 상기하자). 법률가이고 많은 유력자의 법률 고문이었던 바르키는 즉시 공작부인 엘레아노라에게 탄원서를 썼고, 결국 토스카나 대공 코지모 1세 데 메디치가 "시인이라는 점을 감안하여 방면하도록 하라"고 함으로써, 그녀는 가까스로 위기에서 벗어날 수 있었다.[16]

툴리아는 즉시 시집 《리메*Rime*》(1547)를 간행하여 자신이 시인임을 과시했다. 이 작품은 자신이 그동안 쓴 시에다 명사와 문인들이 그녀에게 바친 시들을 모은 것이었다. 헌사는 공작부인 엘레아노라에게 바쳐졌고, 공작에게는 권두시가 헌정되었다. 그녀에게 시를 바친 면면을 보면 이폴리토 데 메디치 추기경, 클라우디오 톨로메이, 라티노 조베날레, 에르콜레 벤티볼리오, 베르나르도 몰차, 그리고 바르키와 무치오 등이 있었다. 이는 큰 성공을 거두어 16세기 중에만 4회에 걸쳐 재간되었다.[17] 툴리아는 여기서 멈추지 않았다. 그녀는 이어서 앞서 말한 《사랑의 무한성》이라는 대화편까지도 출간했다. 그야말로 위기가 기회가 된 셈이었다. 그녀는 이를 계기로 자신이 지닌 문학적 재능과 남녀의 사랑, 능력, 동등함 등에 대한 평소의 생각을 마음껏 표출한 것이다.

툴리아의 예는 흔하지는 않았겠지만 그렇다고 극히 드문 것도 아니었다. 같은 시대 베네치아의 베로니카 프랑코 역시 뛰어난 미모와 탁월한 시적 재능과 우아한 매너로 명사들과 교유했다. 가스파라 스탐파(그녀가 코르티자나인지 아닌지 여전히 논란이 있기는 하지만. 나에게는 코르티자나로 보인다) 역시 대단한 음악적·시적 재능으로 크로체나 릴케 같은 현대의 비평가 및 시인들에 의해 르네상스 최고의 시인 중 하나로 꼽히고 있다. 이 여성들도 툴리아와 마찬가지로 코르티자나라는 신분의 불안정으로 고초를 겪기도 했으나, 당시 그 누구도 누리기 힘든 경제적 독립과 주체적 섹슈얼리티라는 두 가지 모두를 향유했다.[18]

자유의 한 역설

다시 원래의 문제로 돌아가보자. 서양 역사상 가장 자유로웠던 여성은 누구였는가? 이는 물론 자유가 무엇인가라는 물음과 직결되어 있겠지만, 정치적 권리는 말할 나위도 없고 그것의 기반인 경제적 독립도, 또한 스스로의 섹슈얼리티를 선택할 수 있는 성적 독립성도 누리기 힘들었던 여성들의 역사적 위치를 감안할 때, 적어도 근대 초기까지는 그리스의 헤타이라나 르네상스기 이탈리아의 코르티자나 오네스타가 그러한 이상에 그래도 근접한 형태가 아니었을까.

하지만 이런 관점은 다시 생각하면 대단히 역설적으로 보일 수 있다. 왜냐하면 창녀를 가장 자유로운 여성으로 간주하는 결과를 가져오기 때문이다. 물론 경제적 독립과 섹슈얼리티의 주체성이란 중요한 단서가 붙어는 있지만, 어떻게 창녀가 가장 자유롭다는 말인가. 동서고금을 막론하고 정숙하고 정절을 지키고 품위 있는 여성으로 칭송받아온 처녀, 아내, 어머니가 아닌, 그리고 현모양처도 성녀도 아닌 창녀가 가장 자유로운 여성이란 말인가. 이것이야말로 최대의 역설이다.

18세기 프랑스 살롱의 여주인들과 현대의 '능력 있는' 싱글 여성들을 보자. 그들은 자신의 일을 통해 경제적 독립을 이루었고, 자신만의 성적 취향으로 섹슈얼리티의 주체성도 갖춘 것처럼 보인다. 그들은 창녀가 아니다. 하지만 창녀란 무엇인가. 창녀를 가리켜 역사상 가장 오래된 직업이라 일컬어오면서도 언제 우리가 창녀를 정확히 정의한 적이 있었던가. 만약 전통적인 방식대로 그들을 '결혼하지 않고 여러 남자와 관계를 맺는 여자'라고 정의한다면 앞의 싱글 여성들은 창녀인가 아닌가. 물론 그들은 직접적인 의미에서 성을 돈으로 바꾸지는 않겠지만, 인간관계에서는 언제나 다양한 교환 요소들이 존재하고 있지 않은가. 그리고 창녀의 정의에서 과연 돈이 중심 요소인가.

나는 경제적·성적으로 독립적인 삶을 유지하는 근대 이후, 특히 현대의 모든 여성에게 '가장 자유로운' 사람이라는 이름을 붙여줌으로써, 이 글에서 주장하는 것처럼 헤타이라와 코르티자나를 그들과 같은 범주에 넣는 것이 결코 그들에 대한 모독이라고 생각하지는 않는다. 나는 고대 그리스의 헤타이라 – 16세기 이탈리아의 코르티자나 – 18세기 프랑스의 살롱 여주인 – 20세기 말 능력을 갖춘 싱글 여성이야말로 서양 역사상 가장 '자유로웠던' 여성의 계보라고 생각한다. 이런 주장에 걸림돌이 있다면 앞의 두 경우가 창녀의 범주에 속한다는 것인데, 다시 말하지만 여기서는 통상적 의미에서 창녀냐 아니냐가 아니라 그녀가 어떤 '직업'을 갖고 있다 해도 얼마나 '자유로운' 상태에 있느냐에 초점을 두고 있다는 점을 상기해주었으면 한다.

다시 글머리의 시로 돌아가자. "사르디스에 사는 한 전사의 아내에게" 시를 바친 그 여인은 누구인가. 그리고 그녀는 "세상에서 가장 아름다운 것"이 무엇이라고 답했는가. 그 대답은 이렇다.

……하지만 난
이렇게 말하겠네. 세상에서 가장 아름다운 것은
바로 자신이 사랑하는 사람이라고.

이 시를 쓴 여인은 사포였다. "세상에서 제일 아름다운 것은 바로 자신이 사랑하는 사람"이라는 이 시어가 현대의 독자들에게는 혹 진부하게 들릴지 모르지만, 여성에게 사랑의 선택권이 없었던 당시에는

섹슈얼리티의 자유를 한마디로 요약하는 대단히 강렬한 표현이었다
(아니 지금도 여전히 강렬하다!). 그녀는 아마도 서양에서 자신의 자유를
시로 표현한 최초의 여성 중 하나일 것이다. 그녀가 창녀였든 아니든
간에. 혹은 레즈비언이었든 아니든 간에.

7

"고결한 주제, 음란한 언어,"

히에로니무스 보스, 〈최후의 심판〉(1482년 이후 제작), 세폭 제대화 중 중앙부 하단, 패널에
유채, 빈 미술아카데미.

─미켈란젤로의 〈최후의 심판〉에 관한
아레티노의 비평

교황 클레멘스 7세가 미켈란젤로에게 뒤에
〈최후의 심판〉이 될 작품을 의뢰한 세세한 과정은 확실치 않지만,
대체로 그 말이 구체적으로 나온 때는 1533년경이었던 것 같다.
그해 7월 미켈란젤로와 절친한 화가였던 세바스티아노 델 피옴보가
그에게 보낸 편지에서 언급한 바에 의하면, 교황은
"자네가 꿈조차 꾸지 못한" 것을 그려보라고 했다는 것이다.
클레멘스 7세는 불행히도 그해 9월에 타계했으나
그 뒤를 이은 파울루스 3세는 그 작업을 계속하라고 지시했다.
1534년 3월 그림 제작을 위한 비계가 설치되었고, 1536년 5월경 이미
그려놓은 밑그림을 완성해나가는 본 작업을 시작한 것으로 보인다.
그림이 어떤 모습일지는 베일에 싸여 있었고,
1541년 그림이 공개된 후에야 그것을 볼 수 있게 될 것이었다.
사람들은 과연 "신이 내린" 미켈란젤로의 천품이
어떤 위대한 작품을 만들어낼 것인지 대단히 궁금해했다.
하지만 8년이란 긴 제작 기간을 거친 후 그것을 본 사람들의 반응은
결코 칭찬 일변도만은 아니었다. 처음부터 왜 저렇게
벌거벗은 군상들이 이 성소에 그려지게 되었는지 의문을 표하는
사람들이 나타났고, 그들의 목소리는 시간이 지날수록 증폭되었다.

미켈란젤로와 〈최후의 심판〉

현대의 어떤 미술비평가도 미켈란젤로가 로마 시스티나 예배당 벽면에 그린 프레스코화 〈최후의 심판〉을 그가 남긴 최상의 걸작품 중 하나로 꼽는 데 반대하지 않을 것이다. 수백 명의 인물이 갖가지 모습으로 묘사된 이 작품은 앞서 같은 예배당 천장에 그려진 〈천지창조〉와 함께 지금도 여전히 그곳을 찾는 수많은 사람의 눈길을 사로잡고 있다. 교황 클레멘스 7세가 미켈란젤로에게 뒤에 〈최후의 심판〉이 될 작품을 의뢰한 세세한 과정은 확실치 않지만, 대체로 그 말이 구체적으로 나온 때는 1533년경이었던 것 같다. 그해 7월 미켈란젤로와 절친한 화가였던 세바스티아노 델 피옴보가 그에게 보낸 편지에서 언급한 바에 의하면, 교황은 "자네가 꿈조차 꾸지 못한" 것을 그려보라고 했다는 것이다. 클레멘스 7세는 불행히도 그해 9월에 타계했으나 그 뒤를 이은 파울루스 3세는 그 작업을 계속하라고 지시했다. 1534년 3월 그림 제작을 위한 비계가 설치되었고, 1536년 5월경 이미 그려놓은 밑그림을 완성해나가는 본 작업을 시작한 것으로 보인다.[1] 그림이 어떤 모습일지는 베일에 싸여 있었고, 1541년 그림이 공개된 후에야 그것을 볼 수 있게 될 것이었다. 사람들은 과연 "신이 내린" 미켈란젤로의 천품이 어떤 위대한 작품을 만들어낼 것인지 대단히 궁금해했다.

하지만 8년이란 긴 제작 기간을 거친 후 그것을 본 사람들의 반응은 결코 칭찬 일변도만은 아니었다. 처음부터 왜 저렇게 벌거벗은 군상들이 이 성소에 그려지게 되었는지 의문을 표하는 사람들이 나타났고, 그들의 목소리는 시간이 지날수록 증폭되었다. 1512년에 완성된 〈천지창조〉에도 다양한 나신이 묘사되었지만 그것에 대한 별다른 부정적 견해는 나타나지 않았다. 반면 〈최후의 심판〉이 모습을 드러낸 1540년대 중엽은 16세기 초와는 달리 이미 루터와 칼뱅의 프로테스 탄티즘이 유럽을 휩쓸고 있었고, 동시에 이에 대응하는 반종교개혁 혹은 가톨릭 종교개혁의 보수적 분위기가 점점 힘을 더해가고 있었다. 르네상스기의 부활을 만끽하던 예술가들의 자유스러움도 신앙심과 불경함의 강고한 이분법 속에서 서서히 사라지고 있었다. 미켈란젤로의 작품에 대한 평가 역시 이러한 시대적 흐름을 비껴갈 수는 없었다. 1564년 초 트리엔트 공의회의 결정에 의해 문제의 그림에 덧칠하기로 결정되었다. 1994년 원형대로의 복원이 완료되기 전까지 우리는 덧칠 이전의 몇몇 모사품과 판화를 통해서 그 원형의 윤곽을 알수 있었을 뿐이다.[2]

〈최후의 심판〉이 칭송에서 비난의 나락으로 떨어지는 과정에서 매우 중요하고도 특별한 역할을 한 인물이 바로 "괴짜" 문인 피에트로 아레티노이다. 그는 줄리오 로마노가 스케치한 에로틱한 16가지 체위를 마르칸토니오 라이몬디가 판각한 장면마다 그림보다 더 에로틱한 남녀 간의 대화를 소네트 형식으로 덧붙인 이른바 《음란한 소네트 *Sonetti lussuriosi*》와 남녀의 적나라한 사랑의 행위들이 삽입된 창녀의 《대화*Ragionamento; Dialogo*》 2편을 써서 통속작가로 이름을 날렸고, 근대 최초로 자신의 편지를 모아 출판하여 역시 베스트셀러로 만든 인물이다. 동시에 그는 카를 5세나 프랑수아 1세와 같은 황제나 왕, 클레멘스 7세와 같은 교황, 만토바 공이나 우르비노 공 같은 군주·제후를 가리지 않고 때로는 칭송으로 때로는 비난과 협박으로 그들을 좌불안석하게 만듦으로써 시인 아리오스토로부터 "군주의 채찍"이란 별칭까지 얻었던 범상치 않은 인물이기도 했다.[3]

아레티노는 〈최후의 심판〉이 공개된 수년 후, 그림의 내용과 형식을 맹비난하는 편지를 써서 미켈란젤로에게 보냈다. 그는 여기서 당시의 통상적인 예술적 관례에 의거해 이 작품이 시스티나 예배당이란 성소에 전혀 어울리지 않는다고 주장했다. 그가 이 편지를 썼을 당시는 그림에 대한 비난의 목소리가 증폭되고 있을 때였다. 게다가 그는 곧장 이 편지의 주요 내용을 전사하여 로마의 한 인물에게 보냈고, 그로부터 몇 년 후인 1550년에는 이를 자신의 《서간집》 제4권에 넣어 간행하기까지 했다. 16세기 중반 이탈리아의 유력자, 문인, 예술가들 사이에서 아레티노가 누렸던 영향력을 감안하면, 〈최후의 심판〉에 대한 그의 평론이 그림에 대한 세속의 부정적 시각 ─ 그리고 그러한 시각의 증폭 ─ 에 적지 않게 작용했을 것임을 미루어 짐작할 수 있다.

그는 왜, 어떤 의도로 이런 편지를 썼을까? 여기에는 미켈란젤로에 대한 복수와 사람들의 이목을 끌려는 사적 동기가 숨어 있는 것으로 보인다. 하지만 그보다 더 중요한 것은 이 편지에 피력된 그의 예술관과, 그것이 어떻게 당시의 분위기에 편승하게 되었는지, 그 세세하고도 정확한 전말이다. 여기에 아레티노의 편지가 언제 쓰였는지도 명확하지 않아 사건을 해명하는 데 또 다른 어려움을 던져주고 있다. 그러면 사료의 덤불을 헤치고 문제의 진실을 찾아 탐사의 길을 떠나보기로 하자.

아레티노와 미켈란젤로

〈최후의 심판〉에 대한 아레티노의 비평을 둘러싼 다양한 콘텍스트와 그것에 담긴 중층적 의미를 이해하기 위해서는 먼저 문제의 비평이 담긴 편지를 전후하여 미켈란젤로에 대한 그의 시각이 어떻게 변해왔는지를 면밀히 파악해볼 필요가 있다. 그가 주고받은 편지 중 — 이외에는 관련 사료라 할 만한 것이 거의 없다 — 에서 미켈란젤로와 관련되는 최초의 예는 1535년의 편지 두 통이다.

1535년 6월, 메디치가의 가신이자 장차 《미술가 열전》으로 유명해질 조르조 바자리는 황제 카를 5세의 딸 마르게리타가 피렌체에 들렀을 때, 그녀에게 수많은 고대 유물과 함께 미켈란젤로와 도나토의 작품 다수를 보여주었다고 전하고 있는데, 그로부터 약 석 달 뒤의 편지에서 그는 아레티노에게 "인간을 넘어서는 군주이며 왕이자 자연의 유일무이한 모방자 미켈란젤로가 만든 밀랍 두상" 및 역시 "그가 그린 산타 카테리나 교회의 도안과 그 밖의 다른 물건들"도 보낸다고 말하고 있다. 추측컨대 아레티노는 마르게리타에 관한 얘기를 듣고 미켈란젤로와 친분이 있는 바자리 — 전자 또한 어릴 적부터 대인 로렌초 데 메디치의 눈에 들어 메디치가의 후원을 받았다 — 에게 미켈란젤로의 작품을 구해달라고 부탁했을 가능성이 있다. 당시에는 미켈란젤로가 그린 밑그림이나 아직 완성되지 않은 중간 작품이 이런저런 경로로 유통되고 있었고 — 그는 사실 미완성의 작가로 유명하다 — 사람들은 대가의 손길을 거친 것이면 무엇이든 구하려는 경향이 있었으므로, 아레티노 역시 이 대열에 합류한 것으로 보인다.[4]

아레티노가 미켈란젤로에 대해 직접 언급한 최초의 예는 1536년 12월, 같은 해에 간행한 자신의 책 《시학》을 보내온 루카 출신의 문인 베르나르디노 다니엘로에게 보낸 감사의 편지에서 나타난다. 그는 당시 미켈란젤로가 로마에서 그리고 있던 그림을 언급하면서, "그는 다른 사람들이 하는 것과는 달리, 인물을 실제보다 더 크게 그린다네. 그래서 갑자기 위를 쳐다보게 되면 그 경이로운 모습에 눈이 당혹하게 되고, 바로 그 경이로움으로 인한 혼란 때문에 사람들은 그가 들인 공력의 흔적을 다시 한번 주의 깊게 들여다보게 되는 걸세"라며 그의 화필이 뿜어내는 "경이로움maraviglia"에 존숭의 염을 표현하고 있다.[5] 그의 찬사는 계속된다. 이듬해인 1537년 6월, 그는 자신의 서클에 속한 로도비코 돌체에게 쓴 편지에서, "밑그림disegno 없이 무성한 잔가지에 칠해진 예쁜 색깔들이 무슨 소용이란 말인가? 그러한 색깔들이 뿜는 광휘는 미켈란젤로가 그어놓은 선들 덕분이지. 그는 자연과 기예를 하도 탁월하게 사용하기 때문에, 어느 쪽이 스승이고 어느 쪽이 제자인지 말하기 어려운 지경이라네."[6] 회화의 3단계이자 요소를 발상invenzione, 밑그림disegno, 채색colorito이라고 했을 때, 미켈란젤로는 이 중에서도 특히 발상과 밑그림에서 타의 추종을 불허한다는 것이 당시의 중론이었다. 아레티노 역시 이러한 견해에 동의했고, 이는 이후로도 변함이 없었다.

미켈란젤로에 대해 존숭의 염을 품고 있는 것이 분명했던 아레티노는 1537년 9월 15일, 드디어 미켈란젤로에게 직접 편지를 보내 그가 제작 중이던 〈최후의 심판〉에 대한 자신의 지대한 관심을 표명하기에 이른다.[7] 그는 먼저 미켈란젤로를 "신이 내린" 인물이라고 부르면서,[8] 그를 치하하지 않는 것은 마치 신을 경배하지 않는 것과 같다고까지 말한다. 그는 손 안에 "그림의 신비에 대한 최고의 지식"을 사용할 수 있는 새로운 기술을 숨기고 있기 때문에, "예술의 궁극적 목적," 즉 "기예 그 스스로도 이루기 힘들다고 인정하는 어떤 것"까지도 이룰 수 있다는 것이다. 그리하여 그는 틀림없이 "보이지 않는 것을 보여주는 방식"으로 시스티나 예배당의 인물들을 그릴 것 — 동시에 그것은 그림이 "단순히 바라보는 것이 아니라 진실로 그것을 어떻게 판단해야 하는지를 아는 사람들에게만 보이는" 법이라면서 스스로를 후자의 대열 속에 슬쩍 끼워넣고 있다 — 이라는 예견까지도 서슴지 않고 있다. 이어서 그는 "세상에 왕은 많으나 미켈란젤로는 오직 한 사람뿐이기 때문에" 감히 그에게 인사를 드린다며 다시 한번 그를 한껏 추켜세운다.

이 편지의 하이라이트는 이러한 찬사의 말이 아니라, 아직 그려지지 않은 그림의 내용을 그가 마치 "환상"을 통해 미리 보기라도 한 것처럼 생생하게 묘사하고 있는 구절들이다. 이 대목을 인용해보자.

나는 지금 적그리스도가 오직 당신만이 볼 수 있는 모습을 하고 폭도의 무리 속에 있는 것을 봅니다. 나는 모든 생명체의 얼굴에 나타난 공포의 표정을 봅니다. 나는 해와 달과 별의 절멸이 임박했다는 징후들을 봅니다. 나는 불과 공기와 흙과 물의 원소들이 마치 마지막 숨을 몰아쉬고 있는 것 같은 광경을 봅니다. 나는 고령으로 노쇠하여 쪼그라들고 메마른 자연이 한쪽에서 공포에 떨고 있는 광경을 봅니다. 나는 자신의 종말이 가까워지자 바싹 마른 나무 등걸에 걸터앉아 몸을 떨며 시들어가는 시간의 모습을 봅니다. 그리고 모든 것의 마음을 뒤흔드는 천사의 나팔소리가 들리는 동안, 삶은 죽은 자를 일으켜 세우려고 안간힘을 쓰고, 반면 죽음은 산 자를 쓰러뜨리려 하면서, 서로가 두렵도록 뒤섞이는 광경을 봅니다. 나는 희망과 절망이 선한 자들의 행렬과 악행을 저지른 자들의 무리를 인도해가는 광경을 봅니다. 나는 순수한 천상의 불길로부터 뻗어나오는 빛살이 환히 비추는 구름의 원형극장에서 그리스도가 광휘와 공포로 둘러싸인 당신의 군대 사이에 앉아 계신 광경을 봅니다. 나는 그리스도의 안색이 밝게 빛나며, 그것이 감미롭고도 두려운 화염으로 불타면서 환희로 가득찬 선인과 두려움에 떠는 악인의 무리를 가득 채우고 있는 광경을 봅니다. 그리고 나는 지옥 구덩이를 지키는 자들이 보기만 해도 두려운 모습으로, 순교자와 성인들의 영광을 찬양하면서, 세계를 정복했을지는 모르나 정작 스스로를 정복하지는 못한 카이사르와 알렉산드로스 같은 모든 사람을 조롱하는 광경을 봅니다. 나는 명성이 머리에 쓰고 있던 자신의 왕관과 계관을 발 아래 내던진 채, 스스로가 몰던 수레바퀴 아래 짓밟히는 광경을 봅니다. 마지막으로 나는 신의 아들의 입으로부터, 각각 구원과 저주를 내리는 두 발의 화살이 날아가는 형상으로 놀라운 심판이 뿜어져나오는 광경을 봅니다. 그리고 그 심판의 화살이 내리꽂힐 때, 나는 그리스도의 분노가 어마어마한 천둥소리와 함께 우주의 피륙을 그것을 이루는 원소의 상태로 찢어 산산조각내면서 온통 뒤흔들어놓는 광경을 봅니다. 나는 천국과 지옥의 용광로가 뿜는 빛이 어둠을 가르며 천상의 둥근 지붕에 비치는 광경을 봅니다.

여기서 아레티노는 "나는 ……봅니다Veggo" 식의 묘사를 나열함으로써 마치 최후의 심판이 눈앞에서 일어나고 있는 것 같은 착각을 일으키게 하고 있다. 이는 단순한 예술적 상상이라기보다는 예언가의 종교적 비전(환상)에 더 가까운 인상을 준다. "적그리스도가 오직 당신만이 볼 수 있는 모습을 하고"와 같은 구절이 이러한 면을 잘 나타낸다. 사실 그는 자신만의 세속적 "예언Judico over pronostico"이란 장르를 만들어내어 그것으로 군주와 명사들을 은근히 위협하고 돈을 뜯어내기까지 했던 인물이다. 그것은 그들의 숨겨진 비밀 및 그들에 대한 가십에다 때에 따라 적당히 만들어낸 이야기들로 꾸며졌고, 이는 아레티노의 인기와 명성에 힘입어 놀라운 영향력을 발휘했다.[9] 그는 이러한 예언적 묘사를 통해 미켈란젤로에게 스스로의 환상을 화폭에 담는 것이 어떠냐는 압박을 가하고 있는 것처럼 보인다. 그는 편지에서 자신을 한껏 낮추면서 그에게 온갖 찬사를 보냈지만, 그러면서도 은연중 자신 역시 그와 마찬가지로 "신이 내린" 범상치 않은 인물임을 과시하고 있다고도 볼 수 있다.

아레티노는 자신의 이러한 예언가적 비전을 표현하는 수단으로 당시에 유행하던 이른바 "엑프라시스ekphrasis"의 기법을 사용한 것으로 보인다. 즉 어떤 그림에 대해 그것이 마치 진짜 일어난 사건 혹은 실제로 존재하는 대상인 것처럼 생생하게 묘사하는 것이다. 엑프라시스는 고대 후기 수사학적 기법에서 연유한 것으로, 호메로스, 헤시오도스, 오비디우스, 카툴루스 등 고전고대 시인들이 쓴 시 속의 예술작품에 대한 묘사와 연결된다. 르네상스기에 접어들면서, 엑프라시스는 단테의 《신곡》〈연옥편〉과 같은 장시長詩나 프란체스코 콜론나의 《꿈속의 사랑Hypnerotomachia Poliphili》 같은 문학작품, 야코포 사돌레토의 《라오콘Laocoontis statua》과 같이 실제의 예술작품에 대한 단시短詩, 레온 바티스타 알베르티의 《회화론De Pictura》 같은 이론서, 바자리의 《미술가 열전》 같은 미술사에 이르기까지 장르를 가리지 않고 광범위하게 사용되었다.

문학에서 이용되는 엑프라시스란 간단히 말해서 산문 혹은 운문의 형식을 빌려 말/글로 예술작품의 이미지를 재창조 혹은 환기시키는 것이라 할 수 있다.[10] 이러한 엑프라시스 기법을 절묘하게, 때로는 그것에 새로운 면모를 부여하면서 이용한 인물 중 하나가 바로 아레티노이다. 실제의 예술작품을 묘사하는 대부분의 예와는 달리 그는 아직 존재하지 않은 작품에 대해 엑프라시스적 묘사력을 발휘했다는 점도 이채롭다. 더욱이 그는 세계 종말의 광경을 통상적인 바이블에 의거하기보다는 자연, 시간, 희망, 절망, 명성 등 추상적 관념을 의인화해서 묘사하고 있다는 점 역시 특이하다. 그는 아마 르네상스기에 유행하던 이교적 이미지에 대한 상징 개념을 차용하고 있는 것으로 보인다.

아레티노는 이 생생한 묘사에 이어 "최후의 심판이 내리는 파멸의 환상을 바라보노라니, '만약 우리가 부오나로티의 작품을 보면서 두려움에 떨게 된다면, 필연코 우리를 심판할 유일자 그분에 의해 심판을 받게 될 때는 얼마나 더 큰 두려움에 몸을 떨 것인가?'라는 외침이 저절로 터져나오지 않을 수 없다"면서, 그의 작품이 얼마나 위대한 것일지에 대해 이렇게 마지막 찬사를 보낸다. "이제 당신은 내가 다시는 로마를 보지 않겠다고 한 맹세가 이 위대한 그림을 보겠다는 일념 때문에 깨어질 수도 있다는 점을 알아야 합니다. 나는 당신의 천재를 무시하느니 차라리 스스로 거짓말쟁이가 되고 싶군요. 그래서 나는 그 명성을 세상 널리 알려야만 한다는 생각이 듭니다." 아레티노는 클레멘스 7세 휘하의 보수적 인물 지베르티와의 불화로 1525년 7월 극적인 살해 위기를 겪고 난 뒤 그해 10월 로마를 떠났고, 1527년 베네치아에 정착한 이후 자신의 안전을 위해 거의 그곳을 떠나지 않았다. 그런 그가 미켈란젤로의 그림을 보려고 다시 로마로 가겠다는 말은 물론 진심은 아니었을 것이다. 하지만 "그 명성을 세상 널리 알려야만 한다는 생각이 듭니다"라고 한 구절은 진심이었다.

아레티노는 이미 이때쯤 자신의 《서간집》을 내겠다는 계획을 구체화하고 있었다. 그해 6월 22일, 그는 베네치아의 유력 출판업자인 프란체스코 마르콜리니에게 편지를 보내 이러한 계획을 밝히고 있기 때문이다.[11] 따라서 미켈란젤로의 명성을 세상에 알리겠다는 말 속에는 이 편지를 《서간집》에 삽입하겠다는 자신만의 의도가 있었던 것으로 보인다(실제로 그렇게 했다. 그의 《서간집》 1권의 3분의 2가 1537년 6월에서 12월 사이에 쓰였다). 그가 자신의 편지를 묶어 《서간집》을 낸다는 발상은 역시 매사에 창발적인 그다운 것으로, 당시 아무도 시도하지 않았던 것이었다. 사실상 그는 적어도 속어, 즉 이탈리아어로 자신의 편지를 모아 출판한 최초의 경우였고, 이는 이미 당대 사람들도 인지하고 있었다.[12] 르네상스기에 이런 시도를 한 — 물론 라틴어로 — 최초의 인물은 프란체스코 페트라르카이다. 그는 14세기 중반 키케로의 예를 따라 자신의 편지를 《친구들에게 보내는 편지*Epistolae familiares*》와 《노년의 편지*Seniles*》로 나누어 묶었다. 이런 휴머니스트적 전통은 계속되어 16세기 에라스무스의 경우는 엄청난 양에 이른다. 시대의 동향에 빠른 아레티노에게 더 직접적인 영향을 미친 쪽은, 아마 주로 인기라는 측면에 관심이 있었겠지만 페트라르카보다는 에라스무스였을 수도 있다. 왜냐하면 1522년에 간행된 그의 《서간집 *Conscribendis epistolis*》은 1529년까지 베네치아에서만 3판을 찍으며 큰 인기를 누렸기 때문이다.[13]

그러나 페트라르카와 아레티노의 《서간집》은 여러 가지 상이한 점을 갖고 있었다. 전자는 명성을 드높이고 지혜를 보존한다는 목적이었던 반면, 후자는 그러한 관념적 명성이 아니라 돈과 인기라는 실제적인 명성을 추구했다. 또한 전자가 필사본의 형태로 글을 묶어 보존했던 반면, 후자는 활판 인쇄술의 발전에 힘입어 상대적으로 저렴한 인쇄본으로 간행할 수 있었다. 결과적으로 양자의 《서간집》이 지향하는 독자는 상당히 달랐다. 페트라트카는 극히 소수의 수준 높은 지식인을 그 대상으로 삼았겠지만, 아레티노는 그보다 훨씬 더 광범위한 독자층을 확보하는 이점을 누렸다. 게다가 고전적 전통의 추구에 개의치 않는 아레티노는 편지 속에 자신을 홍보하는 데 도움이 되는 것이면 무엇이든 삽입해놓았다는 것 역시 휴머니스트들과는 크게 다른 점이었다.

1538년 1월 베네치아의 마르콜리니 출판사에서 간행된 아레티노의 《서간집》 제1권은 대단한 성공을 거두었다. 300여 통의 편지를 담은 이 책은 여러 출판사에서 1년 안에 적어도 7번 이상 재간되었다. 이듬해엔 적어도 3회, 그리고 1542년에는 제2판이 나왔다(현재 남아 있는 판본만을 계산한 것이니 실제로는 더 많았을 것이다).[14] 그의 책에 대한 인기는 베르나르디노 테오돌도라는 포를리의 한 신사가 아레티노에게 보냈다는 편지를 보면 알 수 있다. 책을 처음 발간할 당시 사람들이 너무 많이 몰려 책을 약탈하다시피 했다는 것이다. 그 와중에 테오돌도 자신도 겨우 책 한 권을 구할 수 있었을 뿐이었다는 것이다.[15] 얘기가 너무 그럴싸해서 혹시 그러한 인기를 "입증"하기 위해 아레티노 자신이 직접 써서 삽입한 것은 아닐까 하는 의심마저 들지만, 이에 대한 진실이야 어쨌든 그의 책이 베스트셀러가 된 것은 사실이었다.

다시 미켈란젤로로 돌아가자. 아레티노는 이미 《서간집》에 실을 의도를 가지고 그에게 최상의 찬사를 담은 편지를 보냈다. 이러한 의도가 성공하려면 그로부터 상응하는 답장을 받아야만 했을 것이다. 실제로 약 두 달 뒤인 11월 20일 자로 로마에 있던 미켈란젤로로부터 아레티노가 원하던 답장이 왔다.[16] 그는 약간은 빈정대는 듯한 어투로 "이 세상에서도 재능이 특출한" 아레티노 같은 사람에게서 그런 편지를 받아 기쁨이 각별하지만, 동시에 "슬픔도 함께" 느낀다면서, 그림의 많은 부분에 대한 구상을 이미 마쳤으므로 그가 제시한 상상의 이미지를 그림에 반영하기는 어렵기 때문이라는 것이다. 이어서 "만약 최후의 심판일이 시작되었고 당신이 그것을 실제로 바라보았다면, 당신이 말한 것만큼 그 광경을 잘 그려낼 사람은 없을 것"이라며 추켜세우지만, 언어에 민감한 아레티노가 그 속뜻을 모를 리 없다. 그의 빈정거림은 계속된다. "당신이 나에 대해 쓰겠다는 글 말인데" ─아마 그를 세상에 알려야겠다는 아레티노의 말을 가리키는 듯하다─ "그렇게 해준다면 기쁘기도 할 뿐더러 꼭 그렇게 해주었으면" 하는데, 왜냐하면 "왕과 황제들이 자기들 이름을 당신의 글 속에서 거명해주면 그것을 최상의 영예로 생각한다니까" 그렇다는 것이다. 그러고는 지나가는 어투로 "사정을 보고 만약 그동안 당신이 만족할 만한 어떤 것을 얻게 된다면 나는 그것을 기꺼이 당신에게 주겠다"고 약속 아닌 약속의 말을 한다(이는 두고두고 빌미가 되어, 아레티노는 수년간 미켈란젤로에게 이 "어떤 것"을 보내달라고 조르게 된다). 미켈란젤로는 편지 말미에서 "단지 내 그림을 보기 위해, 로마로 다시는 오지 않겠다고 한 맹세를 깨뜨리지 말라. 너무 번거로운 일이 아닌가"라는 말로 마지막 쐐기를 박는다.

이 편지는 외면상 예의를 갖추고는 있지만 시종일관 무언가 아이러니한 뉘앙스를 풍기고 있다. 보는 사람에 따라서는 내심 심기가 불편할 수도 있을 것이다. 언어에 민감한 사람에게는 빈정거리는 어투로까지 보일 여지가 충분하다. 그러니 아레티노의 심기가 어땠을지는 충분히 짐작이 간다. 당시 그는 왕과 황제조차도 그를 무시할 수 없을 만한 명성을 가지고 있었고, 당대 최고의 서사시인 루도비코 아리오스토가 그를 가리켜 "군주를 벌하는 채찍, 신이 내린 피에트로 아레티노"[17]라고 최상의 찬사를 보내지 않았던가. 그런 그가 "세상에 왕은 많으나 미켈란젤로는 오직 한 사람뿐"이라며, 자신은 "단순히 바라보는 것이 아니라 진실로 그것을 어떻게 판단해야 하는지를 아는 사람들" 중 하나로서, 그의 작업에 동참하고 나아가서는 그를 "세상 널리 알려야만 한다"고까지 했다는 것은, 유례없이 자신을 최대로 낮춘 것이었다.

반면 미켈란젤로의 평소 성품을 생각해보면 그의 빈정거림 역시 이해되지 않는 바가 아니다. 학자들 간에 약간의 이견이 있기는 하지만, 그가 사교적인 인물이었다고 보기는 어렵다.[18] 그는 대체로 무뚝뚝하고 고립적인 성격을 갖고 있었다. 그는 무한한 자부심을 가지고 스스로의 작업에 매진했다. 그에게 작품을 의뢰한 역대 교황이나 군주·제후와 항상 갈등이 끊이지 않았던 것도 이런 성격에 연유한 바가 없지 않았다. 그런 그에게 아레티노라는, 이름은 어디선가 들었겠지만 잘 알지도 관심도 없었을 인물이 갑자기 편지를 보내, 자신의 그림에 대해 이러쿵저러쿵 하는 것이 우스꽝스럽게 보였을 것이 틀림없다. 후일 어느 때에 아레티노의 친구인 — 뒤에 정적으로 변하지만 — 피렌체의 문인 안톤 프란체스코 도니가 "미켈란젤로 자신이, 만일 그가 〈최후의 심판〉(그것은 이 세상에서 최고로 아름다운 작품입니다) 제작 초기에 당신의 편지를 보았더라면 당신의 구상disegno을 따랐을 것이라고 썼으니, 이는 제가 보기에 지금까지 당신이 받은 것 중 최대의 찬사"라고 추켜올리긴 했으나,[19] 아레티노가 이 말을 듣고 진정으로 기뻐했을 리는 없을 것 같다. 속은 좀 쓰렸겠지만 당분간 아레티노가 할 수 있는 일은 별로 없었다. 어쨌든 그는 조만간 "어떤 것"을 주겠다고 약속은 하지 않았던가.

미켈란젤로에게서 약속된 선물을 받아내기 위한 아레티노의 집요한 시도는 1538년 1월 20일 자 편지에서부터 시작된다.[20] 미켈란젤로는 1537년 11월의 편지를 야코포 나르디를 통해 전한 것으로 보이는데, 아레티노가 쓴 이 1월 20일 자 편지는 그것에 대한 답장이다. 그는 자신이 〈최후의 심판〉에 대해 써 보낸 글은 미켈란젤로에게 그렇게 그리라는 뜻이 아니고 자신이 상상할 수 있는 것이 그가 할 수 있는 것에 미치지 못한다는 것을 보여주기 위해서였다면서, 그러한 뜻에 대해 호의를 베푸니 감사하다는, 외면상 겸양의 말을 늘어놓은 뒤, 다음과 같이 자신의 요구사항을 직접적으로 피력한다.

[내가 당신에게 바친] 헌신이라는 것이 조각과 회화의 군주인 당신이 불 속에 던져버릴 단지 한 조각의 스케치를 얻어, 살아생전에는 기쁨으로 죽어서는 무덤까지 가지고 갈 정도도 되지 못하는 것은 아니겠지요? 이러한 부탁이 비록 오만하게 보일지라도 저명한 당신이 결코 그것을 거절하지는 않을 것임을 나는 알고 있습니다. 왜냐하면 당신은 고귀한 혈통이므로 스스로가 한 어떤 약속도 거짓으로 돌리지는 않을 것이며 따라서 나에게 했던 모든 약속을 지킬 것이기 때문입니다.

이제 아레티노는 미켈란젤로가 아마 귀찮다는 생각에서 지나치듯이 했을 말을 반드시 지켜야 할 "약속"이라 못박고 있다. 게다가 이번에는 그 약속의 내용을 그에게는 아무 쓸모도 없어 불쏘시개로 화할 "한 조각의 스케치un pezzo di quei cartoni" — 〈최후의 심판〉 밑그림의 일부 — 라고 구체적으로 제시하고 있다. 여기에는 은연중 발상과 밑그림의 대가 미켈란젤로가 구상한 스케치가 과연 어느 정도인지, 정말로 자신이 써 보낸 환상적 이미지를 능가하는 것인지 확인해보겠다는 아레티노의 오기가 녹아들어 있는 듯이 보인다. 마지막 문장에서는 미켈란젤로가 항상 자랑하던 귀족 혈통 — 그는 자신이 유서 깊은 카노사 백작의 가계로서, 황제 하인리히 2세의 이질녀姨姪女 마틸다 여백女伯과 연결된다고 생각했다. 하지만 현재 학자들은 이를 받아들이지 않고 있다.[21] — 까지 들먹이며 거의 협박조로 약속 이행을 요구하고 있다. 이후 아레티노는 무려 8년 동안 미켈란젤로에게 잊을 만하면 편지를 보내 이 약속을 왜 지키지 않느냐고 힐난하게 된다.

〈최후의 심판〉에 대한 아레티노의 비평: 프롤로그

1541년 10월 31일 마침내 베일에 싸였던 〈최후의 심판〉이 공개되었다. 그림에 등장하는 사람만도 300명이 넘는 거작이었다. 미켈란젤로 자신의 감독하에 쓰인 콘디비의 전기 — 그래서 그의 말은 미켈란젤로 자신의 말이라고도 볼 수 있다 — 에 따르면, 미켈란젤로는 이 작품에서 인간이 취할 수 있는 모든 자세나 행동을 남김없이 표현하고자 했다고 한다.

　전체 화면은 크게 좌우와 상하, 그리고 중앙 부분으로 나뉘어 있다. 중앙에는 그리스도와 성모가 자리하고, 그 좌우를 일곱 천사와 성자들이 둘러싸고 있다. 상단과 하단의 경계는 지옥으로 끌려가는 악인들과 천사에 의해 천상으로 인도되는 선인들의 다양한 모습들로 구성되어 있고, 하단은 지옥의 형벌을 받는 광경이 묘사되고 있다.[22] 문제는 이들 대부분이 나체라는 것이다. 게다가 고환을 잡힌 채 지옥으로 끌려가거나 육신이 껍데기만 남아 흉측하게 축 늘어져 있는 섬뜩한 장면도 보인다. 특히 그림의 중간 우측에 성 블레즈 — 혹은 성 비아 조. 그는 아르메니아의 주교로 강철 빗으로 고문을 당한 뒤 참수되었다고 전한다 — 가 자신의 상징인 커다란 빗을 들고는, 역시 자신의 상징인 철제 바퀴를 오른손에 들고 앞으로 등을 구부린 채, 성 블레즈를 돌아보고 있는 거의 나체의 성녀 알렉산드리아의 카테리나 — 그녀는 바퀴에 깔리는 고문을 당한 뒤 참수되었다고 한다 — 뒤편에 거의 찰싹 달라붙어 있는데, 이러한 모습은 보는 사람으로 하여금 그들이 도대체 왜 이런 자세를 하고 있는지 — 보기에 따라서 소도미아, 즉 "비정상적" 성관계를 연상케 한다 — 혼란스럽게 만들 수도 있었다. 회화에 각별한 안목이 없는 평범한 사람들에게는 수백 명의 나상 裸像이 종종 기괴한 형상을 하고 가톨릭의 가장 깊숙한 성소 안에 그려져 있는 모습이 결코 편안하게 보이지는 않았을 것이다. 미켈란젤로의 창발적인 "디제뇨"와 보통 사람들이 생각하던 관례적 "데코룸" 간의 괴리. 그것이 바로 문제의 씨앗이었다.

〈최후의 심판〉이 공개되자 수많은 사람이 앞다투어 오래전부터 인구에 회자되던 이 그림을 직접 보기 위해 시스티나 예배당으로 몰려들었다. 로마에서 멀리 떨어진 곳의 군주·제후는 휘하의 정신廷臣을 바티칸으로 보내 가능한 한 빨리 그 그림을 모사해 보내도록 독촉했다. 만토바의 에르콜레 곤차가 추기경 하의 문인 니노 세르니니도 그중 한 사람이었다. 하지만 이 거대한 그림을 작은 화폭에 모사한다는 것은 보통 어려운 일이 아니었다. 그는 모사 화가를 수소문한 끝에, 드디어 1541년 12월 4일 마르첼로 베누스티로 하여금 가로 1.45미

터, 세로 1.88미터의 작은 프레스코화를 제작케 할 수 있었다.[23]

이 과정에서 세르니니가 곤차가에게 보낸 편지에는 당시 그 그림을 비난하는 사람들에 대한 얘기가 나온다(그 자신은 미켈란젤로의 작품을 칭송하는 입장이었다). 이는 공개된 그림을 실제로 보고 나온 거의 최초의 비평 중 하나이다.

이 작품은 아름답습니다만, 그 아름다움이란 게 그것을 비난하는 사람이 없지는 않은 그런 종류라는 점을 각하께서도 상상하실 수 있겠지요. 그림 속의 나상들은 그런 곳에 어울리지 않는다고 처음으로 말한 사람들은 존귀한 테아티노회 수도사들입니다. 깊은 숙고 끝에 나온 그림이긴 하겠지만, 그렇게 많은 등장인물 중에 외설적이지 않게 보이는 경우는 겨우 10명 정도에 불과하기 때문입니다. 그리스도를 수염도 없는 데다가 너무 젊게 그려놓았고, 당연히 가져야 할 위엄을 갖추지 못했다고 해서 말들이 많습니다. 하지만 코르나로 [추기경] 각하께서는 그 프레스코화를 오랫동안 바라보신 후 그것을 칭찬하면서, 만일 미켈란젤로가 그 그림 속의 한 인물만이라도 자신에게 그려주기를 원한다면, 자신은 그가 요구하는 것이 어떤 것이든 기꺼이 지불할 용의가 있다고 말씀하셨지요. 그분이 옳다고 생각합니다. 제가 보기에도 이 작품은 다른 어느 곳의 것과도 다르게 보이니까요.[24]

〈최후의 심판〉을 최초로 비난한 사람들로 지목된 테아티노회는 1524년 성 가에타노 카타노소가 파올로 콘실리에리, 보니파초 다 콜레, 조반니 피에트로 카라파(뒤의 교황 파울루스 4세) 등과 함께 만든 수도회로, 특히 루터의 가르침에 격렬히 대항했다.[25] 이러한 종교적 성향으로 보아 그들은 분명히 그림을 예술로서가 아니라 예배의 한 수단으로 간주하는 전통적이고 보수적인 회화관을 가지고 있었을 것이다. 따라서 그들이 나상으로 가득 찬, 전혀 새롭고 지나치게 이교적으로 보이는 이 작품에 탐탁지 않은 반응을 보인 것은 결코 놀라운 일이 아니다. 게다가 이런 작품이 바티칸의 중심부인 시스티나 예배당에 그려져 있다는 것을 그들은 받아들이기 힘들었을 것임에 틀림없다.

그러나 그들의 이런 비난이 공개 당시의 분위기를 주도한 정도까지 갔는지는 의문이다. 편지에 나타나는 코르나로나 세르니니의 긍정적 입장에서 보듯이, 적어도 초기에는 어디까지나 보수적 성직자들의 불평 정도에 그쳤을 가능성이 크다. 교황의 윤허 아래 당대 최고의 명장이 그린 그림을 전면적으로 공격할 수는 없었을 것이다. 더욱이 당시의 고위 성직자들은 일반적으로 예술의 후원자이자 감식가로 자처했기 때문에 그림 속의 나상들을 그렇게 불경한 것으로만 보지도 않았을 것이다. 사실 미켈란젤로가 교회에 나상들을 그린 것이 처음은 아니었다. 이미 같은 예배당의 천장을 장식하고 있던 미켈란젤로의 〈천지창조〉에도 나상들이 등장하지만 별다른 비난을 받지 않았다(혹은 그러한 비난이 밖으로 드러나지는 않았다). 전통적인 관례를 따르지 않은 〈최후의 심판〉에 대한 테아티노회 수도사들의 부정적 시각은 차후 프로테스탄트 세력에 대항하는 가톨릭의 반종교개혁적 분위기 속에서 새로운 힘을 얻게 되지만, 적어도 당분간은 칭송 분위기가 유지되었던 것 같다.[26]

그림이 공개된 직후에 쓰인 두 편의 글이 이러한 분위기를 잘 보여주고 있다. 대략 1541년 말에서 1542년 초에 작시作詩된 것으로 보이는데, 모데나 출신의 시인 프란체스코 마리아 몰차는 "……그대의 작품보다 더 아름다운 건 이 세상에 없다네. ……오직 그대만이, 그 아름다운 노고의 결실을 드러내어, 높고도 빛나는 상찬의 힘으로, 다시금 이 세상을 옛 황금시대로 되돌린다네"라며 〈최후의 심판〉에 상찬의 염을 표하고 있다. 또한 1541년 12월 4일, 피렌체 출신의 문인 니콜로 마르텔리는 〈최후의 심판〉이야말로 "신이 창조한 기적"이자 그것을 그린 미켈란젤로는 "자연의 유일한 모방자"라고 칭송하는 편지를 자신의 소네트와 함께 그에게 보냈고, 이에 대해 미켈란젤로는 "자신은 아무 가치도 없는 비천한 사람이며, 단지 신이 주신 기예로 일할 따름"이라며, 지극히 겸손한 어조로 화답했다.[27] 흥미로운 점은 몰차와 마르텔리 모두가 아레티노와 친교가 깊었고, 시기상으로 볼 때 이들은 〈최후의 심판〉을 직접 보지 않은 상태에서 글을 썼다는 것이다. 그렇다면 미켈란젤로에 대한 이들의 상찬은 이미 몇 해 전에 간행된 아레티노의 《서간집》 1권에 수록된 1537년 9월 15일 자 편지 속의 묘사("나는 ……봅니다")를 본 데서 나온 것일 가능성이 크다.[28]

미켈란젤로의 빈정거림이 여전히 마음에 걸리기는 했겠지만, 아레티노 역시 수년간은 이러한 칭송 분위기에 동참했다. 게다가 그가 무언가를 주겠다고 했으니, 일단은 기다려보아야 했을 것이다. 1542년에서 1544년 사이, 아레티노가 휴머니스트 출판업자 파올로 마누치오("미켈란젤로가 디제뇨라면, 티치아노는 색채"), 우르비노 공 귀도발도 2세 델라 로베레(바사리의 레다 그림은 훌륭하나, 그 스케치는 "위대하고 경이롭고 특출한 미켈란젤로의 손으로 이루어졌습니다"), 파노의 문인 카를로 구알테루치("신의 선물 미켈란젤로"), 피렌체의 화가 프란체스코 살비아티(그가 그린 〈성 바울의 개종〉에 묘사된 "인물들의 머리에서는 라파엘로의 작품들이 발하는 아름다움을, 나머지 몸통 부분에서는 미켈란젤로가 자랑하는 충만한 선을 볼 수 있다네"), 가장 절친한 친구이자 당대 베네치아 최고의 화가 티치아노("〈최후의 심판〉을 보는 것에 빠져 여기로 돌아오는 것조차 잊지는 말기 바라네") 등에게 보낸 편지는 한결같이 미켈란젤로의 뛰어난 기예, 특히 디제뇨에 대한 그의 재능을 높이 칭찬하고 있다.[29]

아레티노는 1542년에 쓰고 같은 해에 베네치아 무대에 올렸던 희극 〈라 탈란타〉에서, 탈란타와 사랑에 빠진 오르피니오에게 그의 친구 피지오가 자신이 일을 꾸미는 동안 "예배당에 가서 미켈란젤로가 그린 〈최후의 심판〉을 보게나. 세바스티아노 델 피옴보(그 자신이 이름난 화가니까 스스로 무슨 말을 하는지 잘 알겠지)에 따르면, 그 그림을 아무리 들여다봐도 그것을 칭찬하는 사람들과 그림 속에서 그들을 바라보는 사람들이 서로 무슨 차이가 있는지 알 수 없다는구먼"이라는, 모호한 의미에도 불구하고 칭찬조로 생각되는 대사를 삽입하고 있다.[30] 또한 1543년 1월 12일 자로 도니가 미켈란젤로에게 보낸 편지("나의 귀에 〈최후의 심판〉에 대한 칭송의 소리가 들립니다. 그것이 지닌 아름다움 때문이겠지요. 그리스도는 성스러운 모습을 하고 있고 ……")도 있는데,[31] 당시 도니는 아레티노 휘하 문인이었기 때문에, 미켈란젤로에 대한 그의 칭찬은 아레티노와 뜻을 같이한다고 볼 수 있다.

하지만 아레티노는 한편으로 미켈란젤로를 칭송하는 대열에 합류하고 있으면서도, 다른 한편으로는 그로부터 "선물"을 받아내려는 집요한 시도를 계속하고 있었다. 그는 미켈란젤로에게 "한 조각의 스케치"를 요구한 앞의 1538년 1월 20일 자 편지 이후 6년여 만인 1544년부터 다시금 공세에 불을 붙였다. 그해 4월, 그는 미켈란젤로에게 편지를 보내, 야코포 첼리니 — 상인인 그는 정확한 연유는 알 수 없지만 둘 사이의 연락을 맡고 있었던 것으로 보인다 — 가 그에 대한 자신의 인사를 전했다는 편지를 보내왔다고 운을 뗀 뒤, 자신의 헌신에 대한 보답으로 "이러저러한 군주들이 나에게 보낸 술잔과 사슬보다 더 귀중한, 목탄으로 두 줄의 선을 그은 종이 한 장"을 보내주지 않겠느냐고 조르고 있다.[32] 이듬해인 1545년 4월, 아레티노는 다시 야코포 첼리니에게 편지를 보내, 자신은 여전히 미켈란젤로의 선물을 기다리고 있지만, "그것이 지체될수록 그에 대한 신뢰가 떨어지고 그에 대한 존경심이 사라질 것"이라고 압박한다.[33]

첼리니의 말을 들은 미켈란젤로는 마지못해 안부 정도는 전한 것으로 보인다. 같은 달 아레티노는 미켈란젤로에게 편지를 보내, 첼리니의 편지를 통해 당신의 안부 인사를 전해들었지만 여전히 선물을 받지는 못했다면서, "자연이 자기에게도 글 쓰는 재주를 주었으므로" 신이 내린 "미켈란젤로의 호의를 받을 자격이 있다"고 생각한다고 말한다.[34] 이러한 요구는 사실상 강요나 다름없지만, 어쨌든 편지에서는 시종일관 자신을 낮추고 미켈란젤로를 칭송하는 어조를 유지하고 있다. 하지만 이때쯤이면 아레티노의 인내심도 거의 바닥이 난 것 같다. 그해 5월 아레티노는 야코포 첼리니에게 보낸 편지에서, "미켈란젤로는 내게 보인 인색함에 대해 부끄러운 줄 알아야 한다"면서, 과연 자신이 "부오나로티에 대한 신뢰를 계속 유지해야 하는지 아닌지를 기탄없이 말해달라"고까지 했기 때문이다.[35]

미켈란젤로에 대한 아레티노의 태도가 확연히 바뀌기 시작한 것은 1546년 초로 보인다. 그사이 몇 년 동안 적어도 겉으로는 미켈란젤로에 대해 칭송의 어조를 유지해왔던 그가 이제 그를 비난하는 쪽으로 돌아섰다. 그해 1월, 아레티노는 에네아 파르미자노(=에네아 비코)에게 보낸 편지[36]에서 지금까지와는 전혀 다른 논조로 미켈란젤로의 그림이 중대한 문제점을 갖고 있음을 지적한다. 토스카나 대공 코지모 데 메디치는 다른 군주들과 마찬가지로 〈최후의 심판〉 모사품을 갖고 싶어 했다. 하지만 그런 대작을 모사한다는 것은 결코 쉽지 않았다. 특히 판각은 더 어려웠다. 당시 그것을 판화로 제작하려는 시도가 번번이 실패로 돌아가고 있었다. 워낙 많은 인물이 다양한 자세를 취하고 있는 터라 그것을 세세히 판각하기란 대단히 어려운 일이었을 것이다. 대공으로부터 일을 맡은 파르마 출신의 판화가이자 출판업자인 에네아 비코 역시 이 문제로 골머리를 앓고 있었을 것이다. 이러한 것이 바로 아레티노가 이 편지를 쓴 앞뒤 상황이었다. 그는 자신이 재능을 칭찬한 바차코라는 화가를 비코에게 소개하고 있다. 그러면서 원화를 그대로 새기려 하지 말고 바차코로 하여금 일반적인 정서에 맞도록 구성을 약간 수정하라고 넌지시 권한다.

……그 작품[〈최후의 심판〉]의 내용은 ……그것이 구현하려는 종교에 적절한 데코룸decorum을 갖추지 못하고 있습니다. 신의 명령에 따라 언젠가는 세계의 종말이 올 것이고, 그리하여 온 세상이 이 엄청난 개선의 사건에 당연히 동참해야 되겠지요. 이 때문에 그런 노고에 담긴 [데코룸에 맞게 원화를 수정한] 당신의 공적은 지고하신 그리스도의 상급을 받을 것이고, 피렌체 대공으로부터도 유익함이 있지 않겠습니까. 부디 이 성스럽고 칭송할 만한 과업을 잘 해나가길 바랍니다. 그래야만 루터파 사이에서 미켈란젤로의 기예에 담긴 방종함licenzia이 야기할 만한 스캔들을 피할 수 있을 것이니 말입니다. 지옥과 천국의 인물들이 드러내고 있는 적나라한 수치에 작은 관심도 표하지 않은 그림의 내용을 그들이 비난하지 않겠습니까. 하지만 이런 식의 작업이 당신의 명예를 손상케 하지는 않을 겁니다. 모두가 기

뻔할 테니까요.

〈최후의 심판〉이 그리스도교에 적절한 데코룸을 결여하고 있다는
— 회화의 통상적인 관례를 무시하고 있다는 — 아레티노의 주장은
마치 숨겨져 있는 시한폭탄과 같은 파괴력을 가지고 있었다. 비코에
대한 편지를 통해 간접적으로 피력된 이러한 공격적 비평은 곧 더 직
설적이고 더 신랄한 형태로 나타나게 된다.

몇 개월 후인 그해 4월의 편지에서, 아레티노는 미켈란젤로에게 그
의 "밑그림 몇 점을 강렬히 바라고 있다"는 말을 전하는데,[37] 그 길이
가 통상적인 경우와는 달리 단지 몇 줄로만 이루어진 극히 짧은 분량
인 것으로 보아 마치 일종의 최후통첩같이 보인다. 아레티노는 아마
이때쯤 더 이상 미켈란젤로에게 선물을 애걸하지 않겠다고 작심한 것
같다. 그 증거는 바로 다음의 편지로 나타난다.

〈최후의 심판〉에 대한 아레티노의 비평: 데코룸의 문제

1546년 4월에서 1547년 7월 사이 어느 때쯤 아레티노가 미켈란젤로
에게 보낸 것으로 보이는 이 편지는 서양 미술사 및 미술비평에서 끊
임없이 회자되는 유명한 내용을 담고 있다. 대단히 중요한 문서이므
로 다소 길지만 전문을 번역한다.[38]

당신이 그린 〈최후의 심판〉 스케치 완성작 전체를 보고 나는 그 발상이 주
는 사랑스러운 미에서 마치 라파엘로가 지녔던 놀라운 매력 같은 것을 느

낄 수 있었습니다. 하지만 나는 세례 받은 한 사람으로서, 그러한 정신에 해가 되는 방종함에 수치를 느꼈습니다. 당신은 우리들의 지극히 진실한 믿음이 간구해왔던 그 마지막 날에 대한 생각을 바로 그런 식으로 표현해 놓았군요. 그래 그토록 엄청난 명성을 가진 미켈란젤로, 그토록 지혜가 뛰어난 미켈란젤로, 만인이 그 언행을 칭송하는 미켈란젤로가 사람들에게 기껏 보여주려고 한 것이 그림의 완벽성이 아니라 무신앙의 불경함이란 말입니까? 보통의 인간이 아니라 신이 내린 존재인 당신이, 지고의 성전 안에, 예수의 주 제단 위에, 세상에서 가장 중요한 예배당 안에, 그러한 것을 어떻게 그려놓을 수 있다는 말입니까? 그곳은 교회의 대 추기경들과 존귀한 사제들과 그리스도의 대리인이 가톨릭 신앙을 마음에 품고 신성한 기도자들과 성스러운 전례를 치르며 그리스도의 몸과 그의 피와 그의 살에 대해 고백하고 관조하고 그것을 경배하는 장소가 아니던가요? 만약 이렇게 비교하는 것이 잘못된 일이 아니라면, 나는 내가 난나에 대한 글을 쓸 때 취했던 판단을 자랑이라도 해야 할 것 같군요. 나의 분별력이 당신의 그릇된 양심보다는 낫다는 거지요. 비록 내가 다룬 주제는 음란하고 정숙하지 못한 것이었으나, 나는 절제되고 예의 바른 말을 사용했고 비난받지 않을 만한 순수한 표현으로 얘기했지요. 하지만 당신은 그토록 고결한 주제를 다루면서도 성인들에게 가야 할 지상의 품격은 결여한 채, 그리고 천사들이라면 당연히 갖추어야 할 천상의 표식도 전혀 없이 그려놓았군요. 이교도들의 조상彫像을 보십시오. 옷을 입은 디아나가 아니라 나체로 있는 베네레의 경우 말입니다. 그들은 드러내서 안 될 곳은 손으로 그곳을 가리도록 해놓았지요. 그런데 정작 그리스도 교인이라는 사람이, 믿음보다 예술에 눈이 어두워, 데코룸을 결여한 성인 성녀와 성기를 붙잡힌 채 끌려가는 모습의 남자를 진짜 일어날 광경으로 그려놓고 있으니, 이는 창가娼家

에서조차도 눈을 질끈 감을 수밖에 없을 겁니다. 당신이 한 일은 성가가 울려 퍼지는 지고의 성소가 아니라 쾌락을 즐기는 창가에나 어울릴 만한 것입니다. 만약 당신이 신앙이 없는 사람이라면 그 일이 그리 큰 악덕은 아니겠지만, 그런 식의 믿음은 다른 사람들의 믿음을 사그라지게 할 것입니다. 하지만 여기에 그치지 않습니다. 경이롭지만 그처럼 무모한 묘사들은 설사 그것이 뛰어나다 해도 결코 벌을 면하지는 못할 것입니다. 그것이 보여주는 경이로움이 당신의 명성을 사멸케 할 것이니 말입니다. 하지만 당신의 훌륭한 명성을 되살릴 방도는 있습니다. 저주받은 자들은 화염으로, 축복받은 자들은 햇살로 그 치부를 가리든가 혹은 금박을 입힌 몇 장의 나뭇잎으로 아름다운 조상彫像의 치부를 가리고, 이를 성소가 아닌 공공의 광장에 세워놓은 피렌체 식 겸손을 따르면 됩니다. 그러면 아마 신은 당신을 용서하실지도 모릅니다. 하지만 난 그렇게 하지는 못합니다. 내가 원하는 것들에 대해 내가 갖고 있는 경멸감 때문에 난 그렇게 말하지는 못하겠지만 말입니다. 당신은 당신이 내게 보내주기로 약속했던 것을 신속히 보냈어야 마땅합니다. 그래야 남의 시기심을 잠재울 수 있을 테니까요. 그것은 게라르디나 토마시가 아니라면 아무도 하지 못할 일이겠지만 말입니다. 하지만 만약 줄리오가 자신의 유골을 당신이 조각한 함에 담도록 하는 데 쓰라고 남긴 보물도 당신으로 하여금 약속을 지키도록 하는 데 충분치 않았는데, 하물며 내가 무슨 희망을 가질 수 있겠습니까? 희망이 남아 있다면, 위대한 화가여, 그것은 당신의 배은망덕과 탐욕이 아니라 대 목자의 은혜와 상급에 있겠지요. 신은 그의 영원한 명성을 당신의 스타일로 만들어낸 그 오만한 분묘 건축물 속에서가 아니라 단지 원래의 그 자신 속에서 살아있도록 했을 겁니다. 당신은 스스로가 진 빚을 갚지 않았으니 도둑이나 마찬가지지요. 우리의 가슴은 예술적 도안의 생생함보다는 헌신의 감정을 더 필요로 하는 법입니다. 신은 일찍이 그레고리오에게 지복의 영감을 내려, 아름다움을 뽐냄으로써 성인의 겸손한 이미지를 가리는 우상의 휘황찬란한 조상彫像들을 로마로부터 깡그리 없애버리려 한 적이 있는 것처럼, 파올로에게도 그런 신성함의 영감을 불어넣으실지 모르지요. 결국, 만약 당신이 우주와 지옥과 천국을 그림에 있어서, 당신을 위해 제시된 영광과 명예와 두려움을 가지고, 오랜 시간 동안 읽히고 또 읽힐 내 편지 속의 교시와 실례와 지식에 담긴 조언을 받아들였더라면, 나는 감히 이렇게 말할 수 있었을 겁니다. 자연과 다른 모든 선한 기운들은 결코, 오늘날 당신의 명석한 지성에서 연유한 탁월한 능력이 당신을 마치 세상의 경이와 같은 존재로 만들게 한 것을 후회하지 않았을 거라고 말입니다. 그러나 삼라만상을 다스리시는 일자─者의 섭리는 이 천체를 관장함에 있어 스스로의 법을 사용치 않고도 능히 그러한 일을 고려하시겠지요. 1565년 11월, 베네치아에서

당신의 종복 아레티노

당신이 나의 헌신에 되갚아준 잔혹성에 대한 분노 때문에, 그리고 만약 당신이 신이 내린 존재라면 나 역시 물로 만들어진 존재는 아니라는 것을 당신에게 일깨워주기 위해 쓴 편지이니, 내가 갈기갈기 찢어버린 것처럼 당신도 그렇게 해주기 바랍니다. 다만 왕과 황제조차도 내 편지에는 답한다는 점을 명심하시길.
로마의 대大 미켈란젤로 부오나로티에게

이 편지 말미에는 일자가 1565년으로 되어 있다. 하지만 나는 이 인용문 앞에서 그것이 1546년 4월에서 1547년 7월 사이에 작성되었다

고 썼다. 사실 이 편지의 정확한 일자가 언제인지는 현재도 논란이 되고 있다. 간략히 지금까지의 주장들을 살펴보자. 이 편지의 원문은 피렌체 문서보관소의 스트로치 문서 속에 들어 있다. 19세기에 이를 최초로 간행한 것이 조반니 가예 편집본이다. 가예는 원문의 "1565년 MDLXV"이 "1545년MDXLV"의 오기라 보았다. "L"과 "X"가 실수로 뒤바뀌었다는 것이다.[39] 아레티노는 이미 1556년에 세상을 떠났기 때문에, 어쨌든 1565년은 물리적으로 불가능했다(지금까지도 대부분의 학자들이 가예의 주장을 따르고 있다). 문제를 복잡하게 만든 것은 1550년에 나온 아레티노의 《서간집》 제4권에 이 편지가 수정, 축약되어 실린 사실이다. 더욱이 수신자는 당시 로마 징세관이자 오타비오 파르네제 공작의 비서였던 코르비노 알레싼드로 — 아레티노는 그를 통해 이 사건에 대한 소문을 퍼뜨리려 했을 것이다 — 로 바뀌었고, 일자도 1547년 7월로 되어 있었다. 기본적으로 앞부분은 비슷하나 뒷부분의 좀 더 신랄한, 개인적 공격에 대한 부분은 삭제되었고, 편지를 찢어버리라고 한 추기 부분도 누락된 상태였다.[40]

이 편지의 작성일자를 가예 및 그를 따르는 많은 학자와 달리 1545년이 아니라 1546~1547년으로 비정할 만한 이유가 있다. 이미 앞서 언급한 1545년 4월 야코포 첼리니에 보낸 편지, 같은 달 아레티노가 미켈란젤로에게 보낸 편지, 그해 5월 다시 아레티노가 야코포 첼리니에게 보낸 편지, 그리고 1546년 4월 미켈란젤로에게 보낸 편지에 담긴 내용 — 계속해서 스케치를 보내달라고 요구하는 — 을 감안할 때,[41] 문제의 편지는 결코 이러한 편지들 이전에 쓰일 수가 없다. 논리적으로 볼 때, 아레티노는 1545년 미켈란젤로에게 계속해서 몇 번 부탁해오다가 대략 1546년 1월에서 4월 사이 태도를 바꾸기로 결심한 것 같다. 비코에게 보낸 1월의 편지("시한폭탄")와 미켈란젤로에게 보낸 4월의 편지("최후통첩")가 그것을 예증한다. 그 뒤 미켈란젤로를 직설적으로 비난한 문제의 편지는 비유하자면 최후통첩도 아무 소용이 없자 마침내 시한폭탄을 터뜨린 것과 같았다. 지금까지 학자들은 1545~1546년의 이러한 편지들을 사소한 것으로 치부하고 무시했기 때문에, 이러한 논리적 과정을 유추할 여지가 없었다. 단순히 "L"과 "X"가 바뀌었다는 가예의 주장은 그 일자를 확정하는 아무런 결정적 증거가 될 수 없다.[42]

다시 편지 내용을 보자. 그는 먼저 〈최후의 심판〉의 디제뇨로 이어지는 미켈란젤로의 "발상inventione"을 라파엘로의 사랑스러운 매력과 비교하며 짤막한 찬사를 던진 뒤, 대뜸 그림의 "방종함licentia" ― 음란하다는 뜻의 ― 을 지적하며 공격의 포문을 연다. 그는 가장 성스러워야 할 최후의 심판을 어떻게 그런 식으로 그려놓았느냐고 비난하면서, 특히 그런 그림이 시스티나 예배당 같은 가장 깊숙한 성소에는 적절치 않다고 주장한다. 나아가서 그는 스스로가 쓴 창녀 난나의 음란한 〈대화〉 ― 그뿐인가. 그는 〈음란한 소네트〉도 썼다! ― 를 쓴 당사자임에도 불구하고 자신의 작품은 적절한 방식으로 잘 썼기 때문에 전혀 음란하지 않다는 놀라운 주장을 하고 있다. 당시까지 비난의 표적은 에로티시즘이란 주제 그 자체보다는 그것에 대해 쓴 저자가 그 주제를 어떻게 다루고 있으며, 그것에 대해 어떠한 태도를 가지고 있느냐는 것이었다. 고전고대 이래 이러한 주제를 다룬 문인들이 항시 주장하던 모토는 "글은 음란하나 삶은 정숙하다"는 것이었다.

아레티노는 자신에 대해서는 이를 "글[=주제]은 음란하나 언어는 정숙하다"는 식으로 슬쩍 바꾸어놓았다. 그리고 이런 시각에서 볼 때,

미켈란젤로의 "회화 언어"는 정숙치 못한 것이 된다. 즉 〈최후의 심판〉은 거꾸로 "주제는 고결하나 언어는 음란한" 셈이다. 그러므로 아레티노 비평의 초점은 미켈란젤로가 그린 순교자들과 성녀들이 정숙하지 못한 모습을 하고 있다는 것 그 자체에 있는 것이 아니라, 성스러워야 할 공간을 장식하는 종교화 속의 인물들이 "음란한" 분위기를 내비칠 수 있는 방식으로 표현되어 있다는 데 있다. 그는 심지어 저주받은 사람들의 나신들조차도 화염으로 가렸어야 한다고 주장한다. 반면 축복받은 사람들의 나신은 눈부신 태양 빛으로 잘 보이지 않는 것처럼 그려져야 한다는 것이다.

그림의 주제와 표현 방식 간에 존재하는 이러한 적절성을 르네상스기 예술가들은 "데코룸decorum"이라 불렀다. 15세기의 "르네상스적 인간"으로 불리는 레온 바티스타 알베르티에 따르자면, 만일 헬레나나 에피게니아 같은 미인의 손등이 거칠고 쭈글쭈글하다든지, 네스토르와 같은 영웅이 아기자기한 가슴에다 우아한 목을 쭉 빼고 있다든지, 가니메데스와 같은 미소년의 이마에 굵은 주름살이 패고 짐꾼처럼 장딴지가 우람하다면, 이는 데코룸을 위반한 것이 된다.[43] 아레티노가 〈최후의 심판〉에 대한 비평에서 원용한 것도 바로 이러한 개념이다(그는 이미 에네아 비코에게 보낸 편지에서 "데코로"라는 말을 사용하고 있다). 그는 그림에 특히 큰 관심을 가지고 있던 터라 친교가 있는 화가들의 작품에 대해 이런저런 비평을 가하곤 했는데, 이때 종종 기준으로 삼은 것이 이 데코룸 개념이었다.

1548년 아레티노가 티치아노의 〈에체 호모〉에 대해 제시한 비평이 그 좋은 예가 된다.

그리스도가 쓴 가시나무 왕관은 그의 머리에 상처를 입히고, 그 가시로 인해 흐르는 피는 [진짜] 피가 아닌가. 어떤 다른 방법으로도 상처를 부풀어 오르게 하고 살을 검푸르게 만들 수는 없을 것일세. 오직 신이 내린 자네의 화필만이 그 신성한 상의 영원불멸한 수족들을 그렇게 만들 수 있을 뿐일 걸세. 그리스도의 인물에 가득 찬 슬픔은 한 그리스도교인으로서 그의 손을 묶은 밧줄에 의해 엇갈려 있는 팔을 바라보는 모든 사람을 참회의 길로 인도하고 있구면. 그가 왼손으로 붙잡고 있는 회초리가 그에게 어떤 끔찍한 짓을 했는가를 생각하는 사람이라면 과연 겸양이 무엇인가를 배울 수 있겠지. 그의 얼굴에 내비치는 평온한 느낌의 우아함을 인지하는 사람이라면 스스로 증오와 악의의 조그만 흔적조차도 감히 품고 있을 엄두를 내지 못할 걸세. 그리하여, 내가 잠을 자는 이곳은 이제 더 이상 우아하고 세속적인 침실이 아니라 성스러운 신의 신전처럼 보인다네.[44]

여기서 아레티노는 먼저 티치아노의 인물에 표현된 자연주의적 묘사 — 진짜처럼 보이는 상처와 피 — 를 칭찬한다. 이어서 그는 만약 사람들이 이 그림을 그리스도교적 관점에서 본다면 아마 참회의 마음을 가질 것이며, 만약 그리스도가 붙잡고 있는 회초리의 의미를 성찰해본다면 겸양의 마음을 갖게 될 것이라고 말한다. 더욱이 그리스도의 얼굴에 나타난 평온한 표정 — 티치아노의 솜씨가 낳은 결과 — 은 보는 이들로 하여금 어떤 증오와 악의도 품지 못하도록 할 것이라는 것이다. 그래서 아레티노가 티치아노의 솜씨를 그림의 주제 및 그것의 종교적 의미와 연관시켜보고 있는 한 그는 그리스도교적 비평가가 된다. 그에게는 〈에체 호모〉가 티치아노의 경이로운 능력을 보여주는 아름다운 실례일 뿐 아니라 그것을 그리스도교적 관점에서 바라보는 이들로 하여금 그 주제에 공감을 갖지 못하는 사람들은 느끼지 못할 것을 느끼게 해주도록 하는 것이었다. 사실 아레티노는, 〈에체 호모〉가 말하자면 그림을 보는 사람들을 세속적인 감상자에서 그리스도교인 감상자로 변환시키고 있음을 말하고자 하는 것처럼 보인다. 마치 강력한 힘을 가진 그림이 그의 침실을 성스러운 신전으로 바꾸어놓았다는 느낌처럼 말이다. 여기서 아레티노가 티치아노의 〈에체 호모〉 — 그것이 보여주는 미와 솜씨는 그 그림의 그리스도교적 주제에 기여하고 있다 — 에 대해 적용하고 있는 비평적 관점은 앞서 미켈란젤로가 데코룸을 결여했다고 비난한 자신의 관점과 완전히 일치한다.[45] 단지 앞의 경우는 찬사로 뒤의 경우는 비난으로 나타났을 뿐이다.

당대의 대가 미켈란젤로가 데코룸의 이러한 의미를 몰랐을 리는 없다. 다만 그는 자신이 그리는 인물들을 실제 그대로가 아니라 그것에 "인벤티오네," 즉 창안적 발상을 가하여 실제보다 더 우아한 면모를 부여해야 한다고 생각했던 것 같다. 예술가는 단지 자연 그대로보다는 그것에 무언가 장식을 가해야 한다는 것이다. 그는 특히 가톨릭 신앙에서 시스티나 예배당이 갖는 특별하고도 핵심적인 위치와 모든 것을 혁신하는 '최후의 심판'이라는 주제 때문에라도 그림 속의 인물들이 자연의 모방이 아닌 — 실제의 인물과 똑같게 보이도록 하기보다는 — 더 특기할 만한 성격을 지니도록 해야 한다고 생각했을 것임에 틀림없다. 모든 사람이 입을 모아 칭송하던, "디제뇨disegno" — 밑그림 혹은 도안 — 에 대한 미켈란젤로의 특출한 재능도 바로 이러한 인벤티오네에서 나온 것이었다. 평소에 오직 자신만의 미학을 추구하던 미켈란젤로의 성격을 생각하면, 그가 자신의 최대 미덕이었던 인벤티오네와 디제뇨의 능력이 범인들에게나 적용될 — 그는 분명히 그런

입장이었으리라 — 데코룸으로 인해 비난의 빌미가 될 것이라는 점을
인지하기는 어려웠을 것이다.

　다시 편지의 내용으로 돌아가자. 데코룸에 의거하여 미켈란젤로를
비난한 아레티노는 후반부에서 그를 사적인 측면에서 공격한다. "게
라르디"와 "토마시"란 이름이 빈정거리는 어투로 거명되고 있는데,
전자는 미켈란젤로보다 다섯 살 아래인 페자로의 귀족 게라르도 페리
니로, 둘은 1520년경에 만났다. 후자는 톰마소 카발리에리인데, 57세
의 미켈란젤로와 만났을 때 그는 23세의 청년이었다. 둘의 친밀한 관
계는 그가 미켈란젤로의 임종을 지킨 몇 사람 중 하나였다는 데서도
잘 나타난다. 미켈란젤로는 그에게 300편이 넘는 소네트와 마드리갈
을 바칠 정도였다. 당시 미켈란젤로는 이들과 동성애 관계라는 소문
이 있었고(실제로 그럴 만한 정황도 있다), 아레티노는 그 부분을 건드리
고 있는 것이다.[46] 이어서 그는 "줄리오," 즉 율리우스 2세를 들먹이
며 그가 영묘를 완성하라고 막대한 돈을 주었지만 미켈란젤로는 그렇
게 하지 않았다며, 그의 가장 아픈 상처를 들쑤시고 있다. 그것이 결
국 완성되지 못한 것은 미켈란젤로가 약속을 이행하지 않은 거짓말쟁
이에다가 도둑이기도 할 뿐 아니라, 신이 오만한 그와는 달리 있는 그
대로의 소박한 인간 율리우스를 원했기 때문이라는 것이다. 일찍이
우상 파괴를 명한 교황 그레고리우스처럼 파울루스 3세도 그럴지 모
른다고 한 마지막 부분의 말은 거의 예언과 같은 느낌마저 준다. 왜냐
하면 조만간 그의 그림은 거센 비난의 화살을 맞고 크게 훼손될 운명
에 처하기 때문이다.

　그런데 아레티노는 미켈란젤로에게 왜 갑자기 이런 편지를 보냈을
까? 가장 일반적인 견해는 그가 약속한 〈최후의 심판〉 스케치를 주지

않은 데 대한 복수라는 것이다. 혹은 당시 아레티노가 추기경으로 임명될 것이라는 소문과 관련지을 수도 있다. 그의 보수적인 비판은 바로 이를 의식한 것이라는 주장이다.[47] 최근에는 자신의 편지들이 미켈란젤로뿐 아니라 결국에는 일반 독자들에 의해 읽힐 것임을 알고 의도적으로 극적 반전을 노렸다는 주장도 제기되었다. 〈최후의 심판〉 공개 이후 청중의 성격이 변하고 있음을 인지한 아레티노가 자신의 인기를 유지하고 동시에 책을 팔기 위해 그런 식의 비난을 가했다는 것이다.[48] 아직은 금서목록 같은 것이 전혀 회자되지 않은 상태였지만, 아레티노가 1550년대 중반 트리엔트 공의회가 이끈 이른바 반종교개혁의 풍향을 일찌감치 감지했다고도 볼 수 있다. 또한 아레티노가 스스로의 비평언어에 충실한 것이라는 주장도 검토 대상이다. 앞서 언급한 것처럼 그는 데코룸 개념을 절친한 친구 티치아노에게도 적용한 사례가 있으니 말이다.

이 모든 주장에 각각 어느 정도의 진실이 담겨 있다고 볼 수 있겠으나, 우리가 간과해서 안 될 것은 이러한 식의 갈등 — 인벤티오네와 데코룸 간의 — 이 르네상스기의 이교적·휴머니스트적 문화와 중세로부터 이어지는 그리스도교 신앙 간의 오랜 긴장관계의 일부라는 점이다. 이미지에 대한 종교적 견해는 이미 오랫동안 가톨릭교회가 천명해왔던 것이고, 이는 문학에서 레토릭을 오직 신앙을 고조시키기 위한 수단으로 본 견해와 동일하다. 15세기 초 음란한 시를 썼다고 코지모 데 메디치 하의 휴머니스트 문인 서클에서 쫓겨났던 파노르미타의 예가 그렇고, 〈최후의 심판〉에 묘사된 수많은 나상은 신심을 불러일으키는 데 도움이 되지 않으며, 미켈란젤로가 이 지극히 종교적 사건을 마치 고전적인 서사시적 사건인 것처럼 보아 세속적인 것과 신성한 것을 뒤섞어놓았다고 비판한 페데리코 보로메오의 견해가 그렇다.[49] 결국 문제의 편지에 나타난 아레티노와 미켈란젤로 간의 갈등은 단순히 두 사람 간의 사적 동기나 의도에서 연유된 것으로 보기보다는, 좀 더 넓은 전망과 맥락에서 고전고대의 부흥이란 르네상스기의 새로운 흐름과 보수적인 옛 그리스도교 전통의 조우 ― 이 경우는 충돌적 양상이 강하지만 ― 에서 비롯된 것으로 바라볼 필요가 있다.

아레티노가 미켈란젤로를 직설적으로 비난하는 편지를 쓴 뒤 몇 년 후, 조르조 바자리는 《미술가 열전》 초판(1550)을 통해 미켈란젤로를 적극적으로 옹호했다. 그는 둘 모두와 친분이 있었으나, 그가 가장 존경하는 인물은 미켈란젤로였다. 바자리의 책은 사실 그에게 바치는 헌사에 다름 아니다. 몇 세기에 걸쳐 150여 명의 건축가, 화가, 조각가를 다루고 있지만, 책의 대미를 장식하는 ― 그리고 가장 길기도 한 ― 장章의 주인공은 바로 미켈란젤로였다. 바자리에게 그는 르네상스적 기예와 정신의 총화와 같은 존재였던 것이다. 미켈란젤로를 위한 그의 변명을 들어보자.[50]

사실 작품에 등장하는 수많은 인간 군상, 그리고 작품이 주는 공포와 위대함은 묘사하기 불가능한, 그런 것이다. 왜냐하면 그것은 가능한 모든 인간 정념으로 가득 차 있으며, 그 모두가 경이롭게 표현되어 있기 때문이다. 그곳에는 오만한 자, 질시하는 자, 탐욕스러운 자, 음란한 자를 비롯한 갖가지 사람들이 있는데, 모두가 정신이 맑은 사람이라면 누군지 쉽게 식별할 수 있다. 왜냐하면 그[미켈란젤로]는 그들을 묘사하는 데 필요한 표현, 태도, 그리고 여타 자연적 조건들에 대한 모든 데코룸을 준수했기 때문이다. 이 작품이 아무리 경이롭고 위대하다고 해도, 그에게는 결코 불가능한 일이 아니었다. 왜냐하면 그는 언제나 학식이 넘치며 지혜롭고 인간에 대한 풍부한 경험을 가진 사람일 뿐 아니라, 철학자들이 사색과 글을 통해 얻는 지혜를 그는 세상을 실제로 살아감으로써 얻었기 때문이다.

여기서 바자리는 아레티노를 비롯한 많은 사람이 지적한 것과는 달리, 〈최후의 심판〉이 오히려 적절한 데코룸, 즉 회화적 관례를 지키고 있으며, 미켈란젤로는 최후의 심판일을 당한 모든 부류의 사람들을 그리려 한, 지혜롭고 사려 깊은 현자임을 강조하고 있다. 하지만 어떤 면에서 보면, 그림이 공개된 지 벌써 10년이 되었는데도 여전히 이런 변명이 필요한 것이 당시의 분위기였다고도 말할 수 있다.

이후에도 그림에 대한 찬사가 없었던 것은 아니지만, 반종교개혁적 분위기가 점점 더 힘을 얻어감에 따라 미켈란젤로에 대한 바자리적 변명은 이제 아레티노적 비판의 분위기 속에서 힘을 잃어가고 있었다. 1551년 유명한 도미니쿠스 수도사 암브로조 폴리티 ─ 흔히 카테리노로 알려져 있다 ─ 는 나상을 그리는 데 특출한 재능이 있는 미켈란젤로라는 화가가 "신의 제단과 예배당"에까지 그런 것을 그려놓았다고 비난했다.[51] 1557년 로도비코 돌체는 자신의 〈아레티노라는 제명題名의 회화에 대한 대화〉에서 아레티노의 입을 빌려 당시에 유포되고 있던 일반적인 비난을 이렇게 피력한다. "천국에 간 선인의 군상 중에 서로 부드럽게 키스하는 사람들이 끼어 있다고 상상하는 게 우스꽝스럽지 않은가? 그들은 당연히 마음을 가다듬어 신성한 관조와 미래의 심판에 집중하면서 더 고귀한 것들을 생각해야 할 텐데 말일세. ……수염 없는 그리스도에 무슨 신비스러운 것이 있단 말인가? 악마가 고환을 잡아당기는 고통에 스스로의 손가락을 물어뜯는 커다란 인물은 또 뭔가? ……만약 미켈란젤로가 자신의 생각을 오직 소수의 학식 있는 사람들만 이해하기를 원했다면, 나는 그런 사람이 못되니까 혼자 그렇게 생각하라지."[52] 화가이자 미술이론가 잔 파올로 로마초는 1563년경에 쓴 것으로 추측되는 자신의 책 《꿈Il libro dei sogni》에서, 앞서 돌체의 아레티노가 비난한 것들을 반복하면서, 덧붙여 "테아티노 수도사라 불리는 교황 파울루스 4세는 성 베드로 성당에 그런 우스꽝스러운 광대들이 그려져 있다는 것이 적절치 못하다면서, 그 그림을 허물어버리고 싶어 했다"는 말을 전하고 있다.[53]

로마초의 말은 곧 현실로 다가왔다. 1563년 11월 11일에서 12월 3일 사이에 열린 트리엔트 공의회 24차 회의는 이듬해 초 〈최후의 심판〉에 덧칠을 하기로 결정하고 그 책임자로 다니엘레 다 볼테라—얄궂게도 그는 미켈란젤로의 도제였다—를 임명했다. 이러한 결정을 주도한 인물은 카를로 보로메오 추기경으로, 그는 파울루스 4세를 이어 교황이 되는 피우스 4세의 조카이자, 앞서 언급한 《성화Sacred Painting》를 쓴 페데리코 보로메오 추기경의 사촌형이 된다. 대부분의 경우 샅바 정도가 입혀진 정도로 그쳤지만, 성 카테리나에게는 정장이 입혀졌고, 성 비아조 머리 부분의 회반죽이 떼어지고 그리스도 쪽으로 뒤돌아보고 있는 머리가 새로 붙여졌다(이 둘은 이상한 자세로 바짝 붙어 있어 소도미아의 의심을 받고 있었다).[54] 미켈란젤로가 세상을 떠난 것이 1564년 2월이었으니, 이 작업의 시작이 영향을 주지 않았다고 하기는 어렵다. 아레티노는 이미 8년 전인 1556년 운명을 달리했다. 덧칠의 상태는 1994년 그림의 복원작업이 완료될 때까지 계속되었다.[55]

르네상스의 종언

미켈란젤로(1475~1564)와 아레티노(1492~1556)는 동시대를 살았지만 공통점보다는 차이점이 더 많은 인물들이었다. 전자는 당대 최고의 화가이자 조각가로 많은 사람의 사랑과 추앙을 받았다. 하지만 그는 결코 사교적인 성격은 아니었고, 그와 깊은 친교를 가진 사람은 극소수였다. 그는 종종 침식도 잊은 채 자신의 예술 세계에 빠져들었다. 그는 작품으로 많은 돈을 벌었으나 대부분 무위도식하는 가족들에게로 빠져나가버렸다. 그는 "신이 내린" 예술적 천품으로 교황도 어찌할 수 없는 독립적 위치를 유지할 수 있었다.

반면 아레티노는 그야말로 자수성가한 인물이었다. 그는 거의 정규 교육을 받지 못했음에도 불구하고 타고난 재치와 아이러니와 신랄함에 대한 감각을 글로 옮길 수 있는 "신이 내린" 천품을 가지고 있었다. 그는 미켈란젤로와는 달리 호방한 성격과 글쓰기 재주로 황제와 교황도 어찌할 수 없는 "군주의 채찍"이 되었다. 그는 권위만을 내세우는 휴머니스트적 현학 취미에는 질색했지만, 수많은 예술가 및 문인과 교유하면서 그들의 후원자가 되었다. 하지만 그만큼 정적들도 많았다.

〈최후의 심판〉을 두고 미켈란젤로와 아레티노가 부딪친 사건은 일차적으로 두 사람의 전혀 다른 성격과 가치관의 충돌에서 비롯된 것이지만, 그것은 단지 개인적 차원에 그치지 않고 한 시대의 획을 긋는 사건이 되어버렸다. 원하든 원치 않든 이 사건을 기점으로 시대는 반종교개혁기와 바로크 시대로 넘어가버렸다. 르네상스가 끝난 것이다. 만일 미켈란젤로가 아레티노에게 그가 원하던 스케치 몇 점을 주었더라면 어떻게 되었을까? 그랬다면 아마 아레티노는 데코룸 운운하는 문제의 편지는 쓰지 않았을 것이고, 둘 사이의 관계는 나빠지지 않았을 것이다. 하지만 두 사람의 충돌은 어떤 의미에서 필연적인 것이었다. 왜냐하면 엄밀히 말해서 그것은 두 사람 간의 충돌이 아니라 르네상스가 복원한 세속적·근대적 가치와 그것에 저항하는 종교적·중세적 가치의 충돌이었기 때문이다. 양자 간의 긴장관계는 르네상스기 내내 계속되었다(물론 역사적 현실은 이 양자의 이분법이 아니라 그러한 가치들을 둘러싼 복잡다기한 양상 그 자체였다고 말하는 편이 더 정확할 테지만). 이 사건에서 가장 큰 아이러니는 모든 면에서 지극히 세속적인 아레티노가 미켈란젤로를 비난함으로써 지극히 보수적인 시대를 예고했다는 점이다. 또한 르네상스기 예술가 중 가장 신앙심이 깊었던 미켈란젤로가 음란한 것을 그렸다는 비난을 받았다는 것 역시 큰 아이러니이다. 역사가 단순하지 않은 것은 그 속에 담긴 바로 이러한 아이러니들 때문이 아니겠는가.

3

콘텍스트 속의
텍스트들 :
지성사의 이론과 실제

8

문화적 콘텍스트에서 본 위작 문제

카미유 플라마리옹, 《대기: 민중 기상학》(파리, 1888)에 수록된판화. 그림 하단에 "중세의 한 선교사가 하늘과 땅이 만나는 지점을 찾았다고 말하고 있다"라는 해설이 적혀 있다.

―《헤르메스 서書》의 기원에 대한 논쟁

적어도 17세기 전까지 모든 사람은
《헤르메스 서》를 쓴 헤르메스 트리스메기스토스가 플라톤 이전의
아득한 옛 이집트 시대에 살았다는 것을 전혀 의심치 않았다.
하지만 1614년 칼뱅파 신학자 이작 카조봉이
15세기 이후 휴머니스트들에 의해 발전된
문헌학적 비판 방법을 사용하여 그 책이 기원후 1세기에서 3세기
사이에 만들어진 '위작'임을 '증명'했다.
《헤르메스 서》에 담겨 있던 플라톤적·성서적 요소들은
그것이 미리 예언된 것이 아니라 거꾸로 그것을
베낀 것이 되어버린 것이다. 카조봉의 이러한 비판이
고대 이래 강력한 힘을 발휘해왔던 헤르메스주의의 영향력을
급격하게 감소시켰다는 것이 근대 이후
서양 학계의 주류적 견해이다. 그래서 헤르메스주의의
대표적 연구자인 프란시스 예이츠는 카조봉의 연대 비정이
"르네상스 세계와 근대 세계를 구분하는 분수령"이라 결론짓고 있다.
《이집트의 헤르메스》를 쓴 파우든 역시
최근의 학문 동향을 새로운 시각에서 조명한 내용에도 불구하고,
예이츠를 따라 이를 "르네상스 비학과 새로운 시대의
과학적 합리주의 간의 분수령"이라 단언하고 있다.

《헤르메스 서》

《헤르메스 서*Corpus Hermeticum*》로 알려져 있는 이 작품은 헤르메스의 교의라고 불리는 전일자全一者 신앙의 내용을 고대 후기 그리스어로 써놓은 일종의 신앙교리 내지는 종교사상에 관한 글들의 모음이다. 르네상스기 이후의 판본은 모두 14권으로 된 것(Ficino)에서 18권으로 된 것까지 여러 종류가 있으나, 현대에 와서는 16세기에 삽입되었던 제15권이 빠지고, 때로는 18권까지 빼는 경우가 있어서, 1~14, 16~17권으로 이루어진 경우(Salaman)와 1~14, 16~18권으로 이루어진 경우(Scott; Nock-Festugière; Copenhaver)가 있다.[1] 각 장의 길이는 아주 짧은 것에서부터 비교적 긴 것까지 일정치가 않다.

대부분의 종교 경전들이 그러하듯이, 이 책도 처음부터 이런 체제와 내용을 갖추고 있지는 않았을 것이다. 그것은 스승과 제자 간의 대화로 이루어져 있는데, 주로 신인神人 포이만드레스(1, 11권)가 일자一者의 교의에 대해 헤르메스를 가르치거나, 헤르메스가 제자인 아스클레피우스(2, 3, 6, 7, 9, 14권) 혹은 아들 타트(4, 5, 8, 10, 12, 13권)를 가르치거나, 아스클레피우스가 암몬왕(16권)을, 타트가 어떤 왕(17권)을 가르치는 식으로 구성되어 있다.

《헤르메스 서》외에도, 헤르메스적 교의를 담은 주요 저작으로 길이가 약간 더 짧고, 역시 헤르메스가 아스클레피우스를 가르치는 대화체 형식의《아스클레피우스*Asclepius*》가 있는데, 이는 고대 이후 라틴어 역으로 전승되어왔다. 고대 이후 서양 사람들은 이 두 작품을 헤르메스 트리스메기스토스Hermes Trismegistos란 고대 이집트의 한 사제 — 그리고 뒤에 신이 되었다고 전해 내려오는 — 가 쓴 것이라 생각해왔다. 헤르메스는 고전기와 헬레니즘 시대의 그리스인들이 따오기 모양의 머리를 가진 이집트 신 토트에게 붙인 이름이다. 현재 많은 학자는 이 작품이 대략 기원후 1세기에서 3세기 사이 알렉산드리아에서 만들어진 것으로 추정하고 있다. 당시 이 도시는 로마제국의 지배 아래 있었으나, 문화적으로는 그리스, 이집트, 유대 등의 다양한 전통들이 혼재되어 있던 상태였다. 결국《헤르메스 서》는 이 작품의 내용을 신봉하는 당시의 어떤 집단의 생산물로 간주되고 있다.《헤르메스 서》는 그리스도교의 지배적 위치에도 불구하고, 때로는 그것과 갈등하고 때로는 조력하면서 특히 고대와 근대 초의 유럽 문화에서 엄청난 영향력을 발휘했다. 플라톤주의, 영지주의, 신플라톤주의 및 고대와 중세의 비학秘學은 헤르메스주의와의 관계를 빼고 얘기하기 힘들 정도로 서로 밀접한 관계에 있었다.

적어도 17세기 전까지 모든 사람은《헤르메스 서》를 쓴 헤르메스 트리스메기스토스가 플라톤 이전의 아득한 옛 이집트 시대에 살았다는 것을 전혀 의심치 않았다. 하지만 1614년 칼뱅파 신학자 이작 카조봉이 15세기 이후 휴머니스트들에 의해 발전된 문헌학적 비판 방법을 사용하여 그 책이 기원후 1세기에서 3세기 사이에 만들어진 '위작'임을 '증명'했다.《헤르메스 서》에 담겨 있던 플라톤적·성서적 요소들은 그것이 미리 예언된 것이 아니라 거꾸로 그것을 베낀 것이 되어버린 것이다. 카조봉의 이러한 비판이 고대 이래 강력한 힘을 발휘해왔던 헤르메스주의의 영향력을 급격하게 감소시켰다는 것이 근대 이후 서양 학계의 주류적 견해이다. 그래서 헤르메스주의의 대표적 연구자인 프란시스 예이츠는 카조봉의 연대 비정이 "르네상스 세계와 근대 세계를 구분하는 분수령"이라 결론짓고 있다.《이집트의 헤르메스》를 쓴 파우든 역시 최근의 학문 동향을 새로운 시각에서 조명한 내용에도 불구하고, 예이츠를 따라 이를 "르네상스 비학과 새로운 시대의 과학적 합리주의 간의 분수령"이라 단언하고 있다.[2]

하지만 《헤르메스 서》와 그것이 전하는 헤르메스주의에 관한 이야기는 여기서 끝나지 않는다. 그것은 오랜 세월 동안 얽히고설킨, 대단히 흥미로운 지성사적 내지는 종교·철학적 고찰의 실마리를 제공해왔으며, 지금 다시 그 반전의 스토리가 시작되고 있다. '위작'으로 '입증'된 한 저작이 이처럼 지속적인 생명력을 갖는다는 것은 무엇을 의미하는가? '위작'으로 '입증'된다는 것은 또 무엇을 뜻하는가? 위작의 문제를 텍스트/저자 진위의 문제만이 아니라 특정한 역사적·이념적 배경 속에서 일어나는 문화적 현상으로 보고자 하는 것이 이 글의 의도이다.

《헤르메스 서》의 전승과 비판

헤르메스의 칭호인 '트리스메기스토스' ─ 3배나 위대하다는 뜻 ─ 란 말이 보이는 최초의 기록은 이집트 사카라의 이비스Ibis 신전에서 나왔다. 그 기록은 기원전 172년경에 있었던 이비스 숭배의식에 대한 것으로 이집트 민용民用 문자와 그리스어로 쓰여 있는데, 여기에 "megistou kai megistou theou megalou Hermou"(가장 위대하고 가장 위대한 신, 위대한 헤르메스)라는 구절이 나온다. '이비스'란 고대 이집트어로 따오기란 뜻으로 곧 따오기 모양의 머리를 한 토트 신을 뜻한다.

토트는 달의 신이자 문자와 학문의 신이었다. 플라톤은 《파이드로스》(274d)에서 토트가 산술, 기하, 천문학을 발명했다고 말하면서, 그가 자신이 발명한 신성神聖 문자를 타모스왕에게 주자, 왕은 그것이 백성들의 기억력을 약화시킬 것이라면서 거절했다는 이야기를 하고 있다.[3]

고대의 저명한 교부들은 헤르메스가 아득한 옛날에 살았던 실존 인물이며, 헤르메스주의에 관한 저술들의 저자라고 믿었다. 특히 락탄티우스와 아우구스티누스가 그 대표적인 예이다. 전자는 《신의 교시》(303~311)에서 헤르메스를 그리스도의 도래에 대해 언급한, 가장 중요한 이교도 선지자이자 예언자로 보고 있으며, 시종일관 그에 대한 존숭의 염을 견지하는 모습을 보여준다. 하지만 이와는 반대로 후자는 《신국론》(413~426)에서 헤르메스에 대해 격렬한 비난을 퍼부었다. "트리스메기스토스라 불리는 이집트인 헤르메스"가 한 책에서 이집트인들이 마법으로 자신들의 신의 조상彫像에 생기를 불어넣어 그것을 살아 움직이도록 했다는 말을 하고 있다는 것이다.[4] 이러한 비난은 물론 우상을 경계하는 맥락에서 나온 것이지만, 어쨌든 헤르메스란 권위 있는 이교도 예언자의 실존성에 대한 의혹은 없었던 것이 확실하다. 르네상스 '마구스'들이 헤르메스의 존재와 권위에 대한 확고한 믿음을 가질 수 있었던 것은 사실 이들 그리스도교 교부들의 강력한 권위에 근거한 것이었다.

1462년 피렌체. 마르실리오 피치노는 공화국의 실력자 코지모 데 메디치의 청탁으로 플라톤의 번역에 착수할 준비를 하고 있었다. 어느 날 그를 부른 코지모는 그에게 그리스어로 된 몇 권의 필사본을 주면서 그것을 먼저 번역해보라고 했다. 이는 피치노 자신이 로렌초 데 메디치에게 바친 플로티누스 주석서 헌정사에서 밝힌 사실이다. 코지모가 입수한 것은 《헤르메스 서》 14세기 필사본이었다. 피치노는 플라톤 번역이라는 필생의 작업을 일단 멈추고, 곧 이 필사본 번역에 착수하여 이듬해 작업을 끝마쳤다(책으로 간행된 것은 1471년이었다). 왜 당대의 플라톤 학자와 그 후원자는 플라톤 번역보다 헤르메스 번역이 더 중요하다고 생각했을까? 피치노는 역본(《피만드로스라는 칭호를 가진 신의 힘과 지혜에 대한 책》) 서문에서 다음과 같이 밝히고 있다.

사람들은 그를 가리켜 트리스메기스토스, 즉 세 번이나 위대한 자라 불렀는데, 그 이유는 그가 위대한 철학자이자 위대한 사제이며, 동시에 위대한 왕이었기 때문이다. ……그는 물리적·수학적 주제에서 벗어나 신적인 것을 고구한 최초의 철학자였고, 위대한 지혜로 신의 위엄과 악마의 질서와 영혼의 변성에 대해 논의한 최초의 인물이었다. 그리하여 그는 신학에 대해 책을 쓴 최초의 사람이라 불렸으며, 오르페우스도 그 뒤를 이어 고대 신학의 위계에서 두 번째 자리에 앉을 정도였다. 계속하여 아글라오페무스, 피타고라스가 그 뒤를 이었고 ……이는 다시 필로라우스에 의해 이어졌는데, 그가 바로 우리의 신성한 플라톤의 스승 되는 사람이었다. ……그는 옛 종교의 멸망과 새 신앙의 출현과 그리스도의 도래와 심판의 날이 올 것과 인류의 부활과 축복받은 자들의 영광과 죄지은 자들이 겪을 고통을 예언했다.

피치노의 라틴어 역 이후 프랑스어, 에스파냐어, 홀란드어, 이탈리아어, 그리스어 역이 차례로 간행되어, 16세기 중엽까지 24개 역본이 나왔고, 19세기까지도 피치노가 번역한 《피만드로스》는 《헤르메스 서》의 가장 영향력 있는 역본으로 남아 있었다.[5] 피치노의 번역을 통해 헤르메스–플라톤의 철학적 전통은 그 연원의 유구함 때문에 유대–그리스도교의 종교적 전통과 동격으로 간주되었다. 피치노는 두 사상의 조화를 시도했고, 이로써 이성(철학)과 신앙의 조화를 꾀하는 르네상스 특유의 사상적 조류가 형성되었다.[6]

1610년에서 1614년 사이의 영국. 제임스 1세의 초청으로 그곳에 와 있던 칼뱅파 신학자 이작 카조봉은 초독初瀆 교회의 정신을 가톨릭이 부패시켰다는 프로테스탄트 측의 주장을 공박하기 위해 체자레 바로니우스가 쓴 《교회연대기》(1588~1607)를 재비판하는 작업에 몰두하고 있었다. 헤르메스가 그리스도의 도래를 예언했다는 대목에 이르렀을 때, 그는 이 전적典籍이 위조일 것이라고 확신하고 즉시 그것에 대한 논증에 착수했다. 바로니우스는 고대의 전승들에 존경심을 갖고 그것을 무비판적으로 사용하고 있었고, 이러한 점이 프로테스탄트이자 박통한 그리스학 연구가였던 카조봉의 눈에 띈 것이었다. 사실 그의 《바로니우스 비판》(1614)은 딱히 헤르메스를 겨냥한 것이 아니었고 관련 분량도 많지 않았지만, 후대에 카조봉의 이름을 남기게 한 것은 바로 이 대목이었다.

카조봉은 《헤르메스 서》에 그가 살았다고 추정되는 시대보다 훨씬 뒤에 살았던 그리스인 피디아스와 에우노무스에 대한 언급이 나온다는 점을 지적했다. 그는 책 속에서 고대어라고 추정되어온 어구들을 골라내고는, "여기에는 그리스도의 탄생보다 더 빠른 시기의 그리스어에 속하는 말은 하나도 없다"고 단언했다. 그는 이런 식으로 고대 말의 이교적·그리스도교적 신플라톤주의 언어에서 보이는 추상명사들과, 그리스도교 신학에서 보이는 기술적인 용어들의 목록을 만듦으로써, 《헤르메스 서》가 후대에 만들어진 것임을 입증하고자 했다. 그는 또한 창조에 관한 헤르메스의 교의가 사실은 히브리 성서에서 유래했으며, 신은 질시의 감정을 느낄 수 없는 완전한 존재라고 한 헤르메스의 신에 대한 묘사가 플라톤의 《티마이오스》(29e)와 유사하다는 점을 입증했다. 또한 플라톤과 아리스토텔레스를 비롯한 어떤 이교도 작가의 저술 속에서도 헤르메스 트리스메기스토스나 그와 관련된 시빌Sibyl의 신탁에 관한 언급이 없다는 점도 《헤르메스 서》의 신빙성을 의심케 하는 점이었다.[7] 카조봉이 사용한 것은 언어학적·문헌학적 시대착오성의 개념을 이용한 합리적 논증이었다. 그것은 15세기에 로렌초 발라가 이른바 '콘스탄티누스 대제의 기진장'이라는 것이 사실은 위조문서라는 것을 밝혀낸 것과 동일한 방법이었다.

물론 《헤르메스 서》의 고대적 연원에 대해 의심한 경우는 카조봉이 처음은 아니었다. 이미 서기 3세기경에 살았던 플라톤주의자 포르피리오스가 르네상스기 문헌 비판과 본질적으로 유사한 방법을 통해 당시 유포되고 있던 — 지금의 것과 유사하겠지만 똑같은 것은 아닌 — 《헤르메스 서》의 신빙성을 공격한 바 있었다.[8] 또한 16세기 후반에 들어 투르네부스, 베로알두스, 제느브라르 등도 이를 의심했으나, 이 저술이 "반쯤은 그리스도교도인 문서 위조자의 지어낸 이야기"라는 것을 강력하고도 극적인 방식으로 주장한 인물이 곧 카조봉이었다. 가톨릭 계열의 유명한 과학자 키르허, 저명한 케임브리지 플라톤주의자 커드워스 등이 카조봉의 주장을 즉시 반박했다. 하지만 대부분의 학자, 특히 프로테스탄트들은 이를 그대로 받아들였고, 이어 18세기에는 완전히 규범적 설명의 위치를 차지하게 되었다.[9]

카조봉의 《헤르메스 서》 비판은 위작을 감별하는 문헌 비판의 방법이 지닌 실증적 측면뿐 아니라 이념적·문화적 측면도 동시에 보여준다. 즉 그의 엄밀하고 실증적인 방법 뒤에는 이교도 신앙으로부터 그리스도교를 지켜야 한다는 종교적 동기가 강력하게 자리하고 있었던 것이다. 무엇보다도 아득한 옛날의 이교도 선지자가 그리스도의 도래를 예언했다는 점은 그로서는 도저히 받아들일 수 없었을 것이다. 그래프턴이 적절히 지적하고 있는 것처럼, 그가 《헤르메스 서》를 공격 대상으로 삼은 진정한 동기는 그 내용이 플라톤이나 성서와 판이해서가 아니라 오히려 너무 유사하기 때문이었다. 그것이 그리스도교의 계시와는 별개의, 이교도에 대한 계시일 수 있지 않느냐는 반론에 대해서, 그는 "그토록 심오한 비밀이 신이 특별히 스스로의 선민으로 여기며 사랑한 민족보다 이교도들에게 더 분명히 계시되었다는 것은 신의 말씀에 반하는 것으로 보인다"고 응답했다.

　카조봉은 그리스 문화가 '야만적인' 이집트 문화보다 더 오래되었다든가, 혹은 이집트 신학이 근본적으로 그리스도교적이 아니라는 것을 '증명'하지는 못했다. 그는 단지 이러한 원리들을 가정하고 있었을 뿐이며 그리하여 그러한 가정에 반하는 텍스트를 공격한 것이었다. 하지만 이러한 가정을 공유하지 않는 사람이라면 당연히 그들과 같은 주장에 동조하지 않을 것이다. 17세기 페르시아 종교를 연구한 토머스 하이드가 그 예이다. 그는 조로아스터 신앙에 대한 그의 일신론적 해석이 이교도에 대한 별개의 계시라는 것을 인정하고, 그것을 그의 견해가 불가능하다는 증거가 아니라 섭리의 불가해성의 징후로 해석했다. 두 경우 모두 "비평이란 꼭 역사적이지는 않은 이유들 때문에 받아들일 수 없는 어떤 텍스트를 공격하기 위해 역사를 이용하는 것을 의미"했다.[10]

　카조봉이 '위작'에 대한 실증적·합리적 비판을 통해 자신의 프로테스탄트 신앙을 옹호하려고 했다면, 같은 프로테스탄트 신학자였던 리하르트 라이첸슈타인은 오히려 신실한 믿음을 '위작'과 조화시키려 했다는 점에서 크게 대비된다. 그는 이 유서 깊은 '위작'에 대해 조소적인 태도보다는 미세한 분석과 이해가 더 필요하다고 생각했다. 예컨대 《헤르메스 서》의 저자가 보통의 그리스인이라면 도저히 이해할 수 없는 종교적 계시를 말하고 있다고 볼 때 비록 그 주장이 진부하다고 해서 무의미한 것만은 아니라는 것이다. 그는 헤르메스주의를 믿지 않는 보통의 외국인이라면 그 책을 읽어도 전혀 이해할 수 없을 것이고, 그래서 그에게는 사실상 죽은 책일 것이라고 보았다. 왜냐하면 신앙을 가진 사람에게는 당연히 현시될 비전이 그들에게는 전혀 떠오르지 않을 것이기 때문이다. 그는 《헤르메스 서》에서 카조봉 식 실증과 사실이 아니라 통상적인 그리스 작가로부터는 도저히 느낄 수 없는 어떤 진정한 종교적 감흥을 느꼈다고 할 수 있다.[11]

라이첸슈타인은 1904년 카조봉 이후 오랜 침묵을 깨고 《포이만드레스: 그리스-이집트 및 초기 그리스도교 문헌 연구》를, 그리고 1910년에는 자신의 견해를 종합한 《헬레니즘 시대의 신비주의 신앙》을 세상에 내놓음으로써 헤르메스주의 연구에 새로운 불을 지폈다. 그는 후자의 책에서 초독 교회, 특히 바울의 본질적 신앙언어가 이미 헤르메스주의자들을 비롯한 여타 선각자들이 신앙 경험을 표현하기 위해 사용한 바 있는 언어로부터 유래한 것임을 보이고자 함으로써 카조봉이 단절한 두 체계 간의 접목을 시도했다. 그는 이런 종류의 역사적 분석이 대단히 중요하다고 생각했는데, 그 이유는 그리스도교의 진정하고도 다양한 원천만이 프로테스탄티즘을 획일화와 공식화로부터 보호해줄 것이라고 믿었기 때문이다. 그는 바울과 포이만드레스를 동시에 읽음으로써 다른 문화와 종교가 언제나 그리스도교의 가장 창조적인 측면에 표현의 본질과 형태를 빌려주었다고 생각했다는 것이다.[12] 이런 점에서는 위작인가 아닌가는 그에게 부차적인 것이었다.

라이첸슈타인의 《포이만드레스》는 헤르메스주의에 관한 모든 증거 — 필사본과 인쇄본, 직·간접 자료 — 를 망라한 최초의 시도였다. 그는 이집트어, 고古 페르시아어, 아랍어 등 수많은 비유럽어 텍스트와 단편들이 그리스어 텍스트에 상보적인 정보를 제공한다고 확신했다. 그는 텍스트를 비판적으로 편집하고 예수의 시대에서 자신의 시대에 이르는 텍스트의 역사를 추적하여, 그것을 만들어낸 헤르메스주의 공동체에 대한 특유의 정밀한 역사를 추출해냈다.

그에 따르면, 이 공동체는 기원전 2세기에서 기원후 2세기 사이에 만들어졌고, 그것을 만든 사람은, 프타 신이 우주를 만들었다는 이집트적 교의와, 인간은 살아있는 동안 물질 속에 갇혀 있지만 신비주의적 교화의 길을 추구함으로써 자신을 해방시킬 수 있다는 동양적 믿음을, 단일한 영지주의 체계 안에서 종합한 한 이집트 사제였다는 것이다. 그가 복원한 세세한 상들은 지금에 와서는 자의적으로 보일 수도 있다. 사실 그는 뒤에 가서, 헤르메스적 앎의 길은 동양적이지만 그 기원은 이집트가 아니라 이란이라고 간주함으로써 자신의 이론을 수정하기도 했다.[13]

라이첸슈타인에게는 텍스트가 로마제국 시대에 '위조'된 것이라는 사실이 새로운 분석의 결론이 아니라 오히려 시작이었다. 일단 텍스트 진위 문제와 그것이 쓰인 시기 및 장소를 둘러싼 사실들이 정립되자, 역설적이지만 그것의 역사적 신선함이 되살아났다. 그것은 이제 어떤 의미에서 진짜 문서가 되었고, 그는 그 점을 이용했다. 그것의 반복되는 공식과 주해 속에 풍부하게 담겨 있는 언어들은 바울 서한과 같이 더 중요하지만 더 침묵하고 있는 텍스트들로 가는 열쇠가 되었다. 바울이 'gnosis지식'를 가지고 있지만 'agape사랑'는 없는 사람들에 대해 말할 때, 이전의 주석가들은 보통 이때의 'gnosis'가 '합리적 지식'을 뜻하는 것으로 보았다. 하지만 그는 그것이 초자연적 지식의 길임을 보여주었다. 이를 통하여 헤르메스주의자들과 그리스도교 영지주의자들은 신에 대한 직접적이고 변형된 지식에 이르게 된다는 것이다.

《헤르메스 서》는 이제 신약성서의 그림자가 아니라 그것을 밝히는 횃불이 된 것이다. 바울 자신의 견해나 그가 공격한 견해들 모두가 이 위조문서에 대한 적절한 이해를 통해 더 잘 이해될 수 있었다. 헤르메스주의의 교의들이 이란에 기원이 있다는 등의 주장과는 별개로, 그가 '위작'의 텍스트를 이용한 방식은 여전히 귀감으로 남아 있다. 그 이전의 누구도 그만큼, 문서 속의 메마른 단어 하나하나에 신앙적 감흥의 생명을 그토록 생생하게 불어넣고, 잃어버렸던 인간 드라마와 의식들을 문서의 구절들로부터 살려낸 사람은 없었다.[14]

1924년 월터 스코트 편집·번역·해제의 새로운 판이 간행되었다. 1926년에는 두 권의 두꺼운 주석서가 나왔으나, 1925년 스코트가 죽는 바람에 제4권(Testimonia & index)은 1936년에야 빛을 보게 되었다. 라이첸슈타인은 그의 텍스트와 번역에 대해 혹독한 비판을 퍼부었고, 대부분의 전문학자들 역시 전문성이 떨어진다며 스코트 판의 텍스트와 번역을 신뢰하지 않았다.[15]

스코트의 판본이 나오던 1920년대 중엽, 녹은《헤르메스 서》와《아스클레피우스》필사본을 연구 중이었는데, 총 네 권으로 계획된 그의 새로운 판본의 첫 두 권이 간행된 것은 1945년이었다. 녹은 텍스트 편집을 맡았고, 번역과 주해는 페스튀지에르의 몫이었다. 녹은 자신의 서문에서 페스튀지에르의 해설을 그대로 따랐다. 발췌와 단편을 담은 3, 4권은 페스튀지에르가 전담했다. 그리고 1954년에는 그가 쓴 장문의 해설이 달린 두 권의 책이 간행되었다. 그사이 페스튀지에르는 역시 네 권으로 된 자신의 역작 《헤르메스 트리스메기스토스의 계시》(1944~1954)를 출간했다. 네 권을 한데 모은 완본은 그가 죽기 1년 전인 1981년에 간행되었다.[16]

녹이 그 대부분을 받아들인 페스튀지에르의 분석은 1980년대 초까지 가장 권위 있는 해석으로 받아들여졌다. 라이첸슈타인의 이집트 테제는 이미 사문이 되어버렸고, 페스튀지에르는 오직 그리스 문화에만 초점을 두었을 뿐이었다. 녹은 서문 모두에서 《헤르메스 서》에는 "이집트적 요소가 거의 포함되어 있지 않으며" 그것에 피력된 관념들은 "대단히 절충적인 방식으로 표현된 대중적 그리스 철학사상"이라고 말했다. 또한 그것에는 당시에 유포되던 "플라톤주의, 아리스토텔레스주의, 스토아 사상 등이 혼합"되어 있으며, "그리스도교나 신플라톤주의"의 명백한 증거는 없다고 주장했다. 페스튀지에르는 녹보다 더 강력하게 《헤르메스 서》의 이집트적 기원을 부인했다. 이집트는 단지 문학적 수사일 뿐이며 헤르메스적 복음이라고 할 만한 것은 하나도 없다고 단언했다. 또한 헤르메스적 교의라고 할 만한 것이 없으니, 헤르메스 교회도 없었을 것이라고까지 나아갔다.[17]

녹-페스튀지에르 편집본과 페스튀지에르의 연구서가 간행될 때만 해도, 이제 그들, 특히 후자의 해석은 거의 확고한 정설처럼 보였다. 그것은 그리스 테제의 승리였고 이집트 테제는 완전히 패배한 것으로 간주되었다. 이제 《헤르메스 서》는 그리스의 철학적 전통, 특히 플라톤주의에 대한 오랜 논쟁의 맥락 속에 고정되었다. 페스튀지에르에게 그것은 이집트와 연관된 실재했던 어떤 종교집단의 교의가 아니라 헬레니즘 문화가 만들어낸 종교적 문학서이자 철학서 같은 것이었다. 페스튀지에르의 그리스 테제는 카조봉의 위작 판정 이후 《헤르메스 서》의 이집트 관련설에 쐐기를 박은 격이었다. 학계는 그의 압도적 권위에 눌려 이후 몇 세대 동안 새로운 논의를 진전시키지 못했다. 외견상 헤르메스 연구의 절정인 것처럼 보였던 것이 오히려 연구의 답보 상태를 초래하는 아이러니가 연출된 것이다.

새로운 연구의 동력은 학계 그 자체가 아니라 새로운 자료의 발견이 제공해주었다. 제2차 세계대전이 끝난 직후인 1945년 12월 상上 이집트의 낙 함마디 지역에서 콥트어로 쓰인 4세기경의 파피루스 뭉치가 발견되었다.[18] 이 문서는 12권의 사본과 열세 번째 사본에서 떨어져 나온 낱장 8장으로 이루어져 있고, 다시 각 권은 몇 개씩의 짧은 이야기들로 나누어져서 총 52가지 이야기가 담겨 있다. 이 문서 속에는 이전에는 알려지지 않았던 헤르메스 관련 부분도 일부 들어 있다. 특히 제6권(VI, 8)에는 《아스클레피우스》의 일부(21~29)가 보이는데 지금까지 전승되어오던 라틴어 역과는 상당히 다른 점들이 있다. 그 외에도 역시 지금까지 알려지지 않았던 도마 복음서(II, 2)와 마리아 복음서(BG, 1) 등도 있다. 이러한 자료들은 《헤르메스 서》의 구절들과 서로 비교가능한 수많은 용례를 제시하고 있기 때문에, 헤르메스주의 연구에 획기적 전기가 될 수도 있었다. 특히 새로운 발견이 페스튀지에르의 반反이집트 테제를 무너뜨릴 수 있는 실마리를 제공할 것인가가 학계의 큰 관심사였다. 하지만 반전이 곧 일어나지는 않았다. 사본을 서로 차지하려는 각 나라 정부와 학자들의 경쟁으로 텍스트의 간행이 1972년에야 시작되었기 때문이다.

전체적으로 볼 때, 《낙 함마디 문서》는 영지주의적 경향이 농후했고, 따라서 학자들은 헤르메스주의의 지적 기원과 배경이 전통 이집트 사상 및 영지주의와 깊은 관련이 있다는 관점에서 글을 쓰기 시작했다. 그 대표적인 예가 아르메니아 출신의 장 피에르 마에였다. 《낙 함마디 문서》가 간행되기 시작한 지 2년 후인 1974년, 마에는 이 콥트어 판본에 대한 선구적인 연구를 시작했다. 그는 콥트어로 된 《아스클레피우스》의 21~29장이 라틴어 역본보다 더 그리스어 원본에 가까우며, 영혼의 승천과 최후의 심판에 대한 교의들은 헬레니즘의 배경뿐 아니라 이집트적 배경도 아울러 갖고 있다고 결론지었다. 특히 그는 《헤르메스 서》의 어떤 구절들은 《아스클레피우스》의 관련 내용 일부를 경구 혹은 금언 식으로 표현한 것이라는 주목할 만한 주장을 했다. 그는 1976년 아르메니아어 역본 《정의定義》를 프랑스어로 번역했다.

그는 여기서 이 책이 헤르메스적 로고스의 기초가 되는 것의 경구 모음집과 같은 역할을 한다고 해석했다. 그는 헤르메스적 경구들이 고대 이집트의 지혜문학에 내포된 유사한 요소들로부터 연유한 것으로서, 특히 '교훈'이라 불리는 장르는 고왕국 시대까지 소급된다고 주장했다. 그는 또한 헤르메스 교의를 신봉한 사람들이 당시 잘 알려진 경구 형식을 헬레니즘 시대의 그리스 청중들을 위한 매개물로 이용했다는 점을 제시했다. 또한 《헤르메스 서》에 담긴 영지주의적 내용은 주석과 결합된 후대의 부차적인 특징일 뿐이며, 따라서 이는 영지주의적 관념이 발전되기 이전에 형성된 그리스-이집트적 경구라는 일차적·본질적 요소와는 구별되어야 한다고 판단했다. 그는 또한 《헤르메스 서》가 이론적·철학적 교의에 대한 것이 아니라 실제의 신앙 생활을 인도하는 정신적 지침서 같은 것이라는 것을 강조했다.[19]

마에의 연구가 종합된 《상上 이집트의 헤르메스》(1978~1982)가 지닌 가장 큰 의의는 《헤르메스 서》의 이집트적 기원설에 다시 새로운 동력을 제공했다는 점이다. 그동안 페스튀지에르가 이집트적 요소를 지나치게 과소평가했다는 주장은 꾸준히 제기되고 있었지만, 그것을 하나의 해석 차원으로 제기한 것이 마에이다. 이는 라이첸슈타인의 이집트 테제 이후 거의 70여 년 만의 일이었다. 1986년《이집트인 헤르메스》를 통해 헤르메스주의자들의 사회적 삶을 구명하고자 했던 파우든은 페스튀지에르와 마에가 다 같이 극단에 치우쳐 있다고 비판하면서, 제諸설이 통합된 형태의 문화에서 상이한 요소를 분리해내기란 사실상 어렵다는 점을 지적했다. 특히 철학적 헤르메스주의의 경우 실용적·기술적 헤르메스주의에 비해 이집트와의 직접적 연관성을 말하기는 더 어렵다는 것이다. 하지만 그도 페스튀지에르의 그리스 편향을 비판하면서, 헬레니즘이 이집트를 비롯한 지중해 세계를 장악하기는 했지만, 문화적으로는 오히려 그들이 정복한 세계에 의해 정복당했다면서 신을 찾던 당시의 사람들은 아마도 옛 이집트 문화와 종교에서 많은 것을 받아왔을 것이며, 따라서 당시의 헤르메스주의자들이 그리스적 요소와 이집트적 요소를 함께 수용하고 있는 것도 바로 이러한 '국제적' 지중해 문화의 특성 때문이라고 해석했다. 그가 책 이름을 '이집트인 헤르메스'라고 붙인 것도 이런 측면을 반영하고 있다.[20]

마에와 파우든에 의해 《헤르메스 서》의 이집트적 요소, 혹은 이집트-그리스적 요소가 다시 강조되고 있을 무렵, 마틴 버낼의 《블랙 아

테나》(1987)라는 도전적인 책이 간행됨으로써 헤르메스주의의 이집트
적 기원에 관한 유서 깊은 논쟁은 전혀 다른 국면을 맞게 되었다. 지
금까지는 주로 언어·문헌학자와 신학자들이 《헤르메스 서》의 기원에
관한 미세한 사항들을 두고 논쟁을 벌여왔으나, 버낼은 미케네–그리
스 문명이 이집트를 비롯한 오리엔트 문명의 영향으로 형성되었다고
주장함으로써 논쟁의 중심을 종교사상 내지는 교의 차원에서 서양 문
명의 차원으로 크게 전환시킨 것이다. 그는 헤로도토스와 디오도로스
등 고대 그리스 사가들의 기록에 근거하여 그리스 신화를 역사적으로
새롭게 해석함으로써 유럽 문명의 기원에 관한 전혀 새로운 주장을
제기했다.

　그에 따르면, 18세기까지만 해도 미케네 문명이 오리엔트 문명의
영향으로 형성되었다는 것이 일반적인 통설이었으나, 19세기에 들어
제국주의와 인종주의가 팽배해지면서 독일 언어학자들의 주도로 서
양 문명의 기원을 그리스로 고착시키는 작업이 시작되었다는 것이다.
여기에는 자신들이 식민지로 삼은 '열등한' 이집트인과 페니키아인
을 문명의 기원으로 삼을 수 없다는 이데올로기적 편견이 강하게 작
용했다고 한다. 그는 이를 18세기까지의 '고대 모델'에 대비하여 '아
리안 모델'이라고 부르는데, 후자는 현재까지도 고대 그리스를 연구
하는 서양 학자들에게 지대한 영향을 미치고 있다고 본다.[21]

　버낼은 이러한 '대이론'의 일환으로 《헤르메스 서》와 헤르메스주의
의 이집트 기원설을 강력히 옹호하고 있다. 그는 기원후 1~2세기경
전통적인 이집트의 정치적 권력이 거의 붕괴되었을 무렵, 헤르메스주
의, 신플라톤주의, 영지주의가 이집트 종교의 파편에서 나타났는데,
헤르메스주의는 여전히 이집트적 요소를 견지했고, 신플라톤주의는

그리스화하여 '신성한' 플라톤 만들기에 몰입했으며, 영지주의는 스스로를 그리스도 교도로 간주했다고 말한다. 그는 블랑코, 데 플라세, 디크만 등의 학자에 의거하여, 이 셋 중에서 시기적으로 가장 앞서며 다른 두 유파에 결정적 영향을 미친 것이 바로 헤르메스주의라고 주장한다.[22]

특히 버낼은 카조봉의 '위작' 판정이 《헤르메스 서》와 헤르메스주의의 권위에 결정적 타격을 주었다는 점을 부인한다. 그 이후 헤르메스주의 및 마법적·연금술적 세계관이 쇠퇴했다면, 그것은 "17세기 말엽에 발생한 대규모 사회·경제·정치·종교적 요인" 때문이지 카조봉 때문은 아니라는 것이다(이러한 요인이 구체적으로 어떤 것인지는 분명치 않다. 하지만 과학혁명의 결과로 과학에 대한 인식이 바뀌기 시작한 것은 확실하다). 사실 아이작 뉴턴은 자신의 《프린키피아》에서 고대 신학을 이용했고, 17세기 말까지도 여전히 헤르메스주의적 연금술을 실행하고 있었다. 그리고 그는 카조봉의 작업과는 무관하게 여전히 이집트에 연원을 가진 '본원적 지혜'에 대한 믿음을 가지고 있었다. 1600년에 '무한한 우주'를 주장하다가 화형당한 조르다노 브루노의 헤르메스주의가 새로운 과학의 창시자인 뉴턴으로 연결된다는 것은 근대적 '과학'과 전근대적 '마법'이 생각보다 단절적이 아니라는 점을 말해준다. 이후 헤르메스주의는 소수 엘리트의 선도적 역할을 믿는 장미십자회와 프리메이슨을 통해 여전히 암묵적인 영향력을 발휘했다는 것이 버낼의 주장이다.[23] 그리스 문명의 토대가 이집트라는 버낼 테제는 서양사 전체의 틀을 일거에 바꾸어버릴 만한 파괴력을 지니고 있기 때문에, 향후의 논쟁이 흥미롭다.

위작 문제의 복잡성

어떤 텍스트/저자의 진위를 가리는 것은 역사학에서 매우 중요한 문제이다. 그리고 우리는 사료 비판이라는 이름 아래 이러한 작업을 해왔다. 그것은 시대착오성이라는, 역사의 본질적 개념을 활용한 역사학 특유의 방법이다. 하지만 설사 이 방법을 적절히 사용하여 어떤 저작이 위작이라는 판정을 하더라도 그로써 모든 것이 끝나는 것은 아니다. 진정한 역사학적 전망을 획득하려면 그 다음의 단계가 더 중요하다.

첫째, 텍스트 속에서 어떤 시대착오적인 요소가 발견되었다고 하더라도, 그것이 곧 텍스트 전체가 후대의 '조작'이라는 점을 입증하는 것은 아니다. 대개 오랫동안 전승되어온 저작들은 사본을 계속 베끼는 과정에서 실수로, 혹은 의도적으로 당대의 요소들이 첨가되는 것이 보통이다. 이를 선별해내는 것 자체는 대단히 합리적인 과정이겠지만, 그것만으로 텍스트 자체의 진위를 판정하는 데는 상당한 주의가 요구된다는 것이다. 카조봉이 《헤르메스 서》의 위작을 '입증'했음에도 불구하고, 17세기 케임브리지 플라톤주의자였던 랠프 커드워스가 "이교 신들의 그런 신탁들은 그리스도 교도들에 의해 위조되었다는 의심을 받을 수도 있겠지만, 이교적 고대의 그런 기념비적 지혜는 언제나 의심의 여지없이 명명백백한 것"[24]이라고 했던 것도 바로 이러한 맥락에서였다.

둘째, 위작은 반드시 그것이 만들어지고 사람들이 그것을 진짜라고 믿는 나름의 동기와 이유가 있게 마련이다. 그리고 그것은 그 자체로서 또 하나의 역사적 현실이자 실재가 된다. 우리가 모든 위작 논쟁을 단순히 텍스트/저자의 진위만을 가려내는 작업으로 보아서는 안 되는 이유가 여기에 있다. 오히려 위작이 역사를 만든 경우가 결코 적지 않기 때문이다. 한 가지 흥미로운 예를 들자면 스코틀랜드의 시인 제임스 맥퍼슨의 《오시안》(1765)이 있다. 맥퍼슨이 고대 자료로부터 번역했다고 주장한 이 시 작품들은, 고대 켈트족의 영웅담을 읊은 대서사시이다. 간행 이후 이는 월터 스코트, 괴테, 헤르더, 슈베르트 등 수많은 문인과 예술가들에게 큰 영향을 미쳤다. 하지만 곧 위작 시비에 휘말렸고, 이 논란은 지금도 계속되고 있다. 사실 지금까지 살펴본 《헤르메스 서》야말로 이러한 점을 가장 극적으로 보여주는 예라고 할 수 있다. 17세기까지는 전혀 위작이라는 의심 없이 유럽 문화의 중요한 부분으로 작용했고, 그 이후에도 여전히 영향력을 발휘하고 있기 때문이다.

문헌 비평과 문서 위조는 마치 쫓고 쫓기는 형사와 범인의 관계와도 같다. 범인은 새로운 범죄 기법을 개발하고 형사는 그것을 넘어서려고 애쓴다. 물론 명백한 사료 조작이나 위조는 결코 받아들일 수 없다. 하지만 위작 행위를 단지 범죄의 측면에서만 바라보아서는 안 된다. 위작의 방식에는 광범위한 층이 존재하며, 그것이 만들어진 다양한 맥락과 배경이 있기 때문이다. 좋든 나쁘든 그것이 종종 종교사, 정치사, 문학사, 예술사 등에서 중요한 기능을 해왔다는 점은 부인하기 어렵다. 또 그것 자체가 당대의 어떤 측면을 말해주는 일차적 사료이기도 하다. 우리는 그것이 위조하는 사람이나 그것을 밝혀내려는 사람 모두에게 과연 과거가 진실로 어떠했나에 대한 풍부한 감각을 발전케 하는 자극제의 역할을 해왔다고 한 그래프턴의 지적을 항상

염두에 둘 필요가 있는 것이다.[25]

율리우스 에볼라, 〈세계의 어머니〉(1968~1970), 캔버스에 유채.

에볼라에 따르면,

전통 ─ 항상 'Tradizione'이라고 대문자로 시작되는 이 말은
단순히 오래 지속되어온 관습이나, 혹은 역사학에서 말하는
전근대 사회란 의미에서의 전통사회가 아니다.
그것은 아득한 고대의 신화 시대를 지배했던 초월적 성격의
가치 체계를 뜻하며, 전통 세계란 그러한 가치 체계를 지향하는,
고대로부터 근대 문명이 나타나기 이전까지의
시기를 포괄한다 ─ 의 정신과 그 안티테제인 근대 문명을
함께 이해하기 위해서는 우선 자신이
'두 자연 le due nature'의 교의라 부른 근본적인 출발점에서
시작하지 않으면 안 된다. 전통 세계의 자연은 '존재 essere'의 세계이다.
그것은 초월적이고 형이상학적인 질서와 불멸의 본성을 가진 세계이다.
그것은 또한 볼 수도 만질 수도 없는 세계이기도 하다.
그것은 말하자면 정신적·질적 세계이다.
반면 그 반대편에는 근대 문명이 터하는 전혀 다른 또 하나의 자연이 있다.
그것은 생성 divenire의 세계이다.
그것은 현상적이고 형이하학적인 질서와 필멸의 본성을 가진 세계이다.
그것은 동시에 눈으로 보고 만질 수도 있는 그런 세계이다.
그것은 물질적·양적 세계에 속한다.

율리우스 에볼라

율리우스 에볼라Julius Evola/Giulio Cesare Evola(1898~1974), 그는 누구 인가? 나는 오래전 움베르토 에코의 소설《푸코의 추》를 읽다가 그의 이름을 처음 만나게 되었다. 여기서 에코는 그를 비학秘學 내지는 비 교秘敎를 추종하는 일종의 오컬트주의자로 간주하면서,《신비주의의 전통》이나《성배의 신비》등 그의 이 방면 대표작들을 언급하고 있다. 그러나 그것뿐, 이런 내용이 당시 별다른 흥미를 불러일으킨 기억은 없다. 오히려 당시 나의 관심은 국가이성 문제에 있었기 때문에, 그것 에 관한 글을 썼던 17세기 저술가 보칼리니나 캄파넬라, 크리스토프 폰 베졸트 같은 인물들의 이름이 이 소설 속에서(!) 인용되고 있는 데 대해 놀랐을 뿐이다.[1]

하지만 자세히 뜯어보면 에코의 작품 속에는 나치당을 아예 "지도 자와 인종차별주의 교리와 갖가지 의식과 가입 절차를 갖춘 비밀 단 체"로 본 르네 알로의《나치즘의 비교적 기원》과, 유대인들의 세계 지 배 음모가 담겨 있다고 알려진 이른바《시온 장로들의 의정서》도 함 께 등장한다. 그러나 에볼라가 파시즘 및 나치즘과 상당한 관련이 있 었을 뿐 아니라, 문제의《의정서》이탈리아판을 재간하고 그 서문까 지 썼다는 것을 알게 된 것은 더 뒤의 일이었다.[2] 나는 그제야 에코가 파시즘에 관한 최근의 한 에세이에서 에볼라를 가리켜, 왜 "성배의 전 설과《의정서》" 그리고 "연금술과 신성로마제국을 혼합"함으로써 "가 장 존경받는 파시스트 심령 지도자들 중 하나"이자 "새로운 이탈리아 우파의 가장 중요한 이론적 원천"이 되었다고 말했는지[3] 비로소 그 이유를 이해하게 되었다.

내가 에볼라의 사상을 다루고자 하는 '논문'에서 매우 사적인 느낌을 줄 것이 뻔한 이야기로 글의 서두를 연 데는 물론 나름의 이유가 있다. 무엇보다도 내 스스로가 에볼라의 사상을 이해한 방식을 간명하게나마 보여주고 싶다는 것이 그 이유 중 하나이다. 나는 에볼라에 관해 쓴 어떤 정치학자, 사회학자, 역사학자의 글 못지않게(내가 읽은 글이 많지 않다는 한계를 당연히 인정하면서), 에코의 소설《푸코의 추》가 그의 내면에 대해, 그의 '진정한 의도'에 대해 많은 것을 시사해줄 수도 있다고 생각한다.

물론 에코는 비판적 합리주의의 입장에서 신비주의와 비학에 대한 논의들을 지나치게 희화화하고 있다는 느낌을 준다. 반면 에볼라로부터는 그가 동일한 주제를 지나칠 정도로 진지하게 성찰하고 있다는 매우 상반된 인상을 받게 된다. 에코의 처녀작《장미의 이름》이나 최신작《바우돌리노》같은 소설에는 다분히 포스트모던적인 요소가 함축되어 있기는 하지만, 신화와 비학 속에서 진정한 리얼리티를 찾고자 하는 에볼라에 비하면 그는 어쩌면 '과도한' 모더니스트로까지 보인다. 그러나《푸코의 추》도 에볼라의 저작들도 모두가 신화적/신비주의적 콘텍스트를 그 배경으로 하고 있다는 점에서는 별반 다르지 않다.

바로 이 지점에서 우리는 신화적 텍스트를 해석하는 두 갈래 길 앞에 서게 된다. 그것을 근대의 계몽적 — 이 표현이 싫으면 '비판적'이란 말로 바꾸어도 좋다 — 합리주의라는 관점에서 볼 것인가, 아니면 고중세의 신비적 전통주의 혹은 그것을 탐닉한 낭만주의라는 입장에서 볼 것인가. 전자라면 신화란 다만 무지와 미망의 결과에 불과할 것이고, 후자라면 '설명'할 수 없는 초월주의의 나락으로 빠질 위험이 있다. 나는 이 두 갈래 길을 피해 샛길을 밟아보고자 한다. 신화를 단순한 '신화'가 아닌 역사적 실재로 보는 에볼라의 진지성을 이해는 하되, 그에 대한 동조 여부와는 상관없이 에볼라의 주장을 근(현)대 세계를 해석하는 하나의 상징적 담론으로 보자는 것이다. 그리고 이러한 바탕 위에서 파시즘이나 세기말 극우파와의 관계를 파악하자는 것이다. 이를 통하여, 율리우스 에볼라 재단과 같이 에볼라를 비교 혹은 비학적 믿음의 연장선상에서 바라보려는 내부자적−신학적 관점이나, 전후 극우파와 테러리즘을 비판하는 영미계의 입장에서 그를 파시스트로 혹은 테러리즘을 고무하는 시대착오적인 극우파 사상가로 간주하는 외부자적−정치사회학적 관점을 모두 지양하고, 고래의 신화적 가치를 복원함으로써 '근대 세계에 대한 반란'을 시도한 '전통주의' 사상가로서의 면모를 우선 부각시키는 지성사적 시각에서 보고자 한다.[4]

하지만 이 글이 에볼라에 대한 본격적인 연구를 의도하고 있지는 않다. 다만 그가 유럽 외의 지역에서는 아직까지도 거의 알려져 있지 않으며, 유럽 내에서도 그에 대한 연구는 아직 그를 지성사적 맥락 속에 적절히 자리매김하기에는 부족하기 때문에, 이 글에서는 주저主著 《근대 세계에 대한 반란》(1934)을 중심으로 그의 생애와 사상을 간략히 소개함으로써 이후의 본격적인 연구에 일조하는 것으로 그 소임을 다하고자 한다.

에볼라의 지적 궤적

율리우스 에볼라는 1898년 로마에서 시칠리아계 귀족 가문의 후예로 태어나, 엄격한 가톨릭 신앙 속에서 유년 시절을 보냈다.[5] 그의 지적 편력은 1917년 포병장교로 제1차 세계대전에 잠시 복무한 뒤인 20대 초반부터 시작되는데, 이는 대략 형성기(1916~1929), 활동기(1930~1945), 성찰기(1946~1984)의 세 시기로 나뉜다. 물론 각 시기의 앞뒤는 명확히 구분되기보다 서로 중첩된다.

첫 시기인 지적 형성기는 에볼라가 예술, 철학, 비학 등에 차례로 심취하면서 자신의 지적 방향을 모색하던 때이다. 예술에 관심을 보인 첫 단계에서 그는 마리네티나 파피니 같은 미래파 그룹의 문인 및 철학자들과 교류했다. 그는 원래 대학에서 공학을 공부했으나, 학위를 딴다는 것 자체에 회의를 느끼고 새로운 길을 모색하게 된다. 니체를 읽기 시작한 것도 이 시기의 일이었다. 특히 다다이즘의 창시자인 트리스탄 차라를 만나면서 그의 인생은 전환기를 맞는다. 다다이즘은 기존의 모든 윤리적·논리적·미적 규준들로부터 인간의 절대적 해방을 갈구했다는 점에서 아방가르드적 운동이었다. 에볼라가 남긴 미술 이론, 그림, 시 작품[6]은 바로 이때의 결실이지만, 차라와의 조우는 단순히 어떤 한 사조를 받아들이는 것을 넘어 그의 역정에 심대한 영향을 준 것으로 보인다. 그가 두고두고 갈구한 '절대적 개인individuo assoluto/persona assoluta'이란 개념의 단초는 바로 이때 잉태된 것이 아니었을까?

에볼라는 이후 철학 연구로 방향을 돌리는데, 이 시기는 다다에서 얻은 개념들을 내면적으로 심화하는 단계라 할 수 있다. 그는 셸링,

피히테, 헤겔에서 조반니 젠틸레, 베네데토 크로체로 이어지는 독일–이탈리아 관념론의 계보를 섭렵하고 존재가 사유의 결과라는 테제를 수용한다. 하지만 그는 이런 주류 철학이 리얼리티에 대한 주체의 수동성을 너무 강조하는 경향이 있다고 보았다. 그는 경험 세계의 조건들로부터 해방된 '절대적 개인'을 원했다. 그가 주체의 의식 작용과 리얼리티 사이의 역동적 상호 작용을 강조하는 일종의 현상학을 생각했던 것이 아닌가 한다. 그가 《마술적 관념론 연구》(1925), 《절대적 개인에 관한 교의》(1927)를 거쳐 《절대적 개인의 현상학》(1930)을 썼던 것도 바로 이러한 사유 과정을 나타낸 것이라 할 수 있다.[7]

하지만 '절대적 개인'을 지향하는 에볼라의 사상은 관념론 철학보다는 동양사상과 비학에서 그 성취의 실마리를 찾게 된다. 그가 일찍이 노자의 《도덕경》 이탈리아판을 편집했고(1923), 탄트라에 관한 이탈리아 최초의 연구서(1926)를 간행했다는 사실이 이를 말해준다. 헤겔 식 주류 관념론을 '마술적'으로 변용하려 한 것도 그다운 일이었다. 이어서 파시즘과 그리스도교 간의 관계를 다룬 논쟁적인 저작 《이교적 제국주의》(1928) 역시 이러한 사유의 연장선상에 있다.[8] 비학에 대한 관심은 에볼라를 개인적 저작 활동에만 묶어두지 않았다. 그는 1920년대 말, 이른바 우르Ur(불을 뜻하는 유럽 고대어의 어간) 그룹의 공동 창립자이자 리더로 활동했을 뿐 아니라, 그룹이 발간하는 간행물을 통해 비학적 주제의 글들을 다수 발표했다.

1930, 40년대를 아우르는 두 번째 시기는 에볼라가 1920년대 말까지의 다양한 모색 과정을 거쳐 추출해낸 지적 개념들을 스스로가 몸담은 현실 세계에 비판적으로 적용하는 단계라 볼 수 있다. 또한 아마도 시대적 필연이겠지만, 그가 파시즘 혹은 나치즘과 만나는 시기이

기도 하다. 이 시기의 많은 저작 중에서도 가장 중요한 것은 역시《근대 세계에 대한 반란》[9]이다. 3, 4장에서 자세히 다루겠지만, 이는 신화의 세계로부터 고대와 중세의 역사 세계까지 포함하는 이른바 전통 세계를 르네상스 이후의 근대 세계와 강렬히 대비시킨 뒤, 앞의 가치로 되돌아가야 한다고 역설한 그의 대표작으로서, 1935년의 독일어 역을 필두로 지금까지 캐나다, 스위스, 프랑스, 아르헨티나, 터키, 미국, 헝가리 등지에서 번역서가 나올 정도로 지속적인 영향력을 행사하고 있다.

이 책은 바로 앞서 간행된 슈펭글러의《서구의 몰락》(1918~1922) 및 게농의《근대 세계의 위기》(1927)[10]와 함께 당시 새로이 출현하는(혹은 그런 것처럼 보였던) 서구 근대사회를 비판적으로 혹은 비관적으로 바라본 일종의 문명 비판서이다. 에볼라는 나중에 두 책을 모두 이탈리아어로 번역할 정도로 이미 그 내용을 숙지하고 있었다. 그는 슈펭글러와 같이 근대적인 진화론적·직선적 역사관을 거부하고 기계주의와 물신주의의 도래를 비판했다. 하지만 그는 슈펭글러와는 달리 전통 세계와 근대 세계를 도저히 양립할 수 없는 안티테제로 간주했다.

에볼라에게 좀 더 직접적으로 영향을 준 것은 게농의 저작이다. 에볼라는 그로부터 당시를 '암흑기'로 보는 시대인식, 민주주의와 개인주의에 대한 비판, 사유와 행동 간의 변증법 등을 배웠다. 사실《근대 세계에 대한 반란》이란 책 제목부터가 게농의 저작에서 시사받은 것이다. 그러나 그는 가톨릭의 역할을 인정한 게농과는 달리 전통 세계를 철저히 가톨릭 신앙으로부터 분리시켰다. 에볼라의 이상은 '우월한' 인종이 '정당한' 권력을 소유하는 이교적 신화와 비교의 세계인 것이다. 그가《연금술적 전통》(1931)을 쓰고《성배의 신비》를《근대 세계에 대한 반란》말미의 부록으로 묶어 펴낸 것도 모두 이러한 이교적 세계관의 결과였다.[11] 게농과 에볼라, 그리고 슈펭글러. 유사한 세계관 속에서 살았던 이 시대의 세 반항아에 대해서는 그 지적 행로의 공통점과 차이점을 좀 더 세밀히 비교해볼 여지가 있다.

에볼라의 이러한 전통주의 사상이 이탈리아에서 파시즘이 정통성을 확립해가고 있던 시기와 때를 같이하고 있다는 사실은 우연이 아니다. 동시에 그것은 이른바 독일 보수혁명의 담론이 유럽 지식인들을 유혹하고 있던 시기이기도 했다. 에볼라의 텍스트들은 바로 이러한 역사적·지적 콘텍스트 속에서 이해될 필요가 있다.[12] 초기 보수혁명 담론의 대표자들이 그랬듯이, 그는 부르주아 자유주의와 공산주의를 공격하면서 이른바 '제3의 길'을 모색하던 파시즘 혹은 나치즘에 상당한 공감을 느낀 것으로 보인다. 1930년 그는 친파시스트 잡지 《망루》를 창간했으며, 1934년부터는 로베르토 파리나치가 크레모나에서 발행하는 과격파 파시스트 일간지 《파시스트 정권》에 우파 지식인들의 글을 소개하는 일종의 정치평론 면을 책임 편집했다. 당시의 필자 중에는 폴 발레리, 고트프리트 벤, 칼 안톤 로한, 프리드리히 에버링, 알브레흐트 에리히 귄터 등이 있었다. 에볼라는 1943년 7월 파시스트 정권이 무너질 때까지 이 평론 면을 유지했다. 더욱이 그는 파시스트 정권 말기에 무솔리니와 가까워져서, 1943년 총통이 이탈리아를 탈출하여 러시아 전선 부근의 히틀러 사령부에 도착했을 때 그를 환영한 인사들 중 하나가 되기도 할 정도였다.

파시즘과의 유착과 관련하여 이 시기에서 주목되는 것은 인종주의에 관한 일련의 저작들이다. 그는 《유대인 문제의 세 측면》(1936), 《피의 신화》(1937), 《인종 이론에 대한 종합적 고찰》(1941), 《인종 교육의 방향》(1941) 등을 연이어 써냈다.[13] 그는 여기서 나치즘이 지향하던 '생물적' 인종주의보다 '정신적' 인종주의가 더 우선해야 한다고 주장함으로써 무솔리니의 열렬한 지지를 받았다. 이는 물론 에볼라의 관념론적 경향과 함께, 평등주의와 개인주의 그리고 진화론에 반대하는 그의 시각을 반영하는 것이지만,[14] 동시에 인종주의적이면서도 반유대주의적일 수 있는 매우 독특한 관점을 잘 보여주고 있다.

1944년 6월 연합군이 로마에 들어오자, 에볼라는 독일 치하의 오스트리아 빈으로 도피하여 그곳 문서보관소에서 연구 업무에 종사하게 된다. 그는 1945년 4월 어느 날 소련군의 공습으로 하반신이 마비되는 중상을 입는다. 비엔나의 병원에서 치료받던 에볼라는 1948년 볼로냐로 옮겨졌다가 1951년에 로마에 정착하여 이후 20여 년간을 줄곧 이곳에서 지내게 된다.

제2차 세계대전이 끝나면서 에볼라의 세 번째 시기가 시작된다. 그를 둘러싼 모든 조건은 이제 전쟁 전과는 완전히 달라졌다. 몸은 부상으로 부자유스럽고 그의 친파시즘이 터하던 보수 우익사상도 힘을 잃었다. 이런 상황이 그에게 생을 새삼 돌아보게 하는 성찰의 기회를 주었으리라. 아마 이런 연유에서이겠지만, 이 시기에 그는 이미 간행된 저작들을 다시 손보고 앞서 썼던 글들을 가려 모아 묶거나, 일찍부터 관심을 기울여왔던 동양사상 연구에 천착했다. 파시스트 정권이 무너지던 바로 그 무렵, 그는 고행을 통해 절대자로 이르는 불교적 수행에 대해 묘사한 《깨달음의 교의》(1943)를 내놓았고, 볼로냐로 돌아온 후에는 탄트라와 샤크티에 관한 1920년대의 책을 개정하여 《요가의 힘》(1949)을 간행했다.[15]

전후의 세계는 에볼라에게 '칼리 유가', 즉 종말의 시기로밖에 보이지 않았다. 우리는 이런 암운의 시기를 어떻게 살아야 할 것인가? 그가 1950년에 《어디로 갈 것인가》를 쓴 것은 바로 이러한 맥락에서였다. 그는 여기서 전통주의적 삶의 지침을 요약한 뒤, 이어 쓴 3부작 《인간과 폐허》(1953), 《성의 형이상학》(1958), 《호랑이를 타라》(1961)에서 각각 정치, 성, 처세에 대한 구체적인 방향을 제시하게 된다.[16] 특히 '호랑이를 타라'라는 제목은 의미심장하다. 이는 동아시아적 전통에서 가져온 비유로서, 호랑이를 타는 데 성공하면 그것에 의해 잡아먹히지도 않고 오히려 그것을 타고 계속 달릴 수 있다는 함의를 지닌다. 호랑이는 물론 근대 세계, 즉 에볼라가 암흑기로 인식했던 전후의 유럽 세계를 뜻한다. 전통주의적 믿음을 부여잡고 순환의 마지막을 살아가려 애쓰는 한 인간이 바로 여기 서 있는 것이다.

이후 약 20여 년 동안 에볼라는 자신을 방문하는 사람들을 만나고, 자서전을 쓰면서 소일한다. 다다이스트로서의 존재가 재발견되어 그가 그린 그림들이 로마의 라 메두사 갈레리아에 전시되는 기쁨도 맛본다. 무엇보다 유럽을 휩쓴 68혁명 속에서 근대 세계를 통렬히 비판한 그의 사상은 이념의 좌우에 관계없이 다시 한번 주목받기에 이르렀고, 그 결과 그의 저작들 다수가 재간되는 기회를 맞게 된다. 그가 죽기 몇 달 전에는 에볼라 재단이 설립되어, 그의 사상을 알리는 데 기여하게 된다.

에볼라는 76세가 되던 1974년 6월 11일 로마의 한 아파트에서 심장마비로 삶을 마감했다. 죽기 직전 그는 얼굴에 햇빛이 비칠 수 있도록(그는 태양을 섬기는 비교의 신봉자가 아니었던가!) 창문을 열고 자신을 그 옆에 앉혀달라고 부탁했다. 그의 몸은 본인의 유언에 따라 화장되어 이탈리아 쪽 알프스산맥의 로자산에 묻혔다. 그의 사후 그가 남긴 엄청난 양의 글들이 선집 형태로 발간되었고, 그의 저작들은 11개 이상의 언어로 번역되었다.

'근대 세계에 대한 반란': 전통 v 근대

《근대 세계에 대한 반란》은 크게 두 부분으로 나뉘어 있다. 앞부분은 "전통의 세계"이고 뒷부분은 "근대 세계의 시작과 모습"이다. 에볼라는 이 책에서 전통 세계와 근대 세계를 극적으로 대비시키면서 두 세계의 시작과 발전에 대한 파노라마적 전망을 보여준다. 그것은 흔히 신화와 전설이라 불리는 아득히 먼 과거의 사건에서부터 미소의 냉전 시대에까지 이르는, 거의 서사시적 규모의 역사적 혹은 초역사적 조망이라는 느낌을 독자에게 전해준다. 또한 동서와 고금의 신화와 역사를 넘나드는 이러한 스케일에도 불구하고 논리 전개는 군더더기 없이 상당히 명쾌한 편이다. 바로 이러한 점이 에볼라 스스로가 서문에서 쓰고 있듯이 그의 다양한 이념적 추종자들로 하여금 이 책에서 그의 사상적 '본질'을 "인도하는 원리들"[17]을 발견하도록 만들고 있는지도 모른다.

에볼라에 따르면, 전통 — 항상 'Tradizione'이라고 대문자로 시작되는 이 말은 단순히 오래 지속되어온 관습이나, 혹은 역사학에서 말하는 전근대사회란 의미에서의 전통사회가 아니다. 그것은 아득한 고대의 신화 시대를 지배했던 초월적 성격의 가치 체계를 뜻하며, 전통 세계란 그러한 가치 체계를 지향하는, 고대로부터 근대 문명이 나타나기 이전까지의 시기를 포괄한다 — 의 정신과 그 안티테제인 근대 문명을 함께 이해하기 위해서는 우선 자신이 '두 자연le due nature'의 교의라 부른 근본적인 출발점에서 시작하지 않으면 안 된다. 전통 세계의 자연은 '존재essere'의 세계이다. 그것은 초월적이고 형이상학적인 질서와 불멸의 본성을 가진 세계이다. 그것은 또한 볼 수도 만질 수도 없는 세계이기도 하다. 그것은 말하자면 정신적·질적 세계이다. 반면 그 반대편에는 근대 문명이 터하는 전혀 다른 또 하나의 자연이 있다. 그것은 생성divenire의 세계이다. 그것은 현상적이고 형이하학적인 질서와 필멸의 본성을 가진 세계이다. 그것은 동시에 눈으로 보고 만질 수도 있는 그런 세계이다. 그것은 물질적·양적 세계에 속한다.[18]

이 두 자연 사이에는 분명한 위계가 있다. 존재의 세계가 상위이며 생성의 세계가 하위이다. 아리스토텔레스가 말한 형상과 질료의 관계처럼, 정신은 언제나 물질을 선도한다. 마찬가지로 초월적인 것은 현상적인 것의, 불멸은 필멸의, 보이지 않고 만져지지 않는 것은 그 반대적인 속성의 상위에 있다. 완전한 코스모스의 세계 아래 불완전한 카오스의 세계가 존재하는 것이다. 이 두 세계에 속하는 모든 요소는 서로 상응하면서 동시에 명확한 상하관계를 이룬다. 존재의 세계는 생성의 세계를 앞서고 그것을 뛰어넘고 떠받치는 "원리이자 참된 삶"이다.[19]

이 두 세계는 또한 양과 음, 남성성과 여성성이라는 본질을 가지고 있다. 에볼라의 전통 세계는 태양의 상징을 가진 양의 세계이며 반대로 근대 세계는 대지를 근원으로 삼는 음의 세계이다. 동서고금을 막론하고 언제나 그랬듯이, 양은 남성으로 음은 여성으로 나타난다.[20] 하지만 여기서 말하는 남성과 여성은 생물학적 의미만은 아니다. 그것은 정신적 차원의 발현이며 본체론적 차원의 문제이다. 생물학적 차원은 부차적인 것일 뿐이다(이는 그의 '정신적' 인종주의 개념에서도 볼 수 있다).

에볼라에게 있어서 정신적 남성성은 전통 세계의 위계를 위한 근본이자 토대이다. 그래서 전통 세계의 수장은 당연히 왕이며 동시에 교권과 속권이 분리되지 않은 신정적인 형태의 왕이다. 이 세계는 영웅적 행위와 명상, 상징적 의례와 충성심으로 가득 찬 곳이다. 그것의 사회적 기반은 전통법과 특히 카스트제도이다. 그리고 이 모든 것이 지상에서 역사 속에서 구현될 때 그것은 제국이 된다.[21] 중세의 신성로마제국이야말로 에볼라가 생각하던 전통 세계의 마지막 유산이자 상징 같은 것이었다.

존재를 본질로 삼는 전통 세계와 생성의 한계를 벗어나지 못하는 근대 세계. 이 두 세계는 그 본질과 차원을 달리하기 때문에 서로 양립할 수 없다. 어느 시인의 말을 빌리자면, 전통과 근대, "그 둘은 영원히 만나지 못하리라." 왜냐하면 두 세계는 각각 실재하기 때문이다. 에볼라는 전통 세계의 존재 그 자체와 그것이 지닌 성질들이 단순한 환상이나 상징이 아닌 실재하는 것이라고 확신한다. 그에 따르면, 근대의 과학은 오직 현상적인 것만을 실재한다고 생각한다. 또한 눈에 보이지 않는 것은 곧 초자연적인 것으로 치부하는 경향이 있다. 그는 이러한 사고방식을 거부한다. 전통 세계는 그 자체가 하나의 온전한 자연이다. 가시적인 자연과 비가시적인 초자연이 있는 것이 아니라, 가시적인 자연과 비가시적인 자연이 있는 것이다. 이것이 그의 '두 자연' 개념이다. 그는 이것이 단순한 "이론이 아니라" 확고한 "지식이다"라고 단언한다. 동서를 막론하고 고대인들은 이를 잘 알고 있었다. 하지만 근대인은 이를 망각해버린 것이다.[22] 17세기적 비유를 뒤집어 말하자면, 근대인은 결코 거인의 어깨 위에 올라탄 난쟁이가 아니라 거인을 본 기억조차 잃어버리고 스스로를 거인이라 생각하는 그런 난쟁이에 불과할 따름이다.

전통과 근대라는 두 세계는 결코 만날 수 없지만, 근대 세계에 살 수밖에 없는 인간이 전통 세계로 되돌아갈 수 있는 통로는 있다. 금욕주의적인 '고행의 경험'이 그것이다. 이를 통해서 인간은 "다른 영역, '존재'의 상태에 있는 세계, 즉 현상적이 아니라 형이상학적인 세계"로 가는 길을 느낄 수 있다. 그리하여 우리는 "스스로를 완전하게 하고 스스로를 정당화하기 위해 다른 어떤 것, 다른 어떤 사람을 찾아 여기저기 헤맬 필요가 없는" 그런 "삶의 원리"를 체득하게 되는 것이다.[23]

그것은 에볼라가 일생을 두고 추구하던 절대적 자아, 모든 것으로부터 자유롭고 그래서 스스로 완전히 자율적인 바로 그런 상태이다. 그가 동양사상에 심취했다는 점을 생각할 때, 전통 세계로의 복귀가 우리로 하여금 불교적 득도와 해탈을 상기시킬 수도 있다. 하지만 그의 '실재하는' 이상 세계는 고요한 무욕의 세상이 아니라 영웅적 위대성과 장엄함으로 충만한, 톨킨이 쓴 《반지의 제왕》에서 펼쳐지는 세계와 더 흡사하다. 왜냐하면, 그는 '고행의 길'에는 통상적인 관념과는 달리 명상의 측면만이 아니라 영웅적 행동의 측면도 있다는 것을 강조하고 있기 때문이다. 그는 사실상 인간에 조건지워진 한계를 초월케 하는 고행의 경험을 다시 정의하고 있는 셈이다.[24] '영웅적 행동으로서의 고행'이라는 이러한 측면은 20세기 후반 극우 테러리스트의 사상적 지침으로 활용된다.

'두 자연'에 대한 에볼라의 형이상학적 교의는 역사 속의 국가 및 사회에 어떻게 적용될 수 있을까? 이미 앞서 단편적으로 시사한 바 있지만, 그가 지향하는 전통주의적 국가와 사회는 철저히 '두 자연'의 교의에 복속된다. 그는 먼저 아리아인과 베다의 전승을 예로 들어, 법 개념이란 원래 "'존재하는 것'에 내재된 진실과 실재성 및 안정성과 밀접한 관련을 가지고" 있으며, 따라서 법 — 이는 결과적으로 국가가 된다 — 의 세계는 "진실 및 실재의 세계와 동일한 것"이라고 주장한다. 이는 곧 애초에 법이 인간 — 그것이 한 개인이든 집단이든 간에 — 에 의해 만들어지지 않았음을 의미한다. 결국 법은 신적 성격을 가지고 있다는 것이다. 따라서 전통주의적 의미에서의 법과 그것에 기반한 국가는 초월적이며 절대적인 권위를 가진다. 그것에 대한 도전은 마치 종교적 정통에 대항하는 이단과도 같이 그 스스로의 본성(자연)에 대한 저항이며 그 자신의 존재를 규정하는 법 자체에 대한 반란이다. 그러한 행위는 말하자면 사회에 대한 범죄가 아니라 신적인 것에 대한 불경의 죄에 해당된다는 것이다.[25]

에볼라는 이러한 주장에 근거하여 근대 사상가들이 제시한 인민주권설과 자연권 이론을 부정한다. 국가의 정당성이 인민(데모스)으로부터 나온다는 주장에는 위로부터의 진정한 '정신적 승인'이 결여되어 있기 때문에, 그것은 단지 근대 세계의 이념적 부패와 퇴보를 보여줄 뿐, 그 이상도 이하도 아니다. 우리가 만일 이러한 논리를 받아들인다면, "낙하하는 물체에 미치는 중력의 법칙"이 작용하듯이 아래로 떨어져 결국에는 "집산주의적 대중의 세상과 전제적 민주주의"로 귀결될 것이 필연이라는 것이다.

자연권 개념 역시 마찬가지로 "완전한 허구"라고 에볼라는 단언한다. "그 자체로 '선한' 자연, 모든 사람이 평등하게 향유하는 어떤 양도할 수 없는 권리에 대한 원칙이 이미 만들어져 있고 또 뿌리박고 있는 그러한 자연은 존재하지 않는다"는 것이다.[26] 여기에는 중세의 왕권신수설과 유사한 점이 있다. 하지만 에볼라의 '위alto' 혹은 '신성함 divino'은 그리스도교적 의미가 아니라 태양을 상징으로 삼는 이교도적이고 비교적인 '천상olimpico ed uranico'[27]을 뜻하며, 에볼라의 국가는 교권과 속권을 함께 가진 신정적 통치 형태였다는 것이 근본적으로 다른 점이다. 더욱이 그는 그러한 세계의 실재를 확고하게 믿고 있었다.[28]

'두 자연' 간에, 그리고 그것을 구성하는 모든 요소 간에는 명확한 위계가 있다는 것, 그래서 모든 종류의 평등주의를 완전한 허구로 규정한 에볼라가 고대 인도의 카스트제도와 같은 엄격한 계서적 질서를 전통주의적 가치의 구현이라고 칭송했다는 것은 전혀 놀랄 일이 아니다. 그는 슈드라(노예, 노동자), 바이샤(부르주아), 크샤트리야(귀족 전사), 브라만(원래의 의미에서 교속 양 권을 가진 계급)으로 구분되는 고대 인도의 네 카스트제도가 플라톤, 페르시아, 중세 유럽에서도 보편적으로 발견되는 '유기적인' 정치·사회 질서라고 말한다.[29]

카스트는 단지 사회집단을 규정하는 것에 그치지 않고 그에 속하는 사람들의 "존재와 행동의 기능과 전형적인 방식들"까지도 규정한다. 즉 각 개인이 이들 기능 중 어느 쪽에 더 적합한가에 따라 그에 맞는 카스트에 속하게 된다. 그리고 이러한 적합성은 "근본적이고 자연적"인 가능성에 따라 결정되는 것이지, 결코 "억압이나 폭력, 혹은 근대적 용어를 사용하자면 '사회적 불의'"에 의한 것이 아니다. 고대에 카스트제도가 발달된 이유도 이 때문이며, 각 카스트에 속한 사람들이 스스로 그 의무를 다하는 이유도 바로 이 때문이다. 결국 전통주의적 의미의 국가가 그렇듯이 카스트제도 역시 인간의 의지에 의해서가 아니라 자연의 법에 의해 만들어졌다는 것이다. 이렇게 보면 카스트 없이 만인의 평등을 추구하는 근대 세계의 사람들은 "누구도 접촉을 멀리하는 '카스트 밖의 존재un 'fuori casta'"와 다름이 없다.[30] 그들은 신이 버린 인간, 즉 파리아로 전락한 셈이다.

《근대 세계에 대한 반란》의 제1부를 이루는 〈전통의 세계〉는 "우수한 인종의 쇠퇴"에 대한 장으로 끝난다. 에볼라가 개탄하는 것은 인구의 급증에 따른 "인류의 열등화"이다. 서구의 우수한 인종들은 지난 수 세기 동안 인구의 증가로 마치 "썩어가는 유기체에 구더기가 꾀듯이, 마치 몸에 암세포가 퍼지듯이" 큰 고통을 겪어왔다. 자연적 본성에 따른 유기적 세계를 풍요롭고 비옥하게 만들던 힘, 이전에는 "무제한적으로 증식되는 '질료,' 즉 무형상적인 대중들을 견제할 수 있었던" 그러한 힘, 즉 "형상을 부여하는 힘의 퇴행과 쇠퇴." 에볼라가 볼 때, 이것이야말로 근대 세계가 직면하고 있는 상황인 것이다.[31]

'근대 세계에 대한 반란': 니힐로서의 근대

에볼라는 반진보주의자이다. 그는 일체의 진보적·발전적 사관을 부정한다. 그리스도교의 일직선적 역사관이나 다윈적 진화론도 물론 이에 포함된다. 그는 "모든 존재가 원래의 보다 더 고급한 상태에서 언제나 필멸과 우연이라는 인간적 요소에 의해 조건지워지는 상태로 쇠퇴해왔다"고 생각한다.[32] 《근대 세계에 대한 반란》 제2부 〈근대 세계의 시작과 모습〉은 그 소제목이 시사하는 것과는 달리 상당 분량을 이러한 역사관의 계보를 추적하는 데 할애된다. 정작 근대 부분에 대한 얘기는 3분의 2가 지나가야 비로소 나오기 시작하며, 그 대부분이 비판 일색이다.

에볼라에 따르면, 사람들이 지금은 역사가 '진화evoluzione' ― 그는 보통 '진보'로 번역되는 'progresso'란 단어 대신에 이 말을 쓰고 있다 ― 하는 데 의미를 두고 그것을 상찬하지만, 전통 세계의 사람들은 그 반대의 생각을 가지고 있었다. 모든 고대 문명이 시간의 흐름을 "퇴보 또는 몰락"으로 보고 있었다는 것이다. 아득한 과거로부터 이러한 관념은 다양한 형태로 전승되었지만, 가장 잘 알려진 것이 고대 그리스와 인도의 경우이다. 헤시오도스는 잘 알려져 있다시피 금, 은, 청동, 철이라는 네 개의 금속으로 상징되는 시대에 대해 썼다. 힌두의 전통 역시 사티아 유가(혹은 크르타 유가), 트레타 유가, 드바파라 유가, 칼리 유가라는 네 개의 시대 관념을 전하고 있다. 그는 황금시대로부터 암흑시대 ― 근대 혹은 현대를 뜻한다 ― 에 이르는 이러한 4시대 구분을 페르시아나 바빌로니아, 유대, 이집트, 아즈텍 등 동서의 광범위한 전승 속에서도 찾을 수 있다고 주장한다.[32]

에볼라는 이러한 주장에 근거하여 다윈 식의 진화론을 강력히 비판한다. 그에 따르면, 고대인의 기억 어디를 뒤져보아도 태초에 있었던 것은 동굴 속의 동물 같은 인간이 아니라 "인간 이상의 어떤 존재un più-che-uomo"였으며, 아득한 선사 시대에 존재했던 것은 "문명"이 아니라 "신들의 시대"였다. 하지만 다윈의 이론을 믿는 근(현)대인들은 이를 단순히 신화로 치부해버린다는 것이다. 하지만 이러한 '신화'를 만들어낸 것은 에볼라 자신이 아니기 때문에, 진화론자들은 왜 고대인의 기억 속에 진화론을 뒷받침할 만한 것이 없는지, 아니 그보다는 오히려 초인적이고 신적인 시대에 대한 관념이 왜 되풀이해서 나타나는지, 설명해야 한다고 그는 공박한다. 고대의 '신화'와 역사 속에서 우리는 '동물적 기원' 같은 것은 전혀 찾을 수 없다는 것이다.[34]

에볼라는 이어, 황금시대의 출현으로부터 그것이 존재했다고 알려진 북극점과 북대서양 문명, 천상을 상징하는 아폴론적 단계와 지상의 상징인 디오니소스적 단계, 은 시대를 특징짓는 어머니 여신의 문명(그래서 여성성은 황금시대의 남성성보다 열등하게 된다), 청동 시대의 상징인 거인 신화 등을 거쳐 그리스와 로마에 이르는 광범위하고도 다기 다양한 신화와 문명들을 특유의 전통주의적 시각으로 분석하는 데 상당량의 지면을 할애한다. 그의 신화학은 나름대로 잘 짜인 논리와 이 방면의 박학다식에 기초하고 있기 때문에, 우리는 마치 신화적·영웅적 관점으로 재구성한 한 권의 역사책을 읽는 것 같은 인상을 받을 수도 있다. 에볼라의 이런 주장은 일견 허황된 것 같지만, '과학'으로 반박하기 어려운 측면을 가지고 있는 것이 사실이다. 에볼라에 있어서 그리스도교의 출현은 서구 '전통'의 유례없는 쇠퇴를 알리는 서막과 같은 것이었다. 로마 시대에 이르러 전통 세계와는 상이하고 이질적인 요소들이 개입함으로써 그 모습을 변형시키기는 했지만 그 영향은 아직 미미한 상태였다. 하지만 그리스도교는 유대적 요소를 받아들임으로써 서구의 전통을 아예 '실신sincope'시켜버렸다는 것이다.[35]

에볼라에 따르면, 이는 특히 그리스도교의 사해평등주의에서 잘 나타난다. 그것은 형제애, 사랑, 공동체 관념에 기초한 신비적 경향의 교의로서, 전통주의적 의미에서의 순수한 로마적 관념과는 완전히 다른 사회 이상을 지향하고 있다는 것이다. 로마적 전통 세계에 '보편성

universalità'이 있다면, 그리스도교 세계에는 '집합성collettività'이 존재한다. 전자가 인간들 사이의 '차이'를 없애기보다는 오히려 그것을 전제하고 규정하는 계서적 기능에 충실한 반면, "그리스도의 신비적 육체라는 상징 속에서 재확인되는" 후자의 이상은 모든 인간 사이의 차별적 가치를 폐지함으로써 장차 "가톨릭이 결코 극복할 수 없을 퇴보적이고 퇴행적인" 영향의 단초가 된다. 그리스도교는 창조자나 원죄와 같은 유대적 관념에 따라 창조주와 피조물 간의 거리를 서로 접근 불가능할 정도로 소원하게 만듦으로써, 애초에 신성과 인간성을 공유했던 신적·영웅적 초인간이라는 전통 세계의 세계관을 전복해버렸다. 이제 인간은 단지 창조주의 은총이나 구원만을 바랄 수밖에 없는 열등하고 비천한 존재로 전락하고 말았다는 것이다. 그리고, 이야말로 암흑시대인 칼리 유가의 특징적인 징후라는 것이다.[36] 그리스도교가 전통 세계를 '실신'상태로 빠뜨렸다는 것. 우리는 여기서 에볼라가 왜 끝까지 그리스도교를 거부했는지 그 이유를 충분히 이해할 수 있다.

하지만 에볼라에 의하면 전통 세계의 가치는 또다시 회생의 기회를 가진다. 쇠퇴해가는 로마 세계에 아직도 전통주의적 가치를 잃지 않은 북방의 '젊은 인종' 게르만족이 유입된 것이다(전통 세계가 북방에 위치하고 있었다는 에볼라의 주장을 상기하자). 게르만적 요소는 그야말로 "최후의 위대한 두 출현"이었던 신성로마제국과 봉건 문명을 통해 가톨릭교회에 대항하여 제국의 이념을 방어하고 고대 로마의 형성력을 회생케 할 운명을 타고났다는 것이다.[37]

에볼라는 중세의 서구가 기사도를 산출해냄으로써 전통주의적 원리의 우월성을 입증했다고 주장한다. 기사도와 제국적 이념 사이의 관계는 성직자와 가톨릭교회 간의 관계와 같다. 기사도는 또한 피의 순수성이 중요한 역할을 하는 '정신의 인종razza dello spirito'과 같다 ('정신의 인종,' 즉 정신적으로 우월한 인종에 대한 개념은 나치즘의 생물적 인종 개념을 비판하기 위한 에볼라 특유의 관념론적 인종관으로서, 통상적인 인종주의와의 공통점과 차이점을 잘 보여준다). 그것은 외형상 그리스도 교적 세계를 유지하면서도 아리아적 윤리를 구현하고 있다. 즉 그것은 "성인보다는 영웅, 순교자보다는 정복자의 이상을 드높이고, 박애와 비천함보다는 [전통주의적 의미에서의] 신실함과 명예를 최고의 가치로, 죄보다는 비겁함과 불명예를 최악의 가치로 간주하며 ……적을 사랑하기보다는 그와 싸우고 오직 그를 패배시킨 뒤에야 비로소 위대함을 누리도록" 만드는 그런 윤리 체계라는 것이다. 우리는 기사도에서 북부−아리아적 요소가 로마 세계를 정화하여 원래의 '보편성'을 되살려내었음을 목도하고 있다는 것이 바로 에볼라의 주장이다.[38]

근대 초의 어떤 점이 전통 세계를 더 이상 존재하지 못하게 만들었을까? 에볼라는 정치 이념의 점진적인 세속화와 탈정신화 경향을 그 주요 원인으로 든다. 종교전쟁의 와중에서 상실된 것은 오랫동안 유럽 통합의 기초로 작용해왔던 '그리스도교 신앙'이란 신화였다. 하지만 역사가 보여주는 대로, 프랑스의 프랑수아 1세는 신성로마제국에 대항하여 프로테스탄트 군주들과, 심지어는 오스만 튀르크의 술탄들과 손잡는 것을 결코 마다하지 않았다. 30년전쟁 중의 리슐리외 역시 이와 똑같이 행동했다. 에볼라는 국가이성 혹은 국가이익을 최고의 목적으로 삼는 이러한 정치관념을 세속화의 특징이라 생각한다. 루이 14세의 절대주의조차도 온전한 '제국'의 이념과 유리되어 왕 스스로를 단지 하나의 세속적 전사이자 세속국가의 지도자로 격하시키는 결과를 낳았을 뿐이다. 왕권신수설조차도 '초월적 실재'에 대한 믿음을 잃었기 때문에 알맹이 없는 잔여물에 불과했다.[39] 이제 '왕이자 사제'인 '신성한' 제국은 사라졌고 오직 허명만이 유령처럼 떠돌아다닐 뿐이었다. 비록 그 지향점은 다르지만, 종교전쟁을 정치의 세속화 과정으로 본 에볼라의 분석은 타당하다.

단테와 마키아벨리에 대한 에볼라의 짤막한 논평들도 흥미롭다. 그는 단테가 황제 바르바로사에 대한 이탈리아 북부 코무네들의 반란을 불법적이고 이단적이라 규정했으며, 그 이유로서 코무네들이 대항한 것은 황제가 아니라 신이었기 때문이라고 주장한다. 단테를 세속화에 저항하는 전통주의자로 보는 것이다. 반면 마키아벨리의 《군주론》은 세속화의 "바로미터가 되는 명료한 지표"이다. 마키아벨리의 군주는 더 이상 신성함과 고귀함에 근거하지도 않고 더 높은 원리와 전통을 대표하고 있지도 않으며, 오직 "그 자신의 이름으로, 간계와 폭력을 사용하여", 그리고 단지 하나의 기술로 전락해버린 정치라는 수단을 통해 통치하기 때문이다. 에볼라는 마키아벨리에게서 르네상스 시대의 특징인 도를 넘은 개인주의와, 후일에 나타날 절대 정치 및 권력에의 의지를 발견한다.[40]

에볼라의 이러한 해석에는 분명히 논란의 여지가 있다. 단테의 '왕국론'이 어떤 의미를 가지는가에 대해서는 학자들 간에 이견이 많다. 또한 그는 마키아벨리의 부르주아적 성격에 대해서 비판 조로 얘기했지만, "인간은 운명에 휘둘리기보다는 자기 스스로를 만들어나간다"[41]는 것을 주장한 점에서 둘은 오히려 서로 매우 유사한 면모를 가지고 있다고도 말할 수 있다(이른바 '적극적 자유'의 개념을 공유하고 있어서일까?). 하지만 중세에서 근대로 넘어가는 이행기의 특징을 정확히 집어내고 있다는 면에서 그의 주장에는 탁견의 측면도 분명히 있다. 어쨌든 이로써 중세에 잠시 복원된 전통주의의 주기가 완전히 끝나고, 휴머니즘, 과학혁명, 계몽사상에서 볼 수 있듯이 오직 '이 세계'만 관심을 쏟는 '비실재주의irrealismo' — 전통 세계라는 과거 혹은 다른 자연의 실재, 즉 '정신성'의 실재를 인정하지 않기 때문에 비실재적이다 — 와 '개인주의'의 시대로[42] 넘어간다.

에볼라는 이러한 근대사의 과정을 '카스트의 후퇴'라는 틀로 설명한다.[43] 그가 카스트를 고대 힌두 문명의 예에 따라 브라만, 크샤트리아, 바이샤, 슈드라의 네 계급으로 나누었음은 이미 언급한 바 있다. 첫 번째 카스트의 시대는 거의 신화 시대까지 거슬러 올라가는 아득한 과거이다. 이는 계속 쇠퇴의 길을 걷다가 중세의 신성로마 황제를 끝으로 그 맥이 끊기게 된다. 그 뒤를 이은 두 번째 카스트 시대는 브라만이 누렸던 교권과 속권 중 오직 속권만을 유지한 세속적 전사의 계급이다. 이들의 일원인 귀족들은 프랑스혁명에서, 그리고 군주들(카이저, 차르)은 제1차 세계대전을 통해 권력을 상실한다. 세 번째 카스트 시대의 주인공은 왕과 귀족을 넘어뜨리고 권력을 잡은 부르주아 계급으로 넘어간다. 하지만 공산주의의 등장으로 부르주아는 프롤레타리아 계급의 위협에 직면한다. 에볼라는 이러한 과정을 네 개의 카스트가 상위에서 하위로 차례차례 "후퇴"하는 것으로 해석한다. 그리하여 오랫동안 지속되어온 신화와 역사의 한 사이클이 끝난다. 그가 가장 싫어하는 민족주의와 집산주의는 각각 세 번째와 네 번째 카스트가 지배하는 시대의 특징이다. 그리고 이 두 카스트의 역사적 구현이 바로 미국의 아메리카니즘과 러시아의 볼셰비즘이라는 것이다.

결론적으로 말해서 에볼라의 현실인식은 암울하다. 자신은 칼리유가, 즉 사이클의 최저점인 암흑시대 혹은 철 시대에 처해 있다는 것이다.[44] 이러한 결과는 우연적이라기보다는 오히려 "정확한 원인의 연쇄"에 의해 진행되어온 것이다. 에볼라는 여기서 숙명론적 결정론에 호소하지 않는다. 왜냐하면 "역사의 강은 스스로가 깎아낸 하상河床을 따라 흐르는" 법이기 때문이다. 하지만 엄청난 기세로 밀려오는 탁류에 맞서 물줄기를 돌리기란 사실 쉽지가 않다. 그래도 그에게는 희망이 있다. '서구의 몰락'으로 한 주기가 끝난 바로 그 직후, 새로운 상승의 단계가 또다시 이어지리라 생각하는 것이다.[45] 계몽사상 이후의 진보주의적 역사관을 거부하고 오히려 퇴보의 단계에서 새로운 시작을 바라보는 것. 에볼라의 순환론적(그러면서도 반결정론적인) 역사관이 잘 드러나는 지점이다.

에볼라에 따르면, 서구가 회생하는 길은 오직 "새롭게 통일된 유럽의 의식" 속에서 "전통적 정신"으로 돌아가는 것뿐이다. 가톨릭 신앙은 "위로부터" 부여받은 힘을 잃고 형식화되어버렸기 때문에, 더 이상 회생의 길을 제시하지 못한다. 그는 중세에 가톨릭 신앙이 번성했던 것은 그 자체의 힘에 의해서가 아니라 전통주의적 가치를 그래도 어느 정도는 보존한 로마-게르만적 세계의 영향 덕분이라고 본다. 그러면 이 암울한 파국의 순간 앞에 선 우리는 어떻게 해야 하는가? 에볼라는 매우 짤막한 경구식 대답만을 남긴다. "파괴가 최고조로 달한 근대의 과정들을 해방이라는 목적에 사용하기 위해서는 차라리 그러한 과정들을 받아들이고 그것에 익숙해지는 것이 필요하다." 다만 한 가지, "어떤 특별한 내면적 마음가짐", 즉 전통적 정신성에 대한 확신은 간직하고 있어야만 한다. 이는 마치 자신에게 독약을 마시게 하는 것과 같다. 혹은 "호랑이를 타는 것"이거나[46] '호랑이를 타라'는 1934

년의 경구는 약 30년 뒤 같은 제목의 책으로 다시 나타난다. 그리고 여기서 우리는 '행동적 니힐리즘l nichilismo attivo'이라는, 니힐 속의 실존 혹은 실존적 니힐을 목도한다.

에볼라와 파시즘

반항아적 성격, 아방가르드적 초년 경험, 비학과 신비주의적 동양사상에 대한 몰입, 그 결과 나타난 근대의 부르주아적, 대중적 가치들 — 자본주의, 민주주의, 공산주의 — 과 현상들 — 과학과 기계의 확산 — 에 대한 강력한 비판과 거부, 엘리트적 정신주의, 게다가 '정신적' 인종주의까지. 이러한 관념과 사회적 태도를 지닌 인물과 파시즘 혹은 나치즘 간의 거리는 얼마나 될까. 더욱이 끊임없이 파시스트당과 이런저런 관련을 맺어온 인물이라면? 하지만 무솔리니와는 가까웠으나 파시스트당 핵심부로부터는 배제되었고, 정작 자신은 파시스트도 반파시스트도 아니라고 주장한다면 또 어떨까? 지금까지 그의 행적과 지적 궤적을 통해 살펴보았듯이, 에볼라가 바로 그런 인물이었다.

이러한 측면에서 더욱 논란이 되는 것은 제2차 세계대전 후의 에볼라이다. 그는 종전 직후인 1946년에 창당된 이탈리아 사회운동당l Movimento Sociale Italiano=MSI[48]과 관계를 맺게 되는데, 바로 이때쯤에 나온 저작 《인간과 폐허》(1953)가 당시 그의 이념적 방향성을 말해준다. 여기서 그는 근대의 주요한 지적 흐름에 대한 자신의 관점을 극명하게 대비시키고 있다. 혁명과 전통, 전체주의적 국가의 열등성과 유기적 국가의 초월성, 경제와 정신성, 리얼리즘의 비실재성, 비교적 전쟁guerra occulta에 대한 요구 등 한마디로 전후의 폐허 속에서 이 시대적 재난을 이겨낼 사람들이 필요하며, 전통주의 정신이 살아있는 새로운 국가를 건설하기 위해 세력을 규합해야 한다는 메시지 — 비록 매우 관념론적인 수준이기는 하지만 — 가 이 책 속에 담겨 있다고 볼 수 있다. 특히 이 책에 대한 서문을 다름 아닌 유니오 발레리오 보르게제가 썼다는 것도 이러한 심증을 뒷받침해준다. 보르게제는 한때 MSI의 의장을 지낸, 전쟁 영웅 출신의 행동주의자이다. 그의 서문에 따르면. 이 책의 중심 테제는 "개인의 사익에 앞서는 '제국'과 국가의 우월성, 그리고 귀족주의적 영웅주의에 대한 찬양"이다. 이것이야말로 바로 "조국을 향한 우리들의 열정"이라는 것이다.[49]

그러나 MSI가 기성 정치권과 밀착하면서 원래의 이상과는 거리가 멀어지자, 에볼라는 이제 생각을 달리하게 된다. 그 결과가 바로 《호랑이를 타라》(1961)로 나타났다. 그는 여전히 일관되게 근대 세계에 대한 전통주의적 비판을 퍼붓는다. 하지만 중세 황제당의 뒤를 이을 만한 것은 더 이상 존재하지 않았다. 그가 한때 희망을 걸었던 전전의 '역사적 파시즘'은 사라졌고 그 후신인 전후의 급진 우익 정당도 현실의 파도 속에 휩쓸려버렸다. 이제 이 세계에 가치 있는 것은 아무것도 남아 있지 않다. 니체의 말대로 '신은 죽었다.' 칸트 식의 정언 명령도 듀이 식의 공리주의도 더 이상 유효하지 않다.[50] 그것은 단지 완전한 니힐의 공포를 애써 외면하려는 한낱 눈가림에 지나지 않는다. 왜냐하면 현재의 윤리와 도덕은 초월적이고 형이상학적인 뿌리를 상실해버렸기 때문이다.

그렇다면 '신이 죽은' 이 세상에 내팽개쳐진 우리는 이제 어떻게 해야 할 것인가. 에볼라는 니체가 제기한 문제의식과 현실인식을 받아들이면서도 그의 초인사상에 안주하려고 하지 않는다. 그조차도 여전히 어떤 궁극적 목적성을 상정하는 데서 완전히 자유롭지는 않다고 본 것이다. 따라서 "니체의 해결책은 사이비 해결책에 불과하다."[51] 완전한 자유를 얻기 위해서는 어떻게 해야 할 것인가?

존재하는 모든 것, 자기 자신의 모든 것, 스스로의 본성과 스스로가 처한 상황을 이제 진정 아무런 조건 없이 긍정하고 확인해야만 한다. 그것은 자기 자신을 자신의 존재가 뿌리박고 있는 심원한 원천과 동일시하는 사람의 태도이다. 그는 동일한 우주적 순환이 불확정적으로 무한히 반복됨으로써 과거에도 미래에도 현재의 내가 무한히 있을 수 있다는 것을 두려워하지 않고 오히려 그것을 칭송할 수 있는 ……그러한 사람이다.[52]

여기서 우리는 어떤 궁극적 목적성도 상정하지 않고 다만 '영원한 순환'의 흐름 속에 몸을 맡길 뿐인, '우주적 관조'와 같은 고원한 태도의 일면을 엿보게 된다. 하지만 그가 이러한 태도를 '행동적 니힐리즘'이라고 이름 붙인 것을 보면 그것은 분명히 초월적 의미의 관조만은 아닐 것이다. 그는 사실 이로부터 '순수한 자기 자신의 존재성puro esser se stessi'과 '정치적 초연성=아폴리티아apolitìa'의 원칙들을 삶의 방향으로 제시한다.[53] 아무런 가치도 없는 현재의 정치판으로부터 벗어나서 스스로의 내적 본성에 몸을 맡기고 존재로서의 본질을 보존하라는 것이다. 이러한 사유의 사회적 의미가 어떻게 해석되든 간에, 그 속에는 언제나 목적 지향적이었던 — 그것이 신이든 절대이성이든 혹은 사회주의 유토피아든 간에 — 서구사상의 주류적 흐름에서 한발 비켜난 어떤 비정통적 요소가 내재되어 있는 것으로도 보일 수 있다.

에볼라가 심취했던 동양사상의 영향일까? 어쨌든 이 부분에 대해서는 확실히 새로운 해석의 여지가 있다고 생각된다.

다시 에볼라와 파시즘의 관계에 대한 본래의 물음으로 돌아가자. 문제는 아폴리티아의 구체적 실천 방법에 대해 에볼라 자신이 매우 모호한 태도를 보이고 있다는 점에 있다. 다음의 인용문들은 아폴리티아와 실천적 행동 간의 관계에 대한 중요한 대목들인데, 그 진정한 의미를 파악하기가 쉽지 않다.

하지만 여기서 이러한 원칙[아폴리티아]은 본질적으로 내적 태도에 관한 것임을 강조하는 것이 중요하다. 민주주의와 "사회주의"가 득세한 현재의 정치 상황 속에서 문제의 인간이라면 절대로 그러한 상황에 참여할 수 없다는 것이 바로 이 게임에 부과된 조건이다. 왜냐하면 그는 오늘날 스스로의 진정한 존재성을 구속할 만한 어떤 관념도 대의도 목적도 찾을 수가 없다는 것을 잘 알고 있기 때문이다. ……그러나 아폴리티아, 즉 초연함이 순수한 행동의 영역에서 반드시 어떤 특별한 결과들을 용인해야 할 필요는 없다. 우리는 이미 행동 그 자체, 그리고 그것을 비인격적인 완전성의 측면에서 사랑하는 일을 스스로가 행할 수 있도록 하는 데 대해 논의한 바 있다. 그러므로 원칙적 견지에서 말하자면 여러 영역 중에서 특히 정치라 해서 꼭 배제해야 될 이유는 없다. 왜냐하면 이러한 측면에서 그런 행동을 한다 해서, 그것이 어떤 상위적 질서에서 나오는 객관적 가치나 스스로의 존재 속에 위치한 감정적이고 비이성적인 층위에서 비롯하는 충동들에 연유하지는 않기 때문이다.[54]

여기서 에볼라가 하고자 하는 말은 결국 이런 것 같다. 즉 아폴리티아가 정치적 초연함을 뜻하지만 그것은 어디까지나 내적 태도를 지칭하는 것이므로, 진정 그러한 태도를 견지할 수 있는 사람이라면 설사 현실 정치에 관련된 어떤 행동을 한다 해도 무관하다는 것이다. 이는 위 인용문에 이어, 그러한 정치적 행동이 "어리석은 식민화 계획이나 주식시장에 대한 투기, 또는 과학 등" 정치와는 매우 다른 일에 몰두하는 것과 하등 다를 바 없다고 말함으로써 궁극적으로 어떤 정치적 행동도 무의미함을 시사하고 있는 것처럼 보이기도 한다. 하지만 곧 이어, 그러한 무의미함이 결코 '페르소나persona'의 행동을 무력하게 만들지는 않으며, "니힐리즘을 적극적으로 극복하는 길"은 바로 이러한 점을 인식하는 데 있다고 말한다고 말함으로써 다시 한번 아폴리티아의 진정한 의미가 무엇인지 우리를 혼란스럽게 한다. 그에 따르면, 페르소나란 "존재essere와 연결되어 있을 때조차도 여전히 분리된 상태로 남아 있는" 그런 것이다.[55] 이와 관련해서 다음과 같은 구절도 생각난다.

> …… 중요한 것은 자기 보존의 본능을 넘어선 삶과 위험을 자연스럽게 결합시키는 것이다. 여기에는 궁극적으로 스스로의 육체를 파멸시킴으로써 존재의 절대적 의미를 획득하도록 만들고, 그리하여 "절대적 페르소나"를 실현시키는 그러한 상황들까지도 포함된다. 우리는 아마도 이를 "호랑이 타기"의 극단적 형태라고 말할 수 있으리라.[56]

이때 이탈리아어 '페르소나'는 개인, 인간, 대역代役 등의 의미를 모두 가진다. 여기서 에볼라는 진정한 존재로서의 인간, 즉 '절대적 개인'과 이 세상에서 육체를 가지고 삶을 영위하는 일종의 대역으로서의 개인을 구별하고 있는 것으로 보인다. 따라서 때로는 사람들에게 육체를 파멸시키는 것 같은 극단적으로 보이는 행동까지도 오히려 정신적 존재성을 되찾는 길이 될 수도 있음을 시사하고 있는 것일까. 바로 이어서 그가 이런 방식의 상징으로 에른스트 윙어의 '익명의 병사 milite ignoto'를 거론하고 있는 점도 마음에 걸린다.[57] 부르주아 문명의 모든 가치와 이상을 초월하여 "심원한 힘에 의지해 굳건하게 행동하며 살아가라"[58]는 에볼라의 조언 속에는 폭력적 수단에 호소하는 것까지도 포함된다는 것일까.

《인간과 폐허》의 에볼라와 《호랑이를 타라》의 에볼라는 어느 정도로 다른 사람인가. 그가 평생 견지해온 일관성으로 볼 때, 나는 그 두 저작 — 불과 8년 간격에 불과한 — 이 단지 어떤 전략적 차이를 보여줄 뿐이라고 생각한다. 후자의 에볼라는 전자의 경우에 비해 훨씬 더 현실에서 물러나 있는 것으로 비친다. 하지만 그 속에는 여전히 문명 비판의 칼날이 숨어 있다. 아니 그 칼날은 더욱 예리해졌을 것이다. 우주적 관조를 권하면서도 언뜻언뜻 상징적으로 내비치는 경구적 메시지야말로 그 해석자들에게는 훨씬 더 절대적인 것으로 보이지 않겠는가. 실제로 전후 이탈리아 급진 우파는 에볼라의 아폴리티아를 어떻게 해석하느냐에 따라 비정치적(문화적) 활동을 통해 우익의 정체성을 확보하려는 신우파 그룹Nuova Destra과 폭력적 수단도 마다하지 않고 현 체제를 무차별 공격하려는 무장 군사 그룹들로 분열된다. 그리고 1980년 여름과 가을 사이, 우리는 볼로냐 철도역 폭발사건(8월, 85명 사망), 뮌헨 옥토버페스트 폭발사건(9월, 13명 사망), 파리 유대교회 폭발사건(10월, 4명 사망) 등 비극적인 유럽의 급진 우파 테러리즘을 목격한다.[59]

에볼라와 파시즘에 관련된 지금까지의 논의를 정리해보자. 그는 파시스트 혹은 네오파시스트인가? 현명한 질문 같지는 않지만, 전전의 파시스트당이나 전후의 MSI와의 관계로 보아 일단 그렇다고도 대답할 수 있다. 그는 급진 우파 테러리즘에 책임이 있는가? 앞의 경우보다는 훨씬 더 어려운 질문이다. 그가 모호하게 어쩌면 의도적으로 남겨놓은 아폴리티아의 의미, 페르소나로서의 개인의 역할, 군사적 비유, 게다가 1970년대 말, 80년대 초의 우파 테러리스트들이 빈번하게 에볼라의 이름을 입에 올렸다는 사실 등으로 미루어볼 때, 역시 책임이 있다고 볼 수는 있겠다. 하지만 이 경우의 책임을 그에게만 물을 수는 없는 것 역시 사실이다. 당시 그는 이미 이 세상 사람이 아니었고, 그 교의의 해석 역시 추종자들의 손에 달려 있었기 때문이다.

이런 의미에서 나는 특히 테러리즘과 관련하여 에볼라 사상을 판단하는 데 동의하지 않는다.[60] 1970~80년대 유럽 우파 테러리즘에 에볼라가 이용 담론이 된 것은 사실이지만(그는 "우파의 마르쿠제"로 불렸다[61]), 그 발생 원인을 그의 사상에서 찾으려는 것은 결코 적절한 판단이라 하기 힘들다. 에볼라의 전통주의 사상은 여러 측면에서 파시즘과 유사한 면이 있지만, 무엇보다 엘리트적 정신주의에 대한 일관된 강조가 대중을 포섭하지 않을 수 없는 파시스트당의 현실과는 큰 괴리가 있었다.[62] 더욱이 전통 세계의 실재를 믿는, 비학의 단계를 넘어선 비교의 세계관으로 인해, 파시스트 정치가들에게는 그가 환상을 꿈꾸는 인물쯤으로 보였을 가능성이 있다. 그의 사상은 분명히 20세기 초 독일 보수혁명과 프랑스 우익사상의 콘텍스트 속에 자리매김될 수 있을 것이다. 하지만 철저한 정신주의 — 나치스의 생물적 인종주의를 비판한 그의 '정신적' 인종주의를 생각해보라! — 와 신화적·비교적 세계관은 그를 단순히 독일과 프랑스 우익 보수사상가들의 아류를 넘어, 부르주아적 가치를 독특한 관점에서 일관적으로 비판한 문명 비판가로서, 또한 20세기 이탈리아 관념론의 두 거두인 크로체 및 젠틸레와는 상이한 '마술적 관념론'의 길을 걸은 철학자로서 재해석하게 만들 만한 가능성이 있다고 나는 생각한다.

에필로그

아직은 인상기 같은 글을 끝맺으며 한 가지 덧붙이고자 한다. 내가 언젠가 에볼라를 글로 다루어보겠다고 생각한 것은 후주에 나오는 대로 1994년《역사비평》에 이탈리아 네오파시즘에 대한 간략한 소개의 글을 썼을 때였다. 나는 사실 그때만 해도 지금보다는 좀 더 영미권 학자들의 견해에 경도되어 있었다. 나는 그들의 글 속에서 에볼라가 "이탈리아 신우익의 아버지"[63] 같은 존재로 기술되곤 하는 것을 보았고, 그의 사상에 대해 좀 더 알고 싶다는 생각을 가지게 되었다. 하지만 미리 말해두지만, 이는 결코 어떤 이념적 성향에서 연유된 것이 아니었고, 다만 사상사적으로 비교적 잘 알려져 있지 않았던 혹은 내가 잘 몰랐던 특이한 인물의 지적 편력에 대한 호기심 때문이었다. 물론 나의 장기적 관심사 중 하나가 20세기 이탈리아 지성사를 정리해보는 것이라는 점도 작용했다. 사실 그의 저작들을 읽어가는 도중 (글 속에서도 언급했지만), 슈펭글러-게농-에볼라 등으로 이어지는 20세기 초의 유럽 문명비판 담론에도 흥미가 갔고, 에볼라를 크로체나 젠틸레와 비교해보는 작업도 재미있겠다는 생각을 하게 되었다.

하지만 에볼라를 읽으며 받은 가장 강렬한 인상은 무엇보다 아방가르드적인 퍼스낼리티와 함께 초년 시절부터 일생을 견지해온 그의 이념적 일관성이었다. 특히 이미 세속화의 길을 한참 동안 걸어온 지금의 나에게는 단지 신화적·마술적 차원으로만 보일 뿐인 이른바 '전통세계'를, 우리가 사는 이 세상과 조금도 다름없이 실재하는 또 하나의 '자연' — 심령적인 초자연 세계가 아니라 — 이라 초지일관 굳게 믿는 그의 신념의 무게가 놀랍게 여겨졌다. 그는 결코 '가벼운' 우익 행동주의자 정도로 자리매김될 그런 인물은 아니었다고 생각한 것이다. 그를 1970~1980년대 이탈리아 극우 테러리스트들과(그를 추종한다는 그들의 주장에도 불구하고) 어느 지점에서는 명확히 경계 지을 필요가 있다고 본 것도 바로 그의 이런 일관성 때문이었다. 물론 나는 그가 전전의 역사적 파시즘과 전후 네오파시즘 운동에 일정 정도 관계했다고 생각한다. 하지만 이러한 사실로부터 곧 그를 테러리즘의 (암시적) 교시자로 단정하는 것은 그의 사상적 진지성을 무시한 매우 단선적이고 단순한 해석이라고 생각한다. 지성사가 혹은 사상사가는 다양한 요소 간의 확연한 차이만큼이나 미묘한 차이도 애써 찾아내어야 한다고 본다. 같은 시대의 적은 다른 시대의 동지 이상으로 많은 것을 공유하는 법이기 때문이다. 에볼라가 지향한 사회적·정치적 이념에는 전혀 공감을 느끼지 못하면서도(나는 너무나 '세속화'된 것 같다), 일생에 걸쳐 스스로의 사상적 방향성을 모색한 그의 지적 진지성에는 경외의 염을 느끼지 않을 수 없다는 것이 나의 솔직한 심정이다.

10
자유도시의 신화와 도시 이데올로기

크리스토퍼 클라크, 〈피렌체의 두오모〉(2013?), 캔버스에 유채. 작자 소유.

—13~14세기 유럽 도시와 콘타도

막스 베버는 20세기 초에 쓰인
〈도시〉(1911~13)라는 글에서 세계의 여타 지역과는 달리
오직 서양의 도시에서만 발견되는 가장 뚜렷한 특징으로서
자유도시Gemeinde=comune의 존재를 들었다.
그는 자유도시로 발전하기 위한 요건으로,
비농경적이고 상업적인 형태에다, 성채, 시장, 자체의 법정과
자율적인 법, 조합 구조, 도시민이 참여하는
자율적 행정 조직이라는 특징들을 열거하고 있다.
이러한 요건 중에서도 그가 특히 동양의 도시들에
결여된 것으로 본 특징이 자율적인 법과 행정 조직이다.
중국이나 인도의 도시 거주민들은
독자적인 '시민'으로 존재하지 못하고 여전히 혈족이나
카스트의 일원으로 남아 있었다는 것이다.
동서양의 도시를 자유의 유무로 평가하려는
이러한 태도가 단순한 사실관계에 대한 지적을 넘어서서
어떤 식으로든 사회의 발전 단계를 자리매김하는
근거로 작용하리라는 것은 물론이다.

도시, 자유, 신화

누군가가 현대 서양의 역사가나 사상가에게 서양 문명의 가장 중요한 특징이 무엇이냐고 묻는다면, 그들은 아마도 거의 예외 없이 '자유'라고 대답할 것이다. 그런데 이러한 대답의 저변에는 거의 언제나 동양에 대한 서양의 비교우위적인 입장이 상정되고 있다. 이는 일찍이 고대부터 그리스가 페르시아를 비롯한 비헬레네 세계를 바라본 관점이고, 근대 특히 17~18세기 이후 되살아나 지금까지 일관되게 서양이 동양을 낮추어보는 이른바 '오리엔탈리즘'의 인식 틀로서 지속되고 있다.

16세기 말 당시의 세계 각국에 대한 유럽인의 지식을 모아놓은 보테로의《세계편람》(1596)에는 투르크, 몽골, 중국, 샴 등 동양 제국들은 모두가 예외 없이 참주정 내지는 전제정으로 규정되고 있다. 그 이유는 왕 한 사람 외에는 군주가 없고 왕 외의 누구에게도 충성이나 조공을 바치지 않음으로써, 신민이라기보다는 노예 같은 존재이기 때문이라는 것이다.[1] 18세기에 들어 몽테스키외는《법의 정신》(1748)에서 법과 자유를 존중하지 않는 정치 체제를 전제정이라고 규정하면서 동양의 경우를 그 주요한 예로 들었으며,[2] 19세기에 헤겔은《역사철학》(1822~23, 1830~31)에서 '정신적 자유'를 문명의 본질로 삼는 게르만 세계와는 달리, 중국과 인도가 신정적 전제정을 지향하는 '동양적 원리'에 의해 지배되는 것으로 기술했다.[3]

서양의 자유와 동양의 전제라는 극히 단순화된 이러한 도식이 오랫동안 각별한 힘을 발휘해온 분야가 바로 도시사라는 것은 결코 부자연스러운 일이 아니다. 왜냐하면 서양의 역사 속에서 도시civitas란 문명civilitas의 특징을 잘 보여주는 하나의 역사적 축도로서 간주되어왔기 때문이다. 막스 베버는 20세기 초에 쓴 〈도시〉(1911~13)라는 글에서 세계의 여타 지역과는 달리 오직 서양의 도시에서만 발견되는 가장 뚜렷한 특징으로서 자유도시Gemeinde=comune의 존재를 들었다. 그는 자유도시로 발전하기 위한 요건으로, 비농경적이고 상업적인 형태에다, 성채, 시장, 자체의 법정과 자율적인 법, 조합 구조, 도시민이 참여하는 자율적 행정 조직이라는 특징들을 열거하고 있다. 이러한 요건 중에서도 그가 특히 동양의 도시들에 결여된 것으로 본 특징이 자율적인 법과 행정 조직이다. 중국이나 인도의 도시 거주민들은 독자적인 '시민'으로 존재하지 못하고 여전히 혈족이나 카스트의 일원으로 남아 있었다는 것이다.[4] 동서양의 도시를 자유의 유무로 평가하려는 이러한 태도가 단순한 사실관계에 대한 지적을 넘어서서 어떤 식으로든 사회의 발전 단계를 자리매김하는 근거로 작용하리라는 것은 물론이다.

자유도시의 존재를 동서양 문명을 가르는 주요 특징으로 본 베버의 관점은 지금까지도 여전히 건재하고 있다. 금세기 최고의 역사가 중 하나로 꼽히는 브로델은 자신의 대작 《물질문명, 경제, 자본주의》(1979)에서 유럽 세계의 독창적 특징으로 다른 지역과 "비교할 수 없을 정도의 자유를 누린" 도시를 들었다. 그에 따르면 유럽의 도시는 스스로의 발전 방향을 지닌 자율적인 세계였다. 그는 무엇이 다른 지역의 도시들로 하여금 유럽 도시가 보여준 것과 동일한 자유를 누리지 못하게 했는지, 그리고 무엇이 증기기관 같은 폭발적 활력의 유럽 도시와 시계처럼 규칙적으로 똑딱거릴 뿐인 비유럽 도시를 구별 짓게 했는지를 반문했다.[5]

그러나 베버-브로델의 이러한 자유도시관은 원래 그들의 창안물이 아니었다. 그것은 19세기 이래 귀족 가계의 일원으로 스위스 공화도시의 전통 아래 있었던 시스몽디와 부르크하르트 같은 역사가들이 각각 《이탈리아 중세 공화 도시사》(1807~1817)와 《이탈리아 르네상스의 문화》(1860)를 통하여 만들어낸 것이었다.[6] 그들은 은연중 자유주의적 공화정 대 전제적 참주정이라는 이데올로기적 도식 아래, 고대 폴리스-중세 코무네-르네상스 도시국가로 이어지는 역사적 계보를 정형화함으로써, 일종의 신화적 도시상을 고착케 하는 데 큰 작용을 했다. '신화'라는 표현이 다소 과격하게 들린다면 요즘의 용어를 빌려 '창안된 전통invention of tradition'쯤으로 불러도 좋을 것이다.[7] 어떤 역사상이 신화적이거나 창안된 것이라는 말 속에는 그것이 본래의 역사적 맥락으로부터 벗어나 후세에 변질되었다는 의미가 내포되어 있다.

자유도시에 대한 서양의 전통적 인식이 이처럼 신화적으로 비치는데는 그만한 이유가 있다고 생각된다. 그것은 무엇보다 도시의 자유가 언제나 전제주의에 대한 저항 또는 현대 민주주의의 선구자로서만 이야기되고 있을 뿐, 자유의 이름으로 그 자체가 타자에 가하는 또 다른 전제적 측면이 간과되고 있기 때문이다. 이를테면 봉건귀족에 대한 도시민의 저항은 흔히 자유를 위한 투쟁으로 찬양되지만, 자유도시가 주변 농촌사회를 어떤 방식으로 지배했는지 그리고 자유도시들은 그것이 표방하는 '자유'에도 불구하고 왜 그렇게 서로를 예속시키려 애썼는지에 관해서는 지금까지 적절하고도 충분한 대답이 제시되었다고 보기 힘들다. 서양의 자유도시상에 내포된 신화적 요소를 제거하기 위해서는 한쪽의 자유가 필연적으로 다른 쪽에 대한 지배를 결과했다는 점이 동시에 부각되어야 마땅한 것이다. 따라서 지금 우리가 해야 할 작업은 도시의 자유가 현대 자유민주주의에 기여한 측면만을 강조하는 편향적 태도에서 한걸음 물러나 그 역사적 맥락 속에 담긴 본래의 의미가 무엇이었는지를 좀 더 공평한 입장에서 꼼꼼히 살펴보는 것이다.

　논의를 적절히 이어가기 위해 우리는 먼저 이 글에서 다룰 주제의 구체적 범위와 성격을 명확히 밝혀놓을 필요가 있다. 첫째, 논의의 전체적 흐름은 언제나 중세의 유럽 도시 전반을 염두에 두고 진행되어야 하겠지만, 여기서는 주로 13~14세기 이탈리아의 도시 코무네città-comune를 고찰 대상으로 삼고자 한다. 이는 물론 지역에 따라 그 존재 양상에 상당한 차이가 있어 모든 세부 유형들을 함께 포괄하기 어려운 데에서도 기인하지만, 더 중요한 이유는 이 시기의 이탈리아 코무네의 경우가 일반적으로 자유도시의 가장 발전된 형태라고 간주되므로 이를 통해 도시가 지닌 자유와 지배라는 이중성이 더욱 적나라하게 부각될 수 있으리라 기대되기 때문이다. 둘째, 우리는 중세 자유도시의 성격을 둘러싼 여러 문제 가운데 도시와 콘타도contado, 즉 도시와 그것의 실질적 지배 아래 있는 주변 농촌 지역 간의 관계를 고찰의 중심에 두고자 한다. 이 문제에 초점을 맞추는 것은 바로 이러한 측면을 통하여 도시의 자유가 지닌 또 다른 지배와 수탈의 이면이 잘 드러나리라 생각되기 때문이다. 다만 논지를 전개함에 있어 일차 사료의 분석보다는 이차적 해석의 종합을 지향할 수밖에 없는 것은 이 글의 성격상 어쩔 수 없는 일이라 생각된다.

도시 v 콘타도

중세 도시를 고대 폴리스와 확연히 구별 짓게 만드는 것은 그 사회구조적 폐쇄성이었다. 중세 도시는 성벽을 경계로 안쪽의 비농경 지역(도시 구역)과 바깥쪽의 농경 지역(콘타도)으로 비교적 명확히 구분되어 있었다. 고대 폴리스의 경우 역시 성벽은 존재했으나 도시와 주변 농촌 간의 관계는 정치적 권리를 공유하는 동등하고 상호 개방된 관계였다. 이에 반해 중세 코무네는 도시 주민들에게 필요한 식량을 조달하기 위해 콘타도를 소유하고 지배했다. 도시는 콘타도에서 종종 스스로가 정한 양과 가격에 따라 곡물을 사들였으며, 농민들에게 도시민들보다 높은 비율의 세금을 부과했다. 중세 코무네에게 있어 콘타도는 단순한 인접 지역이 아니었다. 도시는 자신의 생존을 위해 콘타도가 필요했던 것이다. 하지만 콘타도는 그 대가로 도시로부터 무엇을 얻었던가?

도시와 콘타도 간의 상호 관계는 긴 논쟁의 역사를 지니고 있다. 일찍이 마르크스는 《공산당 선언》(1847~1848)과 《독일 이데올로기》(1845~1846)의 유명한 구절들에서 부르주아가 농촌을 도시에 종속시켰다고 주장했다. 그는 도시를 문명과, 농촌을 야만과 동일시하는 계몽사상의 묘한 여운 속에서도, 도시와 농촌의 이익이 갈등 상태로 치달았으며 도시가 농민들을 유인함으로써 농촌을 누르고 대규모의 발전을 이루었음을 지적했다.[8]

마르크스의 견해는 이미 마르크스 이전 파뉘니와 같은 18세기 이탈리아 경제학자들의 글에 그 기원이 있으며, 이는 19세기의 뒐만과 페랑스를 거쳐 19세기 말 20세기 초 살베미니, 볼페, 카제세, 슈나이더

등의 도시사가에게로 이어졌다. 이들에 의한 이른바 전통적 해석의
핵심은 도시 지배계급과 콘타도 간의 관계가 언제나 앞쪽의 독점적
이익을 위해 뒤쪽이 조직적으로 착취당하는 과정이었다는 것이었다.
이러한 관점에 의하면, 도시의 콘타도 정책은 자본 조달이라는 부르
주아의 이기적 동기에서 일방적으로 부과된 것이었으므로 농민들은
봉건영주의 압제로부터 풀려난 것이 아니라 오히려 그보다 더 가혹한
도시민의 지배 상태로 들어간 셈이었다.[9]

그러나 콘타도에 대한 도시의 조직적 착취라는 이러한 주장은 20세
기 중반을 전후하여 플레스네, 오토카르, 피우미 등의 강력한 반대에
부딪혔다.[10] 특히 피우미는 "도시의 번영이 콘타도의 빈곤 위에서 꽃
피웠다"는 전통적 주장은 역사적 사실과 부합하지 않는 "하나의 공상
에 불과하다"고 폄하하면서, 경제적으로 볼 때 양자의 이해관계는 하
나로 융합되었다고 주장했다. 도시와 콘타도 간의 갈등으로 보이는
것이 실제로는 어디에나 존재하는 지주와 소작인 간의 마찰이었을 뿐
이며 결코 도시 경제와 콘타도 경제가 상호 충돌적인 모순관계에 있
지 않았다는 것이다. 그에 의하면, 코무네 사회는 계속적인 사회적 유
동성을 유지하고 있었으며 비록 부는 도시 지역에 집중되고 있었지만
콘타도에서 흘러들어온 농민들에게 도시는 오히려 새로운 인생의 기
회를 제공하고 있었던 셈이었다. 피우미의 수정론은 전통론의 계급주
의적 도식성을 지적하고 콘타도 경제가 결코 도시 경제와 그렇게 극
단적으로 분리될 수 없었음을 강조하는 것이었다. 뒤에 르 고프는 이
를 가리켜 두 사회가 "진정한 결혼"을 이루었다고 표현했으며,[11] 브로
델은 조르조 귀르비치를 인용하여 둘 사이에는 서로를 발생케 하고
지배하며 이용하는 "전망의 호혜성"이 작용했다고 말했다.[12]

도시-콘타도 조화이론이라고 부를 만한 이러한 시각 역시 전적으로 새로운 것이라기보다는 이미 18세기에 애덤 스미스의 《국부론》(1776)에서도 나타나던 것이었다. 그는 농촌이 도시에 식량과 같은 생필품과 제품 원료를 공급하고 도시는 농촌이 필요로 하는 물품들을 제조, 공급하는 분업적 구조는 양자 모두에게 이익이 될 뿐만 아니라, 나아가서 도시는 농촌에 시장을 제공하고 도시 지주들을 통해 농촌의 토지를 개량하는 데 기여하며 질서와 선정을 향유하게 해주었기 때문에 인근 농촌에 이익을 가져다주었다고 주장했다.[13]

만일 전통론과 수정론의 이러한 대립 사이에서 우리의 위치를 가늠할 수 있도록 해줄 만한 실마리가 있다면, 아마도 그중 하나는 도시 코무네가 콘타도에 대해 취한 곡물 통제정책이 될 것이다. 왜냐하면 이 문제야말로 다른 어떤 측면보다도 중세 도시의 비농경적인 특징에서 야기되는 필연적인 결과를 가장 적나라하게 보여주는 것으로 생각되기 때문이다. 여기서 필자의 입장은 상품의 유통과 고용 기회의 창출이라는 측면을 부각시키려는 수정론보다는 농촌에 대한 도시의 수탈을 강조한 전통론에 더 가깝다. 하지만, 그럼에도 불구하고, 도시 상인 대 콘타도 영주라는 두 지배층 간의 계급적 대립에 초점을 맞추기보다는, 도시의 철저한 비농경적 소비적 구조와 상업적 이익의 추구 아래서 콘타도 농민들 또는 도시로 유입된 하층 노동자들에게 주어진 이른바 '도시의 자유'가 어떤 의미를 가졌던가를 숙고하고자 하는 면에서 통상적인 전통론과 일정한 차이점이 있지 않겠나 생각된다.

많은 이탈리아 도시의 경우, 이미 12세기에 곡물 생산과 거래에 상당한 통제를 실시하고 있었다. 이러한 통제정책에는 두 가지 동기가 작용하고 있었다. 첫째는 다른 물품 ― 올리브유, 소금, 철 등 ― 과 마찬가지로 과세 수입을 올리기 위해 곡물에 대한 독점을 실시하는 경우이며, 둘째는 곡물 가격을 하향적으로 통제함으로써 그 이익이 도시 소비자에게 돌아가도록 하기 위한 것이었다. 초기 코무네의 경우는 주민의 수가 많지 않았으므로 곡물에 대한 통제는 주로 거래에 대한 과세를 목적으로 했다. 이를테면 시에나의 경우 13세기 초까지도 일종의 곡물세인 도가나 블라데dogana blade가 존재한 기록이 남아 있다. 하지만 13세기 말 이후 도시가 확대, 발전하자 곡물 소비자의 수가 생산량보다 급속히 증가하여 이제는 세수가 문제가 아니라 적정량의 곡물을 적기에 싼 값으로 공급하는 것이 매우 중요하게 되었다. 그리하여 원래는 세수 증대를 목적으로 했던 곡물 통제가 가격 통제 쪽으로 방향을 바꾸기에 이르렀던 것이다.[14]

데이빗 헐리는 13세기 후반에서 14세기 초까지의 피사를 대상으로 자유시장 가격과 도시 코무네가 정한 가격을 비교함으로써 곡물정책의 방향을 분석했다. 당시 피사는 시정을 장악한 포폴로 정권이 새롭게 세제 개혁을 단행함으로써 토지 가치가 상승하고 화폐 가치는 떨어지는 추세에 있었다. 이 속에서 기준연도인 1263~1264년간의 가격은 1스타이오당 14~16솔리도였다. 하지만 1268년 곡물 반출 금지령이 내려졌고 이는 곧 곡물 가격 동결의 효과를 야기했다. 1273년은 16솔리도로 외형상 변동이 거의 없었고 1277년에는 20솔리도로 올랐으나, 당시 통화 가치가 기준연도 대비 50퍼센트 떨어진 상태에 있었으므로 1277년의 가격조차 실제로는 25퍼센트가 하락한 것이었다. 흥미로운 것은 이후 포폴로 정권이 일시 무너지자 곡물가가 자유시장에서의 매매 수준으로 상승했다는 점이다. 1283년이 40솔리도였고 1286년에는 50솔리도까지 인상되었다. 그러다가 1291년 다시 포폴로 정권이 들어서자 가격은 29솔리도로 대폭 하락되었다. 이러한 추세는 계속되어 1299년에는 15솔리도, 1322년에는 20솔리도를 기록했다. 1322년의 경우, 기준연도와 비교할 때 외형 가격은 약 25퍼센트 상승한 것이지만, 당시 통화 가치는 약 3분의 1로 떨어져 있었기 때문에 1263~1264년의 수준을 지키려면 적어도 48솔리도는 되어야만 했던 것이다.[15]

피사에서 이러한 곡물 통제는 카노바canova라는 행정기구를 통해 이루어졌다. 이는 원래 코무네 정부가 해외 혹은 인근에서 필요한 곡물을 사기 위해 조직한 여러 관련 기관의 집합체였다. 피사의 경우, 카노바의 활동에 대해서는 다만 14세기 초의 자료만 남아 있을 뿐인데, 이는 로씨-사바티니에 의해 분석되었다. 이에 따르면, 카노바는 피사 상인들에게 사르데냐에서 구매한 곡물은 전량 피사로만 가져와야 한다고 지시함으로써 정상가보다 낮은 가격으로 곡물을 구입했음을 시사하고 있다. 하지만 다른 지역으로부터의 수입은 피사 상인들에 의해서만 이루어지지는 않았으므로 이 경우 카노바의 통제권은 한계를 가질 수밖에 없었다. 카노바가 좀 더 효율적으로 통제할 수 있었던 대상은 콘타도의 농민이었다. 농촌 코무네들은 카노바가 정한 가격에 따라 오직 카노바 관리에게만 곡물을 팔아야 했다. 아마 카노바는 이러한 반강제적 징발로부터 수입 곡물의 구매로 인한 손실을 상회할 정도로 충분한 이익을 보았을 것이다. 14세기 초가 되면 비록 할당량을 정하지는 않았지만 카노바가 법적 소추와 몰수의 방법을 동원하여 결국은 이를 이행케 했다.[16]

도시 코무네의 사정에 따라 콘타도에 지역별로 미리 정해진 시간 내에 일정량의 곡물을 도시에 공납하라고 지정하는 곳도 있었다. 이는 일종의 곡물세에 해당하는 것이었다. 파르마의 경우는 농민들이 자신과 가축이 먹을 것과 종자로 쓸 것을 제외한 모든 곡물을 강제로 도시에 팔아야만 했다. 때로는 금납화도 가능하기는 했으나 이러한 경우는 예외적인 일이었다. 심지어 시에나는 범법자라도 도시에 곡물을 팔 수 있도록 허용하는 5일간의 자유 기간을 둘 정도였다. 도시 간에도 곡물을 두고 각축이 치열하게 벌어졌다. 세력이 큰 도시는 자신에 의존적인 동맹도시들로 하여금 곡물을 강제로 자신들에게 팔도록 압력을 넣었다. 베네치아와 볼로냐가 이몰라와 파엔차로부터 곡물을 강제 수입한 경우가 그 보기이다. 반면 일반적으로 수출은 금지되었다. 곡물 통제는 도시 코무네의 가장 기본적인 활동이었던 것이다.[17]

도시 코무네가 콘타도에 대해 곡물 가격 통제정책을 사용한 직접적 동기는 무엇인가? 또한 일반적으로 도시의 자유가 가장 극대화되었다고 평가되는 포폴로 코무네 시대에 콘타도에 대한 통제가 유독 더 강화되고 있었다는 사실은 무엇을 의미하는 것일까? 곡물 가격을 낮춘다는 것은 사실상 콘타도 주민들에게 무거운 세금을 부과하는 효과를 가지는 것이었다. 이를 통해 얻어진 이익은 결국 도시민의 생계비를 저수준으로 유지하는 데 사용되었다고 보아야 할 것이다. 당시 모든 도시 정부의 최우선적 관심사는 식량 부족으로 인한 도시 생계비의 상승을 막는 일이었다. 생계비의 상승은 곧 도시 노동자의 임금 인상 요구와 그로 인한 사회 불안정으로 이어질 것이기 때문이다. 더욱이 13~14세기의 포폴로 코무네 시기에 도시 인구가 크게 증가하자 식량 수급과 생계비 수준의 유지가 더욱 심각한 문제로 대두되었으며, 이에 따라 곡물 가격 통제도 더 강화될 수밖에 없었다.[18] 도시 코무네의 곡물 통제가 '자유'의 신장과 반비례하는 현상은 바로 여기에 기인했다. 철저히 비농경적이었던 중세 도시의 자유는 이처럼 언제나 주변 농촌 지역의 희생 위에서만 가능한 것이었다.

봉건제로서의 중세 도시

'도시의 공기는 사람을 자유롭게 한다Die Stadtluft macht frei'는 옛 독일 속담이 주는 인상처럼, 도시는 '착취적인' 봉건영주로부터 농노를 '해방'한 것으로 생각하는 경향이 있다. 이러한 인식 밑에는 도시의 자유는 좋은 것이고 영주의 통치는 나쁜 것이라는 도덕적 판단이 은 연중 깔려 있다. 물론 도시는 농민들에게 법적 측면에서 영주의 인신 의 속박으로부터 벗어날 수 있는 자유를 주었으며 도시 노동자로서 새로운 인생의 기회를 잡을 가능성을 열어놓았다. 하지만 이와 동시 에 도시는 여러 가지 의미에서 매우 폐쇄적인 곳이었다.

무엇보다도 13세기를 통하여 이탈리아에서 대규모로 일어난 농노 해방 자체가 마티네스의 말대로 결코 '인도주의' 정신에 의해 이루어 진 것이 아니었다.[19] 당시 농노가 해방되었다는 말은 농노 개인이 즉 시 모든 권위로부터 자유로워졌다는 뜻이 아니라 봉건영주의 지배로 부터 도시 코무네의 지배 아래로 들어왔음을 의미할 뿐이었기 때문 에, 사실 해방이라는 말 자체가 딱히 적절한 표현이라고 보기는 힘들 다. 원래 12세기까지만 해도 많은 도시는 농촌 주민의 유입을 막는 법 령을 가지고 있었다. 예컨대 1170년의 밀라노 시 법령은 농민들이 농 토를 지킴으로써 영주에 대한 "존경심을 보여줄 것"을 요구하고 있는 데, 이는 영주들이 도시에 영향력을 행사하고 있었기 때문이다.[20]

하지만 도시가 점점 확장되어 인근 봉건영주와 부딪히게 되자 코무네는 콘타도 내의 농노들을 '해방'시키는 법령을 선포했다. 1243년 베르첼리, 1256~1257년 볼로냐, 1289년 피렌체의 법령들이 그 보기들이다. 그러나 그 이후 즉시 모든 농노가 '해방'된 것은 아니었다. 이러한 법령들은 사실상 도시의 필요에 따라 농노들을 콘타도 내에 붙잡아두기 위한 의도를 지니고 있었다. 이를테면 1289년의 피렌체 법령은 코무네 자체가 토지를 구매하는 경우가 아니라면 농노 매매를 금하는 조항을 담고 있다. 이러한 예로 미루어 농노 해방 법령 뒤에는 매우 현실적인 이해관계가 존재했던 것으로 보인다. 즉 도시 코무네는 이러한 조치를 통하여 적인 영주의 세력을 약화시키는 동시에, 이제 코무네의 성원이 된 농노들에게 이전에는 불가능했던(농노는 법률상 사유재산이었기 때문에) 세금이나 부역을 부과하거나, 도시민 지주의 소작인으로 쓰거나(이를테면 메차드리아mezzadria 같은 반절 소작제), 도시의 임금노동자로 고용함으로써 도시 지배계층의 이익을 극대화하려 했던 것이다.[21]

설사 콘타도의 농민이 도시에 들어가 살게 되었다 해도 진정으로 그 구성원이 되기란 매우 어려운 일이었다. 13세기 포폴로의 등장으로 이전에 비해 시민권이 대폭 확장된 뒤에조차도 완전한 시민이 되기 위해서는 여러 가지 어려운(대부분의 빈민에게는 사실상 불가능에 가까운) 조건들을 충족시켜야만 했다. 시간과 지역에 따라 다양하기는 하지만, 마티네스에 따르면 1) 도시에 최소 5년에서 최대 30년까지 거주할 것, 2) 길드의 성원일 것, 3) 재산이나 납세액이 일정량 이상일 것, 4) 25년 이상 계속 납세 기록을 가지고 있을 것 등이 그중 중요한 자격 요건들이었다.[22] 시민은 태어나면서부터 시민권을 얻는 태생 시민을 제외하고, 완전 시민과 부분 시민으로 나뉘는데, 14세기 베네치아의 경우 새로운 이주자가 완전 시민이 되기 위해서는 25년, 부분 시민이라도 10년 이상의 도시 내 거주 기간이 필요했다. 더욱이 이 기간 내에는 육체노동에 종사해서는 안 된다는 단서까지 붙어 있었다.[23]

이상의 사실들에서 보듯이, 도시는 결코 콘타도 농민들에게 동등한 권리를 부여하지 않았으며, 양자 사이의 이해관계는 항상 도시 지배 계층의 이익에 따라 조정되고 통제되었다. 도시의 자유란 본질적으로 도시를 위한 것이었지 결코 콘타도를 위한 것은 아니었다. 도시―콘타도 간의 관계에 대한 이러한 역사상이 비록 일반 모델이나 일반 이론으로까지 환원될 수는 없을지 모르지만, 중세 유럽 도시로서는 결코 무시할 수 없는 엄연한 현실이었던 것이다.

'도시의 자유'라는 말이 뜻하는 바를 시대착오적으로 오해하지 않으려면, 무엇보다도 도시와 봉건영주의 대립적 측면 ― 도시의 자유 공화정 대 영주의 전제정, 또는 도시의 자본주의 대 영주의 봉건주의 ― 만을 내세우기 이전에 도시를 먼저 봉건사회의 파생물이자 그 일부분으로 바라볼 필요가 있다. 사실 중세의 도시 코무네는 루차토의 지적처럼 한 봉건영주가 다른 한 집단의 바쌀(봉신)들에게 주권 양도를 통하여 어떤 공적 권리들을 넘겨줌으로써 성립하게 되었다.[24] 즉 도시는 일종의 집단 영주령이라고 말할 수 있는 것이다.

사실 도시가 콘타도를 지배하는 과정은 당시의 다른 봉건영주들이 자신의 영지를 넓혀가는 과정과 흡사하다. 도시의 경우에는 그들이 확장코자 목표한 변경이 주로 주교관구였다는 사실이 다를 뿐이다. 만일 우리가 도시의 비농경적 특성을 무시하지만 않는다면, 코무네 역시 다른 봉건영주들과 마찬가지로 스스로가 하나의 독립적 정치체

역사, 라프로쉬망을 꿈꾸다

264

로서 주변 지역에 대해 세력을 뻗쳐나가는 것으로 본 보테로적 '도시 이성Ragion della città'의 관점을 받아들이는 것도 나쁘지 않을 것이다.[25]

도시가 구매나 전투를 통해 영주로부터 얻어낸 것들은 전형적인 봉건적 권리들이었다. 예컨대 12세기 말 브레쉬아는 로멜로 백작이 부촐라노에서 행사하던 영주권의 3분의 2 — 환대의 권리와 영주 부조권 포함 — 를 구매했으며, 1193년 베로나는 황제 하인리히 6세로부터 가르다와 그 인근 지역을 샀다. 또 1118년 크레모나는 손치노 인근 지역의 봉건영주들과 협정을 체결했는데, 기사들은 크레모나 시민들에게 "주군의 봉신으로서" 충성선서를 했으며 매년 5솔리도를 바칠 것과 유사시 상호 군사원조를 약속했다. 1276년 피사와 스카를리노 간에 맺어진 협정 역시 도시 코무네와 콘타도의 농촌 코무네 사이에서 나타나는 봉건적 권리와 의무의 수수관계를 잘 보여준다. 이 협정의 주요 내용을 요약하자면 다음과 같다. 만일 체치나강 안쪽에 전면 동원령이 선포될 경우 스카를리노는 전투 기간 동안 6명의 기병과 50명의 보병을 제공해야 한다. 만일 전투가 체치나강 너머에서 벌어질 경우 한 달간은 작전 비용을 스스로 충당해야 하며 그 이상의 기간에 대해서는 피사가 부담한다. 스카를리노는 주민들이 곡물을 피사에 팔 수 있도록 허용해야 하며, 피사 시민이자 영구 시민인 포데스타와 그 휘하의 공증인들을 받아들여야만 한다. 매년 성모 몽소 승천제에 쓰일 성당 예배용 양초 재료로 25파운드의 왁스를 공납해야 한다. 스카를리노에서 피사인에 의해 혹은 피사인에 대해 행해진 범죄는 피사 법정에서 다룬다는 등이 그것이다.[26] 이러한 예들이 보여주는 것은 도시 코무네들이 콘타도의 영주들과 맺는 관계는 봉건영주들 간의 권리 의무 수수관계와 근본적으로 다를 바가 없다는 점이다. 그리고 이는 자유도시와 자유도시 간의 관계에도 마찬가지로 적용된다.

이탈리아 중세 도시사에서 가장 큰 논란거리인 참주정(시뇨레 signore) 역시 도시의 봉건적 성격과 관련하여 흥미를 끈다. 이탈리아 도시들은 1277년 밀라노를 필두로 14세기를 거치면서 대체로 선출 공화정 체제에서 일인 참주정 체제로 바뀌었다. 오랫동안 공화정의 외양을 유지하던 피렌체도 1569년 메디치가 통치하의 토스카나 대공국으로 변형되었다. 오직 베네치아만이 1797년 멸망 때까지 매우 과두적이긴 하지만 공화국으로 살아남았다.

무엇이 이탈리아 중세 도시의 '자유'를 결국 시뇨레, 즉 참주에게 넘겨주게 했을까? 여기에는 물론 다양한 원인이 개입되어 있겠지만, 결국은 정권의 불안정이라는 이유로 귀결될 것이다. 12세기 이후 이탈리아 도시들은 귀족 계열의 포데스타podestà와 포폴로를 대변하는 카피타노capitano 간의 끊임없는 대결 속에서 정치적·경제적 위기에 대처할 능력을 상실했으며, 그 결과 일종의 도시 영주라 할 수 있을 시뇨레의 지배 아래로 들어가게 되었던 것이다.[27] 중세 도시 공화정을 근대 자유민주정의 선구자로 찬양하는 단선적 발전론자에게는 이러한 현상이 애석하게 생각되겠지만,[28] 그것은 다만 도시 공화정의 정치적 기반이 얼마나 폐쇄적이고 편협한지, 그리고 그것조차도 근본적으로 봉건제의 구조 속에 존재하고 있었음을 예증할 뿐인 것이다.

도시 이데올로기를 넘어서

우리는 지금까지 서양의 도시, 특히 중세 도시가 표방한 '자유'의 의미가 19세기 이후 지나치게 신화화되었으며, 이는 다시 동양의 도시 또는 동양의 사회 자체가 자유에 대한 관념을 결여하고 있다는 비교우위적 관점 속에 흡수되어 광범위한 오리엔탈리즘의 확산에 기여했다는 문제의식 아래, 중세 말 근대 초의 이탈리아 도시 코무네가 콘타도에 대해 가했던 지배관계를 몇 가지 역사적 예를 통해 살펴보았다. 그 결론으로서 도시가 내세우는 '자유'가 언제나 콘타도 또는 다른 자유도시의 희생과 예속 위에 존재하는 이중성을 지니고 있으며 아울러 도시의 존재 자체가 본질적으로 봉건적 구조의 일부분임을 강조하려고 했다. 이는 물론 중세 도시가 지닌 근대적 요소만을 부각시키기보다는 역사적 맥락 속에서 그것이 가졌던 원래의 의미를 복원함으로써 가치평가에 대한 균형감각을 되찾겠다는 의도에서 비롯된 것이었다.

　서양의 지적 전통을 돌이켜볼 때, 도시는 서양의 사상과 역사인식에서 각별한 위치를 차지해온 것으로 생각된다. 서양의 주류 사상 속에서 도시는 언제나 문명의 상징이자 축도였다. 고대 페르시아인들은 폴리스에 살지 않았기 때문에 그리스인들에게는 야만인이었으며, 중세 유럽의 콘타도에 살았던 농민들은 도시에 살지 않았기 때문에 도시민들에게는 야만인이었다. 근대 초 프랑스나 독일의 왕과 제후들은 무엇이 문명인지를 모르기 때문에 이탈리아 휴머니스트들에게는 야만인이었으며, 근대 이후 동양은 자유가 무엇인지를 모르기 때문에 서양의 사상가들에게는 여전히 야만적인 세계로 비쳤다. 심지어 서양 문명의 내적 모순을 갈파한 마르크스조차도 "농촌이 도시에 종속된 것처럼 야만은 문명에, 농민은 부르주아에, 그리고 동양은 서양에 종속되었다"고 말함으로써 도시를 서양 문명의 중심으로 파악하는 데 동조했다.[29] 필자는 이처럼 한쪽에는 도시-문명-자유-서양을, 다른 쪽에는 농촌-야만(또는 자연)-전제-동양을 놓고 앞을 뒤에 대한 비교 우위적 관점에서 찬양하는 역사인식 틀을 가리켜 잠정적으로 '도시 이데올로기'[30]라 부르고자 한다.

도시 이데올로기의 모습은 서양사에 대한 논의 곳곳에서 감지된다. 현대 서양 문명의 가장 큰 특징이라는 데 이견이 없을 자유민주주의는 아테네 폴리스를 시발로 하여 중세 코뮤네를 거쳐 현재에 이르렀으며, 자본주의 역시 중세 도시를 그 연원으로 삼는다는 주장들은 지금 대체로 통설이 되어 있다. 그러나 이 과정에서 배제되는 수많은 본질적 의문은 여전히 미해결인 채로 남는다.

첫째, 고대 폴리스의 적극적 자유와 현대 민주정의 소극적 자유는 어떻게 화합될 수 있는가 하는 문제가 있다. 영국의 철학자 벌린은 고대 그리스인들의 자유란 자기 스스로가 자신에 대한 완전한 주체가 되는 적극적 의미를 담고 있는 반면, 현대인의 자유는 자신의 일을 방해받지 않는 정도의 소극적 의미를 지향한다고 주장하면서, 소극적 자유는 다원주의로 이어지지만 적극적 자유는 자신의 주체만을 강조하는 나머지 오히려 권위주의적 체제로 귀결될 수 있다고 경고한다.[31] 이는 물론 플라톤-헤겔-파시즘으로 연결되는 사상 조류를 비판하고 영미식 자유주의를 옹호하려는 이념적 배경을 가지고 있다고 해석할 수도 있겠지만, 동시에 고대 폴리스의 정치 체제를 근대 자유민주정과 연결시키려는 시도에 철학적으로 의문을 제기하고 있는 것이다(중세 도시의 자유는 어느 쪽에 더 가까운가?).

둘째, 중세 코무네의 길드적 자유와 근대의 시민사회적 자유가 어느 정도로 조화될 수 있는 것인지도 문제이다. 멈포드는 자본주의의 기초를 13세기 이후로 잡으면서도, 중세 도시의 길드 체제를 진정한 자본주의 정신이 극복해야만 하는 장애물로 간주한다. 중세 도시의 '자유'가 봉건적 규제로부터의 자유이자 길드와 같은 도시 공동체의 활동을 위한 자유였다면, 근대 초의 새로운 무역도시들에서 나타나는 '새로운 자유'는 오히려 도시적 규제로부터 벗어나 사적 이윤을 추구하는 자유라는 것이다.[32] 블랙은 서양의 근대 정치사상이 크게 보아 길드적 공동체 정신과 시민사회적 사유의 가치관이라는 두 축을 중심으로 발전되어왔다고 말하면서, 현대의 자본주의 사회는 길드의 공동체적 그리고 사회주의적 정신으로 보완될 필요가 있음을 강조하고 있다.[33] 멈포드와 블랙은 서로 다른 저술 방향에도 불구하고 한 가지 공통점을 가지고 있다. 길드를 근간으로 하는 중세 도시의 자유가 근대 이후의 자본주의적 자유와는 근본적으로 다르다는 사실이 그것이다. 사실 버나드 맨더빌과 애덤 스미스의 주장도 이러한 점에 기초하고 있다.

셋째, 중세 도시의 참여 공화정과 현대의 대의민주정 사이에는 얼마나 차이가 있는지도 진지하게 고찰되어야 할 필요가 있다. 현대 자유주의 이론가들은 정치에 대한 직접 참여 없이도 투표 행위 그 자체가 위정자의 행동 한계를 규정하는 것만으로도 민주정은 충분히 확립될 수 있다고 주장한다. 이러한 이론은 기본적으로 로크의 연장선상에 있다. 그러나 이탈리아 참여 공화정의 정치철학은, 나태나 사익 때문에 자신에게 부과된 시민적 의무를 이행치 못하는 것을 '부패'로 규정한 마키아벨리나, 그의 뒤를 따라 자유란 인민의 '덕성'과 불가분의 관계로서 단순한 법과 헌정 이상의 것임을 강조한 루소의 견해에 더 가깝다. 스키너가 지적하듯이, 이러한 참여 공화정의 전통이 자유민주정에 내재된 사당화의 위험성을 경고하는 하나의 귀중한 교훈으로 작용할 수는 있겠지만,[34] 그렇다고 두 전통을 단선적으로 연결지으려는 것은 시대착오적 해석이라는 점도 결코 간과될 수 없는 것이다.

네 번째로 제기될 수 있는 것은 중세 도시의 부가 과연 자본의 본원적 축적에 얼마나 기여했는가 하는 점이다. 힐튼에 의하면, 근대적 자본을 낳은 것은 농촌 경제에서 나온 잉여와 이익이었고, 도시의 경제와 정신적 태도는 별다른 기여를 하지 못했다. 중세 도시의 지주들은 자신들의 수입을 "개인적 과시, 사치스러운 생활, 과도한 수의 수행원을 거느리거나 전쟁을 하는" 등 사회적 신분의 유지와 정치적 영향력의 강화를 위해 사용했을 뿐이므로, 자본의 축적이 아니라 오히려 자본의 낭비를 초래했다는 것이다.[35] 이러한 시각은 14~15세기 유럽의 도시 상인들이 대성당과 같은 문화적 활동에 과도한 부를 쏟아부음으로써 자본주의적 투자에 들어갈 이윤을 소비해버렸다는 로페즈의 논쟁적인 주장[36]과 어떤 관계에 있을까? 물론 로페즈 테제는 자신의 지론인 중세 말 이탈리아의 경기 후퇴를 르네상스라는 문화적 현상과 연결시켜보려는 데서 나온 것이었고 이제는 이미 낡은 것이 되어버렸지만, 도시의 부와 자본주의적 투자가 반드시 정비례적인 관계에 있지는 않다는 점을 새삼 일깨우고 있다는 점에서 힐튼의 주장과 상통한다.

끝으로, 중세 도시의 공화적 소규모 국가 형태가 어떻게 근대의 중앙집권적 대규모 영역국가의 형태로 발전할 수 있는지도 꼼꼼히 살펴야만 할 문제이다. 이는 중세 도시를 근대 국가와 자본주의 발생을 위한 중요한 요소로 파악했던 베버의 주장이 얼마나 유효한가와도 깊은 관계가 있다. 콘티는 중세 도시와 근대 국가 사이에 본질적 차이가 있음을 인정한다. 그러면서도 도시의 유산은 우회적인 길을 통해 근대로 이어졌다고 주장한다. 즉 공화제 도시들은 17세기 이후 사멸해갔지만, 시민정부의 이상은 외적으로는 단일정체를 표방하면서도 내적으로는 자치를 유지하는 연방제 국가 형태를 통해 살아남았다는 것이다.[37] 그러나 이러한 정치사상적 관점이 자본주의의 발전이라는 경제적 측면과 어떻게 연결될 수 있을지는 여전히 불분명하다.

도시 이데올로기는 분명히 도시의 전통과 문화를 지나치게 미화하는 역기능을 가지고 있다. 우리는 여기서 벗어나 역사적 맥락 속에서 도시의 위치를 자리매김해야 할 필요가 있다. 고대 폴리스와 중세 코무네의 자유는 그것이 지닌 사회적 제한성과 팽창주의적 측면이 동일한 정도로 강조되지 않는 한 하나의 신화에 불과하다. 우리가 서양의 편향된 도시 이데올로기적 관점에서 기인하는 이른바 '도시의 자유'를 곧이곧대로 받아들일 이유는 없다. 더욱이 그러한 관점에서 동양의 도시와 문명을 바라보아야 할 이유는 더더욱 없다. 무엇이 '도시'인지에 대한 베버 식의 물음은 이제 무엇이 '도시들'이었는지로 바뀌어야 한다. 그리고 이러한 물음에 대한 답은 역시 베버가 했듯이 모든 도시를 포괄하는 공통 요소의 추출에서가 아니라, 다양한 문화적 조건 아래 도시가 주변 세력과 맺었던 다양한 관계망 속에서 찾아야만 할 것이다.

11

언어와 저술의도

작자 미상.

—포칵과 스키너의 정치사상사 방법론

여러 종류의 단어들이 겉보기에 비슷하다고 해서
우리는 흔히 그것을 모두 이름이라 간주하고 어떤 사물과의
대응관계에서 그 의미를 설명하려고 한다.
그러나 실제로 어떤 단어의 의미란 그 단어가 속해 있는
언어놀이 안에서 어떻게 쓰이며 그 언어사회의 비언어적 활동과
어떤 관련이 있는가를 알게 됨으로써
비로소 파악 가능한 것이다.
일반적으로 어떤 단어의 진정한 의미는
그것이 가리키고 있다고 생각되는 사물이나 대상에 의해서가 아니라
그것이 실제로 사용되는 방식에 의해 결정된다.
결국 어떤 사회에서 구성원의 판단에 유효성을 부여하고
의미의 여부를 결정하는 기준은 언어적·개념적 관례들에 의해
제공된다고 볼 수 있다. 간단히 말해서, 사회의 도덕과
가치판단의 틀은 그것의 언어 관례에 기초하고 있으므로
역사상의 특정 사회에 대한 이해는 바로 그 시기에 사용된
언어놀이의 여러 형태들을 탐색함으로써 가능하게 되는 것이다.
이러한 언어놀이는 종종 패러다임paradigm, 언어language,
전통tradition, 언어 관례convention 등으로 불리곤 하며,
포칵과 스키너가 찾으려 하는 것도
바로 이들의 다양한 역사적 유형인 것이다.

콘텍스트로서의 텍스트

사상사란 어떻게 해야 하는가? 역사가가 어떤 텍스트를 이해하고자 할 때 사용해야 할 적절한 방법은 무엇인가? 또한 그러한 적절성의 기준은 어떤 것인가? 텍스트의 종류는 다양하며, 그 속에는 역사학, 철학, 정치학 등에서부터 시나 소설 같은 문학작품에 이르기까지 모든 유형의 사상과 관념을 언어로 표현한 형태가 포함된다. 텍스트를 분석 대상으로 삼는 연구자들 역시 역사가, 철학자, 정치과학자, 문학비평가 등으로 그 유형이 여러 가지이다. 이들은 종종 사상사라는 동일 주제를 다루고 있으면서도 대체로 각자의 학문 전통에 따라 서로 대화 없이 독자적인 입장을 견지해왔다고 할 수 있다. 역사가는 흔히 방법론 부재라는 비판을 감수하면서 다만 실제의 사상사 연구에만 몰두하는 경향이 있으며, 철학자나 정치학자는 그들이 말하는 '위대한 전통'에 따라 고전적인 대사상가의 현재적 가치를 분석한다. 또한 문학비평가는 문학이론에 따라 작품이 독자에 대해 의미하는 바가 무엇이며 그것이 얼마나 성공적으로 전달되었는지를 평가한다.

　이렇듯 다양한 입장에도 불구하고, 모든 텍스트는 하나의 중요한 공통점을 지니고 있다. 그것은 텍스트가 거의 예외 없이 역사상의 어떤 특정 시점에서 쓰이거나 출간되었다는 사실이다. 즉 사상사는 분명히 역사학의 일부분인 것이다. 여기서 자연스럽게 다음과 같은 의문이 제기된다. 텍스트에 내재된 역사성을 감안할 때, 과거의 사상을 철학적이 아니라 '역사적으로' 이해하는 방법은 어떤 것일까? 포칵과 스키너가 제기하고자 하는 문제는 바로 이러한 것이다.

　포칵과 스키너가 1960년대 초 이후 사상사의 이론과 실제에서 이상과 같은 관점을 반영한 연구 업적들을 내놓기 시작하면서 일어난 방법론 논쟁은 현재까지도 여전히 계속되고 있다.[1] 특히 최근에 스키너의 주요 논문과 그것에 대한 비판, 그리고 이에 대한 그의 재비판을 모은 책[2]이 출간된 것을 계기로 다시 논쟁이 가열되는 징후를 보이고 있으며, 논쟁 참가자들도 철학자, 정치학자, 역사가 등 다양하다. 또한 포칵은 자신의 방법론을 18~19세기 영국사와 미국사의 성격 해석에 적용한 이른바 공화주의 논쟁에서 주도적 위치를 차지하고 있다.[3] 이들을 중심으로 케임브리지 학파가 주도하는 '담론사 운동'의 영향력은 현재 케임브리지대학 출판부에서 간행 중인 'Ideas in Context' 시리즈와 'Cambridge Texts in the History of Political Thought' 시리즈에서 잘 나타나고 있다.

이 글에서는 이상과 같은 문제의식과 배경 아래서 포칵과 스키너의 방법론을 소개하고 그에 따른 문제점들을 비판적으로 살펴보고자 한다. 이러한 방법론의 이론적 적용 범위는 사실상 텍스트를 통해 표현되는 모든 사유 형태로 확장될 수 있겠지만, 여기서는 논의의 편리성을 위해 다만 정치사상사의 경우에 국한하기로 하겠다. 이해를 돕기 위해, 먼저 그들의 방법에 기본적 개념 틀을 제공하고 있는 비트겐슈타인의 언어놀이 이론, 오스틴의 화행론話行論, 토머스 쿤의 패러다임 이론에 관해 약술한 뒤, 이어 기존의 전통적 방법론에 대한 포칵과 스키너의 비판과 그들이 제시하는 대안들을 검토할 것이다.

몇 가지 기본적 개념 틀

비트겐슈타인의 철학은 대체로 전기의 언어그림 이론과 후기의 언어놀이 이론으로 대별되는데, 포칵과 스키너의 방법론이 근거하고 있는 것은 후기 이론이다. 언어놀이 이론이란 간단히 말해서 우리의 언어생활은 개별적인 단어가 아니라 단어의 사용으로 이루어지는 일종의 놀이라는 것이다. 언어의 사용은 항상 인간의 비언어적 활동과 결합되어 있기 때문에 단어들은 그러한 활동의 문맥을 떠나 이해될 수 없다. 즉 단어들은 인간의 활동적 환경과 연관된 언어놀이를 이루는 것이다. 단어들은, 비유하자면 연장과 같아서 톱과 망치의 기능이 서로 다른 것처럼 그 기능도 다르다. 그러나 이러한 단어 간의 기능적 상이성은 단어가 지니는 소리나 글자꼴의 유사성 때문에 잘 드러나지 않는다. 이는 마치 자동차의 클러치와 브레이크가 비슷한 외양에도 불구하고 그 기계적 기능이 전혀 다른 것과 같다.

여러 종류의 단어들이 겉보기에 비슷하다고 해서 우리는 흔히 그것을 모두 이름이라 간주하고 어떤 사물과의 대응관계에서 그 의미를 설명하려고 한다. 그러나 실제로 어떤 단어의 의미란 그 단어가 속해 있는 언어놀이 안에서 어떻게 쓰이며 그 언어사회의 비언어적 활동과 어떤 관련이 있는가를 알게 됨으로써 비로소 파악 가능한 것이다. 일반적으로 어떤 단어의 진정한 의미는 그것이 가리키고 있다고 생각되는 사물이나 대상에 의해서가 아니라 그것이 실제로 사용되는 방식에 의해 결정된다. 결국 어떤 사회에서 구성원의 판단에 유효성을 부여하고 의미의 여부를 결정하는 기준은 언어적·개념적 관례들에 의해 제공된다고 볼 수 있다.[4] 간단히 말해서, 사회의 도덕과 가치판단의 틀은 그것의 언어 관례에 기초하고 있으므로 역사상의 특정 사회에 대한 이해는 바로 그 시기에 사용된 언어놀이의 여러 형태들을 탐색함으로써 가능하게 되는 것이다. 이러한 언어놀이는 종종 패러다임 paradigm, 언어language, 전통tradition, 언어 관례convention 등으로 불리곤 하며, 포칵과 스키너가 찾으려 하는 것도 바로 이들의 다양한 역사적 유형인 것이다.

비트겐슈타인과 유사한 입장에 있으면서도 그와는 거의 독립적으로 말과 행위 간의 언어학적 관계를 규명하려 한 인물이 존 오스틴이다. 그는 대부분의 철학자가 종래 모든 유의미한 발화utterance를 단지 의의sense와 지시reference ─ 언어학적으로는 이 둘을 합해 의미meaning라 부른다 ─ 를 지닌 진술statement로만 간주하면서 오직 그 진실 여부에만 관심을 쏟았다고 비판했다. 그러나 언어란 단지 무엇을 기술하고 가리키는 데만 사용되지는 않으며, 이와 함께 유혹하고 내기를 걸고 판단하는 등의 행동적 목적을 위해서도 사용된다. 즉 말은 곧 행위인 것이다(화행론話行論speech-act theory). 따라서 어떤 발화를 완전히 이해하기 위해서는 그것의 문법적 의미를 아는 것만으로는 부족하며 그 발화가 지니는 행위로서의 특성, 즉 발화 수반력illocutionary force이 밝혀져야만 한다.[5]

화행론은 텍스트를 포함하는 모든 형태의 발화를 이해하는 데 관련된 것을 나름대로 설명해주며, 포칵과 스키너가 이용한 것도 바로 이러한 점이다. 특히 스키너는 저술 의도의 복원을 텍스트의 이해와 동일시하면서, 텍스트의 발화 수반적illocutionary 혹은 수행적performative 측면을 무시하는 어떠한 접근 방법에도 반대하고 있다. 어떤 행위(텍스트의 저술)의 성격 혹은 그 힘(텍스트의 의미)을 이해하기 위해 필요한 중요 작업은 그것을 수행하는 행위자(텍스트의 저자)의 의도를 식별해 내는 일이다. 결국 텍스트의 올바른 이해는 바로 저자의 저술 의도를 파악함으로써 도달된다. 텍스트를 반복해서 읽는다면 그 문법적 의미는 정확히 알아낼 수 있겠지만, 그럼에도 불구하고 텍스트가 지닌 역사적 정체성의 본질을 이해할 수는 없다는 것이다.

이상의 언어적 내지는 언어철학적 개념과 함께 포칵과 스키너에게 영향을 미친 또 하나의 중요한 요소는 토머스 쿤의 패러다임 개념이다.[6] 곰브리치가 이미 예술사에 적용한 바 있던[7] 이 이론의 요점은, 간단히 말해서 모든 시대가 각각의 신념 체계를 지니고 있으며 새로운 체계가 출현할 때까지는 알게 모르게 그 권위가 부여하는 판단 기준에 따라 행위하게 된다는 것이다. 특히 쿤은 이를 '객관적' 관찰에 근거하고 있다고 생각되어온 자연과학 연구에 적용하여 과학자 집단조차도 이른바 정상과학의 패러다임이 지향하는 방향에 따라 그들의 연구를 수행하고 있다는 인상적인 주장을 제시했다. 정상과학이 도전받지 않을 때, 그것의 패러다임과 상치되는 변칙성은 우연이나 실수로서 무시된다. 그러나 시간이 흐름에 따라 그러한 변칙성이 발생하는 이유에 대한 의심이 고조되면서 정상과학의 위기가 초래된다. 이는 결국 과학혁명의 과정을 거쳐 새로운 패러다임을 가진 또 하나의 정상과학으로 귀결되는 것이다. 포칵과 스키너의 방법론은 이러한 개념을 정치사상사에 원용하려는 시도라고 볼 수 있다.

전통적 방법론에 대한 포칵과 스키너의 비판

포칵과 스키너의 방법론이 지향하는 가장 광의적인 목표는 사상사를 철학이나 사상 그 자체와 구별 짓는 일이다. 사상사는 엄연히 역사의 일부분이므로, 그것은 역사가라면 당연히 따라야 하는 어느 정도의 실증성 — 실증주의가 아닌 — 과 시대착오성의 개념에 기초한 기본 가정들을 따르지 않으면 안 된다. 바꾸어 말해서, 어떤 사상을 피력한 텍스트에 대한 이해는 기본적으로 그것이 쓰였던 시점에서의 의미 탐구로부터 출발해야 한다는 것이다. 이는 물론 과거사의 완전한 복원이 가능하다는 19세기식의 관념으로 돌아가자는 이야기는 아니며, 과거의 사상을 자신의 철학적 사유의 소재로 삼고 있으면서도 여전히 그것이 하나의 역사, 즉 사상사라고 주장하는 현재의 상황을 비판하고 사상사를 철학의 일부분이 아닌 역사의 한 부분으로 되돌려놓으려는 시도인 것이다.

포칵은 현재 정치사상사라고 불리는 작업이 역사적 행위의 복원이 아니라 다만 단선적인 추상화의 행위를 수행하는 데 지나지 않는다고 비판한다. 과거의 정치사상이란 아마도 역사적으로 이어받은 모든 정치적 행동, 언사, 사고의 복합체인 이른바 전통으로부터 어느 정도 추상화되거나 축약된 행위로서 규정될 수도 있을 것이다. 그러나 문제는 이러한 추상화의 수준levels of abstraction이 역사적으로 단일하지 않다는 데 있다. 어떤 시기에 걸쳐 한 사회에 나타나는 정치사상들은 필시 그것이 해결하고자 하는 문제의 성격에 따라 다양한 추상화의 수준을 보일 것임에 틀림없다. 이를테면 데이비드 흄의 철학 저술들은 분명 에드먼드 버크의 프랑스혁명에 관한 책보다 훨씬 더 추상적이다. 역사가가 할 일은 이들의 사상이 각각 어떤 추상 수준에서 제시되고 있는가를 결정함으로써 그들이 수행했을 상이한 기능과 의미를 살피는 것이다.[8]

포칵에 따르면, 지금까지의 정치사상사 연구는 이러한 작업을 도외시하고 과거의 사상을 끝없는 합리성으로 재구성하는 행위에 몰두해 왔다. 역사의 특정 시점에서 다양한 이유로 씌어진 정치 저술들은 모두가 합리적 일관성 혹은 통일성이라는 초역사적 기준에 의해 분석되었다. 따라서 정치사상사는 한 시대의 고도로 추상화된 기본 가정들의 역사가 되며, 또한 그러한 가정들로부터 추론된 다양한 명제들, 그것을 핵으로 하는 다양한 태도들의 역사가 된다. 결국 정치사상사는 기본 가정들에 근거한 변종들의 역사, 즉 철학적 역사가 되는 경향을 지닌다. 나아가서, 만약 그러한 가정들이 한 시대의 정치사상들뿐 아니라 다른 여러 사상 체계에 있어서도 마찬가지로 중요하고 핵심적인 것으로 간주된다면, 그것은 아마도 세계관이라 불리게 될 것이며 그것에 관한 역사는 세계관의 역사가 될 것이다. 이는 곧 역사가가 철학자가 되는 것을 뜻한다. 이러한 기술 방식이 과연 역사적 설명으로서 유효한가? 어떤 설명이 역사적인 성격을 지니기 위한 본질적 기준은 그것이 실제 경험된 현실에 대응해야만 한다는 것이다. 예컨대, 법률가였던 버크의 저술을 철학자인 흄과 같은 정도로 체계적인 수준에서 해석하려는 것은 그의 사상이 지닌 역사적 의미를 왜곡하는 결과를 초래하게 되는 것이다.[9]

이러한 혼란의 근원은 역사학과 철학 간의 잘못된 관계에서 비롯된다. 많은 사상사가는 정치 저술의 일관성 혹은 체계성을 그것의 역사적 특성과 동일시하는 오류를 범하고 있다. 즉 텍스트가 체계적으로 구성되어 있음을 입증하는 것으로 역사적 해석을 대신하는 경향이 있는 것이다. 해석자의 목표는 텍스트의 저자 또는 당시의 독자들이 지니고 있었던 의미를 복원해내는 것이며, 저자가 실제로 행하지 않았던 지나친 일관성을 그에게 부여하려 함은 옳지 않다. 철학자, 정치이론가, 혹은 문학비평가의 해석이 결코 역사가의 해석과 혼동되어서는 안 된다. 그들은 과거에 행해진 진술의 저자가 무엇을 뜻하고 있었는가 하는 것보다는 현재 무엇이 그것을 유의미한 것으로 만들 수 있을 것인가에 관심을 두고 있다. 물론 그들이 과거의 사상을 스스로의 언어로 재기술함으로써 그것을 현재적 목적에 이용하는 것은 극히 정당한 일이다. 포칵의 요점은 그럼에도 불구하고 그것은 전혀 역사가의 작업이 될 수 없다는 점인 것이다.[10]

포칵이 일반적인 견지에서 사상사의 철학화 경향에 대해 경고한 반면, 스키너는 사상사를 수행하는 전통적인 태도들을 특징별로 구분하고 구체적으로 예를 들면서 비판했다. 그는 지금까지 널리 받아들여져 온 사상사 방법론을 텍스트주의textualism와 콘텍스트주의contextualism, 두 개의 범주로 나누고 있다. 텍스트주의란 텍스트 그 자체에 의미가 담겨 있다고 믿음으로써 그것을 자율성을 지닌 하나의 자기충족적 목적물로 간주하는 태도이다. 따라서 텍스트가 몸담은 전체적 맥락을 재구성하려는 노력은 무용하며 열등한 것으로 생각된다. 이러한 접근법은 현재 대부분의 사상사가에 의해 채택되고 있는 전통적인 방법이다. 반면 콘텍스트주의란 어떤 텍스트의 의미를 결정하는 것은 사회적·정치적·경제적 등의 요소로서, 텍스트를 이해하기 위해서는 먼저 그 사회 구조의 성격이 밝혀져야 한다는 관점이다. 이는 종래의 텍스트주의를 수정하는 것으로서 사상사가들이 점점 더 선호하고 있는 방법이다.

마르크스주의적 반영 이론도 이 범주에 속한다고 할 수 있다. 그러나 스키너는 이 양자가 모두 텍스트를 이해하기 위한 적절한 방법이 아니라고 주장하면서 그것을 비판하고 있는 것이다.[11]

먼저 텍스트주의에 대한 비판을 살펴보자. 텍스트주의는 텍스트 자체만을 연구 대상으로 삼는다. 이에 따르면, 과거의 사상적 저술을 연구하는 목적은 그 속에 내포된 영속적 요소, 보편 관념, 영원한 지혜 등을 추출하여 그것을 보편적으로 적용하는 데 있다. 즉 '고전'에서 제기된 '영속적인 문제와 대답들'을 되살려서 그것이 현재에도 여전히 적절성을 가진다는 것을 입증하려 하는 것이다. 따라서 사상사가가 할 일은 고전의 저자가 이러한 근본적 개념과 영속적 의문에 관해 말했던 것을 밝혀내는 것이다. 간단히 말해서, 텍스트주의적 해석의 지향점은 고전을 역사적 콘텍스트에 관계없이 현재의 정치 현실에까지 유효한 보편 명제들을 제시코자 하는 시도로 재평가하는 것이다.[12] 스키너는 이러한 텍스트주의가 역사가 아니라 단지 신화만을 만들어 낼 뿐이라고 비판하면서, 이를 교의敎義의 신화, 일관성의 신화, 예변豫辯의 신화, 당파성의 신화 등으로 구분하고 있다.

교의의 신화란 고전에서 역사가가 중요한 것으로 간주하는 개념에 대한 언급들을 찾아내고자 하는 시도이다. 저자가 결코 의도할 수 없었던 주제에 대해 유사한 용어를 확대 해석하여 어떤 견해를 가지고 있었다고 주장함으로써 심각한 시대착오성을 범하는 경우가 이에 속한다. 예를 들어 보자. 마르실리오 다 파도바는《평화의 옹호자Defensor pacis》(1324)에서 통치자의 행정적 역할을 주권을 지닌 인민의 입법적 역할과 비교하고 있다. 아메리카혁명 이후의 헌정 이론과 실제에서 행정권과 입법권의 분리는 정치적 자유를 확립케 하는 주요 요소로 간주되었음은 주지의 사실이다. 이 때문에 마르실리오를 근대의 권력 분립 개념과 연결시키면서 그를 이러한 정치 이론의 창시자로 간주하는 경향이 있다. 또 이를 부인하는 쪽 역시 그 근거를 오직 마르실리오의 저술 안에서만 찾고 있다. 그러나 문제의 말은 사실 아리스토텔레스의《정치학》제4권에서 빌려온 것으로서 정치적 자유의 문제와는 아무런 관련도 없다. 스키너에 따르면, 그는 사실상 그 자신이 전혀 의도할 수 없었던 논쟁에 말려든 셈인 것이다. 일찍이 아서 러브조이가 제창했던 단위관념사 역시 이데아적 개념을 상정하고 있다는 점에서 이 범주에 속한다.[13]

일관성의 신화는 어떤 고전의 저자가 때로 일관성을 가지고 있지 않았을 수도 있다는 점을 무시하고 사상사가가 이미 상정해놓은 주요 주제의 관점에서 그것을 분석하려고 하는 것이다. 예컨대, 홉스의 정치철학상의 중심 주제들에 관해 어떤 의심이 있다면 연구자의 의무는《리바이어던》을 흔히 지나치기 쉬운 부분까지도 되풀이 읽거나 혹은 글의 행간을 읽어 '감추어진' 의도를 해독해냄으로써 그의 주장이 일관성을 가지고 있음을 밝히는 것이다. 이렇게 되면 역사는 실제 존재했던 사상들의 역사가 아니라 인위적으로 만들어낸 추상적 개념의 사이비 역사로 전락하게 될 것이다.[14]

예변의 신화는 비평가가 어떤 저술 속에서 찾아냈다고 생각하는 의미와 실제 그 저자가 지녔던 의도를 혼동하는 해석 태도이다. 예컨대 페트라르카의 방투산 등정은 흔히 '르네상스의 시작'을 알리는 사건으로 해석되었다. 그러나 이는 그 자신이 의도한 행위에 대한 진정한 설명이 될 수 없다. 그는 르네상스를 열 아무런 의도도 지닐 수 없었으며, 그 이유는 르네상스라는 개념이 그 이후에야 생긴 것이기 때문이다. 또 칼 포퍼가 플라톤이 《국가론》에서 전체주의적 정치를 피력했다고 비난한 경우나, 존 로크가 자유주의적 정치이론가였다고 주장하는 경우 등도 이러한 범주에 속한다. 스키너는 예변의 신화를 가리켜 어떤 행위의 진정한 의미는 시간이 흐른 후에야 비로소 드러나게 된다는 일종의 목적론적 가정에 기초한 오류라고 단언한다.[15]

끝으로 당파성의 신화란 상이한 문화나 익숙지 못한 개념을 대할 때 거의 필연적으로 발생하는 것으로서, 미지의 사물을 자신에게 친숙한 분류와 식별의 기준에 따라 이해하려는 태도이다. 이는 사상사가에 있어 보통 두 가지 형태로 나타난다. 첫째, 어떤 저술에서 나타나는 주장이 과거의 다른 저술의 내용과 유사하거나 혹은 그 반대라고 생각될 경우, 사상사가는 전자가 후자의 영향을 받았다고 단언하기 쉽다. 그러나 이러한 영향관계가 성립하려면 후자가 전자 외의 다른 저술로부터 문제의 교의를 알 수 없는 상황에 있었으며 동시에 우연히 유사한 교의를 지닐 개연성이 매우 낮다는 사실이 입증되어야 하는 것이다. 홉스와 마키아벨리, 홉스와 로크 등에 대한 관계가 흔히 제시되는 예이다. 둘째, 역사가가 어떤 주장을 개념화함에 있어 그것의 이질적 요소들을 자신에게 익숙한 개념 틀 속에 용해시켜버릴 위험성이 있다는 것이다. 예를 들면, 영국혁명기 수평파 사상의 근본 성격은 투표권 확대의 문제였다는 주장을 넘어서서 이를 자유민주주의 철학의 일부로 개념화한다면, 이는 필연적으로 복지국가나 성년남자 선거권 개념과 같은 시대착오적인 것을 찾으려 하는 오도된 시도로 귀착될 것이다.[16]

텍스트주의가 사상사 연구를 위해 적절한 접근 방법이 아니라면 콘텍스트주의는 그 대안이 될 수 있는가? 스키너는 후자가 전자보다 좀 더 나은 방법임을 인정한다. 콘텍스트주의에 따르면, 사상과 관념은 주위의 상황에 대한 반응의 일부로 볼 수 있으므로, 우리는 텍스트 자체를 연구하기보다는 그것을 둘러싼 다른 사건들의 사회적 콘텍스트를 연구함으로써 텍스트를 설명할 수 있다. 즉 텍스트를 이해하기 위해서는 그것의 역사적 조건 또는 사회적·정치적 조건에 관한 지식이 선행되어야만 하는 것이다. 예컨대, 영국 젠트리 논쟁에 있어서 젠트리가 상승 계급이었던가 혹은 하강 계급이었던가에 관계없이 학자들 대부분이 그들을 당시 사회 구조의 반영이었다는 점에서는 견해를 같이했다든지, 또는 로크가 새로운 사회 구조를 적극적으로 수용했다거나 볼링브로크가 이미 쇠퇴한 사회 구조를 지지한 노스탤지어의 정치가였다는 등의 경우가 이에 속한다. 일반적으로 마르크스주의 역사가들 역시 이러한 접근 방법을 이용하는 대표적인 예이다.[17]

스키너에 의하면, 사상을 전혀 실재하지 않는 하나의 '반영'으로 간주하는 이러한 방법론의 문제점은 어떤 텍스트가 몸담은 콘텍스트와 그 텍스트 간의 관계를 인과적 선행조건과 그 결과 간의 관계로 잘못 인식하는 데 있다. 물론 모든 행위는 일련의 인과적 선행조건을 가져야 한다는 점에서 텍스트가 주변의 콘텍스트를 통하여 어느 정도 설명될 여지가 있는 것은 사실이다. 그러나 어떤 행위의 원인들에 관한 지식이 그 행위 자체의 이해와 동일시된다고 주장하는 것은 오류이다. 왜냐하면 어떤 행위를 이해한다는 것은 그 행위를 발생케 한 인과적 선행조건을 안다는 것과 함께 혹은 그것과는 별개로 행위자가 지닌 행동의 지향점the point of the action을 안다는 것을 뜻한다. 인간의 행위는 다만 옷을 입는 것과 같이 단순하고 반복적인 형태로만 나타나는 것이 아니라 종종 《일리아스》를 쓰는 것처럼 어떤 목적과 지향점을 가지고 나타나는 것이다.

스키너는 이를 '어떤 것을 하고자 하는to do x' 의도와 구별하여 '어떤 것을 행하고 있는 중의in doing x' 의도로 지칭하고 있으며 이는 결코 원인으로 간주될 수 없다고 말한다. 예컨대, 대니얼 디포가 관용에 관한 일련의 팸플릿을 쓰겠다는 의도를 피력했다고 가정하자. 그는 실제 이를 쓰지 않았으므로 여기서 우리가 볼 수 있는 것은 아무런 실제적 결과 없이 다만 진술되었을 뿐인 의도이다(만일 실제 썼다고 해도 마찬가지이다). 이러한 종류의 의도와 결과 간의 관계는 우연적이고 그래서 인과적인 성격을 가질 수도 있다. 그러나 만일 디포가 관용에 관한 팸플릿을 쓰려는 의도가 불관용의 주장을 조롱하고 풍자함으로써 관용의 대의를 고취시키겠다는 것이었다고 가정한다면, 이 경우의 의도는 그의 실제 진술(텍스트)에 선행하지도 또 우연적으로 관계되지도 않을 뿐만 아니라 오히려 행위 그 자체(텍스트를 쓰는 것)의 성격을 제시하는 것이다. 이것이 바로 어떤 것을 행하고 있는 중의 의도이며, 이러한 의도가 파악될 때 우리는 행위 그 자체를 올바르게 특징지을 수 있을 뿐 아니라 마침내는 그 행위를 이해하게 되는 것이다.[18]

포칵의 대안: 언어적 패러다임의 발견

그러면 텍스트를 역사적으로 이해할 수 있도록 하는 접근 방법은 어떤 것인가? 포칵의 방법론은 무엇보다도 종래와 같이 사상을 하나의 일관된 자기충족적 체계로 보기보다는 다양한 언어 콘텍스트 속에서 행위자들이 어떤 문제에 대해 서로 주고받는 대화와 논쟁의 일환으로 간주하는 데서 출발한다. 그가 선호하는 용어를 빌려 말하자면, 사상 사history of thought는 관념사history of ideas보다는 담론사history of speech or discourse에 가까운 것이다. 정치담론사를 구성하는 중심 요소 는 논쟁에 참여한 사람들(정치저술가)과 그들이 사용한 다양한 '언어 languages'라는 두 가지이다. 즉 과거의 정치사상가들은 역사적 행위자 로서 다양한 언어적 맥락을 통하여 상호 반응하고 있었으며, 이들의 저술들은 그러한 반응의 결과인 것이다. 이를테면 로크의 《정부론》 1 부나 앨저넌 시드니의 《정부론》은 로버트 필머의 《가부장적 통치론》 의 간행에 대한 응답으로 간주된다.[19]

일련의 정치 저술들을 시대적 담론의 일부로 간주하는 이러한 접근 법에서, 사상사가가 수행해야 할 일차적이고도 가장 중요한 과제는 그러한 정치담론이 어떠한 언어들을 통하여 이루어졌던가를 밝히는 일이다.[20] 여기서 포칵이 말하는 언어란 그리스어, 라틴어, 프랑스어 등의 통상적인 인종적 언어가 아니라 일종의 언어 관례 — 소쉬르가 말한 'langue'와 비슷하다 — 를 형성하는 관용어법 혹은 수사와 같은 것으로서, 단순한 어휘와도 구별된다.[21] 이러한 언어는 자율성과 안 정성의 면에서 커다란 다양성을 보이겠지만, 정치담론사의 대상은 대 체로 일인 이상의 논쟁자를 포함하는 언어놀이의 성격을 지니면서 비 교적 안정된 상태의 텍스트들이 될 것이다. 결국 정치사상사가의 관 심사는 이들이 어떻게 서로에 대하여 정치언어의 규칙을 이용하는가, 또 어떻게 규칙들을 변화시키면서 논쟁을 수행하는가를 고찰하는 것 이다.

이러한 정치언어들은 어떻게 생겨나는가? 포칵에 따르면, 그것은 대체로 두 종류의 기원을 가진다. 첫째는 사회의 제도적 관행에서 연유되는 경우이다. 즉 법학자, 신학자, 철학자, 상인 등의 직업적 언어들이 어떤 이유로 정치 관습의 일부로 인정되어 정치담론 속에 편입되는 것이다. 각 시기에 어떤 사회계층이 공적 담론상의 권위를 부여받게 되는가를 관찰함으로써, 우리는 당시의 정치문화에 대해 많은 것을 알 수 있다. 둘째는 제도적이기보다는 수사학적 기원을 가진 경우이다. 끊임없는 발화행위parole에 의해 언어 관례가 새로이 창안되거나 낡은 형태가 변형되면서, 이러한 변화가 정치담론 내에서 논쟁 방식의 하나로 정착될 수도 있다.[22]

대체로 각 시대의 정치사상들은 여러 사회 부문으로부터 연유한 기술적 언어들이 정치논쟁과 역사인식의 새로운 수단을 제공하는 특수 언어들로 발전함으로써 형성된다. 즉 차용 언어들이 점점 더 원래의 맥락과 용례에서 벗어나 쓰임에 따라 이러한 새로운 용례들을 설명, 옹호하고 그것을 유사한 다른 차용 언어들과 연결시키기 위한 이론언어languages of theory가 출현하게 되며, 종국에는 이 모든 언어들의 사용이 윤리적으로나 논리적으로 얼마나 이해가능한가를 옹호하거나 비판하려는 목적으로 철학언어languages of philosophy가 나타나는 것이다. 이들 언어는 각각의 추상 수준이 상이함에도 불구하고 병존 가능하다. 예컨대, 법철학 언어는 법제도 언어를 옹호하기 위해 발전된 것이지만, 양자는 동시에 정치적으로 사용될 수 있다. 왜냐하면, 어떤 정치 논의는 제도적 추상 수준에서 또 다른 경우는 철학적 추상 수준에서 이루어질 것이기 때문이다.[23]

이들 언어는 그 기원이 어떻든 쿤이 패러다임적이라 부른 힘을 행사한다. 각각은 정치의 행위와 성격에 적절한 정보를 선택적으로 제시하며 정치적 문제와 가치를 어떤 특정 방식으로 정의하도록 만든다. 즉 각 언어는 어떤 우선성의 분배를 통해 권위를 행사하는 것이다. 인간은 언어 체계들을 소통함으로써 사고한다. 이러한 체계들은 인간의 개념 세계와 그에 관련된 권위 구조 혹은 사회적 세계를 형성하는 데 작용한다. 개념 세계와 사회적 세계는 각각 서로를 몸담은 맥락으로 간주된다. 이러한 의미에서, 개인의 사고는 하나의 사회적 사건, 즉 패러다임 체계 내의 의사소통과 반응의 행위이자 동시에 하나의 역사적 사건, 즉 체계와 행위 간의 상호 작용적 변형 과정에서의 한 시간적 계기로서 생각될 수 있다. 일단 정치담론을 다양한 기원의 수많은 언어들과 논쟁들에 의거한 것으로 규정한다면, 우리는 각 시기에 이처럼 매우 다양한 방법으로 권위를 분배하고 규정하는 다수의 언어적 패러다임이 존재함을 상정하게 될 것이다. 대부분의 정치저술가는 이러한 패러다임의 권위에 따라 자신의 사상을 표현하겠지만, 그 힘이 그들로 하여금 항상 기존의 언어 관례를 되풀이하도록 묶어둘 만큼 절대적이지는 않다. 텍스트의 저자는 자신의 역량에 따라 상이한 가치를 표현하는 복수의 언어를 여러 방식으로 결합함으로써 새로운 형태의 수사와 담론을 창출해낼 수도 있는 것이다.[24]

그렇다면, 역사가는 구체적으로 어떤 과정을 거쳐서 텍스트를 이해하게 되는가? 사상사가들이 실제적으로 행해야 하는 주요 작업은 자신이 연구하는 시대의 문화 속에서 당시 사람들에게 가능했던 정치담론의 다양한 관용 어법들을 읽고 이해하는 것이다. 즉 어떤 텍스트의 언어적 구성 속에 나타나는 어법들을 식별해내고 그것들이 통상 저자로 하여금 무엇을 말할 수 있게 할 것인가를 알아내야만 한다. 저자의 어법이 어느 정도로 새로운 것인가의 문제 ― 사상적 창의성의 문제 ―도 이로부터 인식 가능하게 된다.

이를 두 단계로 나누어보자. 역사가는 먼저 친숙화 단계를 거치게 되는데, 이는 연구 대상이 되는 시대의 문헌을 폭넓게 읽어서 스스로 다양한 어법의 존재를 인지하는 과정이다. 두 번째는 가설과 검증의 단계로서, 이는 텍스트를 수동적으로 읽기만 하는 것이 아니라 이러한 언어가 사용되고 있다든지 혹은 저러한 언어가 사용되었을 수도 있다든지 하는 가설들을 제기하고 그것을 검증하는 순서이다. 이러한 과정을 통하여 사상사가는 다음과 같은 의문에 답해야만 할 것이다. 즉 연구 대상이 되는 언어는 어떤 사회경험의 요소들과 관련되어 있는가? 그것은 어느 정도의 함의 수준을 지니는가? 또 어느 정도의 추상화 수준을 가지고 있는가?[25]

포칵은 이와 같은 방법론적 인식을 적용하여 근대 유럽 정치사상사에서 새로운 주장들을 다수 제시하고 있다. 그가 스스로 명확히 식별해냈다고 생각하는 '언어들'에는 보통법, 시민적 휴머니즘, 프로테스탄트적 계시와 종말론, 자연법, 정치경제학, 계몽주의 신학의 언어 등이 있다.[26] 구체적으로 몇 가지 예를 들어보자. 홉스의 《리바이어던》 3권과 4권은 1, 2권과 분량 면에서 대등함에도 불구하고 연구자들에 의해 무시되어왔는데, 그 이유는 그것이 다루고 있는 문제가 정치철학이 아니라 성서 주해와 종말론이기 때문이다. 학자들은 홉스 자신이 그 부분에 대해 진지한 의미를 두지 않았을 것이라고 단정 짓고 그것을 무시해버렸다. 그러나 포칵은 이를 언어적 관점에서 분석하여 그것이 신을 이성의 측면에서가 아니라 믿음과 계시의 측면에서 바라보는 유대주의 입장에서 자신의 정치철학을 신학적으로 정당화하려는 시도였음을 밝혀냈다.[26] 또 버크의 반합리주의적 사상이 흄의 영향 때문이라는 종래의 주장에 대해, 포칵은 그것이 17세기 영국의 보통법 개념과 직접적으로 연결되어 있다는 사실을 입증함으로써 버크의 사상적 연원을 규명하는 데 중요한 기여를 했다. 여기서 그는 버크의 법률적 언어가 흄의 철학적 언어와는 상이한 추상화 수준을 가지고 있다는 점을 기초로 양자가 서로 다른 함의 수준을 가진다는 것을 잘 보여주고 있다.[28]

포칵의 방법론이 가장 성공적으로, 또는 가장 논쟁적으로 적용된 예는 아마 덕(성)virtue의 패러다임을 발견해낸 것이 될 것이다. 그에 따르면, 지금까지 근대 유럽의 정치사상은 주로 법 중심적 패러다임으로 해석되어왔다. 칼라일, 세이빈, 월린 등 전통적인 정치사상사가들은 스토아 철학에서 역사주의에 이르기까지 정치사상사를 신, 자연, 법의 관념을 중심으로 구성했다. 즉 각 개인은 본질적 존재 가치인 이성적·도덕적 원리들에 의해 규제되는 세계 속에서 살아가고 있으며, 법이란 이처럼 철학적으로 인식되거나 신에 의해 계시된 체계에 맞추어진 인공적 체계라고 간주되었다. 그러나 포칵에 의하면 이러한 사고 틀에는 맞지 않는 역사적 현실이 존재했으며, 그 한 예가 바로 시민적 휴머니즘civic humanism의 언어인 것이다. 인간은 자연적으로 하나의 시민으로서 스스로 통치하면서 동시에 통치받는 이른바 시민적 삶vivere civile을 영위할 때라야 스스로의 시민성을 최고도로 발현하게 된다는 적극적 자유와 공덕심의 개념에 근거한 이 담론은 르네상스기부터 18세기 혹은 19세기까지의 유럽 정치사상사를 새로운 관점에서 재구성하는 데 크게 기여했던 것이다.[29]

스키너의 대안: 저술 의도의 복원

스키너의 접근법은 근본적으로 정치 저술을 그것을 둘러싼 언어적 맥락, 즉 화맥話脈language context에서 이해하려고 한다는 점에서 포칵의 경우와 동일선상에 있다. 그러나 포칵이 언어적 패러다임의 발견을 통해 텍스트의 역사적 의미를 밝히려고 하는 반면, 스키너는 한걸음 더 나아가 저자의 저술 의도를 되살려냄으로써 텍스트의 진정한 이해에 도달할 수 있다고 주장한다. 즉 사상사의 적절한 방법론은 무엇보다 먼저 어떤 진술을 발화함으로써 특정 시기에 상용적으로 수행될 수 있었을 모든 범위의 전달 형태를 파악하고, 이어서 이러한 언어 관례들conventions과 문제시되는 진술 간의 관계를 추적함으로써 저자의 저술 의도를 복원하는 것이다.[30]

그러면 사상사가는 어떻게 그러한 저술 의도를 알아낼 수 있는가? 스키너에 의하면, 앞서의 콘텍스트주의 비판에서 언급한 바와 같이 어떤 진지한 발화를 행한다는 것은 언제나 어떤 의미를 지니고 말하는 것일 뿐만 아니라 동시에 어떤 발화 수반력을 가지고 말하는 것이다. 어떤 행위자가 어떤 유의미한 발화를 했을 때, 그는 종종 약속한다든지 혹은 경고한다든지 하는 등의 발화 수반적 행위를 하게 된다. 따라서 어떤 진지한 발화의 발화 수반력을 파악하는 것은 곧 행위자가 그러한 발화를 행하면서 하고 있었던 것(what the agent was doing in issuing)을 이해하는 것과 같다. 바꾸어 말해서, 어떤 저술이 지닌 발화 수반적 행위를 이해하는 것은 저자가 그것을 저술하면서 지니고 있던 주요한 의도를 이해하는 것과 동일하다는 것이다.[31]

여기서 유의해야 할 점은 역사가들이 통상적으로, 따라서 엄밀한 정의를 내리지 않고 사용하는 의미meaning라는 말이 반드시 이해 understanding와 동일시될 수 없다는 사실이다. 스키너는 의미를 다음 과 같이 세 종류로 구분하고 있다. 첫째는 문법적 의미로서, 이는 우 리의 관례적 언어 지식에 따라 텍스트 속의 진술들이 뜻하는 바를 알 아내려는 시도에서 상정되는 의미이다. 두 번째는 텍스트가 독자에게 뜻하는 것으로서의 의미이다. 이 경우 이론상 거의 무한정의 의미가 존재할 수 있다. 셋째는 저자 자신이 자신의 저술 속에서 피력해놓은 것으로서, 예컨대 어떤 풍자에서 저자가 가졌던 진정한 의미는 무엇 인가를 생각할 때 문제시되는 의미이다.[32]

스키너가 특히 사회적 의미social meaning라 부르는 것은 세 번째의 경우이다. 이를 예를 통해서 살펴보자. 어떤 사람이 길을 가다가 얼음 이 언 연못에서 스케이트를 타고 있는 한 소년에게 경관이 빨리 나오 라고 소리치는 것을 목격했다고 하자. 이때 그 경관은 분명 어떤 유의 미한 발화를 하고 있다. 즉 그는 무언가를 말하고 있으며 그것은 무엇 인가를 의미한다. 그 의미는 목격자에게 여러 가지로 생각될 수 있다. 그러나 진정한 의미는 경관이 소리친 실제적 의도를 파악할 때라야 이해 가능하다. 만일 그가 연못에서 얼음을 지치는 것이 위험하다고 소년에게 경고한 것이라면, 그때 그의 말이 지니는 발화 수반력은 '경 고'이며 이는 곧 그의 의도와 일치하게 된다. 또한 그의 발화는 단순 히 언어적인 행위에 그치지 않고 경고라는 사회적 행위를 수행함으로 써 통상적인 의미가 아닌 하나의 사회적 의미를 내포하게 된다.[33] 스 키너에 따르면, 어떤 텍스트에 대한 진정한 이해는 저술 의도가 파악 되어 그 사회적 의미가 밝혀질 때 비로소 획득 가능한 것이 된다.

스키너의 방법에서 동기motive 역시 의도와는 명확하게 구별되어야 할 요소이다. 동기란 어떤 저술의 출현에 시간적으로 선행하면서 우연적으로, 따라서 인과적으로 관련되는 조건을 가리킨다. 반면 의도에는 두 가지가 있다. 첫째는 어떤 형태의 저술을 하겠다는 계획이나 생각(intention to do x)이며, 둘째는 어떤 실제 저술을 특정한 방식으로 기술하는 것, 즉 글을 쓰고 있는 중의 의도(intention in x-ing)를 가리킨다. 첫 번째 형태는 동기와 유사한 성격의 선행조건으로 간주될 수도 있으나, 두 번째 형태는 저술 그 자체의 특징을 암시하고 어떤 특정 목적의 실현, 즉 어떤 행동의 지향점을 가지는 것으로서, 이는 결코 인과관계의 일환으로 파악될 수 없다.[34] 예컨대, 마키아벨리의 《군주론》이 메디치가의 군주에게 아첨하여 관직에 복귀하려고 쓰였을지 모른다는 주장이 있을 때, 이는 저술 동기가 될 수는 있어도 결코 저술 의도로 간주될 수는 없을 것이다. 왜냐하면 그러한 동기가 어쨌든 《군주론》을 있게 한 하나의 원인일 수는 있겠지만 그것만으로는 그 책이 왜 그러한 특정 방식으로 쓰였는지를 이해할 수는 없기 때문이다.

스키너와 포칵은 모두 텍스트가 몸담은 언어적 맥락을 먼저 규명해야 한다고 주장하는 데 있어서는 공통점을 가지고 있다. 우리는 이를 앞서 스키너가 비판한 바 있는 통상적 의미의 콘텍스트주의와 구별하여 언어적 콘텍스트주의, 즉 화맥주의話脈主義linguistic contextualism라고 부를 수 있을 것이다. 그러나 스키너는 포칵과 같이 언어만을 정치사상사 연구의 기본 단위로 삼으려는 시도는 적어도 다음과 같은 두 가지 한계를 가지고 있다고 경고한다. 첫째, 만일 텍스트에서 사용된 언어와 상용 어법에만 관심을 둔다면, 우리는 아이러니나 완곡성 등 저자가 표면상 말하는 것처럼 보이는 것과는 다른 어떤 것을 잘 인식하지 못할 수도 있다. 둘째, 어떤 저자를 완전히 상이한 언어 관례에서 잘못 파악하여 결과적으로 그의 정치 저술 전체의 목표를 오해하게 될 위험성이 있다. 예컨대, 볼링브로크는 휘그파의 주요 정적이었음에도 불구하고 그의 저술에서 매우 급진적이고 각별히 해링턴적인 정치관을 피력하고 있다. 그러나 누구도 이러한 모순성이 어떤 정치 언어에 근거한 것인지를 명확히 밝히지 못하고 있으며, 포칵조차도 그를 오히려 "가장 특기할 만한 신해링턴주의자"라고 규정짓는 오류를 범하고 있다는 것이다.[35]

이러한 문제를 해결하기 위해서는 어떻게 해야 하는가? 스키너에 의하면, 담론 혹은 언어 관례의 전통뿐 아니라 저자가 글을 쓰면서 무엇을 하고 있었는지를 물어야 한다. 같은 언어 전통에 속하면서도 다양한 작업을 하는 다양한 저술가들이 존재할 수 있기 때문에, 분석의 초점은 언어 그 자체에만 맞추어질 것이 아니라 어떤 시점에서 그러한 언어를 가지고 산출해낼 수 있는 저술의 범위에 두어져야 한다. 바꾸어 말해서, 어떤 저술가가 어떤 일련의 개념이나 용어들을 사용할 때, 그가 행하는 화행의 범위는 표준적으로 어떤 정도인가를 연구해야 하는 것이다. 볼링브로크의 경우, 그의 의도는 스스로가 믿는 일련의 정치원리를 표현하고자 하는 것이 아니라 그의 정적들에게 그들이 신봉한다고 말하는 원리들을 "생각나게" 하려는 것이었다. 스키너는 이러한 사실이야말로 단지 언어 그 자체의 분석만으로는 전혀 해명해낼 수 없는 것이라고 주장한다.[36] 결국 스키너가 제시하는 방법론의 핵심은 텍스트에 대한 진정한 이해를 얻기 위해서는 언어의 분석에 머물 것이 아니라 그것에 기초하여 저술 의도까지도 해명해야 한다는 것으로서, 이는 아마도 화맥주의에 기초한 의도주의intentionalism라고 부를 수 있을 것이다.

포칵과 스키너의 방법론에 관련된 문제들

포칵과 스키너의 방법론에 대해서 제기될 수 있는 의문점들 중 하나는 이른바 해석학적 순환의 문제이다. 그들이 공통적으로 근거하고 있는 화맥주의적 접근법은 화맥 속에서 언어나 언어 관례들이 문제가 되는 텍스트의 역사적 의미를 규정한다는 것을 기본 전제로 하고 있다. 그러나 그와 동시에 각각의 텍스트는 집합적으로 스스로가 몸담은 언어와 언어 관례들을 형성하고 있다. 즉 언어와 언어 관례들은 그것에 속한 텍스트들의 성격을 규정하는 반면, 거꾸로 개개의 텍스트들은 모여서 언어와 언어 관례를 구성한다. 간단히 말해서 전체는 부분의 의미를 규정하지만 전체의 의미는 부분의 의미들로 이루어지는 것이다. 이는 순환론적 논리가 아닌가?

이에 대한 포칵과 스키너의 입장은 상당한 차이가 있다. 포칵은 해석학을 둘러싼 복잡한 문제에 휘말림이 없이 실제적 측면에서 이 문제를 비켜가려고 하는 것처럼 보인다. 그는 연구자가 제시한 언어가 자신이 만들어낸 것이 아니라 실제로 존재했던 것임을 논리적으로 완전히 입증하기는 힘들다고 말하면서, 길은 오직 많은 실례를 보임으로써 화맥주의적 방법이 해석학적 순환 속에 갇혀 있다는 주장을 약화시키는 것밖에 없다고 이야기한다. 그에 따르면, 어떤 언어가 새로이 발견되었다고 생각될 때, 역사가는 그것이 구체적인 상황 속에서 어떻게 적용될 것인지를 예측해볼 수 있다. 즉 포칵의 '언어'는 가설적 성격을 지니고 있는 것이다. 이러한 의미에서 포칵의 방법은 실증적 측면을 강조한다고 할 수 있다.[37]

스키너는 포칵과는 달리 해석학적 입장을 적극적으로 받아들이고 있다. 따라서 해석학적 순환은 회피될 것이 아니라 의미 탐구를 위한 하나의 인식 틀로서 활용되어야 할 성질의 것이 된다. 스키너는 전통적인 해석학 이론과 비교적 최근의 분석적 언어철학 간의 유사성을 강조하면서, 저술 의도가 텍스트의 의미를 이해하는 데 필수적임을 주장한다. 즉 그는 텍스트의 해명과 그것에 대한 가치 평가를 구분하고 저자가 글을 쓰는 중에 하고 있었던 것과 그 저술의 의미를 동일시하려는 해석학의 관점과, 저술 의도가 그 저술의 의미에 우연적이 아니라 논리적으로 일관되게 연결된다는 화행론적 견해를 상호 수렴시키려 하고 있는 것이다. 이에 따르면, 해석의 목적은 텍스트의 의미를 드러내게 하는 적절한 독법을 제시하는 것으로서, 그 방법은 해석학적 순환의 길을 따라 텍스트가 귀속되고 또한 그 명확한 의미를 추출케 하는 '가정과 관례들'의 영역 속에 텍스트를 위치시키는 것이다.[38]

포칵과 스키너가 공통적으로 화맥주의를 표방하면서도 해석학적 순환의 문제에 관해서는 이렇게 상이한 견해를 보이는 이유는 무엇인가? 이는 물론 각각 언어의 발견과 저술 의도의 복원을 주장하는 양자의 방법론적 차이에서 일부 기인하고 있을 것이다. 그러나 더 근본적인 이유는 역사 자체에 내재된 이른바 과학성과 문학성에 대한 해묵은 문제에서 찾을 수 있다.

역사는 분명 과거에 일어난 사건들에 관한 것이므로 역사가라면 당연히 당시의 시점에서 사건을 바라보려고 하는 노력이 요구된다. 그러나 포칵과 스키너의 주요 개념 틀 중 하나인 패러다임 이론에 의하면, 통상적으로 현재의 연구자가 과거의 사건을 완전히 그 시점에서 이해하기란 거의 불가능에 가깝다. 그들이 제시한 언어적 맥락은 바로 과거를 과거로서 파악하게 해주는 길을 제공한다. 포칵은 그 방법이 적어도 '어느 정도'까지는 과거를 복원시켜줄 것이라는 정도에서 입장을 정리한다. 반면 스키너는 해석학을 원용하여 과거의 복원과 현재의 이해가 불가분의 관계에 있음을 입증하려고 애쓴다. 그러나 근본적으로 독자의 현재적 '지평'을 통하여 텍스트에 대한 이해에 도달할 수 있다는 해석학의 일반적 입장을 감안할 때, 특히 원저자의 의도를 강조하는 스키너의 방법이 해석학적 관점과 어디까지 접합될 수 있을지는 의문이다.[39]

　포칵과 스키너의 접근 방법에 내재된 또 하나의 중요한 문제는 역사의 유용성에 관한 것이다. 이는 곧 사상사가 '단지' 텍스트가 쓰일 당시의 역사적 의미만을 중요시한다면, 우리는 그러한 텍스트를 통하여 현재 무엇을 배울 수 있을 것인가의 문제이다. 흔히 역사는 우리에게 무언가를 가르쳐준다고 일컬어져왔으며, 각별히 '고전'은 시대를 초월하여 보편적인 삶의 의미를 보여준다고 이야기되고 있다. 분명히 문학적 텍스트는 이 점에서 자유롭다. 현재의 독자는 도스토예프스키의《죄와 벌》을 읽으면서 저자가 본래 어떤 언어로, 또는 어떤 의도로 그것을 썼는가에 무관심할 수도 있을 것이다. 원래의 언어 관례와 저술 의도를 아는 것이 작품을 이해하는 데 도움이 될 수도 있겠지만, 그러한 과정이 절대적으로 필요하다고는 할 수 없다. 그러나 마키아벨리의《군주론》의 경우는 어떤가? 우리가 역사가라면 결코 당시 저자가 어떤 언어로, 또 어떤 의도를 가지고 그것을 썼던가를 묻지 않을 수 없을 것이다. 우리가 현재 마키아벨리로부터 무언가를 배울 수 있다면 그것은 어떤 종류의 것일까? 독재자의 통치 방식일까? 혹은 정치의 부도덕성일까? 아니면 성공의 처세술일까? 물론 이 모든 것을 배울 수도 있을 것이며, 이런 방식으로 그 저술을 읽지 말라는 법도 없다. 그러나 한 가지 명확한 것은 그러한 이해 방식을 결코 역사적이라고 부를 수는 없다는 점이다. 적어도 이 점에서 우리는 포칵과 스키너의 접근 방법에 동의하지 않을 수 없을 것이다.

우리는 분명 역사로부터 무언가를 배운다. 그러나 그것은 통상적인 의미의 지식이 아니다. 만일 어떤 정치가가 마키아벨리가 제시한 통치 방식을 그대로 — 사실 이것 자체가 불가능한 일이지만 — 적용하려 한다면, 그것만큼 무지한 행위도 없을 것이다. 역사로부터 배운다는 것은 곧 직·간접으로 무언가를 경험한다는 것을 뜻하며, 이러한 경험은 결코 통상적인 지식의 형태로 완전히 환원될 성질의 것이 아니다. 그것은 지식이라기보다는 일종의 통찰력이자 지혜이다. 역사는 우리에게 미래의 사건을 예측케 하는 자연과학적 법칙과 같은 것보다는, 인간의 모든 가치와 태도와 인식들이 항상 변화하고 있으며 그러한 변화 속에서 현재 자신이 어떤 길을 택해야 할 것인지를 직관적으로 보여주는 것이다. 우리가 과거의 사상을 통하여 배울 수 있는 것도 바로 이러한 종류의 통찰력인 바, 이는 텍스트의 역사적 의미를 상상적으로 재구성함으로써가 아니라 연속적인 시간적 계기 속에서 그것이 실제로 어떻게 인식되고 읽혀져왔는가를 해명할 때라야 획득될 수 있다. 포칵의 언어의 발견과 스키너의 저술 의도의 복원은 바로 이러한 과정의 역사적 출발점으로 생각될 수 있을 것이다.

12

지구윤리, 문명충돌, 역사가의 비전

알렉스 크루글리, 〈이스탄불 여행 포스터〉(2021).

각자의 문화적 정체성을 지키면서도
서로 간의 혼합을 두려워하지 않는
공감의 시선이야말로 우리에게 필요한 것이며,
고급한 학문 수준에도 불구하고,
데이비스와는 달리 루이스와 같은 오리엔탈리스트에게
결정적으로 결여된 것이 바로 이러한 점이다.
각자의 문화적 정체성을 지키면서도
서로 간의 혼합을 두려워하지 않는 공감의 시선과,
바로 그 시선이 가져다주는 미래에 대한 희망의 메시지야말로
역사가가 사람들에게 줄 수 있는 최고의 선물이며
동시에 역사가가 반드시 견지해야 하는 비전이 아니겠는가.
적어도 이러한 '희망의 비전'에서만은
한스 큉도 우리와 생각을 같이할 것이다.

큉 v 헌팅턴

2001년 무슬림 과격파에 의한 전대미문의 테러로 전 세계를 경악케 한 이른바 "9·11"이 일어났을 때, 아마 어떤 사람들은 이미 이런 일이 있을지도 모른다고 경고한 두 "예언자"의 이름을 머리에 떠올렸을 수도 있을 것이다. 그들은 공히 지구적 전망을 통해 현 세계가 얼마나 위험하고 불안한 상태에 있는지를 설파하고, 앞으로 이를 어떻게 극복할 수 있을지, 한 사람은 종교적 차원에서, 다른 한 사람은 정치적 차원에서 각자의 방안을 제시했다. 거의 "예언적 어조"로 천명된 그들의 주장은 전 세계에서 수많은 사람들의 지지와 호응을 얻었고, 그들의 비판자들조차도 그들이 던진 메시지의 중요성을 인정치 않을 수 없었다. 그들의 "예언"은 이후 수많은 사람들에게 강력한 권위를 행사하는 '담론'이 되었다. 튀빙엔의 신학자 한스 큉과 하버드의 정치학자 새뮤얼 헌팅턴이 바로 그들이다.

일찍이 교황 무류설에 대한 거부를 통해 가톨릭 교리의 편협성을 비판했던 큉은, 1980년대 후반부터 이슬람, 유대교, 불교 등 비그리스도교와의 대화가 세계 평화에 매우 중요하다는 메시지를 전하기 시작했다. 1990년 2월 다보스에서 개최된 세계경제포럼에서 그는 인류의 생존을 위해서 지구윤리Weltethos; Global Ethic라는 것이 필요하다는 것을 역설했다. 그는 자신의 이러한 구상을 같은 해에 간행된《지구윤리 구상》이란 소책자에 압축해놓았다. 그는 이 책에서, "지구윤리 없이는 생존이 없다", "종교 평화 없이는 세계 평화가 없다", "종교 대화가 없이는 종교 평화가 없다"는 세 모토로 자신의 주장을 간명하게 요약했다. 그는 종교 간의 오랜 반목과 오해를 지양하고 참된 인간성에 기초한 보편윤리를 천명해야 할 때가 왔음을 알렸다. 그는 종교 간의 차이보다는 그 모두에 본질적인 공통 교의를 추출하여 종파에 관계없이 그것을 받아들이도록 한다면, 그것이야말로 미래를 위한 인류의 새로운 윤리가 될 것이라고 생각했다. 그는 이러한 목표를 위해 세계의 종교 지도자들이 진지하고 강도 높은 대화를 나눌 것을 강력히 요구했다.[1]

큉의 지구윤리 구상은 1993년 9월 시카고에서 열린 세계종교의회 Parliament of the World's Religions에서 20여 개의 다양한 종교를 대변하는 140여 명의 지도자들이 그가 발의한 "지구윤리를 향하여"에 동의하고 서명함으로써 앞으로의 본격적인 논의를 위한 중요한 계기를 마련했다(하지만 이름이 확인되는 서명자 142명 중 10명 이상을 대변하는 경우는 그리스도교 42명, 힌두교 18명, 무슬림 16명, 불교 14명뿐이었고, 무슬림 대부분도 미국인이라는 한계를 보이고 있다). "세계는 고통 속에 있다"는 비장한 어조로 시작되는 이 문서는, "우리의 세계가 근본적인 위기를 겪고 있으며, 그 위기는 지구적 차원의 경제적·생태적·정치적 위기"라고 규정한다. 그리하여 "고원한 비전의 결여, 실타래처럼 엉킨 미해결의 문제들, 정치적 마비 상태, 통찰도 예견도 갖추지 못한 범상한 지도력, 그리고 공공복리에 대한 관심의 부족이 세계 도처에서 발견되는 일반적 현상"임에도 불구하고, 이러한 "새로운 도전"에 제대로 응하지 못하고 단지 "진부한 대답"만을 되풀이하고 있는 것이 현재의 상황이라는 것이다.

하지만 큉에 따르면, "더 나은 개인과 지구적 질서의 가능성"을 제공할 올바른 대답은 이미 마련되어 있다. 세계의 다양한 "종교적 가르침 속에서 발견되는 일련의 공통적인 핵심 가치들"이 바로 그것으로,

이야말로 "지구윤리의 기초"를 형성한다는 것이다. 이 지구윤리는, 달리 말하자면, "여러 가치들과 변경할 수 없는 표준들과 근본적인 도덕적 태도들에 대한 최소한의 근본적 합의"이다. 우리에게 "이러한 진리는 이미 알려져 있으나, 마음과 행동을 그에 따라 살지 못하고" 있을 뿐이라는 것이다. 큉과 그를 지지하는 종교 지도자들이 말하는 지구윤리란 "기존의 모든 종교들을 넘어서는 어떤 지구적 이념이나 단일한 통합 종교"를 뜻하지는 않으며, "다른 모든 종교에 대한 한 종교의 지배"를 뜻하는 것은 더욱 아니다. 그들이 의미하는 것은 "구속력을 가진 가치들과 변경할 수 없는 기준들과 개인적 태도들에 대한 근본적인 합의"이다. 그리하여 그들은 이러한 윤리적 합의 없이는 "조만간 모든 공동체가 혼돈과 독재에 의해 위협받을" 것이며, "개인들 역시 절망에 빠질" 것임을 경고하고 있다.[2]

큉이 말하는 "종교적 가르침 속에서 발견되는 일련의 공통적인 핵심 가치들"을 단 하나의 문장으로 요약한 것이 바로 "남에게 대접받고자 하는 대로 남을 대접하라"는 "황금률"이다. 그는 이러한 절대적 규범이 예수 이전에 이미 공자("네 자신이 원하지 않는 바를 다른 사람에게도 행하지 말라"), 유대교("다른 사람이 너에게 행하기를 원하지 않는 바그것을 다른 사람에게 행하지 말라")의 경우에도 확인되고 있으며, "네의지의 기준이 언제든지 보편적인 입법의 원리가 될 수 있도록 행동하라"든지 혹은 "너의 인격은 물론 다른 사람의 인격도 포함하여 인간을 언제든지 수단으로서가 아니라 목적이 되도록 행동하라"고 한 칸트의 정언 명령 역시 이러한 황금률의 현대화, 합리화, 세속화로 이해될 수 있음을 지적한다.[3]

이러한 황금률을 확장한 것이 큉이 만든 "최초의 선언An Initial

Declaration"에 담긴 다음과 같은 4가지의 실천 규범들이다. 1) 비폭력 및 생명 존중의 문화에 대한 헌신, 2) 단결 및 정당한 경제질서의 문화에 대한 헌신, 3) 관용 및 진실한 삶의 문화에 대한 헌신, 4) 남녀 간의 평등한 권리 및 동반자 문화에 대한 헌신.[4] 종교 간의 대화를 통한 지구윤리의 확립에 대한 퀑의 구상은 2001년 9월에 유엔이 개최한 "문명 간의 대화"에서 그가 "19명의 저명한 인물" 중 하나로 중요한 역할을 맡음으로써 더욱 고양되었다.

1993년 여름, 퀑의 "지구윤리 선언"과 거의 때를 같이하여, 새뮤얼 헌팅턴은 〈문명의 충돌?〉이란 제목의 글을 발표했다. 그는 여기서, 제2차 세계대전 후 미국과 소련을 주축으로 한 냉전 체제가 무너지고 유일한 초강대국인 미국이 지배하는 다극 세계가 출현했지만, 이는 결코 후쿠야마 식의 "역사의 종언"을 의미하는 것이 아니라, 더욱 통제하기 어려운 경쟁의 시대로 접어들게 된다는 것을 뜻한다고 주장했다. 이 새로운 세계의 판도는 이제 이데올로기가 아니라 문명의 상이한 특징들에 의해 구분될 것이며, 그러한 특징들 중 가장 중요한 요소가 다름 아닌 종교라는 것이 그의 지적이었다.[5] 이 글은, 제목의 물음표가 시사하듯이, 일종의 시론으로 쓰인 것이었지만, 예상 외의 큰 반향에 고무된 그는 3년 뒤 이 주제를 더 심화시킨 저작 《문명의 충돌과 세계질서의 재편》을 내놓았다.

그는 먼저, 앞으로의 갈등과 충돌은 주로 문화 지형의 차이에 의해 야기될 것이라는 전제 하에, 세계의 주요 문명을 중화, 일본, 힌두, 이슬람, 정교, 서구, 남미, 아프리카의 8개 권역으로 나누었다. 그는 이러한 문명들이 각자가 지닌 상이한 특징들로 인해 서로의 가치들을 공유하는 데는 상당한 한계가 있다고 보았다. 그는 특히 문명 간의 상이성을 강조하기 위해 "단층선"이란 지질학적 용어를 차용했다.[6] 지구의 땅덩어리가 다수의 판으로 이루어지고 각 판의 경계를 따라 단층선이 존재하며 이 단층선이 수시로 충돌함에 따라 지진과 화산 폭발이 일어나듯이, 문명의 판들도 서로 부딪히면서 갈등을 일으킨다는 것이다.

이러한 개념은 그 근거도 미약할 뿐 아니라, 마치 문명이 변하지 않는 지질학적 판들처럼 근본적으로 상호 배타적이라는 잘못된 이미지를 심어줄 위험성이 아주 크다. 서구는 이제 더 이상 자신의 가치들을 비서구 문명에 확산하려 해서는 안 될 것이라는 그의 경고도 이러한 유사-개념의 연장선상에 있다. 결론적으로 그가 서구와 미국의 정책입안자들에게 제시한 해결책은 이렇다. 1) 각 문명의 활동 범위를 어느 정도 인정하되 남미와 같이 서구 문명에 동화될 수 있는 경우는 동화시킨다. 2) 그렇지 못한 경우는 그 문명에 대한 핵심국의 권한을 인정하고 그들과 협상한다. 3) 이러한 문명 간의 세력 균형을 통해 세계 평화를 유지한다는 것이었다. 그는 책의 마지막 구절에서 자신의 주장을 다음과 같이 요약하고 있다. "다가오는 세계에서 문명과 문명의 충돌은 세계 평화에 가장 큰 위협이 되며, 문명에 바탕을 둔 국제질서만이 세계대전을 막는 가장 확실한 수단이다."[7] 이데올로기에 의한 냉전(서구-미국 대 소련-중국)이 문명을 표방한 냉전(서구 대 이슬람)으로 바뀌었을 뿐, 헌팅턴의 냉전 체제적 사고는 그대로이다.

큉과 헌팅턴은 서로 매우 다르게 보이지만 의외로 비슷한 점을 많이 공유하고 있다. 큉은 종교 간의 적극적인 대화와 지구윤리를 통해 세계의 갈등을 줄여나가야 한다는 개방적이고 전향적인 성향의 가톨릭 신학자이고, 헌팅턴은 전통적인 세력 균형 개념을 신봉하는 현실주의 정치학자이다. 전자의 비전은 고원하고 이상적이며, 후자의 대안은 지극히 현실 지향적이다. 하지만, 이런 차이에도 불구하고, 둘은 현실인식의 틀에서 매우 유사한 점을 지니고 있다. 즉 둘 모두가 스스로를 하나의 단일 종교, 혹은 단일 문명에 속해 있다고 간주하면서 자신과 다른 사람들을 역시 단일한 다른 어떤 종교 혹은 문명의 일원이라고 규정짓고 있다는 것이다.

이는 사실 전형적인 타자화의 방식이다. 이러한 인식 틀의 문제점은 크게 두 가지다. 1) 그것은 자신이 속해 있다고 생각되는 집단이 지닌 다양성과 이질성을 획일화하고 단순화한다. 2) 그것은 이러한 획일적 자기 정체성에 기초하여 다른 집단을 역시 획일화함과 동시에 자신보다 열등한 존재로 간주한다. 이러한 문제점은 최근에 "지구사"를 주창하는 역사가 브루스 매즐리쉬가 날카롭게 지적한 문명 개념의 본질적인 한계에 기인한다. 문명은 애초부터 남을 타자화하는 방식으로 만들어졌다는 것이다(그러면서도 그가 '지구 문명global civilization'이란 형용 모순적 이상을 지향하는 점이 흥미롭다).[8]

큉은 종교를, 헌팅턴은 문명을 화두로 삼았지만, 사실상 그들에게 이 두 개념은 거의 상호 치환될 수 있다. 종교란 교리만으로 이루어지는 않는다. 그것은 언제나 전통이란 이름 아래 현재화된다. 또한 종교를 제외한 문명 역시 생각하기 힘들다. 종교는 문명의 핵심 요소이기 때문에, 결국 종교와 문명은 서로 떼려야 뗄 수 없는 관계에 있다. 한 종교가 다른 종교에 대해 대화를 제의한다든지, 한 문명이 다른 문명과 협상하거나 그것을 견제한다는 발상이 개념적으로나 현실적으로나 과연 가능한 것일까? 큉과 헌팅턴은 바로 이 지점에서, 자신들이 말하는 종교와 문명이란 것이 사실은 오랜 시간 동안 매우 다양한 세력들의 관념과 관습과 권력관계에 의해 만들어져온, 대단히 분화되고 복잡다단한 실체라는 것을 간과하거나 저평가하는 공통적인 오류를 범하고 있다.

큉과 헌팅턴이 공유한 또 하나의 유사점은 그들의 주장이 사실상 서구와 이슬람의 관계에 집중되고 있다는 것이다. 그들이 제시한 "지구윤리"와 "문명적 세계질서" 개념은 외면상 지구적 전망 속에 있지만, 그 초점은 사실 서구 대 비서구, 특히 서구 그리스도교 문명 대 이슬람 문명이라는 대결 구도에 맞추어져 있다. 큉은 그리스도교, 유대교, 이슬람, 힌두교, 불교, 유교 등 세계의 다양한 종교들에 대해 언급하고 있지만, 그가 말하는 종교 간의 대화는 결국 그리스도교와 이슬람교의 대화에 다름 아니다. 이 둘 사이의 갈등에 비하면 다른 종교를 가진 세계들 간의 갈등은 미미한 정도이다.

큉이 원했던 대화에 대한 긍정적 응답은 "예기치 않게도" 서구 및 미국에 적대적인 이란으로부터 왔다. 1998년 9월의 유엔총회 연설에서, 이란 대통령 모함마드 하타미는 "보편적 정의와 자유의 실현"을 향한 첫 단계로 2001년을 "문명 간의 대화의 해"로 정할 것을 제의했다. 큉은 이러한 제의를 자신의 "종교 간의 대화" 및 "지구윤리" 구상과 동일시하며 커다란 환영의 뜻을 나타냈지만, 하타미의 의도는 사실 헌팅턴의 "문명의 충돌" 테제가 호메이니를 따르는 이란 내 보수 과격파를 자극할 것을 우려한 데 있었다. 그는 이러한 대화 제의를 통해 개혁파의 입지를 강화하고, 이란이 페르시아 문명의 후계자인 동시에 아랍 문명의 강력한 일원이라는 것을 천명하고자 하는 것이었다.[9]

하지만 바로 그 "대화"의 해에 기다렸다는 듯이 "9·11"이 발생함으로써 무슬림 보수 과격파들은 큉보다는 오히려 헌팅턴의 사도들임을 극적인 방식으로 보여주었다. "문명의 충돌"에 관한 헌팅턴의 책 역시, 8~9개 문명의 구분에도 불구하고, 이른바 "단층선 전쟁"의 압도적 다수는 유라시아와 아프리카 지역의 이슬람 교도와 비이슬람 교도 ― 대다수는 유대-그리스도교도 ― 를 가르는 "유혈 경계선"에서 발생한 것으로 보고 있다. 팔레스타인 분쟁은 말할 것도 없고, 더 최근의 보스니아-세르비아 분쟁도 한 예이다. 헌팅턴에 따르면, 서구 그리스도교 세계와 이슬람 세계는 끊임없는 경쟁과 전쟁의 관계 속에 있었고, 그래서 양 세계가 충돌하는 원인은 단지 "누가 지배하고 누가 지배당해야 하는가"라는 양자 선택의 물음으로 귀결될 뿐이다.[10] 그가 "문명의 충돌" 테제를 제시한 것도 이런 점에서 하등 이상할 것이 없다.

큉과 헌팅턴이 공유하는 ― 둘이 이러한 "공유"의 의도를 갖지는 않았겠지만 ― 가장 큰 문제점은 서구-그리스도교 세계와 이슬람 세계가 서로 주고받았던 끊임없는 혼종과 교차의 역사를 간과하고 있다는 데 있다. 존경받는 신학자 큉이 헌팅턴의 문명충돌 테제에 대해 명확히 반대하는 입장에 있다는 것은 의심의 여지가 없다. 하지만 그 역시 은연중 지방적-지역적 층위에서의 교류보다는 국가적-문명적 층위에서의 대립을 과거 두 세계를 결정지은 중요한 패러다임으로 받아들였다. 둘 사이에 차이점이 있다면, 단지 큉은 낙관적 관점에서 앞으로는 종교 간 대화가 서구와 이슬람 세계 사이에 "신뢰의 다리를 세우고 안정된 관계를 확립할" 수 있으며, 헌팅턴이 아니라 오히려 자신의 구상이야말로 이를 위한 "유일한 현실적 대안"이라 믿고 있다는 것일 뿐이다.[11]

지금 우리가 경계해야 하는 것은 바로 이러한 역사적 단순화이다. 과연 종교 혹은 문명이 두 세계의 충돌을 야기하는 근본 원인이란 말인가? 큉과 헌팅턴은 공히 전후 두 세계 사이에서 목도되어온 갈등을 두 종교 혹은 두 문명 간의 필연적 갈등인 것으로 과장하고 있다. 큉과 헌팅턴은 그 의도와 동기의 상이함에도 불구하고 모두 위로부터 아래로 향하는 역사관을 가지고 있다. 그들은 지방-지역의 좀 더 미시적 규모에서 사람들이 어떻게 살았는가에 대해서는 별다른 관심이 없다. 마치 고대의 자연법처럼 위로부터 부과되는 큉의 지구윤리가 불변적이고 고착적 성향의 단층선으로 구분된 헌팅턴 식 문명의 충돌에 대한 대안이 될 수 있겠는가.

버나드 루이스: 문명충돌론의 원류

역사가로서 나는 이러한 논의에 어떤 기여를 할 수 있을까? 역사학이란 증거에 기초하는 학문이므로 증거 그 자체가 진실을 이야기할 것이라고 믿는 사람들이 아직도 없지는 않다. 하지만 20세기 후반, 역사와 역사 서술의 본질에 대한 다양한 성찰과 반성이 제기된 이후, 이제 많은 역사가들은 자신들의 이야기가 곧 누구에게나 진실이 될 수는 없다는 점을 잘 알고 있다. 누구의 역사이며 누구의 진실인가를 스스로 되묻기 시작했기 때문이다. "누구의?"라는 의문은 종교와 문명의 개념을 둘러싼 보편성의 외피를 벗겨낸다. "누구의 문명? 누구의 종교?"라는 물음에 누가 어떻게 대답할 것인가? 역사가의 입장에서 큉과 헌팅턴의 거대 패러다임이 불편한 것도 바로 이 때문이다. 물론 이런 질문을 던진 역사가로서도 그것에 대한 명쾌한 대답을 내놓기는 어렵다. 하지만 인식의 전환은 필요하다.

무엇보다도 우리는 종래의 역사책에서 흔히 보는 '정복자 사관'을 벗어나야 한다. 그것은 기껏해야 문명과 국가, 혹은 왕조의 "흥망" 사관이 되든지, 더 나아가면 정복하고 정복당하는 '복수 사관'으로 전락하게 될 것이다. 이런 역사관에는 희망이 없다. 단지 힘과 권력의 흥망성쇠만 있을 뿐이다. 그러므로 앞으로의 역사 서술은 큰 중심들이 아니라 작은 중심들, 대규모의 문명이나 국가나 왕조 간의 정치적, 경제적 쟁패가 아니라 소규모의 지방 혹은 지역 간의 문화적 교류, 혼종, 교차에 초점을 맞출 필요가 있다. 동시에 그들의 삶과 교류의 자취를 가능한 한 세세히 묘사하는 것도 중요하다. 관찰 규모가 축소될수록 그리고 묘사가 촘촘할수록 행위 주체로서의 인간에 대한 공감이 커지기 때문이다.[12] 역사가가 인간에 대한 공감을 잃어버리면 그것은 곧 추상적인 권력 쟁패의 역사로 전락한다. 공감이란 곧 희망이며, 역사 서술도 일종의 담론인 이상 희망을 주는 담론이 되어야 하는 것이다. 바로 이 지점에서 역사가는 비로소 큉의 대화에 끼어들 수 있다.

여기 두 명의 역사가가 있다. 그들 모두가 각각의 분야에서 커다란 명성을 갖고 있지만, 희망의 담론이란 기준에서는 매우 대조적이다. 프린스턴의 이슬람 사학자 버나드 루이스와 역시 프린스턴의 프랑스 사학자 내털리 제이먼 데이비스가 그들이다.[13]

루이스는 중·근동 이슬람 세계의 역사에 관한 한, 영미권에서 금세기 최고의 학문적 영향력을 가지고 있다고 일컬어지는 인물 중 하나이다. 영국 중산층 유대인 가문 출신이었던 그는 런던대학교의 동양·아프리카학 대학에서 이슬람사로 박사학위를 받은 뒤, 1949년 이 대학의 중·근동학 교수로 임명되었다. 1974년에서 1986년 사이 그는 프린스턴과 코넬에서 가르쳤고, 1982년 미국으로 귀화했다. 그는 아랍어, 터키어, 페르시아어, 히브리어 등 중동·아프리카의 다양한 언어에 대한 해박한 지식을 바탕으로 중세 및 근대에 걸친 거의 모든 이슬람 역사를 연구했다. 1966년 이후 그는 북미중동학회MESA의 창립 멤버로 활동했으나, 2007년 그곳을 뛰쳐나와 새로이 중동·아프리카 학회ASMEA를 세웠다. 전자가 중동에서의 이스라엘과 미국의 역할에 비판적인 학자들이 지배하는 곳이었기 때문이었다. 그는 실제로 조지 W. 부시 정부를 포함하여 오랫동안 미국 중동 정책의 중요한 조언자 중 한 사람이었다.[14]

이슬람 세계에 대해 루이스가 쓴 많은 저작들 중 그의 오리엔탈리즘적 태도의 아주 미묘한 측면을 잘 보여주는 한 예가 1967년에 나온 《산山 노인파: 이슬람의 한 과격 종파》이다.[15] 그는 여기서 11세기 후반 이스마일파 계열의 하산 이 삽바가 창시한 이른바 "산 노인파"의 활동과 그 특징을 세세히 그리고 있다. 이 종파는 특히 그들의 교의를 억압하거나 비난하는 다른 모든 종파의 지도자를 암살하는 관행으로 유명해졌다. 그들이 노린 것은 주로 무슬림이었으나, 십자군전쟁 시 콘라도 디 몬페라토, 즉 예루살렘 왕국의 콘라트 1세를 살해함으로써 그리스도교도들에게 악명을 남겼고, 이후 그들은 유럽 제후들에게 "아싸씨니"란 이름으로 알려졌다. 루이스는 당대의 전언과 이후의 연구들을 치밀하게 검토하여, 교의의 특징, 종파명의 유래, 이스마일파와의 관련성 등을 따지며 그 위세가 꺾였던 13세기 말까지의 흔적을 추적하고 있다. 그는 서구 최고의 이슬람 학자답게 1차 자료와 선행 연구들을 상호 비교하면서 논의를 아주 정치하게 이끌어나가고 있다.

문제는 그처럼 정치한 학문적 논의 뒤에 숨어 있는 그의 이데올로기적 편향이다. 앞의 장들이 매우 학문적인 것과는 달리, 마지막 장인 "수단과 목적"은 이슬람을 바라보는 자신의 관점이 본질적으로 어떤 것인지를 가감 없이 — 하지만 아주 미묘하게 — 보여준다. 그는 서두를 산 노인파가 암살을 창안해낸 것이 아니라 다만 그것에 이름을 빌려주었을 뿐이라면서, 그리스도교 세계에서도 초기부터 그런 일들이 있었다고 말한다. 또한 스스로의 교의를 수호하기 위해 타인을 암살하는 산 노인파의 특징 역시 보편적인 현상이라고 전제한다. 하지만 좀 더 뒤로 가면 갑자기 산 노인파에 "테러"라는 표현을 적용하기 시작한다. 그들은 "테러(공포)를 계획적이고 체계적이며 장기간 사용했다는 점에서 선례가 없는" 집단이며, 그래서 "최초의 테러리스트"라고 부를 수도 있을 것이라는, 다소 파격적인 주장을 하고 있다. 그는 한 현대 학자의 말을 인용하여, "테러리즘이란 ……아주 제한적인 조직에 의해 수행되며, 테러 실행의 명분을 제공하는 대규모의 목표들을 가진 지속적 프로그램에 의해 고무된다"고 하면서, 바로 "이것이 하산이 택한 방법, 그가 창안해냈다고 해도 무방한 그런 방법"이라고 단언하고 있다. 이후 그는 하산의 방식을 "테러리스트 공격"이자 "지속적인 테러"로 규정하고 있다.[16]

아무런 구체적·이론적 논의도 없이, 산 노인파의 암살 관행을 현대적 의미의 테러리즘과 연결시키는 루이스의 태도에는 대단히 의심스러운 측면이 있다. 장 제목을 "수단과 목적"이라 붙인 것도 마치 "목적은 수단을 정당화한다"는 속류 마키아벨리즘을 떠올리게 한다(아마 루이스는 어떤 의미에서든 결코 — 적어도 외면적으로는 — 마키아벨리즘을 옹호하지 않을 것 같다). 2002년에 그는 자신의 서문을 단 새로운 판을 냈는데, 여기서도 미묘한 줄다리기는 계속되고 있다. 그는 언제나 약간의 단서를 달고는 있지만, 산 노인파와 현대 이슬람 테러범 사이에는 놀랄 만한 유사성이 존재한다든지, 오늘날의 자살 폭탄 테러의 원조라든지 하는 말을 거침없이 쓰고 있는 것이다.[17]

루이스의 글쓰기 전략은 한편으로 정치하고 고급한 학문적 수준을 유지하는 듯하면서도 군데군데 자신의 이데올로기적 가치를 심어놓는 방식인 것으로 보인다. 이런 류의 글에 내재된 메시지를 제대로 파악하기 위해서는 각별히 수사학적 분석이 필수적이다. 즉 어떤 "사실"을 어떤 "방식"으로 전달하고 있느냐는 것이다. "사실"이 아무리 "객관적" — 그런 것이 있을지도 의문이지만 — 이라 해도, 그 "객관성"조차도 종종 작가의 "수사修辭"를 통해 해석되는 법이기 때문이다.[18]

현대 이슬람 과격파의 자살폭탄 테러 — "9·11"은 말할 것도 없고 — 라는 비극적 현상이 어떤 정치적·문화적 요인에서 나타났는가에 대한 아무런 해명도 없이, 11세기에 탄생하여 13세기에 실질적으로 종식된 한 작은 종파의 암살 관행을 그것과 연결시키는 태도는 전형적인 오리엔탈리즘의 한 양식이다. 옛 전통의 한 부분을 화석화시켜 그것을 현대 사회가 지닌 다양한 문화 지체의 연속으로 보는 것이다. 사실 루이스는 그리스도교와 이슬람 세계가 7세기 후자의 출현 이후 끊임없는 충돌로 점철되었다고 보는 인물이다. 새뮤얼 헌팅턴의 책을 통해 유행처럼 확산된 "문명의 충돌a clash of civilizations"이란 표현을 처음 쓴 것도 바로 그였다. "이슬람 근본주의Islamic fundamentalism" 역시 그가 먼저 사용하기 시작했다.[19] 물론 이러한 표현들에 일말의 진실이 들어있지 않은 것은 아니겠지만, 그것을 이슬람 세계 전반을 규정짓는 개념으로 오인하게 만드는 그의 태도에 문제의 심각성이 있는 것이다.

최근 들어 루이스의 저서 다수가 한국어로 번역되었다. 지금까지 언급해온 책은 《암살단: 이슬람의 암살 전통》으로 번역되었다.[20] 우선 눈길을 끄는 것은 제목이다. 원제 "The Assassins: A Radical Sect in Islam"의 "Assassins"를 "암살단"이라 옮겨놓은 것이다. 게다가 부제 "이슬람의 한 과격 종파"를 "이슬람의 암살 전통"이라고 개작하여 "암살"이란 말을 두 번이나 쓰고 있다. 이 제목을 보는 독자들은 아마 이슬람에 암살을 목적으로 한 종파가 있는 것으로 착각할 것이다. "어쌔씬"의 어원이 무엇인지는 아직 밝혀져 있지 않다. 아랍어인 것으로 추정하나 아직 그런 표현이 담긴 사료가 발견된 적이 없다는 것이 루이스의 견해이다.[21] 한국어판의 "암살단"이란 역어는 서구적/반이슬람적/현재적 관점에서 암살 행위 자체에 초점을 맞춘 것으로, 이를 중세 초의 이슬람 종파에 그대로 적용한 것은 시대착오적일 뿐 아니라 그 자체로서도 전형적인 오리엔탈리즘이다. 이처럼 역사의 단순화는 종종 담론화되어 다시 새로운 형태의 단순화를 야기한다. 한국의 일반 독자들이 만약 이슬람의 역사를 편향적으로 바라보는 경향이 있다면, 루이스-헌팅턴의 반이슬람 이데올로기는 물론이고 그것을 제대로 지적하지 못한 그들의 한국어 역자 및 해설자들에게도 일단의 책임이 있다.

문화 혼종과 교차: 내털리 제이먼 데이비스

내털리 데이비스는 16세기 프랑스를 포함하여 근대 초 사회사, 문화사, 여성사에서 뛰어난 업적을 가진 역사가이다. 그녀 역시 루이스처럼 미국의 유대인 가문 출신이다. 하지만 학자로서의 인생에서 그녀가 선택한 가치는 루이스와 아주 달랐다. 그녀는 매카시즘의 광풍 속에서 수학자인 남편이 투옥되는 등 고초를 겪다가 캐나다 토론토대학에 겨우 자리를 잡은 때가 1962년이었다. 그녀는 이곳에 북미 최초로 여성사 과정을 개설함으로써 이 분야의 제도적 발전에 선구적 역할을 했다. 특히 1983년, 데이비스는 미시사의 고전 중 하나가 된《마르탱 게르의 귀향*The Return of Martin Guerre*》— 이 작품은 〈섬머스비 *Sommersby*〉란 영화로 리메이크되었다 — 을 간행함으로써 세계적 명성을 얻게 되었다. 지속적으로 역사 속 주변적 인물의 흔들리는 혹은 스스로 만들어가는 정체성 문제에 관심을 보여온 그녀가 이 주제를 더욱 확장하여 이슬람과 그리스도교 세계 사이에서 문화적 "정체성의 위기"를 겪는 한 무슬림 남성의 생존전략을 치밀하게 묘사하고 기술해나간 저작이 바로《책략가의 여행*Trickster Travels*》이다.[22]

근대 초 지중해 양안을 넘나들며 아슬아슬한 경계인으로서의 삶을 살아갔던 "책략가" 알 와잔의 이야기를 들어보자. 알 하산 이븐 무함마드 이븐 아흐마드 알 와잔은 1486년에서 1488년 사이 이베리아반도 남부의 그라나다에서 태어났다.[23] 1492년 에스파냐의 이른바 "재정복 운동"으로 그라나다가 함락 위기에 처하자 그 직전 알 와잔 가족은 당시 많은 사람들이 그랬듯이 지중해를 건너 북아프리카 모로코의 대도시 파스로 이주한다. 그는 그곳에서 무슬림 법과 아랍어 시 교육을 받는다. 그는 20대 후반부터 파스의 술탄에게 외교관으로 봉직하며 카이로, 마그레브, 이스탄불 등지에 사절로 왕래했고 메카 순례를 다녀오기도 한다.

1518년 6월, 이제 30세를 막 넘겼을 그는 이후 자신의 생애를 결정 짓는 운명적 사건과 맞닥뜨리게 된다. 지중해에서 에스파냐 해적선에 나포된 것이다. 그리고는 당시의 교황 레오 10세에게로 보내진다. 그는 잠시 산탄젤로 성에 수감되었다가 곧 풀려나 개종의 과정을 거쳐 그리스도교도가 된다. 이후 그는 요안네스 레오(라틴어), 조반니 레오네(이탈리아어), 혹은 유한나 알 아사드(아랍어)로서 살게 된다. 로마 고위 성직자들과 학자 서클의 인정을 받은 그는 1521년 바울 서간의 아랍어 역본 전사 작업을 시작으로 《아랍어-히브리어-라틴어 사전》(1524), 쿠란 전사본 및 라틴어 역본 교정 작업(1525) 등에 참여한다. 1526년에는 아프리카 사회와 풍물에 대한 방대한 보고서이자 여행기라 할 수 있는 주저 《아프리카 우주·지리지》를 완성함으로써 학자로서의 명성을 드높이게 된다. 1527년의 "로마 약탈" 직후 그는 그동안 암중모색해왔던 귀향의 길에 올라 북아프리카에서 다시 무슬림으로서의 삶을 살게 된다. 하지만 그 뒤의 행적은 전혀 알려져 있지 않다. 다만 1532년경 투니스에 살고 있었다는 전언만 남아 있을 뿐이다.

다양한 경계를 넘나들고 가로지르며 살아갔던 그의 파란만장한 삶은 근대가 막 형성되기 시작하던 16세기 전후 지중해 세계의 복잡하고 다기한 역사상을 특징적으로 보여주는 일종의 창과도 같다. 바로 이 시기에 세계에 대한 유럽인의 인식은 전 지구적으로 확장되었고, 근대 국가 역시 발전의 추동력을 얻게 되었다. 근대 초 유럽은 르네상스를 통해 고전고대의 문화와 가치를 복원하고 변용함으로써 현대 세속주의로의 길을 닦았다. 동시에 종교개혁과 뒤이은 종교 동란은 중세를 이어 지속되어온 가톨릭 세계를 심각하게 분열시켰다. 이러한 세속주의의 발흥과 보편교회의 분열로 인한 결과가 바로 근대 독립 주권 국가의 탄생이었다. 이는 30년전쟁을 마무리한 1648년의 베스트팔렌조약에서 확인되었다. 유럽의 근대 초는 또한 각국의 국경이 확정지어진 시대였으며, 항해의 시대이자 시민권과 국제법 이론이 출현한 시대이기도 했다.

바로 이 시기를 살았던 알 와잔은 일찍이 이주한 모로코 땅에서 착실히 무슬림 학자이자 문인으로서의 경력을 쌓아가던 중, 예기치 않은 사건으로 낯설기 그지없는 "다르 알 하르브(전쟁의 땅)"에 떨어졌고, 급기야는 로마 교황에 의해 강제 개종되어 — 그의 개종 명인 레오 혹은 알 아사드란 이름들은 모두 교황 레오 10세의 이름을 딴 것이다 — 한창 활동할 나이인 30대의 대부분을 아슬아슬하게 두 세계를 오가는 경계인으로 보내야 했다. 이처럼 모호하고 불안한 정치·사회적 위치는 그로 하여금 고도로 미묘한 생존전략을 사용하지 않을 수 없게 만들었다. 알 와잔은 마치 스스로 비유하듯이 편의에 따라 물과 뭍 양쪽 모두에서 살아가는 양서조兩棲鳥의 전략을 구사했다. 즉 그리스도교의 땅에서 그들의 신뢰를 얻되, 다시 돌아갈 고향을 생각하면서 이슬람에 대한 비난을 자제한다는 것이었다. 이는 결코 쉬운 일이 아니었고, 결국 그는 귀향에 성공하지만 과연 그의 전략이 본국에서도 여전히 제대로 작동되었는지는 매우 의심스럽다.

알 와잔의 놀라운 이야기는 지금의 우리에게 어떤 메시지를 던지고 있을까? 그가 겪은 경이롭고도 복잡다단한 삶은 가톨릭과 프로테스탄트, 그리고 무슬림 세력들로 얽히고설킨 근대 초 유럽·아프리카 인접 지역의 다양성을 보여주는 좋은 증거가 될 수도 있다. 실제로 그는 목적이 무엇이었든 광대한 지중해 세계 곳곳을 여행하면서 극히 다양한 종족들의 관습과 문화를 목도했다. 사실 그의 경험은 곧 한 권의 "아프리카 지리지이자 민족지"이며 동시에 궁정의 갖가지 비밀을 담은 "외교 보고서" 같은 것이었다. 마키아벨리의 구분을 따르자면 그 안에는 16세기를 전후한 지중해 양안의 "코제 그란디(진중한 일)"와 "코제 바네(소소한 일)"가 함께하고 있다.

하지만 그의 이야기에 담긴 진정한 의미는 아마 문화적 혼종과 교차의 가능성일 것이다. 그의 삶은 비극적이었다. 운명의 굴레를 벗어던지기에는 그의 삶을 둘러싼 외적 장애물들이 너무나 강대했다. 그는 그것들을 이겨내고자 몸부림쳤으나 결국에는 실패하고 말았다. 그러나 이러한 개인적 혹은 인종적 불운에도 불구하고, 또한 그가 경험했던 문화들의 표면적 갈등관계에도 불구하고, 16세기 지중해를 사이에 둔 다양한 문화들 — 이탈리아적, 라틴적, 에스파냐적, 모로코적, 유대적, 혹은 유대인 "마라노"나 혹은 무어인 "콘베르소"처럼 혼종적 — 이 여전히 교류와 소통의 교차로로 작용할 수 있었다는 점이야말로 그들이 우리에게 전달하고자 하는 혹은 그럴 것이라고 믿는 메시지인 것이다. 우리는 언제나 역사적 실패로부터 무언가를 배울 수 있다는 발터 벤야민의 말을 기억한다. 그래서 우리는, 알 와잔에 가해진 강제와 폭력이라는 어두운 측면에도 불구하고, 그 속에서 굳이 데이비스 자신의 표현처럼 "소통의 희망과 가능성"[24]을 찾으려 하는 것이다. 역사는 우리에게 아이러니를 선물하고 우리는 그것에서 희망을 발견한다.

소통과 공존의 장으로서의 역사

하산에 대한 루이스의 해석과 알 와잔에 대한 데이비스의 해석에서 우리는 세계와 역사를 어떻게 바라보아야 하는가를 배울 수 있다. 둘은 모두 유대계지만, 루이스는 유대·그리스도교적 관점에서 이슬람 세계를 적대적이고 열등한 타자로 바라보는 반면, 데이비스는 한 이슬람인의 개인적 비극을 두 세계 간의 필연적 비극으로 보지 않고 오히려 양자 간의 혼종과 교차의 가능성으로 읽는다.

지중해 양안은 수많은 종족과 인종, 그들이 만든 갖가지 풍속과 관습이 서로 얽히고 넘나들고 가로지르며 대단히 다양한 문화들을 창출해온 곳이다. 특히 근대 후기의 국민국가가 본격적으로 모습을 나타내기 전, 그 다양성이라는 것은 마치 열대우림 속의 복잡한 생태계처럼 서로에게 더욱 의존적이었다. 이러한 문화적 다양성은 상호 "교차와 혼종"이 허용될 때 더욱 증대된다. 알 와잔은 아틀라스와 안티아틀라스산맥 지역들을 두루 답사했는데, 각지의 풍속을 묘사하면서 이러한 혼합의 측면을 긍정적으로 바라보고 있다. 데이비스에 의하면, 그가 사용한 혼합 개념은 칼리트khalit — 자칫하면 그 함의가 난잡, 혼란, 지리멸렬, 광란으로 미끄러질 수도 있는 — 보다는, 혼성, 뒤섞임, 배열 등 긍정적인 뜻을 가진 미자즈mijaj에 더 가깝다. 설사 혼합이 "부패한" 언어나 고통스러운 질병, 혹은 광신자 알 마길리가 이슬람 의례들이 이슬람 이전의 의례들과 뒤섞여 있는 것을 불순하다고 비난할 때 쓴 타크흘리트takhlit와 같은 것들을 초래할 수도 있겠지만, 그럼에도 불구하고 그것 때문에 사람들이 때로 이웃과 평화롭게 살아가고자 애쓸 가능성이 배제되거나 혹은 훌륭한 시가 절멸되지는 않는다는

것이었다.[25]

　각자의 문화적 정체성을 지키면서도 서로 간의 혼합을 두려워하지 않는 공감의 시선이야말로 우리에게 필요한 것이며, 고급한 학문 수준에도 불구하고, 데이비스와는 달리 루이스와 같은 오리엔탈리스트에게 결정적으로 결여된 것이 바로 이러한 점이다. 각자의 문화적 정체성을 지키면서도 서로 간의 혼합을 두려워하지 않는 공감의 시선과, 바로 그 시선이 가져다주는 미래에 대한 희망의 메시지야말로 역사가가 사람들에게 줄 수 있는 최고의 선물이며 동시에 역사가가 반드시 견지해야 하는 비전이 아니겠는가. 적어도 이러한 '희망의 비전'에서만은 한스 큉도 우리와 생각을 같이할 것이다.

주

1장 뮤즈에 둘러싸인 클리오

[1] 헤시오도스, 천병희 옮김, 《신통기》, 한길사, 2004.

[2] Livius, *Ab Urbe Condita*, vol. 1, trans. B. O. Foster. Loeb Classical Library, London: Heinemann, 1939.

[3] Cicero, *De Oratore,* vol. 3, trans. E. W. Sutton and H. Rackham. Loeb Classical Library , London: Heinemann, 1969.

[4] Pier Paolo Vergerio, *Concerning Liberal Studies* in W. H. Woodward, *Vittorino da Feltre and Other Humanist Educators*, University of Toronto Press, 1996; Henry Cornelius Agrippa, *Of the Vanitie and Uncertaintie of Artes and Sciences*, ed. C. M. Dunn, Northridge: California State University Press, 1974.

[5] Philip Sidney, *Sidney's 'The Defence of Poesy' and Selected Renaissance Literary Criticism*, with an intro. Gavin Alexander, Penguin, 2004.

[6] Jean Bodin, *Method for the Easy Understanding of History*, trans. Beatrice Reynolds, Columbia University Press, 1945; Jean Mabillon, *On Diplomatics in Historians at Work*, vol. II, eds. Peter Gay and Victor G. Wexler, & trans. Richard Wertis, New York: Harper & Row, 1972.

[7] Sergio Bertelli, "Storiografi, eruditi, antiquari e politici" in *Storia della letteratura italiana*, vol. 6: *Il Seicento*, a cura di E. Cecchi & N. Sapegn, Milano: Garzanti, 1988; 에드워드 기번, 김영진 옮김, 《로마 제국 쇠망사》, 대광서림, 1990~1994.

[8] Friedrich Meinecke, *Historism: The Rise of A New Historical Outlook*, trans. J. E. Anderson with a forward by Isaiah Berlin, New York: Herder & Herder, 1972; Leopold von Ranke, *The Theory and Practice of History*, eds. Georg G. Iggers & Konrad von Moltke, Indianapolis: Bobbs-Merrill, 1973.

[9] Peter Novick, *That Noble Dream: The "Objectivity Question" and the American Historical Profession*, Cambridge University Press, 1988.

[10] 프리드리히 마이네케, 차하순 옮김, 《랑케와 부르크하르트》, 규장문화사, 1979, 부록 2.

[11] 아날학파에 대한 아래의 문단들은 조지 이거스, 임상우·김기봉 옮김, 《20세기 사학사》, 푸른역사, 1998, 5장을 참조했다. 다음도 볼 것. 프랑수아 도스, 김복래 옮김, 《조각난 역사》, 푸른역사, 1998.

[12] 마르크 블로크, 한정숙 옮김, 《봉건사회》, 한길사, 1986; Fernand Braudel, *The Mediterranean and the Mediterranean World in the Age of Philip II*, trans. S. Reynolds. 2 vols., New York, Fontana/Collins, 1975; 페르낭 브로델, 임승휘·박윤덕 옮김, 《지중해: 펠리페 2세 시대의 지중해 세계》, 까치, 2017~2019; Marc Bloch, *The Royal Touch: Sacred Monarch and Scrofula in England and France*, trans. J. E. Anderson, London: RKP, 1973; 뤼시엥 페브르, 김응종 옮김, 《16세기의 무신앙 문제: 라블레의 종교》, 문학과지성사, 1996.

[13] Emmanuel Le Roy Ladurie, *The Peasants of Languedoc*, trans. John Day, Chicago: University of Illinois Press, 1974; Le Roy Ladurie, *Times of Feast, Times of Famine: A History of Climate Since the Year 1000*, trans. Barbara Bray, New York: Doubleday, 1971; Pierre Chaunu, *La Mort àParis*, Paris: Fayard, 1978; Michel Vovelle, *Ideologies and Mentalities,* trans. E. O'Flaherty, University of Chicago Press, 1990; François Furet, "Pour une définition des classes inférieures à l'époque moderne", *Annales: E.S.C.* 18, 1963.

[14] Emmanuel Le Roy Ladurie, *Montaillou*, trans. Barbara Bay, New York: Vintage,

1979; 라뒤리, 유희수 옮김, 《몽타이유》, 길, 2006. 특히 아날의 다양한 면모를 강조한 것으로는 김응종, 《아날학파의 역사세계》, 아르케, 2001을 볼 것.

15 카를로 긴즈부르그·카를로 포니, 〈이름과 시합: 불평등교환과 역사책 시장〉, 곽차섭 편, 《미시사란 무엇인가: 이론·방법·논쟁》, 푸른역사, 2000, 1장.

16 미시사의 이론과 실제에 대한 여러 양상에 관해서는 곽차섭 엮음, 《미시사란 무엇인가: 이론·방법·논쟁》, 푸른역사, 2000을 참조할 것. 최근 한국 학계의 미시사 수용 양상에 대한 글들을 추가한 확대 개정판이 나왔다. 곽차섭 엮음, 《다시, 미시사란 무엇인가》, 푸른역사, 2017.

17 카를로 긴즈부르그, 김정하·유제분 옮김, 《치즈와 구더기: 16세기 한 방앗간 주인의 우주관》, 문학과지성사, 2001.

18 나탈리 제이먼 데이비스, 양희영 옮김, 《마르탱 게르의 귀향》, 지식의 풍경, 2000.

19 Pietro Redondi, *Galileo: Heretic*, trans. R. Rosenthal, Princeton University Press, 1987.

20 Giovanni Levi, *Inheriting Power: The Story of an Exorcist*, trans. L. G. Cochrane, University of Chicago Press, 1988; Franco Ramella, *Terra e Telai: Sistemi di parentelae manifattura nel biellese dell'Ottocento*, Torino: Einaudi, 1984.

21 Edward Berenson, *The Trial of Madame Caillaux*, University of California Press, 1992; 에드워드 베렌슨, 신성림 옮김, 《카요 부인의 재판》, 동녘, 2008; Patricia Cline Cohen, *The Murder of Helen Jewett: The Life and Death of a Prostitute in Nineteenth-Century*, New York: Knopf, 1998; Alan Taylor, *William Cooper's Town: Powerand Persuasion on the Frontier of the Early American Republic*, New York: Vintage, 1995; Laurel Thatcher Ulrich, *A Midwife's Tale: The Life of Martha Ballard Based on Her Diary, 1785-1812*, New York: Knopf, 1990.

22 로렌스 스톤, 〈서술적 역사의 부활〉, 이광주·오주환 엮음, 《역사이론》, 문학과지성사, 1987.

23 Benedetto Croce, *La storia ridotta sotto il concetto dell'Arte* (1893), a cura di Giuseppe Galasso, Milano: Adelphi, 2017; Carl G. Hempel, "The Function of General Laws in History", *Journal of Philosophy* 39.2, 1942, pp. 35~48. 이들을 포함한 역사철학적 논쟁에 대해서는 다음을 참조할 것. Patrick Gardiner, ed., *Theories of History*, New

York: Free Press, 1959.

24 헤이든 화이트, 천형균 옮김, 《19세기 유럽의 역사적 상상력: 메타 역사》, 문학과지
성사, 1991.

2장 역사소설, 미시사, 새로운 글쓰기

1 Lawrence Stone, "The Revival of Narrative: Reflections on a New Old History", *Past &*
Present 85, 1979, pp. 3~24.

2 Alessandro Mazoni, *Del romanzo storico* in Id., *Opere*, a cura di Riccardo Bacchelli,
Milano—Napoli: Ricciardi, 1953, Parte I, esp. p. 1073.

3 게오르크 루카치, 이영욱 옮김, 《역사소설론》 제3판, 거름, 1999, 88쪽.

4 Mazoni, *Del romanzo storico*, pp. 1066~1067.

5 Benedetto Croce, *La storia come pensiero e come azione.* 4ª ediz., Bari: Laterza, 1943,
Parte II.

6 리차드 던, 임희완 옮김, 《근대 유럽의 종교전쟁 시대, 1559~1689》, 예문출판사,
1986, 106~107쪽. 역문의 일부는 의미가 더 잘 전달되도록 필자가 약간 수정했다.

7 벤베누토 첼리니, 최승규 옮김, 《첼리니의 자서전》 전2권, 한명, 2000, 1권, 99쪽.

8 나탈리 제이먼 데이비스, 양희영 옮김, 《마르탱 게르의 귀향》, 지식의풍경, 2000,
62~63쪽.

9 케이스 젠킨스, 최용찬 옮김, 《누구를 위한 역사인가》, 혜안, 1999.

10 가능성의 역사로서의 미시사 방법론에 대해서는 다음의 책을 보라. 곽차섭, 《미시
사란 무엇인가》, 푸른역사, 2000. 특히 7장과 10장을 볼 것.

11 에밀 벤베니스트, 황경자 옮김, 《일반언어학의 제문제》, 민음사, 1993.

12 홍명희, 《임꺽정》, 사계절, 1995~2000.

13 이는 역사가와 역사소설가들, 또는 사극이나 역사영화 제작자들 사이에서 흔히 제
기되는 문제이다. 역사가들은 통상적으로 줄거리 속에 나타나는 역사적 사실이 정
확한지 아닌지에 관심을 두는 반면, 역사소설가들은 사실의 세부적 정확성보다는

줄거리의 묘사와 플롯의 구성에 더 힘을 쏟는다. 예컨대, 《장길산》을 둘러싼 작가 황석영과 역사학자 이이화 간의 논쟁을 참조할 것(공임순, 《우리 역사소설은 이론과 논쟁이 필요하다》, 책세상, 2000, 5장). 역사소설에 대한 적절한 비평이 존재하기 위해서는 그것이 특히 '역사소설이기 위해' 허용되는 범위와 한계가 어느 정도인지 다각도로 고찰할 필요가 있다.

14 김탁환, 《나, 황진이》 주석판, 푸른역사, 2002, 231쪽.

15 김탁환, 앞의 책, 261~262쪽.

16 김탁환, 앞의 책, 262쪽, 주 25.

17 김영하, 《아랑은 왜》, 문학과지성사, 2001.

3장 민중은 비운 속에도 희망의 씨앗을 뿌린다

1 20세기 초 마르크 블로크와 뤼시엥 페브르를 중심으로 만들어진 프랑스 역사가 집단을 이른다. 종래의 정치사를 지양하고 사회과학적 방법을 원용한 새로운 사회·경제적 역사를 선도했다. 20세기 중반 2세대의 페르낭 브로델에 와서 전 세계 역사 연구의 흐름을 주도하는 위치에 서게 되었다.

2 역사를 거시적이고 구조적 관점에서 보는 사회(구조)사가 해명하기 어려운 측면들을 해결하기 위해 시도된 새로운 역사학의 하나이다. 1970년대 이탈리아에서 처음으로 나타났고, 이후 영미 문화사 그룹, 프랑스 아날학파 3~4세대, 독일의 일상사·역사인류학 그룹과 상호 연관성을 유지하게 되었다. 관찰 척도의 축소(국가와 같은 거대 범위에서 마을과 같은 소규모 지역으로 변화), 질적 방법(통계, 계량적 자료와 같은 양적 자료보다는 서술식 또는 구전 자료와 같은 질적 자료를 중시)과 이야기식 문체의 사용 등이 특징이다. 미시사의 반대말은 거시사가 아니며, 미시사는 원래 계량과 구조를 지향하는 사회사의 일파라는 점에 유의해야 한다.

3 어떤 문물이나 현상이 그 시대의 일반적 특성에 맞지 않는 것을 가리키는 말이다. 예컨대 신라 시대의 고분에서 상감청자가 나오거나 20세기 이전의 지층에서 라면 봉지가 나올 수 없다는 것은 바로 이러한 개념에 의거한 것이다. 한 시대는 그 시대만의 독특한 현상과 문물을 갖는다는 것으로, 서양의 경우 르네상스기에 와서야 비

로소 이를 명확히 인식하게 되었다.

4. 12세기 영국, 사자왕 리처드와 왕제 존, 그리고 로빈 후드의 시대를 배경으로 주인 공 윌프레드와 왕녀 로웨나, 유대 여인 레베카 간의 사랑 이야기를 지극히 중세적 인 무용과 전투 속에서 그려낸 작품.

5 19세기 전반기 나폴레옹 시대에 살았던 프랑스의 낭만파 서정시인.

6 각각 라인강과 엘베강 주변에 살았던 게르만 부족의 일파. 전자는 지금의 프랑스와 독일 지역, 후자는 북이탈리아 지역에 왕국을 세운다.

7 문학작품 속에서 작가가 설정한 등장인물.

8 루카치적 용어로서, 한 시대의 시대정신을 대표한다고 가정되는 인물의 성격을 말한 다. 하지만 최근에 와서 점점 더 과연 이러한 것이 존재할 수 있느냐는 의문이 대두 되고 있다. 사실 이러한 전형성의 내용을 결정하는 것은 '실제 그대로'보다는 역사 가 혹은 작가의 역사관에 더 기인하기 때문이다.

9 지니 딘스는 18세기 살인사건을 다룬 《미드로씨언의 심장》, 레베카는 《아이반호》의 여주인공이다. 이들은 수동적으로 보이는 《약혼자》의 루차와는 달리, 불의와 역경 에 꿋꿋이 맞서 싸우는 영웅적 면모를 보여주고 있다.

4장 '클리오들'의 투쟁

1 Francesco Petrarca, *Letters on Familiar Matters. Rerum familiarium libri*, trans. Aldo S. Bernardo. 3 vols. v. 1, Albany: SUNY, 1975; v. 2~3, Baltimore: Johns Hopkins University Press, 1982~1985, vol. 3, pp. 305~341; Francis Petrarch, *Letters of Old Age. Rerum senilium libri*, trans. Aldo S. Bernardo et al. 2 vols., Baltimore: Johns Hopkins University Press, 1992, vol. 2, pp. 672~679.

2 브루니를 포함한 15세기 피렌체 역사 서술 전반에 대해서는 다음을 볼 것. Donald J. Wilcox, *The Development of Florentine Humanist Historiography in the Fifteenth Century*, Harvard University Press, 1969.

3 Hans Baron, *The Crisis of the Early Italian Renaissance; Civic Humanism and Republican Liberty in an Age of Classicism and Tyranny*. 2 vols., Princeton University

Press, 1955; 한스 바론, 임병철 옮김, 《초기 이탈리아 르네상스의 위기: 고전주의와 전제주의 시대의 시민적 휴머니즘과 공화주의적 자유》, 길, 2020.

[4] Leonardo Bruni, *History of the Florentine People*, ed. & trans. James Hankins. 3 vols., Harvard University Press, 2001~2007, vol. 1, p. 3.

[5] 14세기 이탈리아 연대기의 특징에 대해서는 다음을 볼 것. Louis Green, *Chronicle into History: An Essay on the Interpretation of History in Florentine Fourteenth-Century Chronicles*, Cambridge University Press, 1972.

[6] Wilcox, *The Development of Florentine Humanist Historiography in the Fifteenth Century*, chs. 5~7; Alison Brown, *Bartolomeo Scala, 1430-1497, Chancellor of Florence: The Humanist as Bureaucrat*, Princeton University Press, 1979, pp. 297~309.

[7] 마키아벨리의 생애와 저작에 대해서는 다음을 볼 것. 로베르토 리돌피, 곽차섭 옮김, 《마키아벨리 평전》, 아카넷, 2000.

[8] Machiavelli, *Florentine Histories,* trans. Laura F. Banfield & Harvey C. Mansfield, Jr., Princeton University Press, 1988, p. 6.

[9] Felix Gilbert, *Machiavelli and Guicciardini: Politics and History in Sixteenth-Century Florence*, Princeton University Press, 1965, pp. 164, 236f.

[10] Martin Luther, "Preface to Galeatius Capella's History" in *Luther's Works*, eds. Jaroslav Pelikan & Helmut T. Lehmann. 55 vols., Saint Louis: Concordia Publishing House, 1955~1986, vol. 34, pp. 275~278. 교회의 발전에 대한 루터의 전반적인 견해에 대해서는 다음을 볼 것. John M. Headley, *Luther's View of Church History*, Yale University Press, 1963.

[11] Cyriac K. Pullapilly, *Caesar Baronius, Counter-Reformation Historian*, Notre Dame, Ind.: University of Notre Dame Press, 1975, pp. 51~52.

[12] Pullapilly, Caesar Baronius, *Counter-Reformation Historian*, pp. 49~51; 《막데부르크 교회사》를 쓰기 직전까지 플라키우스 행적으로 추적한 것으로는 다음이 있다. Oliver K. Olson, *Matthias Flacius and the Survival of Luther's Reform*, Wiesbanden: Harrassowitz, 2002.

[13] A. G. Dickens & John Tonkin, *The Reformation in Historical Thought*, Harvard

University Press, 1985, pp. 40~41, 63~64; Pullapilly, *Caesar Baronius, Counter-Reformation Historian*, p. 50.

[14] 이렇게 할 수 있었던 이유는 플라티나의 교황전이 역대 교황들의 치적을 어두운 면과 함께 기술해놓았기 때문이다. 그것이 큰 인기를 누렸던 것도 바로 이러한 양면성 때문이다. 하지만 이로 인해 여러 번에 걸쳐 검열을 받기도 했다. 다음을 볼 것. Stefan Bauer, *The Censorship and Fortuna of Platina's Lives of the Popes in the Sixteenth Century*, Turnhout: Brepols, 2006.

[15] Pullapilly, *Caesar Baronius, Counter-Reformation Historian*, pp. 52~53.

[16] Pullapilly, *Caesar Baronius, Counter-Reformation Historian*, pp. 54~66.

[17] Pullapilly, *Caesar Baronius, Counter-Reformation Historian*, p. 153에서 재인용.

[18] Marie-Jean-Antoine-Nicolas de Condorcet, "Sketch for a Historical Picture of the Progress of the Human Mind" in *Condorcet: Selected Writings*, ed. with an intro. K. M. Baker, Indianapolis: Bobbs-Merrill, 1976, pp. 209~282, esp. 211f, 218, 258.

[19] Voltaire, *An Essay on Universal History, The Manners, and spirit of Nations from the Reign of Charlemaign to the age of Lewis XIV*, trans. Nugent, London: printed for J. Nourse, 1759, pp. 3, 22f, 42f.

[20] Giambattista Vico. *New Science*, trans. Thomas Goddard Bergin & Max Harold Fisch, Ithaca: Cornell University Press, 1968, n. 331, p. 96; 잠바티스타 비코, 조한욱 옮김, 《새로운 학문》, 아카넷, 2019.

[21] Vico. *New Science*, n. 31, p. 20 & bk. 4.

[22] Isaiah Berlin, *Vico and Herder*, London: Hogarth Press, 1976, pp. 68~69.

[23] Leopold von Ranke, "The Pitfalls of a Philosophy of History (Introduction to a Lecture on Universal History; A Manuscript of the 1840s)" in Id., *The Theory and Practice of History*, ed. with an intro., & trans. Georg G. Iggers & Konrad von Moltke, Indianapolis: Bobbs-Merrill, 1973, pp. 47~50. 이 책은 랑케의 다양한 사학사적 측면들에 대한 글을 발췌, 영역하여 수록하고 있다.

[24] Georg G. Iggers & Konrad von Moltke, "Introduction" to Ranke, *The Theory and Practice of History*, xxi-xxxvi.

[25] 프리드리히 마이네케, 차하순 옮김, 《랑케와 부르크하르트》, 규장문화사, 1979, pp.

12f.

[26] Ranke, "Preface to the First Edition of Histories of the Latin and Germanic Nations" in Id., *The Theory and Practice of History*, pp. 135~136.

[27] Ranke, "Preface to Universal History" in Id., *The Theory and Practice of History*, pp. 161, 163.

[28] Jules Michelet, "Préface de 1869" in Id., *Oeuvres complètes*, ed. Paul Viallaneix. 21 vols., Paris: Flammarion, 1971~1982, vol. 4, p. 27. '재생/부활' 개념에 대해서는 같은 글 p. 22를 볼 것.

[29] Thomas Babington Macaulay, *History of England from the Accession of James II*, intro. Douglas Jerrold. 4 vols.(1849~1861), London: Dent; New York, Dutton, 1953, vol. 1, ch. 1, "Introduction", pp. 1~2.

[30] Herbert Buttertfield, *Whig Interpretation of History*, London: G. Bell and Sons, 1931; New York: Norton, 1965.

5장 일기는 어떻게 읽어야 하나?

[1] Philippe Lejeune, *On Diary*, eds. Jeremy D. Popkin & Julie Pak, & trans. K Durnin, Mānoa: University of Hawaii Press, 2009, p. 168.

[2] Donald Stauffer, *The Art of English Biography before 1700*, Harvard University Press, 1930, p. 55 (Felicity A. Nussbaum, "Toward Conceptualizing Diary" in *Studies in Autobiography*, ed. James Olney, Oxford University Press, 1988, p. 128에서 재인용).

[3] 자서전의 문학적 규범성에 대해서는 필립 르죈, 윤진 옮김, 《자서전의 규약》, 문학과 지성사, 1998을 볼 것. 르죈은 일기가 자서전과는 달리 "통일적 유토피아" 같은 것을 요구하지 않는다고 말한다. Lejeune, *On Diary*, pp. 168, 170.

[4] 예컨대 다음을 볼 것. Earl Miner, ed., *Japanese Poetic Diaries*, University of California Press, 1969; George Makdisi, "The Diary in Islamic Historiography: Some Notes," *History and Theory 25*. 2, 1986, pp. 173~185.

5 *Oxford Latin Dictionary*, ed. P. G. W. Glare, Oxford: The Clarendon Press, 1982,

s.vv. "diarium," "diurnum"; Sempronius Asellio, *Rerum Gestarum Libri*, I.1 in Aulus Gellius, *Noctes Atticae/Attic Nights*, trans. John C. Rolfe, Harvard University Press, 1927, V.18. pp. 6~8.

[6] Ben Jonson, *Volpone, or The Fox*, ed. John W. Creaser, New York University Press, 1978, Act IV, Scene I, line 134.

[7] Lejeune, *On Diary*, pp. 52~53.

[8] Petronius and Seneca, *Satyricon. Apocolocyntosis*, trans. M. Heseltine & W. H. D. Rouse, rev. E. H. Warmington, Harvard University Press, 1975, sec. 53.

[9] Suetonius, "Divus Augustus" in Id., *De Vita Caesarum/The Lives of the Caesars*, trans. J. C. Rolfe, rev. ed., Harvard University Press, 1914, vol. 1, sec. 64. 프리들랜드는 로마 황제들이 가계 일기를 쓰는 관습이 아우구스투스로부터 비롯되었는데, 이는 마케도니아 왕궁의 경우를 모방한 것이라 한다(그것은 다시 페르시아로부터 유래되었다). Ludwig Friedländer, *Roman Life and Manners under the Early Empire*, trans. A. B. Gough, 4 vols., London: Routledge, 1913, IV, p. 56.

[10] Leon Battista Alberti, *I libri della famiglia. Cena familiaris. Villa*, a cura di Cecil Grayson, Bari: Laterza, 1960, 267.

[11] Angelo Cicchetti & Raul Mordenti, *I libri di famiglia in Italia*, 2 voll., Roma: Edizioni di storia e letteratura, 1985; Giovanni Ciappelli, *Memory, Family, and Self*: *Tuscan Family Books and Other European Egodocuments (14th~18th Century)*, trans. Susan A. George, Leiden: Brill, 2014.

[12] Donato Belluti, *La cronica domestica*, a cura di Isidoro del Lungo & G. Volpe, Firenze: Sansoni, 1914; Bonaccorso Pitti, *Ricordi*, a cura di Veronica Vestri, Firenze: Firenze University Press, 2015; Goro Dati, *Libro segreto* in Leonida Pandimiglio, *I libri di famiglia e il libro segreto di Goro Dati*, Alessandria: Edizioni dell'Orso, 2006; Gene Brucker, "Introduction" to Buonaccorso Pitti & Gregorio Dati, *Two Memoirs of Renaissance Florence: The Diaries of Buonaccorso Pitti and Gregorio Dati*, trans. Julia Martines, & ed. Gene Brucker, Long Grove, Ill.: Waveland Press, 1967.

[13] 청교도들의 '신앙 일기'가 과연 근/현대적 자아 성찰의 시발점인지에 대한 논란이 있을 수 있다. 물론 그들의 심적 주체가 세속적인 것은 아니었다는 점은 분명하

지만, 그럼에도 불구하고 일단 이전의 비망록식 일기를 넘어섰다는 점에서는 나름의 의의가 있다고 볼 수 있다. 또한 이 시기 이후 개인적 성격이 짙은 일기가 등장하기 시작한 것은, 이른바 정서적 개인주의affective individualism의 발전으로 사생활과 자율성의 요구가 확대되었기 때문이라는 주장도 있다. Lawrence Stone, *The Family, Sex and Marriage in England, 1500-1800*, New York: Harper & Row, 1977; Nussbaum, "Toward Conceptualizing Diary," p. 135. 르네상스기 이후 자아 인식의 발전 과정에 대한 간략한 개요는 다음에서 볼 수 있다. Roy Porter, *"Introduction"* to *Rewriting the Self: Histories from the Renaissance to the Present*, ed. Roy Porter, London: Routledge, 1997.

14 Robert A. Fothergill, *Private Chronicles: A Study of English Diaries*, Oxford University Press, 1974, p. 17.

15 예로 든 일기에 대한 간략한 사항은 다음에서 확인할 수 있다. William Matthews, *British Diaries: An Annotated Bibliography of British Diaries Written Between 1442 and 1942*, University of California Press, 1950; 1984; Fothergill, *Private Chronicles*, pp. 17~19, 22~25; Nussbaum, "Toward Conceptualizing Diary," p. 134. 19세기 퀘이커 일기의 한 예에 대해서는 다음을 볼 것. 이승희, 〈18세기 말 한 런던 퀘이커 양조업자의 일상: 존 앨런 일기를 중심으로〉, 부산대학교 대학원 사학과 석사학위 논문, 2007, 8쪽. 이 논문의 말미에는 앨런의 일기 한국어 완역이 부록으로 달려 있다; 이승희, 〈18세기 말 한 런던 퀘이커 양조업자의 일상: 존 앨런의 일기를 중심으로〉, 《역사와 문화》 15, 2008, 253~282쪽. 한 가지 특기할 점은 이러한 영적 신앙 일기의 전통이 17, 8세기 프랑스에서는 매우 미약했다는 사실이다. 다음을 볼 것. Lejeune, *On Diary*, pp. 61~78.

16 *The Diary of Samuel Pepys*, eds. Robert Latham and William Matthews, 10 vols., London: HarperCollins, 1995; *The Diary of John Evelyn*, ed. Austin Dobson, 3 vols., Cambridge University Press, 2015.

17 방대한 양의 일기 중 일부의 선집은 다음이 있다. James Boswell, *The Journals of James Boswell: 1762-1795*, ed. John Wain, Yale University Press, 1991; Fothergill, *Private Chronicles*, pp. 22, 31ff.

18 Lejeune, *On Diary*, pp. 79~101.

[19] 야콥 부르크하르트, 이기숙 옮김, 《이탈리아 르네상스의 문화》, 한길사, 2003; John J. Martin, *Myths of Renaissance Individualism*, New York: Palgrave Macmillan, 2004.

[20] Jacques Lacan, *The Language of the Self: The Function of Language in Psychoanalysis,* trans. with notes and commentary by Anthony Wilden, The Johns Hopkins University Press, 1968; 미셸 푸코, 이규현 옮김, 《말과 사물》, 민음사, 2014; 자크 데리다, 김성도 옮김, 《그라마톨로지》, 민음사, 2010; 루이 알튀세르, 김웅권 옮김, 《재생산에 대하여》, 동문선, 2007; Nussbaum, "Toward Conceptualizing Diary", pp. 131~132, 128.

21 Stephen Greenblatt, *Renaissance Self-Fashioning: From More to Shakespeare*, University of Chicago Press, 1980; 2005, esp. pp. 3~4; Baldesar Castiglione, *Il libro del Cortegiano*, a cura di Walter Barberis, Torino: Einaudi, 1998, spez. lib. I; Michel de Montaigne, *Essais*, II, 18 ("Du Dementir"); Eng. trans. D. Frame, *The Complete Works of Montaigne*, Stanford University Press, 1948, p. 505.

[22] Margo Todd, "Puritan Self-Fashioning: The Diary of Samuel Ward", *Journal of British Studies* 313, 1992, pp. 236~264.

[23] '내러티브 아이덴티티'에 대한 이론적 배경에 대해서는 다음을 볼 것. 폴 리쾨르, 김한식·이경래 옮김, 《시간과 이야기》 3권, 문학과지성사, 1999~2004; Paul Ricoeur, "Life in Quest of Narrative" and "Narrative Identity" in Id., *On Paul Ricoeur: Narrative and Interpretation*, ed. David Wood, London: Routledge, 1991, pp. 20~33, 188~199. 특히 아래의 몇 문단은 주로 다음의 요약적 해설에 의존하고 있다. Amos Goldberg, *Trauma in First Person: Diary Writing during the Holocaust*, trans. from Hebrew by Shmuel Sermoneta-Gertel & Avner Greenberg, Bloomington: Indiana University Press, 2017, pp. 34~35.

[24] Goldberg, *Trauma in First Person: Diary Writing during the Holocaust,* pp. 35~36. 일기에 초점을 두지는 않았지만, 편지와 같은 일인칭 사료를 통해 미시사적 접근 방법으로 홀로코스트 희생자들을 연구한 최근의 저술로는 다음이 있다. Claire Zalc and Tal Bruttmann, eds., *Microhistories of the Holocaust*, New York: Berghahn, 2017.

[25] 미시사의 특징들을 설명한 아래의 몇 문단에 대해서는 다음을 볼 것. 곽차섭 엮음, 《다시, 미시사란 무엇인가》, 푸른역사, 2017, 서설, 11장("2세대 미시사"). 다

음도 참고할 수 있다. Sigurður Gylfi Magnússon & István M. Szijártó, *What is Microhistory? Theory and Practice*, London: Routledge, 2013.

26 곽차섭, 〈2세대 미시사: '사회'에서 '문화'로〉, 《역사와 문화》 23, 2012, 3~27쪽.

27 근대 초 이후 민중, 특히 장인들의 자전적 서술들(일기 및 자서전 류를 포함한 '에고 도큐먼트')에 대한 유용한 목록은 다음에서 볼 수 있다. James S. Amelang, *The Flight of Icarus: Artisan Autobiography in Early Modern Europe,* Stanford University Press, 1998, pp. 253~350 ("Appendix: Popular Autobiographical Writing: A Checklist").

28 Laurel Thatcher Ulrich, *A Midwife's Tale: The Life of Martha Ballard Based on Her Diary, 1785-1812,* New York: Knopf, 1990; 로렐 대처 울리히, 윤길순 옮김, 《산파일기》, 동녘, 2008. 울리히의 책은 밸러드의 일기 그 자체는 아니기 때문에, 한국어 역의 제목은 독자들에게 오해를 불러일으킬 소지가 있다. 찾아보기를 누락한 점도 상당한 불편을 준다.

29 Cf. Robert Darnton, "History of Reading" in *New Perspectives on Historical Writing,* ed. Peter Burke, 2nd ed., University Park: Penn State University Press, 2001, pp. 157~186; 로제 샤르티에·굴리엘모 카발로 엮음, 이종삼 옮김, 《읽는다는 것의 역사》, 한국출판마케팅연구소, 2006.

30 예룬 블락은 최근 《일상생활 속의 문자 해득: 근대 초 네덜란드 일기에 나타난 읽기와 쓰기》(2009)에서, Jeroen Blaak, Geletterde levens. *Dagelijks lezen en schrijven in de vroegmoderne tijd in Nederland 1624-1770,* Hilversum: Verloren, 2004[Id., Literacy in *Everyday Life: Reading and Writing Early Modern Dutch Diaries,* trans. Beverley Jackson, Leiden: Brill, 2009].

31 Blaak, *Literacy in Everyday Life,* ch. 6 passim. 근대 네덜란드의 에고 도큐먼트에 대한 개략적 스케치에 대해서는 다음을 볼 것. Rudolf M. Dekker, "Ego-Documents in the Netherlands 1500~1814," *Dutch Crossing: A Journal of Low Countries Studies* 39, 1989, pp. 61~71.

[1] Sappho, *The Love Songs of Sappho*, trans. Paul Roche with an intro. Page DuBois, New York: Signet Classic, 1991, n. 55.

[2] 나는 이 글에서 '섹슈얼리티'란 말을 말 그대로 '자신의 성이 처한 일체의 상태'라고 정의한다. 이때의 '성'은 생물학적·문화적 양면을 모두 포함하지만, 성에 관련된 의지적 측면을 좀 더 강조하고자 한다.

[3] Pietro Aretino, *Ragionamento. Dialogo*, intro. G. B. Squarotti, Milano: BUR, 1998, p. 78.

[4] 니키 로버츠, 김지혜 옮김, 《역사 속의 매춘부들》, 책세상, 2004, p. 11.

[5] 여기서 쓴 '자유'란 어떤 의미인가를 물을 수도 있을 것이다. 나는 자유를 주체성 혹은 독립성이라는 의미로 쓰고자 한다. 이는 근대 이후 영미식의 '간섭으로부터의 자유'라는 이른바 소극적 자유가 아닌, 자신의 행위를 주체적으로 결정한다는 의미를 가진 아리스토텔레스 식의 적극적 자유에 가깝다. 여성(창녀는 말할 나위도 없지만)을 공적 영역에서 배제했던 그리스 남성들이 주창한 자유 개념을 헤타이라와 코르티자나에게 부여하고자 하는 것은, 일견 관념의 유희같이 보일 수도 있겠지만, 이 글이 지향하는 '전복의 역설'을 강조하기 위함이다.

[6] 네아이라의 일생과 재판을 둘러싼 전기적 사실은 다음에 의거했다. Debra Hamel, *Trying Neaira*, Yale University Press, 2003.

[7] Apollodoros, *Greek Orators*, vol. VI. Apollodoros against Neaira [Demosthenes] 59, ed. & trans. Christopher Carey, Warminster, Eng.: Aris & Phillips, 1992, pp. 75, 77.

[8] Pliny the Elder, *Natural History*, trans. D. E. Eichholz, Bk XXXVI, ch. 4, 20−21.

[9] Laura K. McClure, *Courtesans at Table: Gender and Greek Literary Culture in Athenaeus*, New York: Routledge, 2003, pp. 133~136.

[10] Cf. Athenaeus, *The Deipnosophists*, Bks XIII−XIV.653b, with a translation by C. B. Gulick. Rev. ed., Harvard University Press, 1950.

[11] Johann Burchard, *At the Court of the Borgia*, trans. Geoffrey Parker, London: Folio Society, 1963, p. 194; Georgina Masson, *Courtesans of the Italian Renaissance*, London: Secker & Warburg, 1975, p. 9.

[12] Masson, *Courtesans of the Italian Renaissance,* ch. 2.

[13] Masson, *Courtesans of the Italian Renaissance*, ch. 5, esp. pp. 89, 91,

[14] Rinaldina Russell, "Introduction" to Tullia d'Aragona, *Dialogue on the Infinity of Love,* ed. & trans. R. Russell & B. Merry, University of Chicago Press, 1997, pp. 23~24.

[15] Russell, "Introduction" to Tullia d'Aragona, *Dialogue on the Infinity of Love*, pp. 24~25.

[16] Russell, "Introduction", 26; Masson, *Courtesans of the Italian Renaissance*, pp. 119~120.

[17] Masson, *Courtesans of the Italian Renaissance*, p. 121.

[18] 두 사람의 작품에 대해서는 다음을 볼 것. Veronica Franco, *Poems and Selected Letters,* ed. trans. Ann Rosalind Jones & Margaret F. Rosenthal, University of Chicago Press, 1998; Gaspara Stampa, *Selected Poems,* ed. & trans. Laura Anna Stortoni & Mary Prentice Lillie, New York: Italica Press, 1994.

7장 "고결한 주제, 음란한 언어"

[1] Bernadine Barnes, *Michelangelo's Last Judgment: The Renaissance Response,* University of California Press, 1998, pp. 4~5. 세바스티아노 델 피옴보가 미켈란젤로에게 보낸 1533년 7월 17일 자 편지에서의 인용문은 앤소니 휴즈, 남경태 역, 《미켈란젤로》, 한길아트, 2003, p. 238을 볼 것.

[2] André Chastel, *A Chronicle of Italian Renaissance Painting*, trans. Linda & Peter Murray, Original French ed., 1983; Ithaca: Cornell University Press, 1984, p. 206.

[3] 곽차섭, 〈줄리오 로마노의 《체위》와 아레티노의 《음란한 소네트》: 최초의 포르노그래피 탄생의 전말〉, 《역사와 경계》 73, 2009, 305~333쪽; 곽차섭, 《아레티노 평전: 르네상스기 한 괴짜 논객의 삶》, 길, 2013, 6장.

[4] 바사리가 아레티노에게 보낸 1535년 6월 3일 자 피렌체 발 편지. *Lettere scritte a Pietro Aretino*, a cura di P. Procaccioli. 4 tomi, Roma: Salerno, 2003~, I, n. 260, p.

253; 바자리가 아레티노에게 보낸 1535년 9월 7일 자 피렌체 발 편지. *Lettere scritte a Pietro Aretino*, I, n. 258, p. 248. 이하 *Lettere scritte a Pietro Aretino*로 약함.

5 1536년 12월 22일 자 베네치아 발 편지. Aretino, *Lettere*, a cura di P. Procaccioli. 7 tomi, Roma: Salerno, 1997~, I, n. 84, p. 145. 이하 *Lettere*로 약함.

6 1537년 6월 25일 자 편지. *Lettere*, I, n. 155, p. 231. 이 편지는 1538년 1월 베네치아 프란체스코 마르콜리니 출판사에서 간행된 서간집 제1판에서는 니콜로 프랑코에게 보낸 것으로 되어 있다. Aretino, *Lettere. Il primo e il secondo libro*, a cura di Francesco Flora con note storiche di Alessandro del Vita, Roma: Mondadori, 1960, lett. 156, n. 1, pp. 1045~1046. 프랑코는 원래 아레티노의 비서였으나 뒤에 그의 가장 강력한 정적이 되었다. 이 편지의 수신인이 돌체로 바뀐 것이 이러한 이유 때문일 수도 있으나, 명확하지는 않다.

7 *Lettere,* I, n. 193, pp. 277~279.

8 미켈란젤로와의 대화편을 쓴 포르투갈의 저술가 프란시스쿠 돌란다Francisco d'Olanda는 "신이 내린divino"이란 호칭을 미켈란젤로에게 처음 사용한 인물이 바로 아레티노라고 지목한다. 그는 이탈리아인의 그림이 유럽 다른 어떤 곳의 경우보다 뛰어나다면서 그 이유를 열거하는 중에, 이탈리아에서는 어떤 위대한 제후도 존경받거나 명성을 갖지 못하는 반면, 오직 화가만이 "신이 내린" 인물로 칭송받고 있다고 하면서, 그 말은 "그리스도교 세계의 모든 신사에 대한 풍자가인 아레티노가 당신에게 쓴 편지에 나와 있다"고 덧붙이고 있다. 이 편지가 바로 위의 편지일 것이다. 이 저작은 1548년에 완성되었으나 출간은 19세기 말에야 이루어졌다. Francisco de Holanda. *Dialogues with Michelangelo*, trans. C. B. Holroyd with an intro. David Hemsoll, London: Pallas Athene, 2006, p. 52. 최근 캠벨은 미켈란젤로에게 호칭의 문제와는 별개로 "신성"을 부여하기 시작한 것이 이미 "로마 약탈"(1527) 이전으로서, 화가 피오렌티노 로쏘와 시인 프란체스코 베르니의 편지에서 나타난다고 주장한다. Stephen J. Campbell, "Fare una cosa morta parer viva: Michelangelo, Rosso, and the (Un)divinity of Art", *The Art Bulletin* 84.4, 2002, pp. 596~620. "신이 내린 미켈란젤로Il divino Michelangelo"라는 말이 확산된 것은 역시 바자리가《미술가 열전》초판(1550)에서 그 표현을 쓴 이후일 것이다. 어쨌든 이 호칭이 이미 아레티노 자신에게 사용되고 있었던 것을 감안하면, 그는 이 편지에서 미켈란젤로를 높이면

서도 은연중 스스로가 그와 동격임을 암시하려고 했던 것일 수도 있다. 그에게 이 호칭을 쓴 최초의 예(Al Divino……Pietro Aretino)는 1527년 화가 세바스티아노 델 피옴보가 아레티노에게 보낸 로마 발 편지이다. *Lettere scritte a Pietro Aretino*, I, n. 11, p. 41.

9 이에 대해서는 다음을 볼 것. Alessandro Luzio, *Un pronostico satirico di Pietro Aretino*, Bergamo: Istituto italiano d'arti grafiche, 1900.

10 Norman E. Land, *The Viewer As Poet: The Renaissance Response to Art*, University Park: Pennsylvania State University Press, 1994, xvi.

11 *Lettere*, I, app. 1, p. 513. 하지만 그가 자신의 편지를 모으려는 시도는 대략 1535년 말부터 이루어지고 있었다. 피에트로 벰보가 베네데토 바르키에게 보낸 1535년 11월 28일 자 편지에 이를 암시하는 구절이 있다. 또한 잠바티스타 델라 스투파가 아레티노에게 보낸 1535년 11월 20일 자 로마 발 편지에도 관련 언급이 나타난다 (*Lettere a Pietro Aretino*, I, n. 264, p. 257). 이에 대해서는 다음에서 상세히 논하고 있다. Paolo Procaccioli, "Introduzione" al Aretino, *Lettere*, I, pp. 12f. 자신의 편지를 모으려 했다는 것은 그것을 출판하려는 목적에서였을 것이다. 그렇다면 출판을 의도하고 자신의 편지를 모으려 한 때가 1536년 6월경이라는 라리바이유의 주장(Paul Larivaille, *Pietro Aretino fra Rinascimento e manierismo*, Roma: Bulzoni, 1980, pp. 298~99)은 그 시기가 좀 더 앞당겨질 필요가 있다. 그가 증거로 든 아레티노가 조르조 바자리에게 보낸 1536년 6월 2일 자 편지(Aretino, *Lettere. Il primo e il secondo libro*, a cura di F. Flora, n. 69, pp. 84~87)가 *Lettere*, I, n. 313, pp. 429~432에서는 1537년 12월 19일 자로 수정되어 있다.

12 Christopher Cairns, *Pietro Aretino and the Republic of Venice: Researches on Aretino and His Circle in Venice 1527-1556*, Firenze: Olschki, 1985, ch. 6, esp. p. 125.

13 Cairns, *Pietro Aretino and the Republic of Venice*, p. 130, n. 22.

14 《서간집》 1권의 간행과 판본에 대해서는 다음을 볼 것. P. Procaccioli, "Nota al testo" in *Lettere*, I, pp. 533ff; F. Flora, "Note" in Aretino, *Lettere. Il primo e il secondo libro*, pp. 975~980.

15 *Lettere a Pietro Aretino*, I, n. 165, pp. 164~165. 다음도 참조할 것. Giuliano Innamorati, *Tradizione e invenzione in Pietro Aretino*, Messina−Firenze: G. D'Anna,

1957, p. 232.

16 *Lettere scritte a Pietro Aretino*, I, n. 396, p. 369.

17 Ludovico Ariosto, *Orlando furioso*, 46:14. 이 작품은 1516년에서 1532년 사이에 완간되었다.

18 미켈란젤로의 고립적 성격을 지나치게 강조한 예 — 그의 종교적·정신적 고원함을 찬양하기 위한 것이기는 하지만 — 는 로맹 롤랑의 낭만주의적 전기이다. 반면 파피니는 그가 생각보다 그렇게 고립적이 아니었다고 본다. 하지만 파피니 역시 그의 고립성을 부정하려다 보니 때때로 적절치 못한 해석을 하는 경우가 있다. 다음을 볼 것. 로맹 롤랑, 전상범 옮김, 《미켈란젤로의 생애》, 정음사, 1976; 조반니 파피니, 정진국 옮김, 《미켈란젤로 부오나로티》, 글항아리, 2008; 곽차섭, 〈전기傳記 쓰기 2: 인간적 공감을 표현하는 방법들: 미켈란젤로의 전기를 중심으로〉, 《연보와 평전》5, 2010, 35~40쪽.

19 도니가 아레티노에게 보낸 편지. Anton Francesco Doni, *Disegno*, Venetia: Gabriel Giolito di Ferrarii, 1549, f. 60v. 다음에서 재인용. Paola Barocchi, "commento" in Giorgio Vasari, *La vita di Michelangelo nelle redazioni del 1550 e del 1568*, curata e commentata da P. Barocchi. 5 voll., Milano–Napoli: Ricciardi, 1962, III, p. 1257. 일반적으로 학자들은 미켈란젤로 그리고 도니의 편지에 담긴 미묘한 뉘앙스에 별로 주목하지 않았던 것 같다.

20 *Lettere*, II, n. 18, pp. 28~29.

21 콘디비의 전기(1553)를 볼 것. Ascanio Condivi, *The Life of Michelangelo*, trans. Charles Holroyd with an intro. Charles Robertson, London: Pallas Athene, 2006, pp. 37~40.

22 Condivi, *The Life of Michelangelo*, pp. 136f.

23 현재 남아 있는 것은 같은 화가가 몇 년 뒤에 그린 또 하나의 모사품으로, 나폴리 카포디몬테 박물관에 소장되어 있다. 이 그림은 아직 1565년 이후에 있을 덧칠과 변조를 겪지 않아 거의 원작에 가깝기는 하지만, 그리스도 위쪽에 성부의 모습과 함께 성령을 뜻하는 비둘기의 상을 그려넣고 있다. 이 모사화의 도판은 다음에서 볼 수 있다. Chastel, *A Chronicle of Italian Renaissance Painting*, p. 197, fig. 177.

24 니노 세르니니가 에르콜레 곤차가 추기경에게 보낸 1541년 11월 19일 자 로마 발

편지는 다음에 실려 있다. Chastel, *A Chronicle of Italian Renaissance Painting*, doc. 1, p. 278.

25 이 수도회에 대해서는 다음을 볼 것. "Theatines" in *Catholic Encyclopedia*, New York: Robert Appleton Company, 1913; Romeo De Maio, *Michelangelo e la Controriforma,* Bari: Laterza, 1978, pp. 17~18.

26 물론 간헐적이지만 불만의 목소리는 계속 표출되고 있었다. 돈 미니아토 피티가 조르조 바자리에게 보낸 1545년 5월 1일 자 편지에 이런 구절이 나온다. "〈최후의 심판〉에는 이단적인 것들이 많이 보이는데, 특히 성 바르톨로메오의 수염 없는 껍데기가 그러하다네. 정작 그 껍데기를 벗은 그는 수염이 있잖은가. 그러니 그 껍데기는 그의 것이 아닌 셈이지." 바자리는 미켈란젤로의 찬양자였고, 피티 역시 그런 것처럼 보인다. 하지만 그가 농담조로 얘기한 성 바르톨로메오의 수염이나 껍데기는 그림에 불만을 가진 사람들의 단골 메뉴였다. 이 구절의 편지 원문은 다음을 볼 것. Barocchi, "commento" in Vasari, *La vita di Michelangelo nelle redazioni del 1550 e del 1568*, III, p. 1260; Chastel, *A Chronicle of Italian Renaissance Painting*, doc. 2, p. 279.

27 F. M. Molza, "Angiol terren⋯⋯" in D. Atanagi, *Delle rime di diversi nobili poeti toscani,* Venezia, 1656, I, f. 65; Niccolo Martelli, *Il primo libro delle lettere*, Firenze, 1546, fol. 8. 위 두 글은 다음에 각각 재수록되어 있다. Barocchi, "commento" in Vasari, *La vita di Michelangelo nelle redazioni del 1550 e del 1568*, III, pp. 1254~1255, 1258. 마르텔리에 대한 미켈란젤로의 1542년 1월 20일 자 로마 발 답장은 다음에 실려 있다. Michelangelo, *Rime e lettere*, a cura di Paola Mastrocola, Torino: UTET, 1992; 2006, n. 160, pp. 486~487.

28 Bernadine Barnes, "Aretino, the Public, and the Censorship of Michelangelo's *Last Judgment*" in *Suspended License: Censorship and the Visual Arts*, ed. Elizabeth Childs, Seattle: University of Washington Press, 1997, p. 66, n. 27.

29 *Lettere*, II, n. 399, p. 401; n. 5, p. 20; III, n. 58, p. 83; n. 293, p. 261; n. 388, pp. 342~343.

30 *La Talanta* in Aretino, *Tutte le commedie,* a cura di G. B. De Sanctis, Milano:

Mursia, 1968; 1973), a. II, sc. III, pp. 372~373.

[31] 다음에서 재인용. Barocchi, "commento" in Vasari, *La vita di Michelangelo nelle redazioni del 1550 e del 1568*, III, pp. 1258~1259.

[32] *Lettere*, III, n. 52, pp. 74~75; *Lettere sull'arte di Pietro Aretino*, a cura di Ettore Camesasca. 3 voll. in 4, Milano: Edizioni del Milione, 1957~1960, II, n. 178, pp. 13~14.

[33] *Lettere*, III, n. 181, p. 183.

[34] *Lettere*, III, n. 182, pp. 183~184.

[35] *Lettere*, III, n. 199, p. 196.

[36] *Lettere*, III, n. 638, pp. 479~480; *Lettere sull'arte di Pietro Aretino*, II, n. 311, pp. 136~137; Chastel, *A Chronicle of Italian Renaissance Painting*, doc. 4, p. 280. 바차코(혹은 보차토)는 베네토 지방 카스텔프랑코 출신의 화가 폰키노 조반니 바티스타의 별명이다. 아레티노가 제의한, 그를 통한 수정 작업이 그대로 진행된 것 같지는 않다. 현재 그것과 관련된 작품이 남아 있지 않기 때문이다.

[37] *Lettere*, IV, n. 51, p. 60; *Lettere sull'arte di Pietro Aretino*, II, n. 345, p. 162.

[38] *Carteggio inedito d' artisti dei secoli XIV, XV, XVI*, a cura di Giovanni Gaye. 3 voll., Firenze: Molini, 1839~1840; Repr., Nabu Press, 2010, II, n. 235, pp. 332~335; Chastel, *A Chronicle of Italian Renaissance Painting*, doc. 3, pp. 279~280.

[39] *Carteggio inedito d'artisti dei secoli XIV, XV, XVI*, a cura di G. Gaye, II, pp. 335~337.

[40] *Lettere*, IV, n. 189, pp. 130~131; *Lettere sull'arte di Pietro Aretino*, II, n. 364, pp. 175~177.

[41] 앞의 주 33~35, 37을 볼 것.

[42] 가예를 따라 1545년 11월로 비정하는 대표적인 예 몇을 들면 다음과 같다. Barocchi, "commento" in Vasari, *La vita di Michelangelo nelle redazioni del 1550 e del 1568*, III, p. 1260; P. Barocchi, "Schizzo di una storia della critica cinquecentesca sulla sistina", *Atti e memorie dell' Accademia toscana di scienze e lettere 'La Colombaria'*, n.s. a. 7, 1956, p. 197; Chastel, *A Chronicle of Italian Renaissance Painting*, pp. 278~279; *Lettere di, a, su Pietro Aretino*, a cura di Paul Larivaille, Nanterre: Centre

de recherches de langue et litterature italiennes, 1980, lett. 15, pp. 41~42.

43 레온 바티스타 알베르티, 노성두 역, 《알베르티의 회화론》, 사계절, 1998, pp. 77~78.

44 1548년 1월 아레티노가 티치아노에게 보낸 베네치아 발 편지. *Lettere*, IV, n. 318, pp. 199~200; *Lettere sull'arte di Pietro Aretino*, II, n. 383, pp. 191~192.

45 Land, *The Viewer As Poet*, pp. 139~140.

46 양자와의 관계를 보여주는 시나 편지의 일단은 다음에서 찾을 수 있다. Michelangelo. *Rime e lettere*, a cura di Paola Mastrocola, Torino: UTET, 1992; 2006.

47 Cairns, *Pietro Aretino and the Republic of Venice*, pp. 97ff.

48 Barnes, "Aretino, the Public, and the Censorship of Michelangelo's *Last Judgment*"; Barnes, *Michelangelo's Last Judgment: The Renaissance Response*, esp. pp. 63, 74.

49 다음을 참조할 것. 곽차섭, 〈파노르미타의 《헤르마프로디투스》와 르네상스 휴머니즘의 딜레마〉, 《서양사론》 93, 2007, pp. 33~58; Federico Borromeo, *Sacred Painting. Museum*, ed. & trans. Kenneth S. Rothwell, Jr, & intro. Pamela M. Jones, Harvard University Press, 2010, xiii–xiv, et passim.

50 G. Vasari, *Le Vite de' più eccellenti architetti, pittori, et scultori italiani, da Cimabue, insino a' tempi nostri*, a cura di Luciano Bellosi & Aldo Rossi, & Presentazione di Giovanni Previtali. 2 voll., Torino: Einaudi, 1986; Repr., 1991; 2005, p. 908.

51 A. Catherini, *Commentaria*, Venetia, 1551, p. 645; Chastel, *A Chronicle of Italian Renaissance Painting*, doc. 6, p. 281.

52 Ludovico Dolce, *Dialogo della Pittura* in *Dolce's Aretino and Venetian Art Theory of the Cinquecento*, trans. with an intro. Mark W. Roskill, University of Toronto Press, 2000, p. 166; Chastel, *A Chronicle of Italian Renaissance Painting*, doc. 8, p. 281.

53 Chastel, *A Chronicle of Italian Renaissance Painting*, doc. 10, p. 282.

54 Chastel, *A Chronicle of Italian Renaissance Painting*, p. 206.

55 복원의 과정에 대해서는 다음을 볼 것. Loren Partridge et al., *Michelangelo the Last Judgment: A Glorious Restoration*, New York: Harry N Abrams, 1997; London: Thames & Hudson, 2000.

[1] Marsilio Ficino, *Pimander* in Id., *Opera omnia*, 2 voll., Basel, 1576; repr. Torino: Bottega d'Erasmo, 1959; Hermes Trismegistus, *Hermetica: The Ancient Greek and Latin Writings Which Contain Religious Or Philosophic Teachings Ascribed to Hermes Trismegistus*. Introduction, Texts, & Translation, ed. & trans. by Walter Scott, 4 vols., 1924~1936; Boston: Shambhala, 1993; Id., *Corpus Hermeticum*, ed. A. D. Nock & trans. A.-J. Festugière, 4 vols., Paris, 1945~1954; 3rd ed., Paris, 1972~1973, repr. in Id., *Corpus Hermeticum*, testo greco, latino e copto. Edizione ecommento di A. D. Nock & A.-J. Festugière, & edizione dei testi ermetici copti e commento di I. Ramelli, a cura di Ilaria Ramelli, Milano: Bompiani, 2005; Id., *Hermetica: The Greek Corpus Hermeticum and the Latin Asclepius* in a New English Translation with Notes and Introduction by Brian P. Copenhaver, Cambridge: Cambridge University Press, 1992; Id., *The Way of Hermes: The Corpus Hermeticum*, trans. Clement Salaman, Dorine van Oyen & William D. Wharton, & *The Definitions of Hermes Trismegistus to Asclepius*, trans. Jean-Pierre Mahé, London: Duckworth, 1999; 2004. 《헤르메스서》의 내용을 영어로 축역·해설한 것을 최근에 한국어로 옮긴 것으로는 다음이 있다. 티모시 프레케·피터 갠디, 오성근 옮김, 《고대 이집트의 지혜 헤르메티카》, 김영사, 2005.

[2] Frances A. Yates, *Giordano Bruno and the Hermetic Tradition*, University of Chicago Press, 1964, p. 398; Garth Fowden, *The Egyptian Hermes: A Historical Approach to the Late Pagan Mind*, Cambridge University Press, 1986, xiv.

[3] *The Way of Hermes*, trs. C. Salaman, et al., p. 101; *Hermetica*, trans. Brian P. Copenhaver, xiii-xv.

[4] Yates, *Giordano Bruno and the Hermetic Tradition*, pp. 6~12.

[5] *Hermetica*, trans. Copenhaver, xlvii-xlix. 인용문은 xlviii에서 재인용; Yates, *Giordano Bruno and the Hermetic Tradition*, pp. 12~13.

[6] 피치노를 중심으로 한 헤르메스주의와 신플라톤주의에 대해서는 다음을 볼 것. Paul O. Kristeller, *Renaissance Thought: The Classic Scholastic, and Humanist Strains*,

New York: Harper & Row, 1961, ch. 3; Kristeller, *Eight Philosophers of the Italian Renaissance*, Stanford University Press, 1964, ch. 3. 한국어 해설로는 다음이 있다. 이종흡, 《마술·과학·인문학》, 지영사, 1999, pp. 47~61.

[7] Anthony Grafton, *Forgers and Critics: Creativity and Duplicity in Western Scholarship*, Princeton University Press, 1990, pp. 89~90; 더 자세한 사항에 대해서는 다음을 볼 것. Grafton, "Protestant Versus Prophet: Isaac Casaubon on Hermes Trismegistus", *Journal of Warburg and Courtauld Institutes* 46, 1983, pp. 87~88.

[8] Grafton, *Forgers and Critics*, pp. 86~87, 93.

[9] *Hermetica*, trans. Brian P. Copenhaver, l; Yates, *Giordano Bruno and the Hermetic Tradition*, pp. 432~447.

[10] Grafton, *Forgers and Critics*, pp. 92~93.

[11] Grafton, *Forgers and Critics*, p. 83.

[12] Grafton, *Forgers and Critics*, pp. 84~85.

[13] Grafton, *Forgers and Critics*, pp. 81~82.

[14] Grafton, *Forgers and Critics*, pp. 90~91.

[15] *Hermetica: The Ancient Greek and Latin Writings Which Contain Religious Or Philosophic Teachings Ascribed to Hermes Trismegistus*. Introduction, Texts, & Translation, ed. & trans. by Walter Scott, 4 vols., 1924~1936; Boston: Shambhala, 1993; *Hermetica*, trans. Copenhaver, liii.

[16] Arthur D. Nock & trans. A.-J. Festugière, *Corpus Hermeticum*, ed. A. D. Nock & trans. A.-J. Festugière, 4 vols., Paris, 1945~1954; 3rd ed., Paris, 1972~1973; A.-J. Festugière, *La révelation d' Hermès Trismègiste*, 4 vols., 1944~1954.

[17] Nock, "Prefazione" in *Corpus Hermeticum*, testo greco, latino e copto. Edizione commento di A. D. Nock & A.-J. Festugière, & edizione dei testi ermetici copti e commento di I. Ramelli. A cura di Ilaria Ramelli, Milano: Bompiani, 2005, p. 14; Festugière, *La révelation d' Hermès Trismègiste*, I, pp. 84~85; *Hermetica*, trans. Copenhaver, liv-lv.

[18] *The Facsimile Edition of the Nag Hammadi Codices*. 10 vols. (Leiden: E. J. Brill, 1972~1977). 이후 "Cartonnage volume"(1979)와 "Introduction volume"(1984)를 합

처 12권으로 완간되었다. 영역본은 1978년에 나왔고, 최근 입수 가능한 것으로는 다음이 있다. *The Nag Hammadi Library in English*, general ed. James M. Robinson, 3rd, completely revised ed., 1978; 1988; New York: HarperSanFrancisco, 1990.

[19] Jean-Pierre Mahé, "Introduction" to *The Way of Hermes: The Corpus Hermeticum*, trans. Clement Salaman, Dorine van Oyen & William D. Wharton; *The Definitions of Hermes Trismegistus to Asclepius*, trans. Jean-Pierre Mahé, London: Duckworth, 1999; 2004, pp. 125~134; Jean-Pierre Mahé, *Hermès en haute-Egypte*, ed. & trans. Jean-Pierre Mahé, 2 tomes, Qébec: Presses de l'Université Laval, 1978~1982), II, 35~43; *Hermetica*, trans. Copenhaver, lvi–lvii. 마에의 해석에 우호적인 최근의 학자들로는 잔데Jan Zandee와 퀴스펠Gilles Quispel이 있다.

[20] Garth Fowden, *The Egyptian Hermes: A Historical Approach to the Late Pagan Mind*, pp. 72~74. 그는 "만약 어떤 점에서 플라톤이 헤르메스와 같은 말을 하는 것처럼 보인다면, 그것은 분명히 그가 헤르메스를 베꼈기 때문"이라고 말한다(p. 73). 관련 부분은 특히 《티마이오스》에 나타나는데, 일찍이 카조봉은 이를 오히려 《헤르메스서》가 위작이라는 증거로 이용했다(위의 주 7 본문을 볼 것).

[21] Martin Bernal, *Black Athena: The Afroasiatic Roots of Classical Civilization*. 4 vols., New Brunswick, NJ: Rutgers University Press, 1987~. Vol. 1: *The Fablication of Ancient Greece 1785-1985*, 1987[마틴 버낼, 오흥식 옮김, 《블랙 아테나: 서양 고전문명의 아프리카·아시아적 뿌리. 날조된 고대 그리스, 1785~1985》, 소나무, 2001]; Vol. 2: *The Archaeological and Documentary Evidence*, 1991[《블랙 아테나: 고고학 및 문헌 증거》, 2012]; Vol. 3: *The Afroasiatic Roots of Classical Civilization*, 2006; Vol. 4: *Solving the Riddle of the Sphinx*(집필 중). 그동안 버낼 테제에 대해 수많은 찬반양론이 제시되어왔다. 그중 일부는 다음과 같다. Mary Lefkowitz, *Not Out of Africa: How Afrocentrism Became an Excuse to Teach Myth As History*, New York: Basic Books, 1996; Martin Bernal & David C. Moore, *Black Athena Writes Back: Martin Bernal Responds to His Critics*, Durham, NC: Duke University Press, 2001[마틴 버낼, 오흥식 옮김, 《블랙 아테나의 반론: 마틴 버낼이 비평가들에게 답하다》, 소나무, 2017]. 이 테제에 대한 한국학자들의 반응에 대해서는 오흥식이 옮긴 버낼의 책 "해설 및 후기"를 참조할 것.

22 버낼,《블랙 아테나》, pp. 203~204. 버낼은 책 전체를 통해 관련 주제를 광범위하게 논하고 있다.

23 버낼,《블랙 아테나》, 17~18세기를 다룬 3장을 볼 것, 뉴턴에 대해서는 특히 pp. 246~248을 볼 것. 장미십자회와 프리메이슨에 대한 간략한 설명은 Yates, *Giordano Bruno and the Hermetic Tradition*, pp. 407~416을 참조할 것. 최근에는 헤겔이 헤르메스주의자라는 주장도 제기되었다. Glenn A. Magee, *Hegel and the Hermetic Tradition*, Cornell University Press, 2001. 헤르메스주의가 율리우스 에볼라와 같은 20세기 극우파 사상과 연결되는 모습도 흥미롭다. Julius Evola, *La tradizione ermetica*, Bari: Laterza, 1931. 에볼라의 사상에 대한 간략한 소개는 다음을 볼 것. 곽차섭, 〈율리우스 에볼라와 근대 세계에 대한 반란: 파시즘과의 관련성을 생각하며〉,《역사와 경계》 51, 2004, pp. 199~229. 이 글은 본서 9장에 실려 있다.

24 Yates, *Giordano Bruno and the Hermetic Tradition*, p. 427에서 재인용. 최근 퀴스펠도 이런 식의 주장을 하고 있다. Gilles Quispel, "Preface" to *The Way of Hermes*, trans. C. Salaman et al., p. 12.

25 Grafton, *Forgers and Critics*, p. 6.

9장 율리우스 에볼라와 근대 세계에 대한 반란

1 움베르토 에코, 이윤기 옮김,《푸코의 추》, 열린책들, 1990, 558, 195, 267쪽. Evola, *La tradizione ermetica*, Bari: Laterza, 1931 ; *Il mistero del Graal e la tradizione ghibellina dell' Impero*, Bari: Laterza, 1937. 이윤기가 '신비주의의 전통'이라 번역한 제목은 '연금술적 전통' 쪽이 더 적절한 것으로 생각된다.

2 에코,《푸코의 추》, 662, 632쪽; René Alleau, *Hitler et les sociétés secrètes. Enquête sur les sources occultes du nazisme*, Paris: Bernard Grasset, 1969;《의정서》는 1903년 8월 26일~9월 7일 사이, 러시아의 반유대주의 저널리스트 Krushevan이 일간지《깃발Znamya》에 게재한 짧은 기사들에서 시작된 것으로 생각된다. 이후 30년대 말까지 수많은 판본과 번역이 쏟아져나왔다. 이탈리아 초판본은 1921년에 간행되었다

(*L' Internazionale ebraica. Protocoli dei 'Savi anziani' di Sion*[Roma: La Vita Italiana, 1921]). 에볼라의 재간본은 같은 출판사에서 1937년에 나왔다. 이러한 정황에 대해서는 에볼라 자신의 *Gli uomini e le rovine. Orientamenti*, con un saggio introduttivo di Alain de Benoist, Roma: Edizioni Mediterranee, 2001, pp. 180 이하를 볼 것. 《의정서》에 대한 연구로는 많은 문헌 중에서도 Norman Cohn, *Warrant for Genocide: The Myth of the Jewish World-Conspiracy and the Protocols of the Elders of Zion*, New York: Harper & Row, 1966을 참조할 것.

3 움베르토 에코, 김운찬 옮김, 《누구를 위하여 종을 울리나 묻지 맙시다》, 열린책들, 2003, 51쪽.

4 내부자적 관점으로서는 Adriano Romualdi, *Julius Evola. L' uomo e l' opera*, Roma: Volpe, 1971; Riccardo Paradisi, ed., *Julius Evola. Mito, Azione, civiltà*, Rimini: Il Cerchio, 1996; Guido Stucco, "The Legacy of a European Traditionalist: Julius Evola in Perspective", *The Occidental Quarterly* 2.3, Fall 2002 등이 그 예가 되겠고, 외부자적 관점으로서는 Thomas Sheehan, "Myth and Violence: The Fascism of Julius Evola and Alain de Benoist", *Social Research* 48, Spring 1981, pp. 45~73; Richard H. Drake, "Julius Evola and the Ideological Origins of the Radical Right in Contemporary Italy" in *Political Violence and Terror: Motifs and Motivations*, ed. Peter H. Merkl, University of California Press, 1986, pp. 61~89 등이 선구적이자 대표적인 보기일 것이다. 물론 에볼라에 대한 연구들이 이 두 개의 노선으로 확연히 나누어지는 것은 아니다. 좀 더 중도적인 견해로는 Franco Ferraresi, "Julius Evola: Tradition, Reaction, and the Radical Right", *European Journal of Sociology* 28, 1987, pp. 107~151이 참조된다.

5 에볼라의 생애에 대한 표준적인 연구는 아직 없다. 그의 극우파 추종자인 로무알디가 쓴 전기와 에볼라가 자신의 저작들에 대해 써놓은 자서전 류의 글이 있을 뿐이다. Adriano Romualdi, *Julius Evola. L'uomo e l'opera*, Roma: Volpe, 1968; Evola, *Il cammino del cinabro*, Milano: Vanni Scheiwiller, 1972. 이를 바탕으로 에볼라 재단 홈페이지에 리카르도 파라디시가 그의 생애에 대해 쓴 간략한 소개가 올라있다 (http://www.fondazione-evola.it/pagine/biograf.htm). 이 외에 주4에 언급된 Drake, Ferraresi, Stucco의 글에도 이에 관한 요약적 설명이 있다. 특히 그의 지적 궤적에

대해서는 Marco Fraquelli, *Il filosofo proibito. Tradizione e reazione nell'opera di Julius Evola*, Milano: Terziaria, 1994; Patricia Chiantera-Stutte, *Julius Evola. Dal Dadaismo alla Rivoluzione Conservatrice, 1919~1940*, Roma: Aracne, 2001; Francesco Cassata, *A destra del fascismo. Profilo politico dii Julius Evola*, Torino: Boringhieri, 2003을 참고했다.

[6] Evola, *Arte astratta*, Roma: Maglioni e Strini, 1920; Id., *La parole obscure du paysage intérieur*, Roma: n.p., 1921.

[7] Evola, *Saggi sull' idealismo magico*, Todi-Roma: Atanòr, 1925; Id., *Teoria dell'individuo assoluto*, Torino: Bocca, 1927; Id., *Fenomenologia dell'individuo assoluto*, Torino: Bocca, 1930.

[8] Lao-Tze, *Il libro della Via e della Virtù di Lao-Tze*, traduz. Julius Evola, Lanciano: Carrabba, 1923; Evola, *L'uomo come potenza*, Todi-Roma: n.p., 1926; Id., *Imperialismo pagano*, Todi-Roma: Atanòr, 1928.

[9] Evola, *Rivolta contro il mondo moderno*, Milano: Hoepli, 1934; 4ᵃ ediz., Roma: Edizioni Mediterranee, 1998. 앞으로 이 책으로부터의 인용은 모두 제4판에 의거한다.

[10] Oswald Spengler, *Der Untergang des Abendlandes*, 2 vols., München: Beck, 1918, 1922; René Guénon, *La crise du monde moderne*, Paris: Gallimard, 1927.

[11] 부록이었던 《성배의 신비》는 3년 뒤 개정되어 단행본으로 나왔다. 두 책에 대해서는 주1을 볼 것.

[12] 이 점에 관해서는 특히 Chiantera-Stutte, *Julius Evola. Dal Dadaismo alla Rivoluzione Conservatrice, 1919~1940*, pp. 192~211이 참조된다. 독일 보수혁명의 전반적 흐름에 대해서는 전진성, 《보수혁명: 독일 지식인들의 허무주의적 이상》, 책세상, 2001을 볼 것.

[13] Evola, *Tre aspetti del problema ebraico*, Roma: Edizioni Mediterranee, 1936; Id., *Il mito del sangue*, Milano: Hoepli, 1936; Id., *Sintesi di dottrina della razza*, Milano: Hoepli, 1941; Id., *Indirrizi per una educazione razziale*, Napoli: Conte, 1941.

[14] Fraquelli, *Il filosofo proibito. Tradizione e reazione nell'opera dii Julius Evola*, pp. 228~235.

[15] Evola, *La dottrina del risveglio*, Bari: Laterza, 1943; Id., *Lo Yoga dellapotenza*, Milano: Bocca, 1949.

[16] Evola, *Orientamenti*, Roma: Edizioni di 'Imperium', 1950; Id., *Gli uomini e le rovine, a cura di Junio Valerio Borghese,* Roma: Edizioni dell'Ascia, 1953; Id., *Metafisica del sesso*, Roma: Edizioni di 'Atanòr', 1958; Id., *Cavalcare la tigre,* Milano: Scheiwiller, 1961.

[17] Evola, "Introduzione alla terza edizione" nella Id., *Rivolta contro il mondo moderno,* p. 32.

[18] Evola, *Rivolta contro il mondo moderno,* p. 43.

[19] Evola, *Rivolta contro il mondo moderno,* p. 43.

[20] Evola, *Rivolta contro il mondo moderno,* pp. 201~202.

[21] Evola, *Rivolta contro il mondo moderno,* p. 45.

[22] Evola, *Rivolta contro il mondo moderno,* p. 43.

[23] Evola, Rivolta contro il mondo moderno, p. 45.

[24] Evola, *Rivolta contro il mondo moderno,* p. 156.

[25] Evola, *Rivolta contro il mondo moderno,* pp. 65~66.

[26] Evola, *Rivolta contro il mondo moderno,* pp. 67~68.

[27] Evola, *Rivolta contro il mondo moderno,* p. 67.

[28] Evola, *Rivolta contro il mondo moderno,* p. 348.

[29] Evola, *Rivolta contro il mondo moderno,* p. 135.

[30] Evola, *Rivolta contro il mondo moderno,* p. 136.

[31] Evola, *Rivolta contro il mondo moderno,* p. 210.

[32] Evola, *Rivolta contro il mondo moderno,* p. 219.

[33] Evola, *Rivolta contro il mondo moderno,* pp. 219~220.

[34] Evola, Rivolta contro il mondo moderno, p. 220.

[35] Evola, *Rivolta contro il mondo moderno,* p. 322.

[36] Evola, *Rivolta contro il mondo moderno,* pp. 326~327.

[37] Evola, *Rivolta contro il mondo moderno,* pp. 335, 334.

[38] Evola, *Rivolta contro il mondo moderno,* pp. 341~342.

[39] Evola, *Rivolta contro il mondo moderno*, pp. 346~349.

[40] Evola, Rivolta contro il mondo moderno, pp. 351~352.

[41] Evola, *Rivolta contro il mondo moderno*, p. 399. Cf. 마키아벨리, 곽차섭 번역·주해, 《군주론/군주국에 대하여》, 길, 2015, 25장. 흥미 있는 것은 양자 모두 이 맥락에서 '강fiume'의 이미지를 사용하고 있다는 점이다.

[42] Evola, *Rivolta contro il mondo moderno*, pp. 355ff. 특히 '비실재주의'에 대해서는 같은 책 405~406쪽을 볼 것.

[43] Evola, *Rivolta contro il mondo moderno*, parte II, cap. 14, pp. 369ff. 이하 이 문단의 내용은 14~16장을 요약한 것이다.

[44] Evola, *Rivolta contro il mondo moderno*, p. 403.

[45] Evola, *Rivolta contro il mondo moderno*, p. 399

[46] Evola, *Rivolta contro il mondo moderno*, p. 405. 특히 '호랑이 타기' 의미에 대해서는 아래의 주47의 판본으로 24, 25쪽을 볼 것.

[47] Evola, *Cavalcare la tigre*, con un saggio introduttivo di Stefano Zecchi. 6a ediz., Roma: Edizioni Mediterranee, 2000. 초판은 1961년에 나왔다. 이하 인용은 6판에 의함.

[48] MSI의 활동을 중심으로 한 20세기 후반 이탈리아 네오파시즘 및 급진 우파에 대한 간략한 소개로는 다음이 있다. 곽차섭, 〈이탈리아 신파시스트 조직전략의 추이〉, 《역사비평》 27, 1994 겨울, 146~154쪽.

[49] Evola, *Gli uomini e le rovine. Orientamenti,* con un saggio introduttivo di Alain de Benoist. 5ᵃ ediz., Roma: Edizioni Mediterranee, 2001, p. 58. 에볼라는 뒤에 나온 《호랑이를 타라》에서도 《인간과 폐허》가 현 상태를 "교정하는 정치적 행동의 가능성"을 심중에 두고 쓰였다는 말을 하고 있다. Evola, *Cavalcare la tigre*, p. 151.

[50] Evola, *Cavalcare la tigre*, p. 30.

[51] Evola, *Cavalcare la tigre*, p. 47.

[52] Evola, *Cavalcare la tigre,* p. 47.

[53] Evola, *Cavalcare la tigre*, pp. 48~52, 149~153.

[54] Evola, *Cavalcare la tigre*, p. 151.

[55] Evola, *Cavalcare la tigre*, pp. 151~152.

[56] Evola, *Cavalcare la tigre*, pp. 102~103.

[57] Evola, *Cavalcare la tigre*, p. 103

[58] Evola, *Cavalcare la tigre,* p. 102.

[59] 급진 우파 조직의 활동과 테러리즘에 대해서는 다음을 볼 것. 곽차섭, 〈이탈리아 신파시스트 조직전략의 추이〉, 150~153쪽; Ferraresi, "Julius Evola: Tradition, Reaction, and the Radical Right", pp. 134ff.; Francesco Sidoti, "The Extreme Right in Italy: Ideological Orphans and Countermobilization" in *The Extreme Right in Europe and the USA,* ed. Paul Hainsworth, London: Pinter, 1992, pp. 151~174.

[60] 예컨대 20세기 극우파를 다룬 한 사전에는 1980년 8월의 볼로냐역 폭발사건이 "an Evolian-inspired violence"로 표현되어 있다(Philip Rees, "Evola" in Id., *Biographical Dictionary of the Extreme Right since 1890,* London: Simon & Schuster, 1990). 대체로 영미권 학자들은 주로 에볼라의 이름을 들먹이는 과격 추종자들의 언사에 비중을 두는 경향이 있는데, 에볼라 자신의 생각과 과격 추종자들의 말 사이에서 균형을 잡는 것이 중요하다고 본다.

[61] Cassata, *A destra del fascismo. Profilo politico di Julius Evola*, p. 393.

[62] 이는 특히 다음에 잘 나타나 있다. Evola, *Fascismoe Tezo Reich, con un saggio introduttivo di Giuseppe Parlato*, 6ª ediz., Roma: Edizioni Mediterranee, 2001. 초판은 1964년에 나왔다.

[63] Philip Rees, "Evola," p. 119.

10장 자유도시의 신화와 도시 이데올로기

[1] Giovanni Botero, *Relationi universali*, Roma, 1596. 여기서는 그 일부를 영역한 판본에서 인용했다. Id., *The Travellers Breviat,* London: Jaggard, 1601; Repr., New York: Da Capo Press, 1969, pp. 40, 106~107,

[2] 몽테스키외, 한상범 옮김, 《법의 정신》, 대양서적, 1975. 그 보기로서 2편 5장, 3편 9~10장, 5편 13~15장 등을 볼 것. 몽테스키외는 이 책에서 모든 주제를 공화정, 왕정, 전제정의 구분 아래 고찰하고 있다.

[3] G. W. F. Hegel, *The Philosophy of History*, trans. J. Sibree & intro. C. J. Friedrich, New York: Dover, 1956, Part I.

[4] Max Weber, "The City" in Id., *Economy and Society*, eds. G. Roth & C. Wittich. 2 vols., University of California Press, 1978, Vol. II, pp. 1212~1372. 특히 1226쪽 이하를 볼 것.

[5] 페르낭 브로델, 주경철 옮김, 《물질문명과 자본주의》 전 6권, 까치, 1996~1997, I-2, 743쪽. 이러한 입장은 1963년에 처음 간행되었다가 1987년에 책명을 바꾸어 재 간행된 《문명의 방식*Grammaire de civilisations*》에서 이미 나타나는 것으로 보인다. 여기서 그는 문화와 문명을 각각 농촌적인 것과 도시적인 것으로 규정하고는, 서양의 첫 성공담이 도시가 농촌을 정복한 것이었다고 말한다. F. Braudel, *A History of Civilizations*, trans. R. Mayne, Penguin, 1993, p. 18.

[6] J. C. L. Simonde de Sismondi, *Histoire des Républiques italiennes du moyen âge*, 16 vols., 1807~1817; Jacob Burckhardt, *Die Kultur der Renaissance in Italien*, 1860.

[7] Peter Burke, "City-States" in *States in History*, ed. John A. Hall, Oxford: Blackwell, 198), p. 138. 그러나 버크 역시 이슬람과 동양의 도시들도 미약하나마 '어느 정도의' 자율성은 가지고 있었다는 식으로 논지를 전개함으로써 자유 대 전제의 틀을 벗어나지 못하고 있는 것으로 보인다. 역사 속에서 나타나는 '창안된 전통'에 대해서는 다음이 참조된다. Eric Hobsbawm & Terence Ranger, eds. *The Invention of Tradition*, Cambridge University Press, 1983.

[8] Carl Marx & Friedlich Engels, "Manifesto of the Communist Party" in Id., *Collected Works,* vol. 6, Moscow: Progress Publishers, 1976, p. 488; "The German Ideology" in Id., *Collected Works cited*, vol. 5, pp. 32, 64.

[9] G. F. Pagnini, *Della decima ed altre gravezze imposte dal comune di Firenze.* Lisbona-Lucca: Giuseppe Bouchard librajo, 1765; R. Pöhlmann, *Die Wirtschaftspolitik der Florentiner Renaissance und das Prinzip der Verkehrsfreiheit*, Leipzig: Hirzel, 1878; F.-T. Perrens, *Histoire de Florence*, 6 vols., Paris: Hachette et Cie, 1877~1883; G. Salvemini, *Magnati e popolani in Firenze dal 1280 al 1295*, Firenze, 1899; nuova ed., Mialno: Feltrinelli, 1960; G. Volpe, *Studi sulle istituzioni comunali a Pisa,* Pisa, 1902; nuova ed., Firenze, 1970.; R. Caggese, *Classi e comuni rurali nel medioevo italiano.* 2

vols., Firenze: Gozzin, 1907~1909; Jean Schneider, *La ville de Metz au XIIIe et XIVe siècles*, Nancy: Impr. Georges Thomas, 1950.

10 J. Plesner, *L'émigration de la campagne à la ville libre de Florence au XIIIe siècle*, Copenhagen: Gyldendalske Bochandel–Nordisk, 1934; N. Ottokar, *Il comune di Firenze alla fine del dugento*, 2^a ediz., Firenze: Einaudi, 1926; E. Fiumi, "Sui rapporti economici tra città e contado nell'età comunale," *Archivio storico italiano* 114, 1956, pp. 18~68; E. Fiumi, *Fioritura e decadenza dell'economia fiorentina*, Firenze: Olschki, 1977, parte III.

11 J. Le Goff, "The Town as an Agent of Civilization, 1200~1500" in *The Fontana Economic History of Europe*, Vol. I: *The Middle Ages*, ed. Carlo M. Cipolla, Glasgow: Fontana, 1972, p. 93.

12 페르낭 브로델, 《물질문명과 자본주의》 I-2, 695~696쪽.

13 애덤 스미스, 김수행 옮김, 《국부론》 상하, 동아출판사, 1992, 상권, 3편 1장, 363~364쪽, 4장, 391~392쪽.

14 D. Herlihy, *Pisa in the Early Renaissance: A Study of Urban Growth*, Yale University Press, 1958, pp. 110~112.

15 D. Herlihy, *Pisa in the Early Renaissance*, pp. 112~114.

16 G. Rossi–Sabatini, *Pisa al tempo dei Donoratico(1316-1347)*, Firenze: Sansoni, 1938, pp. 54~60(Herlihy, *Pisa in the Early Renaissance*, pp. 114~115에서 재인용).
도시 코무네의 이처럼 주도면밀한 곡물 수급 정책은 피사의 경우만이 아니라 중세 도시 전반에 걸친 하나의 현실이었다. 그 소비적 성격 때문에 자체적으로 곡물을 생산해내지 못하는 도시의 특성을 감안할 때, 이는 필연적 결과라고 볼 수 있다. 토스카나를 제외한 이탈리아 중세 도시의 곡물 정책에 대한 고전적 연구로는 H. C. Peyer, *Zur Getreidepolitik oberitalienischer Städte im XIII. Jahrhundert*, Wien: Universum, 1950가 있다. 13~14세기 피렌체의 곡물 통제에 대해서는 G. Pinto, *Il libro del biadaiolo. Carestie e annona a Firenze dalla metà del '200 al 1348*, Firenze: Olschki, 1978, pp. 107 이하를 볼 것. 볼로냐에 대한 간략한 설명은 A. Hessel, *Storia della città di Bologna 1116-1280*, a cura di G. Fasoli, Bologna: Alfa, 1975, pp. 198~199. 중세 도시 전반의 곡물 통제 정책에 관한 비교적 최근의 연구로는 M.

Montanari, *Contadini e città fra Langobardia e Romania*, Firenze: Salimbeni, 1988, pp. 113 이하를 볼 것.

[17] D. P. Waley, *The Italian City-Republics,* London: Longman, 1969, pp. 93~94; G. Luzzatto, *An Economic History of Italy*, trans. Philip Jones, New York: Routledge & Kegan Paul, 1961, pp. 93~94.

[18] 이탈리아에서 14세기 후반부터 나타나기 시작하는 하층 도시 노동자들의 봉기는 그 성격에 관한 논의의 갈래가 다양하지만, 한 가지 분명하고 공통된 사실은 전쟁이나 기근과 같은 외적 상황이 결국은 빵값 상승과 과중한 부세로 귀결됨으로써 봉기의 직접적 원인이 되었다는 점이다. 이는 콘타도에 대한 곡물 통제가 곧 도시 노동자에 대한 통제와 직결된다는 점을 잘 말해준다. 페루자(1370), 시에나(1371), 피렌체(1378)를 중심으로 한 14~15세기 민중 봉기를 두루 살핀 연구로는 다음이 있다. V. I. Rutenburg, *Popolo e movimenti popolari nell' Italia del '300 e '400*, trans. G. Borghini & intro. R. Manselli, Bologna: Il Mulino, 1971.

[19] L. Martines, *Power and Imagination: City-States in Renaissance Italy*, New York: Knopf, 1979, p. 163.

[20] D. Waley, *The Italian City-Republics,* p. 38.

[21] 에디트 엔넨, 안상준 옮김, 《도시로 본 중세 유럽》, 한울아카데미, 1997, p. 206. 볼로냐의 노예해방령과 피렌체의 농노해방령을 자세히 분석하여 역시 비슷한 결론을 이끌어내고 있는 연구로서는 다음이 있다. L. A. Kotel'nikova, *Mondo contadino e città in Italia dall' XI al XIV secolo*, trans. L. S. Catocci & intro. C. Violante, Bologna: Il Mulino, 1975, ch. 2.

[22] L. Martines, *Power and Imagination: City-States in Renaissance Italy*, p. 67.

[23] Frederic C. Lane, *Venice: A Maritime Republic*, The Johns Hopkins University Press, 1973, p. 152.

[24] G. Luzzatto, *An Economic History of Italy*, pp. 91~92.

[25] 보테로는 《도시번영 원인론》(1588) 1권 1장("무엇이 도시이며 도시의 위대성이란 어떤 것인가?")에서, 도시란 "부와 풍족함 속에서 편안한 삶을 누리기 위하여 함께 모인 사람들의 집단이며 무리"라고 정의하면서, 도시의 위대성은 그 지역 범위가 넓다거나 성곽이 있다는 데 있지 않고 주민의 수와 힘이 얼마나 큰가에 있다고 말

한다. 또 3권 3장에서는 도시를 위대하고도 번창케 하는 요인으로서 정의, 평화, 물질의 풍족함을 들고 있는데, 여기서 정의란 곧 사유재산의 불가침성을 말한다. 보테로의 이러한 도시관은 도시의 자유라는 것이 사실은 대외적 독립성을 뜻하는 것이며, 도시 자체가 다른 주권체들과 같이 '도시 이성'에 의해 움직이고 있다는 당시의 시각을 보여준다. G. Botero, *Della Ragion di Stato. Delle cause della grandezza delle città*, a cura di Carlo Morandi, Bologna: Cappelli, 1930, pp. 317, 381~382.

26 D. Waley, *The Italian City-Republics*, pp. 113~117.

27 L. Martines, *Power and Imagination: City-States in Renaissance Italy*, ch. 7.

28 이 범주에 속하는 역사가로서는 한스 바론을 들 수 있다. 그는 르네상스 이탈리아 문화를 정치적 상황과 연결시켜 '시민적 휴머니즘'이란 탁월한 해석을 내놓았으나, 그럼에도 불구하고 공화정 대 전제정의 이데올로기에서 벗어나지 못했다. 이런 면에서 그는 시스몽디-부르크하르트의 계보에 속한다. 그의 주저로서는 다음이 있다. Hans Baron, *The Crisis of the Early Italian Renaissance: Civic Humanism and Republican Liberty in an Age of Classicism and Tyranny*, rev. ed., Princeton University Press, 1966; 한스 바론, 임병철 옮김, 《초기 이탈리아 르네상스의 위기: 고전주의와 전제주의 시대의 시민적 휴머니즘과 공화주의적 자유》, 길, 2020.

29 Carl Marx & F. Engels, "Manifesto of the Communist Party", p. 488.

30 여기서 도시 이데올로기란 말에는 무엇보다 자유를 표방하면서도 팽창주의를 지향하는 중세-르네상스 도시(국가)들의 내재적 속성을 강조하는 의미가 담겨 있다. 하지만 이러한 개념은 현대 도시에 대해서도 여전히 적용될 수 있는 여지가 있는 것으로 생각된다. 대체로 현대의 도시는 필요한 동인이 마련되면 언제나 주변의 농촌 전원지대를 잠식하며 팽창하고자 하는 잠재적 경향을 지니고 있다. 이는 근본적으로 도시의 소비적·권력적 본질에서 연유하는 듯이 보인다. 물론 최근에 도시의 구조와 환경을 생태주의적 측면에서 고려하려는 흐름이 형성되고는 있지만, 그럼에도 불구하고 도시 그 자체는 결코 자연에 속할 수 없는 인공적인 요소를 특질로 한다는 점에서 반 생태적이다.

31 Isaiah Berlin, *Four Essays on Liberty*, Oxford University Press, 1969, ch. 3 ("Two Concepts of Liberty").

32 Lewis Mumford, *The City in History*, New York: Harcourt, Brace and World, 1961,

pp. 472~473.

33 Antony Black, *Guilds and Civil Society in European Political Thought from the Twelfth Century to the Present* , London: Methuen, 1984, esp. "Preface," xi~xii.

34 Q. Skinner, "The Italian City–Republics" in *Democracy: The Unfinished Journey, 508 B.C. to A.D. 1993*, ed. John Dunn, Oxford University Press, 1992, p. 69.

35 R. H. Hilton, "Rent and Capital Formation in Feudal Society" in *Second International Conference of Economic History*, Paris: Mouton, 1965, vol. II, pp. 33~68, esp. pp. 35~36.

36 R. S. Lopez, "Hard Times and Investment in Culture" in W. K. Ferguson et al., *The Renaissance: Six Essays*, New York: Harper & Row, 1953, pp. 29~54. 이에 대한 반론으로는 다음이 있다. C. M. Cipolla, "Economic Depression of the Renaissance?" *Economic History Review* 16, 1963~1964, pp. 519~524; P. Burke, "Investment and Culture in Three Seventeenth–Century Cities," *Journal of European Economic History* 7, 1978, pp. 311~336; Judith C. Brown, "Prosperity or Hard Times in Renaissance Italy?" *Renaissance Quarterly* 42, 1989, pp. 761~780.

37 Vittorio Conti (a cura di), *Le ideologie della città europea dal Umanesimo al Romanticismo,* Firenze: Olschki, 1993, "premessa", ix~xi.

11장 언어와 저술 의도

1 사상사 방법론을 다룬 포칵과 스키너의 글은 많지만 가장 대표적인 것 하나씩을 소개하면 다음과 같다. J. G. A. Pocock, "The History of Political Thought: A Methodological Enquiry" in *Philosophy, Politics and Society*, ser. II, eds. Peter Laslett and G. Runciman, Oxford: Blackwell, 1962, pp. 183~202; Q. Skinner, "Meaning and Understanding in the History of Ideas", *History and Theory* 8, 1969, pp. 3~53. 피터 라슬릿과 존 던 역시 근본적으로 동일한 입장을 가지고 있다 (Peter Laslett, "Political Philosophy, History of" in *Encyclopedia of Philosophy*, eds. P. Edwards et al., 8 vols., New York: Macmillan, 1967, VI, p. 371; John Dunn, "The

Identity of the History of Ideas", *Philosophy* 43, 1968, pp. 85~104). 이들에 대한 논평은 대단히 많으나, 최근의 중요한 것 몇 가지를 제시하자면 다음과 같다. D. Boucher, *Texts in Context: Revisionist Methods for Studying the History of Ideas*, Dordrecht, The Netherlands: Martinus Nijhoff, 1985; Peter L. Janssen, "Political Thought as Traditionary Action: The Critical Response to Skinner and Pocock", *History and Theory* 24, 1985, pp. 115~146; M. Viroli, "'Revisionisti' e 'ortodossi' nella storia delle idee politiche", *Rivista di filosofia* 78, 1987, pp. 121~136; M. Richter, "Reconstructing the History of Political Languages: Pocock, Skinner, and the Geschichtliche Grundbegriffe", *History and Theory* 29, 1990, pp. 38~70; M. Bevir, "The Errors of Linguistic Contextualism", *History and Theory* 31, 1992, pp. 276~298.

2 James Tully, ed., *Meaning and Context: Quentin Skinner and His Critics*, Princeton University Press, 1988; 제임스 탈리, 《의미와 콘텍스트: 퀜틴 스키너의 정치사상사 방법론과 비판》, 아르케, 1999.

3 Cf. J. G. A. Pocock, *The Machiavellian Moment: Florentine Political Thought and the Atlantic Republican Tradition*, Princeton University Press, 1975; Pocock, "The Machiavellian Moment Revisited: A Study on History and Ideology", *Journal of Modern History* 53, 1981, pp. 49~72.

4 Ludwig Wittgenstein, *Philosophical Investigations,* 3rd ed., Oxford: Blackwell, 1967; 이영철 옮김, 《철학적 탐구》, 서광사, 1994.

5 J. L. Austin, *How To Do Things with Words.* 2nd ed., Harvard University Press, 1975. 다음과 같은 두 가지 번역이 있다. 장석진 편역, 《오스틴: 화행론》, 서울대출판부, 1987; 김영진 옮김, 《말과 행위》, 서광사, 1992.

6 토머스 쿤, 조형 옮김, 《과학혁명의 구조》, 이화여자대학 출판부, 1980.

7 Cf. 에른스트 곰브리치, 차미례 옮김, 《예술과 환영》, 열화당, 1989.

8 Pocock, "The History of Political Thought: A Methodological Enquiry", pp. 185~186.

9 Pocock, "The History of Political Thought: A Methodological Enquiry", pp. 187~189; Pocock, "Burke and the Ancient Constitution: A Problem in the History of Ideas", *The Historical Journal* 3, 1960, repr. in Id., *Politics, Language and Time*, University of

Chicago Press, 1972, pp. 202~232.

[10] Pocock, "Languages and Their Implications: The Transformation of the Study of Political Thought" in Id., *Politics, Language and Time*, pp. 5~8.

[11] Skinner, "Meaning and Understanding in the History of Ideas", *History and Theory* 8, 1969, repr. in *Meaning and Context*, ed., J. Tully, p. 29.

[12] Skinner, "Meaning and Understanding in the History of Ideas", p. 30.

[13] Skinner, "Meaning and Understanding in the History of Ideas", pp. 32~36.

[14] Skinner, "Meaning and Understanding in the History of Ideas", pp. 38~39.

[15] Skinner, "Meaning and Understanding in the History of Ideas", pp. 44~45.

[16] Skinner, "Meaning and Understanding in the History of Ideas", pp. 45~47.

[17] Skinner, "Meaning and Understanding in the History of Ideas", pp. 57~58.

[18] Skinner, "Meaning and Understanding in the History of Ideas", pp. 59~61.

[19] Pocock, "Introduction: The State of the Art" in Id., *Virtue, Commerce, and History: Essays on Political Thought and History chiefly in the Eighteenth Century*, Cambridge University Press, 1985, pp. 1~3.

[20] Pocock, "The History of Political Thought: A Methodological Enquiry", p. 195.

[21] Pocock, "Introduction: The State of the Art", p. 7; Pocock, "The Reconstruction of Discourse: Towards the Historiography of Political Thought," *MLN* 96, 1981, pp. 963~964.

[22] Pocock, "Introduction: The State of the Art", p. 8.

[23] Pocock, "The History of Political Thought: A Methodological Enquiry", p. 196.

[24] Pocock, "Languages and Their Implications: The Transformation of the Study of Political Thought", pp. 14~15; Pocock, "Introduction: The State of the Art", pp. 8~9; Cf. Pocock, "On the Non−Revolutionary Character of Paradigm: A Self−Criticism and Afterpiece" in Id., *Politics, Language and Time*, pp. 273~291.

[25] Pocock, "Introduction: The State of the Art", p. 9; Pocock, "Languages and Their Implications: The Transformation of the Study of Political Thought", pp. 25~26, 36.

[26] Pocock, "The Language of Political Discourse and the British Rejection of the French Revolution" in *I linguaggi politici delle rivoluzioni in Europa, XVII−XIX secolo*, a cura

di E. Pii, Firenze: Olschki, 1992, p. 20.

[27] Pocock, "Time, History and Eschatology in the Thought of Thomas Hobbes" in *The Diversity of History: Essays in Honour of Sir Herbert Butterfield*, eds. J. H. Elliott and H. G. Koenisberger, London: Routledge and Kegan Paul, 1970, repr. in Id., *Politics, Language and Time*, pp. 148~201.

[28] Pocock, "Burke and the Ancient Constitution: A Problem in the History of Ideas", *The Historical Journal* 3, 1960, repr. in Id., *Politics, Language and Time*, pp. 202~232. 보통법 언어 개념을 17세기 영국 역사사상에 적용시킨 예로서는 다음 이 있다. Pocock, *The Ancient Constitution and the Feudal Law*, 2nd ed., Cambridge University Press, 1987.

[29] Pocock, "Virtues, Rights, and Manners: A Model for Historians of Political Thought", *Political Theory* 9, 1981, pp. 353~368, repr. in Id., *Virtue, Commerce, and History*, pp. 37~50.

[30] Skinner, "Meaning and Understanding in the History of Ideas", pp. 63~64.

[31] Skinner, "Motives, Intentions and the Interpretation of Texts", *New Literary History* 3, 1972), repr. with some revision and abbreviation in *Meaning and Context*, p. 74.

[32] Skinner, "Motives, Intentions and the Interpretation of Texts", p. 70.

[33] Skinner, "'Social Meaning' and the Explanation of Social Action" in *Philosophy, Politics and Society*, ser. IV, eds. Peter Laslett, W. G. Runciman and Q. Skinner, Oxford: Blackwell, 1972, repr. in *Meaning and Context*, pp. 83~84.

[34] Skinner, "Motives, Intentions and the Interpretation of Texts," pp. 73~74; Skinner, "Meaning and Understanding in the History of Ideas", pp. 59~61.

[35] Skinner, "Some Problems in the Analysis of Political Thought and Action," *Political Theory* 2, 1974, repr. in *Meaning and Context*, pp. 106~107. Cf. Pocock, "Machiavelli, Harrington, and English Political Ideologies in the Eighteenth Century", *William and Mary Quarterly*, 3rd ser., vol. 22, 1965, repr. in Id., *Politics, Language and Time*, p. 134.

[36] Skinner, "Some Problems in the Analysis of Political Thought and Action", p. 107; Skinner, "The Principles and Practice of Opposition: The Case of Bolinbroke

versus Walpole" in *Historical Perspectives: Essays in Honour of J. H. Plumb*, ed. N. McKendrick, London: Europa, 1974, pp. 93~128. 스키너는 다음의 책에서 이러한 방법론을 르네상스와 종교개혁기의 유럽 정치사상사에 적용하고 있다. Skinner, *The Foundations of Modern Political Thought*, 2 vols., Cambridge University Press, 1978; 퀜틴 스키너, 박동천 옮김, 《근대 정치사상의 토대》 1·2, 한길사, 2004; 한국문화사, 2012.

[37] Pocock, "Introduction: The State of the Art", pp. 9~10.

[38] Skinner, "Hermeneutics and the Role of History", *New Literary History* 7, 1975~76, pp. 209~232.

[39] K. Mueller-Vollmer, ed., *The Hermeneutics Reader: Texts of the German Tradition from the Enlightenment to the Present*, Oxford: Blackwell, 1986; Richard E. Palmer, *Hermeneutics: Interpretation Theory in Schleiermacher, Dilthey, Heidegger, and Gadamer*, Evanston, Ill.: Northwestern University Press, 1969.

12장 지구윤리, 문명충돌, 역사가의 비전

[1] 한스 큉, 안명옥 옮김, 《세계윤리구상》, 왜관: 분도출판사, 1992. 한국어판에서는 1990년 독일어 초판 제목의 "Weltethos"를 "세계윤리"로 옮겨놓았으나, 일반적으로는 영어의 "World Ethic"보다 "Global Ethic"이 역어로 사용되고 있으므로, 여기서는 후자에 따라 "지구윤리"로 통일하겠다.

[2] *Parliament of the World's Religions*, drafted initially by Hans Küng, "Towards a Global Ethic", http://www.parliamentofreligions.org/_includes/FCKcontent/File/TowardsAGlobalEthic.pdf; Hans Küng & Karl-Josef Kuschel, eds., *A Global Ethic: The Declaration of the Parliament of the World's Religions*, London: SCM Press, 1993; New York: Continuum, 2006, pp. 13~16. 서명자 명단은 37~39.

[3] 한스 큉, 《세계윤리구상》, 127~128쪽.

[4] Küng & Kuschel, eds., *A Global Ethic: The Declaration of the Parliament of the World's Religions*, pp. 24~34.

[5] Samuel P. Huntington, "The Clash of Civilizations?", *Foreign Affairs* 72.3, Summer 1993.

[6] 그는 이러한 용어 내지는 개념을 피에르 베아나 맥스 벨로프 등에게서 차용해 왔을 가능성이 있다. Pierre Behar, "Central Europe: The New Line of Fracture", *Geopolitique* 39, August 1992; Max Beloff, "Fault Lines and Steeples: The Divided Loyalties of Europe", *National Interest* 23, Spring 1991.

[7] 새뮤얼 헌팅턴, 이희재 옮김, 《문명의 충돌》, 김영사, 1997, esp. 442쪽.

[8] Bruce Mazlish, *Civilization and Its Contents*, Stanford University Press, 2004, pp. 4, 38, 143; 125, 130.

[9] Hans Küng, *Islam: Past, Present and Future*, München: Piper, 2004; Oxford: Oneworld Publications, 2007, pp. 654~656; Mohammad Khatami, *Hope and Challenge: The Iranian President Speaks*, Binghamton, NY: Institute of Global Cultural Studies, Binghamton University, 1997; Mazlish, *Civilization and Its Contents*, pp. 119f.

[10] 헌팅턴, 《문명의 충돌》, 346, 282~283쪽.

[11] Küng, *Islam: Past, Present and Future*, xxv.

[12] 아마 아리프 딜릭의 "지구사global history"와 카를로 긴즈부르그의 "미시사 microstoria"가 적절히 배합된 "트랜스히스토리transhistory" 혹은 "트랜스로컬 translocal"의 개념 틀이 이러한 전망과 관점을 향한 실마리가 될 수도 있을 것이다. 하지만 이 중차대한 문제는 물론 또 다른 논고를 요한다. 그들의 많은 저작 중에서도 일단 다음을 볼 것. 아리프 딜릭, 황동연 옮김, 《포스트모더니티의 역사들: 유산과 프로젝트로서의 과거》, 파주, 창비, 2005; Carlo Ginzburg, *Miti emblemi spie. Morfologia e storia*, Torino: Einaudi, 1986.

[13] 루이스와 데이비스에 대한 아래의 논의는 그 일부를 다음에서 가져왔다. 곽차섭, 〈혼종, 교차, 가로지르기: 지중해 세계의 트랜스히스토리를 위하여〉, 《지중해 문명의 다중성: 부산외국어대학교 지중해 지역원 제25회 학술대회 발표집》, 2010, 93~100쪽.

[14] 루이스의 전기적 사항에 대해서는 다음을 참조할 것. Robert Irwin, "Lewis, Bernard" in *The Blackwell Dictionary of Historians*, eds. John Cannon et al., Oxford: Blackwell, 1988, p. 245; Martin Kramer, "Bernard Lewis", in *Encyclopedia of*

Historians and Historical Writing, ed. Kelly Boyd. 2 vols., London: Fitzroy Dearborn, 1999, vol. 1, pp. 719~720.

[15] Bernard Lewis, *The Assassins: A Radical Sect in Islam*, London: Weidenfeld & Nicolson, 1967.

[16] Lewis, *The Assassins: A Radical Sect in Islam*, pp. 129~131.

[17] Lewis, *The Assassins: A Radical Sect in Islam*, with a new preface by the author, New York: Basic Books, 2002, xi, xii.

[18] 에드워드 사이드가 그를 주요한 오리엔탈리스트 중 하나로 지목한 것도 이런 점에서 무리는 아니다. 에드워드 사이드, 박홍규 옮김 《오리엔탈리즘》, 교보문고, 1991, 503~511쪽.

[19] Bernard Lewis, "The Roots of Muslim Rage", *Atlantic Monthly* 266. 3, September 1990. 이슬람 세계에 대한 이러한 인식은 뒤에 간행된 그의 *What Went Wrong? Western Impact and Middle Eastern Response*, Oxford University Press, 2001에서 더 노골화되고 있다.

[20] 버나드 루이스, 주민아 옮김, 이희수 감수, 《암살단: 이슬람의 암살 전통》, 살림, 2007. 이 책을 감수한 이희수가 루이스의 학문적 정치성精致性만 강조하고 그의 이데올로기적 편향성은 지적하지 않은 것은 유감이다. 특히 그가 평소 이슬람 문화의 주체성을 강조해온 점을 감안할 때 이러한 태도는 의외이다.

[21] 그 말이 마약을 뜻하는 "하시시"에서 왔다는 통설이 있으나 루이스는 이 역시 부인한다. 1175년 프리드리히 바르바로사 황제가 이집트와 시리아에 보낸 한 사절의 보고서를 보면, "다마스쿠스, 안티오크, 알레포 국경지대에는 산악에 거주하는 어떤 사라센 종족이 있는데, 그들의 말로 '헤이쎄씨니Heyssessini' 라 불리며, 로만어로는 '산 영주/노인segnors de montana' 라는 뜻"이라는 대목이 나온다(Lewis, *The Assassins: A Radical Sect in Islam*, p. 2에서 재인용). 내 생각으로는 이 "헤이쎄씨니"가 바로 이후의 "어쌔씬"의 어원이 아닌가 한다. 그 종파를 산 노인파로 번역해온 것도 바로 이 때문으로 보인다(루이스가 왜 이 점에 주목하지 않았는지 그 이유는 알 수 없지만).

[22] 데이비스의 삶과 학문에 대해서는 다음을 볼 것. 마리아 루시아 G. 팔라레스-버크, 곽차섭 옮김, 《탐史: 현대 역사학의 거장 9인의 고백과 대화》, 푸른역사, 2006, 3장.

23 내털리 제이먼 데이비스, 곽차섭 옮김, 《책략가의 여행: 여러 세계를 넘나든 한 16세기 무슬림의 삶》, 푸른역사, 2010. 알 와잔에 대한 아래의 문단들은 이 책의 〈옮긴이의 글〉을 참조한 것이다. 유사한 예를 다룬 최근의 여러 미시사적 저작들 중 하나로는 다음이 있다. Mercedes Garcia-Arenal & Gerard Wiegers, *A Man of Three Worlds: Samuel Pallache, a Moroccan Jew in Catholic and Protestant Europe*, trans. Martin Beagles, Original Spanish ed., 1999; Baltimore: The Johns Hopkins University Press, 2003.

24 내털리 제이먼 데이비스, 《책략가의 여행》, 18쪽.

25 내털리 제이먼 데이비스, 《책략가의 여행》, 210쪽. 물론 혼종hybrids이 그 자체로 모든 것을 해결할 수 있는 만능열쇠는 아니다. 이질적인 섞임이 오히려 갈등의 씨앗이라는 것을 우리는 역사 속에서 종종 목도한다. 필자가 의도하는 것은 다양성의 공존이라는 함의에서의 혼종이다. 과연 이러한 점을 역사 서술 속에서 실제로 어떻게 기술하고 묘사할 것인가는 계속해서 진지하게 숙고해야 할 매우 중요한 문제이다.

참고문헌

곰브리치, 에른스트, 차미례 옮김, 《예술과 환영》, 열화당, 1989.

공임순, 《우리 역사소설은 이론과 논쟁이 필요하다》, 책세상, 2000.

곽차섭, 〈이탈리아 신파시스트 조직 전략의 추이〉, 《역사비평》 27, 1994 겨울.

곽차섭 엮음, 《미시사란 무엇인가: 이론·방법·논쟁》, 푸른역사, 2000,

곽차섭, 〈율리우스 에볼라와 근대세계에 대한 반란: 파시즘과의 관련성을 생각하며〉, 《역사와 경계》 51, 2004.

곽차섭, 〈파노르미타의 《헤르마프로디투스》와 르네상스 휴머니즘의 딜레마〉, 《서양사론》 93, 2007.

곽차섭, 〈줄리오 로마노의 《체위》와 아레티노의 《음란한 소네트》: 최초의 포르노그래피 탄생의 전말〉, 《역사와 경계》 73, 2009.

곽차섭, 〈혼종, 교차, 가로지르기: 지중해 세계의 트랜스히스토리를 위하여〉, 《지중해 문명의 다중성: 부산외국어대학교 지중해 지역원 제25회 학술대회 발표집》, 2010.

곽차섭, 〈전기傳記 쓰기 2: 인간적 공감을 표현하는 방법들: 미켈란젤로의 전기를 중심으로〉, 《연보와 평전》 5, 2010.

곽차섭, 〈2세대 미시사: '사회'에서 '문화'로〉, 《역사와 문화》 23, 2012.

곽차섭, 《아레티노 평전: 르네상스기 한 괴짜 논객의 삶》, 길, 2013.

곽차섭 엮음, 《다시, 미시사란 무엇인가》, 푸른역사, 2017.

기번, 에드워드, 김영진 옮김, 《로마 제국 쇠망사》, 대광서림, 1990~1994.

긴즈부르그, 카를로 및 카를로 포니, 〈이름과 시합: 불평등교환과 역사책 시장〉, 곽차섭 편, 《미시사란 무엇인가: 이론·방법·논쟁》, 푸른역사, 2000.

긴즈부르그, 카를로. 김정하·유제분 옮김, 《치즈와 구더기: 16세기 한 방앗간 주인의 우주관》, 문학과지성사, 2001.

김영하, 《아랑은 왜》, 문학과지성사, 2001.

김응종, 《아날학파의 역사세계》, 아르케, 2001.

김탁환, 《나, 황진이》 주석판, 푸른역사, 2002,

던, 리차드, 임희완 옮김, 《근대 유럽의 종교전쟁 시대, 1559~1689》, 예문출판사, 1986,

데리다, 자크, 김성도 옮김, 《그라마톨로지》, 민음사, 2010.

데이비스, 내털리 제이먼, 양희영 옮김, 《마르탱 게르의 귀향》, 지식의 풍경, 2000.

데이비스, 내털리 제이먼, 곽차섭 옮김, 《책략가의 여행: 여러 세계를 넘나든 한 16세기 무슬림의 삶》, 푸른역사, 2010.

도스, 프랑수아, 김복래 옮김, 《조각난 역사》, 푸른역사, 1998.

딜릭, 아리프, 황동연 옮김. 《포스트모더니티의 역사들: 유산과 프로젝트로서의 과거》, 창비, 2005.

로버츠, 니키, 김지혜 옮김, 《역사 속의 매춘부들》, 책세상, 2004.

롤랑, 로맹, 전상범 옮김, 《미켈란젤로의 생애》, 정음사, 1976.

루이스, 버나드, 주민아 옮김, 《암살단: 이슬람의 암살 전통》, 살림, 2007.

루카치, 게오르크, 이영욱 옮김, 《역사소설론》 3판, 거름, 1999,

르 루아 라뒤리, 엠마뉘엘, 유희수 옮김, 《몽타이유》, 길, 2006.

르죈, 필립, 윤진 옮김, 《자서전의 규약》, 문학과지성사, 1998.

리돌피, 로베르토, 곽차섭 옮김, 《마키아벨리 평전》, 아카넷, 2000.

리쾨르, 폴, 김한식·이경래 옮김, 《시간과 이야기》 전 3권, 문학과지성사, 1999~2004.

마이네케, 프리드리히, 차하순 옮김, 《랑케와 부르크하르트》, 규장문화사, 1979.

마키아벨리, 니콜로, 곽차섭 옮김·주해, 《군주론/군주국에 대하여》, 길, 2015.

만초니, 알레싼드로, 김효정 옮김, 《약혼자》, 문학과지성사, 2012.

몽테스키외, 한상범 옮김, 《법의 정신》, 대양서적, 1975.

바론, 한스, 임병철 옮김, 《초기 이탈리아 르네상스의 위기: 고전주의와 전제주의 시대의 시민적 휴머니즘과 공화주의적 자유》, 길, 2020.

버날, 마틴, 오홍식 옮김, 《블랙 아테나: 서양 고전 문명의 아프리카·아시아적 뿌리》 제1권; 《날조된 고대 그리스, 1785~1985》, 소나무, 2006; 제2권: 《블랙 아테나: 고고학 및 문헌 증거》, 소나무, 2012.

버날, 마틴, 오홍식 옮김, 《블랙 아테나의 반론: 마틴 버날이 비평가들에게 답하다》, 소나무, 2017.

베렌슨, 에드워드, 신성림 옮김, 《카요 부인의 재판》, 동녘, 2008.

벤베니스트, 에밀, 황경자 옮김, 《일반언어학의 제문제》, 민음사, 1993.

부르크하르트, 야코프, 이기숙 옮김, 《이탈리아 르네상스의 문화》, 한길사, 2003.

브로델, 페르낭, 주경철 옮김, 《물질문명과 자본주의》, 까치, 1996~1997.

브로델, 페르낭, 임승휘·박윤덕 옮김, 《지중해: 펠리페 2세 시대의 지중해 세계》, 까치, 2017~2019.

블로크, 마르크, 한정숙 옮김, 《봉건사회》, 한길사, 1986.

비코, 잠바티스타, 조한욱 옮김, 《새로운 학문》, 아카넷, 2019.

비트겐슈타인, 루드비히, 이영철 옮김, 《철학적 탐구》, 서광사, 1994.

사이드, 에드워드, 박홍규 옮김, 《오리엔탈리즘》, 교보문고, 1991.

샤르티에, 로제 및 굴리엘모 카발로 엮음, 이종삼 옮김, 《읽는다는 것의 역사》, 한국출판마케팅연구소, 2006.

스미스, 애덤, 김수행 옮김, 《국부론》 전 2권, 동아출판사, 1992.

스키너, 퀜틴, 박동천 옮김, 《근대 정치사상의 토대》 1, 2, 한길사, 2004; 한국문화사, 2012.

스톤, 로렌스, 〈서술적 역사의 부활〉, 이광주·오주환 편, 《역사이론》, 문학과지성사, 1987.

아리오스토, 루도비코, 김운찬 옮김, 《광란의 오를란도》, 5책, 아카넷, 2013.

알베르티, 레온 바티스타, 노성두 옮김, 《알베르티의 회화론》, 사계절, 1998.

알튀세르, 루이, 김웅권 옮김, 《재생산에 대하여》, 동문선, 2007.

에코, 움베르토, 김운찬 옮김, 《누구를 위하여 종을 울리나 묻지 맙시다》, 열린책들, 2003.

에코, 움베르토, 이윤기 옮김, 《푸코의 추》, 열린책들, 1990.

엔넨, 에디트, 안상준 옮김, 《도시로 본 중세유럽》, 한울아카데미, 1997.

오스틴, 존, 장석진 편역, 《오스틴: 화행론》, 서울대출판부, 1987; 김영진 옮김, 《말과 행위》, 서광사, 1992.

울리히, 로렐 대처, 윤길순 옮김, 《산파일기》, 동녘, 2008.

이거스, 조지, 임상우·김기봉 옮김, 《20세기 사학사》, 푸른역사, 1998.

이승희, 〈18세기 말 한 런던 퀘이커 양조업자의 일상: 존 앨런 일기를 중심으로〉, 부산대학교 대학원 사학과 석사학위 논문, 2007. 8.

이승희, 〈18세기 말 한 런던 퀘이커 양조업자의 일상: 존 앨런의 일기를 중심으로〉, 《역사와 문화》 15, 2008.

이종흡, 〈근대 초 유럽의 비학秘學〉, 《서양사론》 38. 1, 1992.

이종흡, 〈근세 초 유럽의 비학, 자연과학, 인문학에서 담론적 연속과 변화에 관한 연구〉, 《서양사론》 45.1, 1995.

이종흡, 《마술, 과학, 인문학: 유럽 지적 담론의 지형》, 지영사, 1999.

전진성, 《보수혁명: 독일 지식인들의 허무주의적 이상》, 책세상, 2001.

젠킨스, 케이스, 최용찬 옮김, 《누구를 위한 역사인가》, 혜안, 1999.

첼리니, 벤베누토, 최승규 옮김, 《첼리니의 자서전》 전 2권, 한명, 2000.

쿤, 토머스, 조형 옮김, 《과학혁명의 구조》, 이화여자대학교 출판부, 1980.

큉, 한스, 안명옥 옮김, 《세계윤리구상》, 왜관: 분도출판사, 1992.

큉, 한스, 손성현 옮김, 《이슬람》, 시와진실, 2012.

탈리, 제임스, 유종선 옮김, 《의미와 콘텍스트: 퀜틴 스키너의 정치사상사 방법론과 비판》, 아르케, 1999.

파피니, 조반니, 정진국 옮김, 《미켈란젤로 부오나로티》, 글항아리, 2008.

팔라레스-버크, 마리아 루시아 G., 곽차섭 옮김, 《탐史: 현대 역사학의 거장 9인의 고백과 대화》, 푸른역사, 2006.

페브르, 뤼시엥, 김응종 옮김, 《16세기의 무신앙 문제: 라블레의 종교》, 문학과지성사, 1996.

포칵, J. G. A., 곽차섭 옮김, 《마키아벨리언 모멘트: 피렌체 정치사상과 대서양의 공화주의 전통》, 나남, 2011.

프레케, 티모시 및 피터 갠디, 오성근 옮김, 《고대 이집트의 지혜 헤르메티카》, 김영사, 2005.

푸코, 미셸, 이규현 옮김, 《말과 사물》, 민음사, 2014.

헌팅턴, 새뮤얼, 이희재 옮김, 《문명의 충돌》, 김영사, 1997.

헤시오도스, 천병희 옮김, 《신통기》, 한길사, 2004.

홍명희, 《임꺽정》, 사계절, 1995~2000.

화이트, 헤이든, 천형균 옮김, 《19세기 유럽의 역사적 상상력: 메타 역사》, 문학과지성사, 1991.

휴즈, 앤소니, 남경태 옮김, 《미켈란젤로》, 한길아트, 2003.

Agrippa, Henry Cornelius, *Of the Vanitie and Uncertaintie of Artes and Sciences*, ed. C. M. Dunn. Northridge: California State University Press, 1974.

Alberti, Leon Battista, *I libri della famiglia, Cena familiaris, Villa*, a cura di Cecil Grayson, Bari: Laterza, 1960.

Alleau, René, *Hitler et les sociétés secrètes, Enquête sur les sources occultes du nazisme*, Paris: Bernard Grasset, 1969.

Amelang, James S., *The Flight of Icarus: Artisan Autobiography in Early Modern Europe*, Stanford University Press, 1998.

Apollodoros, *Greek Orators. vol. VI. Apollodoros against Neaira [Demosthenes] 59*. ed. & trans. Christopher Carey, Warminster, Eng.: Aris & Phillips, 1992.

Aretino, Pietro, *Lettere sull' arte di Pietro Aretino*, a cura di Ettore Camesasca, 3 voll. in 4, Milano: Edizioni del Milione, 1957~1960.

Aretino, Pietro, *Lettere. Il primo e il secondo libro,* a cura di Francesco Flora con note storiche di Alessandro del Vita, Roma: Mondadori, 1960.

Aretino, Pietro, *La Talanta* in Aretino, *Tutte le commedie*, a cura di G. B. De Sanctis, Milano: Mursia, 1968; 1973.

Aretino, Pietro, *Lettere di, a, su Pietro Aretino*, a cura di Paul Larivaille, Nanterre: Centre de recherches de langue et litterature italiennes, 1980.

Aretino, Pietro, *Lettere*, a cura di P. Procaccioli. 7 tomi, Roma: Salerno, 1997~.

Aretino, Pietro, *Ragionamento. Dialogo*, intro. G. B. Squarotti, Milano: BUR, 1998.

Aretino, Pietro, *Lettere scritte a Pietro Aretino*, a cura di P. Procaccioli, 4 tomi, Roma: Salerno, 2003~.

Ariosto, Ludovico, *Orlando furioso e cinque canti*, a cura di Remo Ceserani e Sergio Zatti, 2 voll., Torino: UTET, 2006.

Assmann, Jan, *Moses the Egyptian: The Memory of Egypt in Western Monotheism*, Harvard University Press, 1997.

Atanagi, D. *Delle rime di diversi nobili poeti toscani*, Venezia, 1656.

Athenaeus, *The Deipnosophists*, Bks XIII–XIV.653b. with a trans. C. B. Gulick. rev. ed., Harvard University Press, 1950.

Barnes, Bernadine, "Aretino, the Public, and the Censorship of Michelangelo's *Last Judgment*" in *Suspended License: Censorship and the Visual Arts*, ed. Elizabeth Childs, Seattle: University of Washington Press, 1997.

Barnes, Bernadine, *Michelangelo's Last Judgment: The Renaissance Response*, University of California Press, 1998.

Barocchi, Paola, "Schizzo di una storia della critica cinquecentesca sulla sistina", *Atti e memorie dell' Accademia toscana di scienze e lettere 'La Colombaria'*, n.s. anno 7, 1956.

Barocchi, Paola, "commento" in Giorgio Vasari, *La vita di Michelangelo nelle redazioni del 1550 e del 1568*, curata e commentata da P. Barocchi. 5 voll., Milano–Napoli: Ricciardi, 1962.

Baron, Hans, *The Crisis of the Early Italian Renaissance; Civic Humanism and Republican Liberty in an Age of Classicism and Tyranny*, 2 vols., Princeton University Press, 1955; rev. ed., I vol., Princeton University Press, 1966.

Bauer, Stefan, *The Censorship and Fortuna of Platina's* Lives *of the Popes in the Sixteenth Century*, Turnhout: Brepols, 2006.

Behar. Pierre, "Central Europe: The New Line of Fracture", *Geopolitique* 39, Aug. 1992.

Belluti, Donato, *La cronica domestica*, a cura di Isidoro del Lungo & G. Volpe, Firenze: Sansoni, 1914.

Beloff, Max, "Fault Lines and Steeples: The Divided Loyalties of Europe", *National*

Interest 23, Spr. 1991.

Benevolo, Leonardo, *The European City*, trans. C. Ipsen, Oxford: Blackwell, 1995.

Berenson, Edward, *The Trial of Madame Caillaux*, University of California Press, 1992.

Berlin, Isaiah, *Four Essays on Liberty*, Oxford University Press, 1969.

Berlin, Isaiah, *Vico and Herder,* London: Hogarth Press, 1976.

Bernal, Martin, *Black Athena: The Afroasiatic Roots of Classical Civilization,* 4 vols., New Brunswick, NJ: Rutgers University Press, 1987~.

Bertelli, Sergio, "Storiografi, eruditi, antiquari e politici", in *Storia della letteratura italiana.* vol. 6: *Il Seicento.* a cura di E. Cecchi & N. Sapegn, Milano: Garzanti, 1988.

Bevir, Mark, "The Errors of Linguistic Contextualism", *History and Theory* 31, 1992.

Blaak, Jeroen, *Literacy in Everyday Life: Reading and Writing in Early Modern Dutch Diaries*, trans. Beverley Jackson, Leiden: Brill, 2009.

Black, Antony, *Guilds and Civil Society in European Political Thought from the Twelfth Century to the Present*, London: Methuen, 1984.

Bloch, Marc, *The Royal Touch: Sacred Monarch and Scrofula in England and France*, trans. J. E. Anderson, London: RKP, 1973.

Bodin, Jean, *Method for the Easy Understanding of History*, trans. Beatrice Reynolds, Columbia University Press, 1945.

Borromeo, Federico, *Sacred Painting, Museum*, ed. & trans. Kenneth S. Rothwell, Jr. & intro. Pamela M. Jones, Harvard University Press, 2010.

Boswell, James, *The Journals of James Boswell: 1762~1795*, ed. John Wain, New Haven: Yale University Press, 1991.

Botero, Giovanni, *Relationi universali*, Roma, 1596; Eng. trans., The Travellers Breviat, London: Jaggard, 1601; repr., New York: Da Capo Press, 1969,

Boucher, David, *Texts in Context: Revisionist Methods for Studying the History of Ideas*, Dordrecht, The Netherlands: Martinus Nijhoff, 1985.

Braudel, Fernand, *The Mediterranean and the Mediterranean World in the Age of Philip II*, trans. S. Reynolds. 2 vols., New York: Fontana/Collins, 1975.

Braudel, Fernand, *A History of Civilizations*, trans. R. Mayne, Harmondsworth:

Penguin, 1993.

Brown, Alison, *Bartolomeo Scala, 1430~1497, Chancellor of Florence: The Humanist as Bureaucrat*, Princeton: Princeton University Press, 1979.

Brown, Judith C., "Prosperity or Hard Times in Renaissance Italy?", *Renaissance Quarterly* 42, 1989.

Brucker, Gene, "Introduction" to Buonaccorso Pitti & Gregorio Dati, *Two Memoirs of Renaissance Florence: The Diaries of Buonaccorso Pitti and Gregorio Dati*, trans. Julia Martines & ed. Gene Brucker, Long Grove, Ill.: Waveland Press, 1967.

Bruni, Leonardo, *History of the Florentine People*, ed. & trans. James Hankins, 3 vols., Harvard University Press, 2001~2007, vol. 1, p. 3.

Burchard, Johann, *At the Court of the Borgia*, trans. Geoffrey Parker, London: Folio Society, 1963.

Burckhardt, Jacob, *The Civilization of the Renaissance in Italy*, trans. S. G. C. Middlemore, 1st German ed., 1860; New York, 1958.

Burke, Peter, "Investment and Culture in Three Seventeenth–Century Cities", *Journal of European Economic History* 7, 1978.

Burke, Peter, "City–States" in *States in History*, ed. John A. Hall, Oxford: Blackwell, 1986.

Butterfield, Herbert, *Whig Interpretation of History*, London: G. Bell and Sons, 1931; New York: Norton, 1965.

Caggese, Romolo, *Classi e comuni rurali nel medioevo italiano*, 2 vols., Firenze: Gozzini, 1907~1909.

Cairns, Christopher, *Pietro Aretino and the Republic of Venice: Researches on Aretino and His Circle in Venice 1527~1556*, Firenze: Olschki, 1985.

Campbell, Stephen J., "Fare una cosa morta parer viva: Michelangelo, Rosso, and the (Un) divinity of Art", *The Art Bulletin* 84.4, 2002.

Cassata, Francesco, *A destra del fascismo. Profilo politico di Julius Evola*, Torino: Boringhieri, 2003.

Castiglione, Baldesar, *Il libro del Cortegiano*, a cura di Walter Barberis, Torino: Einaudi,

1998.

Chastel, André, *A Chronicle of Italian Renaissance Painting*, trans. Linda & Peter Murray, original French ed., 1983; Cornell University Press, 1984.

Chaunu, Pierre, *La Mort à Paris*, Paris: Fayard, 1978.

Chiantera−Stutte, Patricia, *Julius Evola. Dal Dadaismo alla Rivoluzione Conservatrice (1919-1940)*, Roma: Aracne, 2001.

Ciappelli, Giovanni, *Memory, Family, and Self: Tuscan Family Books and Other European Egodocuments (14th~18th Century)*, trans. Susan A. George, Leiden: Brill, 2014.

Cicchetti, Angelo & Raul Mordenti, *I libri di famiglia in Italia*, 2 voll., Roma: Edizioni di storia e letteratura, 1985.

Cicero, *De Oratore*, vol. 3, trans. E. W. Sutton and H. Rackham, London: Heinemann, 1969.

Cipolla, C. M., "Economic Depression of the Renaissance?", *Economic History Review* 16, 1963~1964.

Cohen, Patricia Cline, *The Murder of Helen Jewett: The Life and Death of a Prostitute in Nineteenth−Century*, New York: Knopf, 1998.

Cohn, Norman, *Warrant for Genocide: The Myth of the Jewish World−Conspiracy and the Protocols of the Elders of Zion*, New York: Harper & Row, 1966.

Condivi, Ascanio, *The Life of Michelangelo*, trans. Charles Holroyd with an intro. Charles Robertson, London: Pallas Athene, 2006.

Condorcet, Marie−Jean−Antoine−Nicolas de, "Sketch for a Historical Picture of the Progress of the Human Mind" in *Condorcet: Selected Writings*, ed. with an intro. K. M. Baker, Indianapolis: Bobbs−Merrill, 1976.

Conti, Vittorio (a cura di), *Le ideologie della città europea dal Umanesimo al Romanticismo*, Firenze: Olschki, 1993.

Copenhaver, Brian P., "Natural Magic, Hermetism, and Occultism in Early Modern Science" in *Reappraisals of the Scientific Revolution*, eds. D. C. Lindberg & R. S. Westman, Cambridge University Press, 1990.

Croce, Benedetto, *La storia ridotta sotto il concetto dell'Arte* (1893), a cura di Giuseppe

Galasso, Milano: Adelphi, 2017.

D'Aragona, Tullia, *Dialogue on the Infinity of Love*, ed. & trans. R. Russell & B. Merry, University of Chicago Press, 1997.

Darnton, Robert, "History of Reading" in *New Perspectives on Historical Writing*, ed. Peter Burke, 2nd ed., University Park: Penn State University Press, 2001.

Dati, Goro, *Libro segreto* in Leonida Pandimiglio, *I libri di famiglia e il libro segreto di Goro Dati, Alessandria*: Edizioni dell'Orso, 2006.

De Maio, Romeo, *Michelangelo e la Controriforma*, Bari: Laterza, 1978.

Dekker, R. M., "Ego–Documents in the Netherlands 1500~1814", *Dutch Crossing: A Journal of Low Countries Studies* 39, 1989.

Dickens, A. G. & Tonkin, John, *The Reformation in Historical Thought*, Harvard University Press, 1985,

Dolce, Ludovico, *Dialogo della Pittura* in *Dolce's Aretino and Venetian Art Theory of the Cinquecento,* trans. with an intro. Mark W. Roskill, University of Toronto Press, 2000.

Doni,Anton Francesco, *Disegno*, Venetia: Gabriel Giolito di Ferrarii, 1549.

Drake, Richard H., "Julius Evola and the Ideological Origins of the Radical Right in Contemporary Italy" in *Political Violence and Terror: Motifs and Motivations*, ed. Peter H. Merkl, University of California Press, 1986.

Dunn, John, "The Identity of the History of Ideas", *Philosophy* 43, 1968.

Ebeling, Florian, *The Secret History of Hermes Trismegistus: Hermeticism from Ancient to Modern Times*, trans. David Lorton & Forward by Jan Assmann, Cornell University Press, 2007.

Evelyn, John, *The Diary of John Evelyn*, ed. Austin Dobson, 3 vols., Cambridge: Cambridge University Press, 2015.

Evola, Julius, *Arte astratta*. Roma: Maglioni e Strini, 1920.

Evola, Julius, *La parole obscure du paysage intérieur*, Roma: n.p., 1921.

Evola, Julius, *Saggi sull' idealismo magico*, Todi–Roma: Atanòr, 1925.

Evola, Julius, *L'uomo come potenza*, Todi–Roma: n.p., 1926.

Evola, Julius, *Teoria dell' individuo assoluto*, Torino: Bocca, 1927.

Evola, Julius, *Imperialismo pagano*, Todi–Roma: Atanòr, 1928.

Evola, Julius, *Fenomenologia dell' individuo assoluto*, Torino: Bocca, 1930.

Evola, Julius, *La tradizione ermetica*, Bari: Laterza, 1931; *The Hermetic Tradition: Symbols and Teachings of the Royal Art*, trans. E. E. Rehmus with a foreword, H. T. Hansen. Rochester, Vermont: Inner Traditions International, 1995..

Evola, Julius, *Rivolta contro il mondo moderno*, Milano: Hoepli, 1934; 4ª ediz. Roma: Edizioni Mediterranee, 1998.

Evola, Julius, *Il mito del sangue,* Milano: Hoepli, 1936.

Evola, Julius, *Tre aspetti del problema e braico*, Roma: Edizioni Mediterranee, 1936.

Evola, Julius, *Il mistero del Graal e la tradizione ghibellina dell' Impero*, Bari: Laterza, 1937.

Evola, Julius, *Indirrizi per una educazione razziale*, Napoli: Conte, 1941.

Evola, Julius, *Sintesi di dottrina della razza*, Milano: Hoepli, 1941.

Evola, Julius, *La dottrina del risveglio*, Bari: Laterza, 1943.

Evola, Julius, *Lo Yoga della potenza*, Milano: Bocca, 1949.

Evola, Julius, *Orientamenti*, Roma: Edizioni di 'Imperium.' 1950.

Evola, Julius, *Gli uomini e le rovine*, a cura di Junio Valerio Borghese, Roma: Edizioni dell'Ascia, 1953.

Evola, Julius, *Metafisica del sesso*, Roma: Edizioni dii 'Atanòr', 1958.

Evola, Julius, *Il cammino del cinabro*. Milano: Vanni Scheiwiller, 1972.

Evola, Julius, *Cavalcare la tigre*, Milano: Scheiwiller, 1961; 6ª ediz., Roma: Edizioni Mediterranee, 2000.

Evola, Julius, *Fascismo e Tezo Reich,* 1ª ediz., 1964; 6ª ediz., Roma: Edizioni Mediterranee, 2001.

Evola, Julius, *Gli uomini e le rovine. Orientamenti. Con un saggio introduttivo di Alain de Benoist*, Roma: Edizioni Mediterranee, 2001.

Facsimile Edition of the Nag Hammadi Codices, 10 vols., Leiden: E. J. Brill, 1972~1977.

Ferraresi, Franco, "Julius Evola: Tradition, Reaction, and the Radical Right", *European*

Journal of Sociology 28, 1987.

Ficino, Marsilio, *Pimander* in Id. *Opera omnia,* 2 voll., Basel, 1576; repr. Torino: Bottega d'Erasmo, 1959.

Fiumi, Enrico, "Sui rapporti economici tra città e contado nell'età comunale", *Archivio storico italiano* 114, 1956.

Fiumi, Enrico, *Fioritura e decadenza dell' economia fiorentina*, Firenze: Olschki, 1977.

Fothergill, Robert A., *Private Chronicles, A Study of English Diaries*, Oxford University Press, 1974.

Fowden, Garth, *The Egyptian Hermes: A Historical Approach to the Late Pagan Mind*, Cambridge University Press, 1986.

Francisco de Holanda, *Dialogues with Michelangelo*, trans. C. B. Holroyd with an intro. David Hemsoll, London: Pallas Athene, 2006.

Franco, Veronica, *Poems and Selected Letters*, ed. & trans. Ann Rosalind Jones & Margaret F. Rosenthal, University of Chicago Press, 1998.

Fraquelli, Marco, *Il filosofo proibito. Tradizione e reazione nell'opera di Julius Evola*, Milano: Terziaria, 1994.

Friedländer, Ludwig, *Roman Life and Manners under the Early Empire*, trans. A. B. Gough, London, Routledge, 1913. Vol. IV.

Furet, François, "Pour une définition des classes inférieures à l'époque moderne", *Annales: E.S.C.* 18, 1963.

Garcia-Arenal, Mercedes & Gerard Wiegers, *A Man of Three Worlds: Samuel Pallache, a Moroccan Jew in Catholic and Protestant Europe*, trans. Martin Beagles, original Spanish ed., 1999; The Johns Hopkins University Press, 2003.

Gardiner, Patrick, ed., *Theories of History*, New York: Free Press, 1959.

Gaye, Giovanni (a cura di), *Carteggio inedito d'artisti dei secoli XIV, XV, XVI*, 3 voll., Firenze: Molini, 1839~40; repr., Nabu Press, 2010.

Gellius, Aulus, *Noctes Atticae/Attic Nights*, trans. John C. Rolfe, Harvard University Press, 1927.

Gilbert, Felix, *Machiavelli and Guicciardini: Politics and History in Sixteenth-Century*

Florence, Princeton University Press, 1965.

Ginzburg, Carlo, *Miti emblemi spie. Morfologia e storia,* Torino: Einaudi, 1986.

Glare, P. G. W., ed., *Oxford Latin Dictionary,* Oxford: The Clarendon Press, 1982.

Godwin, Joscelyn, *The Pagan Dream of the Renaissance,* Grand Rapids, MI: Phanes Press, 2002; Boston: Weiser Books, 2005.

Goldberg, Amos, *Trauma in First Person: Diary Writing during the Holocaust,* trans. from Hebrew by Shmuel Sermoneta−Gertel & Avner Greenberg, Bloomington: Indiana University Press, 2017.

Grafton, Anthony, "Higher Criticism Ancient and Modern: The Lamentable Deaths of Hermes and the Sibyls" in *The Uses of Greek and Latin: Historical Essays,* eds. A. C. Dionisotti, Anthony Grafton & Jill Kraye, London: The Warburg Institute, University of London, 1988.

Grafton, Anthony, "Protestant Versus Prophet: Isaac Casaubon on Hermes Trismegistus", *Journal of Warburg and Courtauld Institutes* 46, 1983.

Grafton, Anthony, *Forgers and Critics: Creativity and Duplicity in Western Scholarship,* Princeton University Press, 1990.

Green, Louis, *Chronicle into History: An Essay on the Interpretation of History in Florentine Fourteenth−Century Chronicles,* Cambridge University Press, 1972.

Greenblatt, Stephen, *Renaissance Self−Fashioning: From More to Shakespeare,* University of Chicago Press, 1980; 2005.

Gregory, Tullio, "The Platonic Inheritance" in *A History of Twelfth−Century Western Philosophy,* ed. Peter Dronke, Cambridge University Press, 1988.

Guénon, René, *La crise du monde moderne,* Paris: Gallimard, 1927.

Hamel, Debra, *Trying Neaira,* Yale University Press, 2003.

Headley, John M., *Luther's View of Church History,* Yale University Press, 1963.

Hegel, G. W. F., *The Philosophy of History,* tans. J. Sibree & intro. C. J. Friedrich, New York: Dover, 1956.

Hempel, Carl G., "The Function of General Laws in History", *Journal of Philosophy* 39. 2, 1942.

Herlihy, David, *Pisa in the Early Renaissance: A Study of Urban Growth*, Yale University Press, 1958.

Hermès et Haute-Égypte: Les Textes Hermétiques de Nag Hammadi et Leurs Parallèlles Grecs et Latins, ed. Jean-Pierre Mahé, Québec: Les Presses de l'Université Laval, 1978.

Hermes Trismegistus, *Corpus Hermeticum*, ed. A. D. Nock & trans. A.-J. Festugière, 4 vols., Paris: Les Belles Lettres, 1946~1954; repr. 3rd ed., 1972~1973.

Hermes Trismegistus, *Corpus Hermeticum*, testo greco, latino e copto, edizione ecommento di A. D. Nock & A.-J. Festugière, & edizione dei testi ermetici copti e commento di I. Ramelli, a cura di Ilaria Ramelli, Milano: Bompiani, 2005.

Hermes Trismegistus, *Hermès en haute-Egypte*, ed. & trans. Jean-Pierre Mahé, 2 tomes, Qébec: Presses de l'Université Laval, 1978~1982.

Hermes Trismegistus, *Hermetica: The Ancient Greek and Latin Writings Which Contain Religious Or Philosophic Teachings Ascribed to Hermes Trismegistus*, intro., texts, trans., & ed. Walter Scott, 4 vols., 1924~1936; Boston: Shambhala, 1993.

Hermes Trismegistus, *Hermetica: The Greek Corpus Hermeticum and the Latin Asclepius* in a New English Translation with Notes and Introduction by Brian P. Copenhaver, Cambridge University Press, 1992.

Hermes Trismegistus, *The Way of Hermes: The Corpus Hermeticum*, trans. Clement Salaman, Dorine van Oyen & William D. Wharton.

Hermes Trismegistus, *The Definitions of Hermes Trismegistus to Asclepius*, trans. Jean-Pierre Mahé, London: Duckworth, 1999; 2004.

Hessel, Alfred, *Storia della città di Bologna 1116~1280*, a cura di G. Fasoli, Bologna: Alfa, 1975.

Hilton, R. H., "Rent and Capital Formation in Feudal Society" in *Second International Conference of Economic History*, Paris: Mouton, 1965.

Hobsbawm, Eric & Terence Ranger, eds., *The Invention of Tradition*, Cambridge University Press, 1983.

Huntington, Samuel P., "The Clash of Civilizations?", *Foreign Affairs* 72.3, Summer

1993.

Innamorati, Giuliano, *Tradizione e invenzione in Pietro Aretino*, Messina—Firenze: G. D'
Anna, 1957.

Irwin, Robert, "Lewis, Bernard" in *The Blackwell Dictionary of Historians*, eds. John
Cannon et al., Oxford: Blackwell, 1988.

Janssen, Peter L., "Political Thought as Traditionary Action: The Critical Response to
Skinner and Pocock", *History and Theory* 24, 1985.

Jonson, Ben, *Volpone, or The Fox*, ed. John W. Creaser, New York University Press,
1978.

Khatami, Mohammad, *Hope and Challenge: The Iranian President Speaks*. Binghamton,
N.Y.: Institute of Global Cultural Studies, Binghamton University, 1997.

Kotel'nikova, Ljubov, *A. Mondo contadino e città in Italia dall' XI al XIV secolo*, trans. L.
S. Catocci & intro. C. Violante, Bologna: Il Mulino, 1975.

Kramer, Martin, "Bernard Lewis" in *Encyclopedia of Historians and Historical Writing*,
ed. Kelly Boyd, 2 vols., London: Fitzroy Dearborn, 1999.

Kristeller, Paul O., *Renaissance Thought: The Classic Scholastic, and Humanist Strains*,
New York: Harper & Row, 1961.

Kristeller, Paul O., *Eight Philosophers of the Italian Renaissance*, Stanford University
Press, 1964.

Küng, Hans, *Islam: Past, Present and Future*, Oxford: Oneworld Publications, 2007.

Küng, Hans & Karl—Josef Kuschel, eds., *A Global Ethic: The Declaration of the
Parliament of the World's Religions*, London: SCM Press, 1993.

Lacan, Jacques, *The Language of the Self: The Function of Language in Psychoanalysis*,
trans. with notes and commentary by Anthony Wilden, The Johns Hopkins University
Press, 1968.

Land, Norman E., *The Viewer As Poet: The Renaissance Response to Art*, University Park:
Pennsylvania State University Press, 1994.

Lane, Frederic C., *Venice: A Maritime Republic*, The Johns Hopkins University Press,
1973.

Lao—Tze, *Il libro della Via e della Virtù di Lao—Tze*, traduz. Julius Evola, Lanciano: Carrabba, 1923.

Larivaille, Paul, *Pietro Aretino fra Rinascimento e manierismo*, Roma: Bulzoni, 1980.

Laslett, Peter, "Political Philosophy, History of" in *Encyclopedia of Philosophy*, eds. P. Edwards et al., 8 vols., New York: Macmillan, 1967. VI.

Le Goff, Jacques, "The Town as an Agent of Civilization, 1200~1500" in *The Fontana Economic History of Europe*, vol. I: *The Middle Ages*, ed. Carlo M. Cipolla, Glasgow: Fontana, 1972.

Le Roy Ladurie, Emmanuel, *Montaillou*, trans. Barbara Bay, New York: Vintage, 1979.

Le Roy Ladurie, Emmanuel, *The Peasants of Languedoc*, trans. John Day, Chicago: University of Illinois Press, 1974.

Le Roy Ladurie, Emmanuel, *Times of Feast, Times of Famine: A History of Climate Since the Year 1000*, trans. Barbara Bray, New York: Doubleday, 1971.

Lefkowitz, Mary, *Not Out of Africa: How Afrocentrism Became an Excuse to Teach Myth As History*, New York: Basic Books, 1996.

Lejeune, Philippe, *On Diary*, eds. Jeremy D. Popkin & Julie Pak, trans. K Durnin, Mānoa: University of Hawaii Press, 2009.

Levi, Giovanni, *Inheriting Power: The Story of an Exorcist*, trans. L. G. Cochrane, University of Chicago Press, 1988.

Lewis, Bernard, "The Roots of Muslim Rage", *Atlantic Monthly* 266.3, Sept. 1990.

Lewis, Bernard, *The Assassins: A Radical Sect in Islam*, with a new preface by the author, New York: Basic Books, 2002.

Lewis, Bernard, *What Went Wrong? Western Impact and Middle Eastern Response*, Oxford University Press, 2001.

L'Internazionale ebraica, *Protocoli dei 'Savi anziani' di Sion*, Roma: La Vita Italiana, 1921.

Livius, *Ab Urbe Condita*, vol. 1., trans. B. O. Foster, London: Heinemann, 1939.

Lopez, R. S., "Hard Times and Investment in Culture" in W. K. Ferguson et al., *The Renaissance: Six Essays*, New York: Harper & Row, 1953.

Luther, Martin, "Preface to Galeatius Capella's History" in *Luther's Works*. eds. Jaroslav Pelikan & Helmut T. Lehmann, 55 vols., Saint Louis: Concordia Publishing House, 1955~1986, vol. 34.

Luzio, Alessandro, *Un pronostico satirico di Pietro Aretino*, Bergamo: Istituto italiano d' arti grafiche, 1900.

Luzzatto, Gino, *An Economic History of Italy*, trans. Philip Jones. New York: Routledge & Kegan Paul, 1961.

Mabillon, Jean, *On Diplomatics in Historians at Work*, vol. II, eds. Peter Gay and Victor G. Wexler, & trans. Richard Wertis, New York: Harper & Row, 1972.

Macaulay, Thomas Babington, *History of England from the Accession of James II*, intro. Douglas Jerrold, 4 vols., 1849~1861; London: Dent; New York, Dutton, 1953.

Machiavelli, Niccolò, *Florentine Histories*, trans. Laura F. Banfield & Harvey C. Mansfield, Jr., Princeton University Press, 1988.

Magee, Glenn Alexander, *Hegel and the Hermetic Tradition*, Cornell University Press, 2001.

Magnússon, Sigurður Gylfi & István M. Szijártó, *What is Microhistory? Theory and Practice*, London: Routledge, 2013.

Mahé, Jean-Pierre, "Preliminary Remarks on the *Demotic Book of Thoth and the Greek Hermetica*", *Vigiliae Christianae* 50.4, 1996.

Makdisi, George, "The Diary in Islamic Historiography: Some Notes", *History and Theory*. 25.2, 1986.

Martin, John J., *Myths of Renaissance Individualism*, New York: Palgrave Macmillan, 2004.

Martines, Lauro, *Power and Imagination: City-States in Renaissance Italy*, New York: Knopf, 1979.

Marx, Carl & Friedlich Engels, *Collected Works*, 50 vols., Moscow: Progress Publishers, 1975~2004.

Masson, Georgina, *Courtesans of the Italian Renaissance*, London: Secker & Warburg, 1975.

Matthews, William ed., *British Diaries: An Annotated Bibliography of British Diaries Written between 1442 and 1942*, University of California, 1950; 1983.

Mazlish, Bruce, *Civilization and Its Contents*, Stanford University Press, 2004.

Mazoni, Alessandro, *Del romanzo storico*, in Id. *Opere*. a cura di Riccardo Bacchelli, Milano−Napoli, Ricciardi, 1953.

McClure, Laura K., *Courtesans at Table: Gender and Greek Literary Culture in Athenaeus*, New York: Routledge, 2003.

Meinecke, Friedrich, *Historism: The Rise of a New Historical Outlook*, trans. J. E. Anderson with a forward by Isaiah Berlin, New York: Herder & Herder, 1972.

Michelangelo, *Rime e lettere*, a cura di Paola Mastrocola, Torino: UTET, 1992; 2006.

Michelet, Jules, "Préface de 1869" in Id. *Oeuvres complètes*, ed. Paul Viallaneix, 21 vols., Paris: Flammarion, 1971~1982. Vol. 4.

Miner, Earl ed., *Japanese Poetic Diaries*, University of California Press, 1969.

Montaigne, Michel de, *The Complete Works of Montaigne*, trans. D. Frame, Stanford University Press, 1948.

Montanari, Massimo, *Contadini e città fra Langobardia e Romania*, Firenze: Salimbeni, 1988.

Montesquieu, *The Spirit of the Laws*, trans. A. Cohler et al, Cambridge University Press, 1989.

Mueller−Vollmer, K. ed., *The Hermeneutics Reader: Texts of the German Tradition from the Enlightenment to the Present*, Oxford: Blackwell, 1986.

Mulsow, Martin, "Ambiguities of the Prisca Sapientia in Late Renaissance Humanism", *Journal of the History of Ideas* 65.1, 2004.

Mumford, Lewis, *The City in History*, New York: Harcourt, Brace and World, 1961; Harmondsworth: Penguin, 1966.

Nag Hammadi Library in English, general ed., James M. Robinson, 3rd completely revised ed. 1978; 1988; New York: HarperSanfrancisco, 1990.

Novick, Peter, *That Noble Dream: The "Objectivity Question" and the American Historical Profession*, Cambridge, Cambridge University Press, 1988.

Nussbaum, Felicity A., "Toward Conceptualizing Diary" in *Studies in Autobiography*, ed. James Olney, Oxford University Press, 1988.

Olson, Oliver K., *Matthias Flacius and the Survival of Luther's Reform*, Wiesbanden: Harrassowitz, 2002.

Ottokar, Nicola, *Il comune di Firenze alla fine del dugento*, 2ª ediz. Firenze: Einaudi, 1926.

Pagnini, Giovanni Francesco, *Della decima ed altre gravezze imposte dal comune di Firenze, della moneta e della marcatura de' Fiorentini, fino al secolo XVI. tomo secondo*, Lisbona−Lucca (i.e. Firenze): Giuseppe Bouchard librajo, 1765.

Palmer, Richard E., *Hermeneutics: Interpretation Theory in Schleiermacher, Dilthey, Heidegger, and Gadamer*, Evanston, Ill.: Northwestern University Press, 1969.

Paradisi, Ricardo. http://www.fondazione−evola.it/pagine/biograf.htm.

Paradisi, Riccardo, ed. *Julius Evola. Mito, Azione, civiltà*. Rimini: Il Cerchio, 1996.

Parliament of the World's Religions, drafted initially by Hans Küng, "Towards a Global Ethic."

Partridge, Loren, et al., *Michelangelo the Last Judgment: A Glorious Restoration*, New York: Harry N Abrams, 1997; London: Thames & Hudson, 2000.

Pepys, Samuel, *The Diary of Samuel Pepys*, ed. Robert Latham and William Matthews, 10 vols., London: HarperCollins, 1995.

Perrens, François−Tommy, *Histoire de Florence*, 6 vols., Paris: Hachette et Cie, 1877~1883.

Petrarca, Francesco, *Letters on Familiar Matters. Rerum familiarium libri*, trans. Aldo S. Bernardo, 3 vols.; vol. 1: Albany: SUNY Press, 1975; vols. 2~3: Johns Hopkins University Press, 1982~1985.

Petrarch, Francis, *Letters of Old Age. Rerum senilium libri*, trans. Aldo S. Bernardo et al. 2 vols., Johns Hopkins University Press, 1992.

Petronius and Seneca, *Satyricon. Apocolocyntosis*, trans. M. Heseltine & W. H. D. Rouse. Rev. E. H. Warmington, Harvard University Press, 1975.

Peyer, Hans Conrad, *Zur Getreidepolitik oberitalienischer Städte im XIII. Jahrhundert*,

Wien: Universum, 1950.

Pinto, Giuliano, *Il libro del biadaiolo. Carestie e annona a Firenze dalla metà del '200 al 1348*, Firenze: Olschki, 1978.

Pitti, Bonaccorso, *Ricordi*, a cura di Veronica Vestri, Firenze University Press, 2015.

Plesner, Johan, *L' émigration de la campagne à la ville libre de Florence au XIIIe siècle*, traduction du manuscrit danois par F. Gleizal, en collaboration avec l'auteur, Copenhagen: Gyldendalske Bochandel−Nordisk, 1934.

Pliny the Elder, *Natural History*, eds. D. E. Eichholz, W. H. S. Jones and H. Rackham, 10 vols., Harvard University Press, 1961~1968. Vol. XXXVI.

Pocock, J. G. A., "Burke and the Ancient Constitution: A Problem in the History of Ideas", *The Historical Journal* 3, 1960.

Pocock, J. G. A., "Languages and Their Implications: The Transformation of the Study of Political Thought" in Id. *Politics, Language and Time*, University of Chicago Press, 1960.

Pocock, J. G. A., "On the Non−Revolutionary Character of Paradigm: A Self−Criticism and Afterpiece" in Id. *Politics, Language and Time*, University of Chicago Press, 1960.

Pocock, J. G. A., Politics, *Language and Time: Essays on Political Thought and History*, University of Chicago Press, 1960.

Pocock, J. G. A., "The History of Political Thought: A Methodological Enquiry" in *Philosophy, Politics and Society*, Ser. II. eds. Peter Laslett and G. Runciman, Oxford: Blackwell, 1962.

Pocock, J. G. A., "Machiavelli, Harrington, and English Political Ideologies in the Eighteenth Century", *William and Mary Quarterly*, 3rd ser. 22, 1965.

Pocock, J. G. A., "Time, History and Eschatology in the Thought of Thomas Hobbes" in *The Diversity of History: Essays in Honour of Sir Herbert Butterfield*, eds. J. H. Elliott and H. G. Koenisberger, London: Routledge and Kegan Paul, 1970.

Pocock, J. G. A., *The Machiavellian Moment: Florentine Political Thought and the Atlantic Republican Tradition*, Princeton University Press, 1975.

Pocock, J. G. A., "Virtues, Rights, and Manners: A Model for Historians of Political

Thought", *Political Theory* 9, 1981.

Pocock, J. G. A., "The Machiavellian Moment Revisited: A Study on History and Ideology", *Journal of Modern History* 53, 1981.

Pocock, J. G. A. "The Reconstruction of Discourse: Towards the Historiography of Political Thought", *MLN* 96, 1981.

Pocock, J. G. A., *Virtue, Commerce, and History: Essays on Political Thought and History chiefly in the Eighteenth Century*, Cambridge University Press, 1985.

Pocock, J. G. A., *The Ancient Constitution and the Feudal Law*, 2nd ed., Cambridge University Press, 1987.

Pocock, J. G. A., "The Language of Political Discourse and the British Rejection of the French Revolution" in *I linguaggi politici delle rivoluzioni in Europa, XVII–XIX secolo*, a cura di E. Pi, Firenze: Olschki, 1992.

Pöhlmann, Robert, *Die Wirtschaftspolitik der Florentiner Renaissance und das Prinzip der Verkehrsfreiheit*, Leipzig: Hirzel, 1878.

Porter, Roy ed., *Rewriting the Self: Histories from the Renaissance to the Present*, London: Routledge, 1997.

Pullapilly, Cyriac K., *Caesar Baronius, Counter–Reformation Historian*, Notre Dame, Ind.: University of Notre Dame Press, 1975,

Ramella, Franco, *Terra e Telai: Sistemi di parentela e manifattura nel biellese dell' Ottocento*, Torino: Einaudi, 1984.

Ranke, Leopold von, "The Pitfalls of a Philosophy of History (Introduction to a Lecture on Universal History; A Manuscript of the 1840s)" in Id., *The Theory and Practice of History*. ed. with an intro., & trans. Georg G. Iggers & Konrad von Moltke, Indianapolis: Bobbs–Merrill, 1973.

Ranke, Leopold von, *The Theory and Practice of History*, eds. Georg G. Iggers & Konrad von Moltke, Indianapolis: Bobbs–Merrill, 1973.

Redondi, Pietro, *Galileo: Heretic*, trans. R. Rosenthal, Princeton University Press, 1987.

Rees, Philip, "Evola" in Id. *Biographical Dictionary of the Extreme Right since 1890*, London: Simon & Schuster, 1990.

Richter, Gehart, "Reconstructing the History of Political Languages: Pocock, Skinner, and the *Geschichtliche Grundbegriffe*", *History and Theory* 29, 1990.

Ricoeur, Paul, "Life in Quest of Narrative" and "Narrative Identity" in *On Paul Ricoeur: Narrative and Interpretation*, ed. David Wood, London: Routledge, 1991.

Romualdi, Adriano, *Julius Evola, L'uomo e l'opera*, Roma: Volpe, 1968; 1971.

Rossi–Sabatini, Giuseppe, *Pisa al tempo dei Donoratico(1316~1347): Studio sulla crisi costituzionale del comune*, Firenze: Sansoni, 1938.

Russell, Rinaldina, "Introduction" to Tullia d'Aragona, *Dialogue on the Infinity of Love*, ed. & trans. R. Russell & B. Merry, University of Chicago Press, 1997,

Rutenburg, Victor I, *Popolo e movimenti popolari nell' Italia del '300 e '400*, trans. G. Borghini & intro. R. Manselli, Bologna: Il Mulino, 1971.

Salvemini, Gaetano, *Magnati e popolani in Firenze dal 1280 al 1295*, Firenze: Carnesecchi e figli, 1899; Nuova ed. Milano: Feltrinelli, 1960.

Sappho, *The Love Songs of Sappho*, trans. Paul Roche with an intro. Page DuBois, New York: Signet Classic, 1991,

Schneider, Jean, *La ville de Metz aux XIIIe et XIVe siècles*, Nancy: Impr. Georges Thomas, 1950.

Sheehan, Thomas, "Myth and Violence: The Fascism of Julius Evola and Alain de Benoist", *Social Research* 48, Spring 1981.

Sidney, Philip, *Sidney's The Defence of Poesy' and Selected Renaissance Literary Criticism*, with an intro. Gavin Alexander, Harmondsworth: Penguin, 2004.

Sidoti, Francesco, "The Extreme Right in Italy: Ideological Orphans and Countermobilization" in *The Extreme Right in Europe and the USA*, ed. Paul Hainsworth. London: Pinter, 1992.

Sismondi, J. C. L., Simonde de. *A History of the Italian Republics*, intro. W. K. Ferguson, Gloucester, Mass.: Peter Smith, 1970.

Skinner, Quentin, "Meaning and Understanding in the History of Ideas", *History and Theory* 8, 1969.

Skinner, Quentin, "'Social Meaning' and the Explanation of Social Action" in

Philosophy, Politics and Society, ser. IV., eds. Peter Laslett, W. G. Runciman and Q. Skinner, Oxford: Blackwell, 1972.

Skinner, Quentin, "Motives, Intentions and the Interpretation of Texts", *New Literary History* 3, 1972.

Skinner, Quentin, "Some Problems in the Analysis of Political Thought and Action", *Political Theory* 2, 1974.

Skinner, Quentin, "The Principles and Practice of Opposition: The Case of Bolinbroke versus Walpole" in *Historical Perspectives: Essays in Honour of J. H. Plumb*, ed. N. McKendrick, London: Europa, 1974.

Skinner, Quentin, "Hermeneutics and the Role of History", *New Literary History* 7, 1975~1976.

Skinner, Quentin, *The Foundations of Modern Political Thought*, 2 vols. Cambridge University Press, 1978.

Skinner, Quentin, "The Italian City–Republics" in *Democracy: The Unfinished Journey, 508 B. C. to A. D. 1993*, ed. John Dunn, Oxford University Press, 1992.

Spengler, Oswald, *Der Untergang des Abendlandes*, 2 vols., München: Beck, 1918, 1922.

Stampa, Gaspara, *Selected Poems*, ed. & trans. Laura Anna Stortoni & Mary Prentice Lillie, New York: Italica Press, 1994.

Stauffer, Donald, *The Art of English Biography before 1700*, Harvard University Press, 1930.

Stone, Lawrence, *The Family, Sex and Marriage in England, 1500~1800*, New York: Harper & Row, 1977.

Stone, Lawrence, "The Revival of Narrative: Reflections on a New Old History", *Past and Present* 85, 1979.

Stucco, Guido, "The Legacy of a European Traditionalist: Julius Evola in Perspective", *The Occidental Quarterly* 2.3, Fall 2002.

Suetonius, *De Vita Caesarum / The Lives of the Caesars*, trans. J. C. Rolfe, Rev. ed., Harvard University Press, 1914.

Taylor, Alan, *William Cooper's Town: Power and Persuasion on the Frontier of the Early American Republic*, New York: Vintage, 1995.

"Theatines" in *Catholic Encyclopedia*, New York: Robert Appleton Company, 1913.

Tilly, Charles & Blockmans, Wim P., eds. *Cities and the Rise of States in Europe, A. D. 1000 to 1800*, Boulder, Colo.: Westview, 1994.

Todd, Margo, "Puritan Self-Fashioning: The Diary of Samuel Ward", *Journal of British Studies* 31.3, 1992.

Tully, James, ed., *Meaning and Context: Quentin Skinner and His Critics*, Princeton University Press, 1988.

Ulrich, Laurel Thatcher, *A Midwife's Tale: The Life of Martha Ballard Based on Her Diary, 1785~1812*, New York: Knopf, 1990.

Vasari, Giorgio, *La vita di Michelangelo nelle redazioni del 1550 e del 1568*, curata e commentata da P. Barocchi, 5 voll., Milano–Napoli: Ricciardi, 1962.

Vasari, Giorgio, *Le Vite de' piú eccellenti architetti, pittori, et scultori italiani, da Cimabue, insino a' tempi nostri*, a cura di Luciano Bellosi & Aldo Rossi, & presentazione di Giovanni Previtali, 2 voll., Torino: Einaudi, 1986; repr. 1991; 2005.

Vergerio, Pier Paolo, *Concerning Liberal Studies,* In W. H. Woodward, *Vittorino da Feltre and Other Humanist Educators*, University of Toronto Press, 1996.

Vico. Giambattista, *New Science*, trans. Thomas Goddard Bergin & Max Harold Fisch, Cornell University Press, 1968,

Viroli, Maurizio, "'Revisionisti' e 'ortodossi' nella storia delle idee politiche," *Rivista di filosofia* 78, 1987.

Volpe, Gioacchino, *Studi sulle istituzioni comunali a Pisa, Città e contado, consoli e podestà secoli XII–XIII*, Pisa, 1902; Nuova ed. Firenze: Sansoni, 1970.

Voltaire, *An Essay on Universal History, The Manners, and spirit of Nations from the Reign of Charlemaign to the age of Lewis XIV*, trans. Nugent, London: printed for J. Nourse, 1759.

Vovelle, Michel, *Ideologies and Mentalities*, trans. E. O'Flaherty, University of Chicago Press, 1990.

Waley, Daniel P., *The Italian City-Republics,* London: Longman, 1969.

Weber, Max, "The City" in Id. *Economy and Society*, eds. G. Roth & C. Wittich, 2 vols, University of California Press, 1978, vol. II, pp. 1212~1372.

Wilcox, Donald J., *The Development of Florentine Humanist Historiography in the Fifteenth Century*, Harvard University Press, 1969.

Wood, David ed., *On Paul Ricoeur: Narrative and Interpretation*, ed. David Wood, London: Routledge, 1991.

Yates, Frances A., *Giordano Bruno and the Hermetic Tradition*, University of Chicago Press, 1964.

Zalc, Claire and Tal Bruttmann eds., *Microhistories of the Holocaust*, New York: Berghahn, 2017.

Zandee, Jan, "Het Hermetisme en het Oude Egypte" in *De Hermetische Gnosis in de loop der eeuwen*, ed. Gilles Quispel, Baarn: Tirion, 1992.

글의 출전

1장 《문학과 사회》 69, 2005 봄.

2장 《역사와 문화》 6, 2003.

3장 《서양의 고전을 읽는다: 4. 문학(하)》, 휴머니스트, 2006.

4장 《역사학보》 201, 2009.

5장 《코기토》 85, 2018.

6장 《코기토》 62, 2007.

7장 《역사와 경계》 78, 2011.

8장 《대구사학》 86, 2007.

9장 《역사와 경계》 51, 2004.

10장 《역사와 도시: 제40회 전국 역사학대회 발표 요지》, 서울대학교출판부, 2000.

11장 《釜大史學》 18, 1994.

12장 《제1회 세계 인문학포럼 발표 자료집》, 2011. 11, 288~297쪽; 《코기토》 71, 2012.

찾아보기

역사, 라프로쉬망을 꿈꾸다 ― 문화사와 지성사에 대한 12편의 에세이

2022년 2월 12일 초판 1쇄 인쇄
2022년 2월 22일 초판 1쇄 발행
글쓴이   곽차섭
펴낸이   박혜숙
디자인   이보용   하민우
펴낸곳   도서출판 푸른역사
    우) 03044 서울시 종로구 자하문로8길 13
    전화: 02)720－8921(편집부) 02)720－8920(영업부)
    팩스: 02)720－9887
    전자우편: 2013history@naver.com
    등록: 1997년 2월 14일 제13－483호

ⓒ 곽차섭, 2022

ISBN 979－11－5612－213－5 93900